전문가를 위한 빅데이터 기술분석

빅데이터 기획 및 분석

BIG DATA

이 도서 각 장의 연습문제 정답 및 해설은,
도서 구입 후, 크라운출판사(http://crownbook.co.kr/)
홈페이지에 접속하여 확인하실 수 있습니다.

정답 및 해설 다운 방법 :
로그인 후, 홈 페이지 상단 카테고리의 자료실
→ 부록 및 CD자료 코너.

이 책을 펴내며……

이 책은 컴퓨터 관련 분야에서 빅데이터의 영향력을 이해하고 기획·분석하여 활용하길 원하는 모든 사람을 위해 설명하고 있다. 또한 빅데이터를 이해하고 사용하는데 도움이 되는 개념적 내용을 설명하고, 빅데이터의 개요와 관련 기술, 그리고 오늘날 컴퓨터 산업에서 빅데이터의 역할을 기술하고 있다.

빅데이터는 사용하는 사람에 따라 주관적인 부분이 상당히 많은 비중을 차지하기 때문에, 이 책은 빅데이터의 표준화와 빅데이터기술분석사의 출제 기준에 준하여 설명하였다. 따라서 독자 여러분은 다음의 출제 기준에 맞추어 이 책에 접근하면, 빠른 이해와 빅데이터의 능력을 충분히 소화할 수 있을 것이다.

이 도서는 크게 필기(객관식)와 실기(주관식)로 나누어져 있으며 필기 영역 중 1장, 2장, 3장은 빅데이터 개념과 특성 및 기획, 5장은 빅데이터의 수집과 통합 그리고 저장 관리에 대하여 자세하게 설명되어 있다. 또한 5장을 포함한 4장, 6장은 빅데이터의 분석 및 처리 기술과 이 기술을 통한 시각화 및 활용은 7장과 8장에 자세히 다루었다.

반면, 실기 영역에서는 빅데이터의 실무 응용과 빅데이터의 비즈니스 모델로 나뉘며, 3장, 7장, 8장에서는 빅데이터의 기획, 활용 마케팅을 4장은 빅데이터 시스템, 마지막 9장은 빅데이터 비즈니스 모델로 구성되어 있다.

이 책이 빅데이터에 많은 애착을 가진 독자 여러분의 작은 디딤돌이 되었으면 하는 것이 저자의 자그마한 소망임을 밝히며, 부족한 부분은 계속 수정하고 보완할 것을 약속한다.

끝으로 이 책이 나오기까지 물심양면으로 성원해 주신 동료 교수님께 감사드리며, 더욱 좋은 책이 되도록 혼신의 정열을 쏟은 크라운출판사 임직원께 깊은 감사를 드립니다.

저자 씀

차례

1장 빅데이터의 이론적 배경 ... 7
- 1절. 빅데이터 등장 배경 ... 8
- 2절. 빅데이터 가치 ... 13
- 3절. 빅데이터 역할과 활용 ... 19
- 4절. 빅데이터 인력 시장 현황 ... 23
- 연습문제 ... 27

2장 빅데이터 정의 및 특성 ... 29
- 1절. 빅데이터 개념 ... 30
- 2절. 빅데이터 특징 ... 33
- 3절. 빅데이터 유형 ... 37
- 연습문제 ... 43

3장 빅데이터 기획 ... 45
- 1절. 빅데이터적 사고 ... 46
- 2절. 빅데이터 분석과 기획 ... 49
- 3절. 빅데이터 통계 기술 ... 56
- 연습문제 ... 61

4장 빅데이터 시스템 ... 63
- 1절. 클라우드 컴퓨팅의 이해 ... 64
- 2절. 하둡(Hadoop)의 이해 ... 74
- 3절. 분산 데이터베이스 시스템 ... 97
- 연습문제 ... 101

5장 빅데이터 기술 ... 103
- 1절. 빅데이터 처리 과정 ... 104
- 2절. 빅데이터 수집/저장/관리 기술 ... 107
- 3절. 빅데이터 처리 기술 ... 115
- 4절. 빅데이터 분석 기술 ... 120
- 5절. 빅데이터 표현 기술 ... 125
- 연습문제 ... 135

6장 빅데이터 분석과 플랫폼 137

1절. 빅데이터 분석 기술 138
2절. 빅데이터 플랫폼 활용 트렌드와 사례 146
3절. 빅데이터 플랫폼 구축 필요조건과 진화 방향 170
4절. 빅데이터 역기능과 정보 보안 177
연습문제 181

7장 빅데이터 국가별 정책 183

1절. 빅데이터 국가별 정책_한국 184
2절. 빅데이터 국가별 정책_미국 193
3절. 빅데이터 국가별 정책_EU 204
4절. 빅데이터 국가별 정책_영국 211
5절. 빅데이터 국가별 정책_일본 220
6절. 빅데이터 국가별 정책_싱가포르 225
7절. 빅데이터 국가별 정책_호주 227
8절. 빅데이터 국가별 정책_중국 230
연습문제 235

8장 빅데이터 마케팅 237

1절. 빅데이터와 마케팅 238
2절. 빅데이터 산업체 적용 사례 244
3절. 빅데이터 공공기관 적용 사례 275
연습문제 301

9장 빅데이터 비즈니스 모델 303

1절. 빅데이터 프로젝트 304
2절. 빅데이터 비즈니스 시스템 구현 310
3절. 빅데이터 비즈니스 개인정보 보호 317
연습문제 327

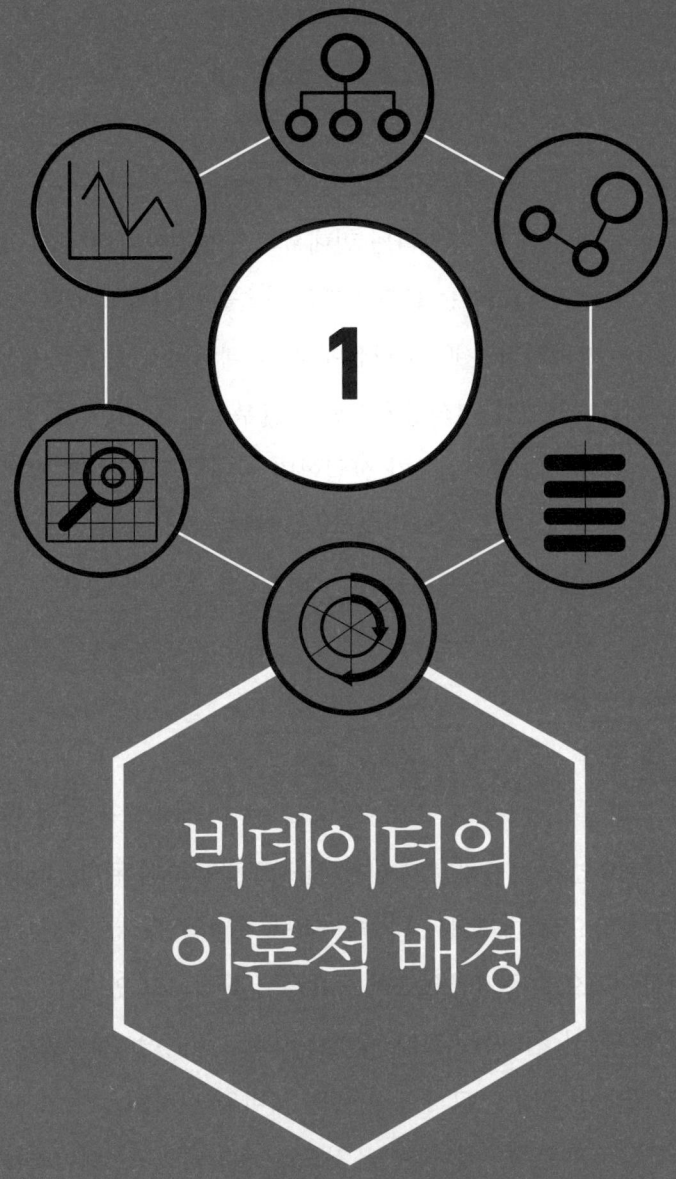

빅데이터의 이론적 배경

1. 빅데이터의 등장 배경과 데이터의 양적 증가를 이해한다.
2. 스마트 시대에 기술 패러다임과 빅데이터의 중요성을 이해한다.
3. 빅데이터의 역할과 기업의 활용 가치에 대해 이해한다.

1절 | 빅데이터 등장 배경

　빅데이터는 정보통신 기술의 발전에 따라 등장하게 된 복잡하면서도 무한한 가능성이 잠재된 새로운 개념의 '자원'이다. 다양한 종류의 대규모 데이터의 생성, 수집, 분석, 표현을 특징으로 하는 빅데이터 기술의 발전은 다변화된 현대사회를 정확하게 예측하여 효율적으로 작동하게 하며, 개인화된 현대사회 구성원마다 맞춤형 정보를 제공·관리·분석을 가능케 하고, 과거에는 불가능했던 기술을 실현하고 있다.

　스마트폰, SNS, 사물인터넷(IOT) 확산에 따라 데이터가 폭증하며 빅데이터는 ICT 분야의 새로운 패러다임이자 신성장동력으로 급부상하고 있다. 산업화 시대의 '철과 석탄', 정보화 시대의 '인터넷'처럼 4차 산업혁명 시대로 접어들며 '빅데이터'가 핵심자원으로 떠오르고 있다. 그리고 인터넷상의 데이터를 통합하고 분석하여 비즈니스 인사이트(Insight)를 찾아내고 이를 정책 또는 비즈니스 향상에 활용하려는 욕구가 증가하고 있다.

데이터의 폭발적 증가

　빅데이터는 불확실성, 리스크, 스마트, 융합 등 미래사회의 특성에 대응하는 역할을 수행하며 기회 요인을 창출하는 핵심 엔진으로 작용하게 된다. 특히 스마트 디바이스 및 소셜미디어 등으로 대표되는 다양한 정보 채널의 등장으로 정보의 생산, 유통, 보유량이 기하급수적으로 증가함으로써 중요성이 확대되고 있다.

　시스코(Cisco)사에서 전망한 '2014~2019 시스코 비주얼 네트워킹 인덱스 글로벌 모바일 데이터 트래픽 전망 보고서'에 따르면 모바일 디바이스가 2014년 530만 개에서 2019년 2,450만 개로 4.5배 증가할 것으로 전망되었고, 웨어러블 디바이스에서 발생할 수 있는 트래픽도 2014년 월 1억 900만 개에서 2019년 5억 7,800만 개로 약 5배 이상 증가할 것으로 전망하고 있다. 특히 한국의 모바일 클라우드 트래픽 수치는 2019년 월 604.4페타바이트로 예상하고, 전 세계 모바일 클라우드 트래픽은 21.8엑사바이트로 전망하였다.

※ 1 EB(엑사바이트) = 1,024 PB(페타바이트) = 1,048,576 TB(테라바이트)

위키본에 따르면 글로벌 빅데이터 시장은 2026년에 846억 달러를 넘어설 것으로 예측되며, 2011년부터 2026년까지 연평균 17%의 성장세를 보일 것으로 전망하고 2025년에는 매년 100 제타바이트의 데이터 트래픽이 발생될 것으로 예측하기도 하였다.

앞으로도 데이터는 기하급수적으로 증가하여 2020년에 이르면 현재 대비 50배로 폭증할 것으로 예측되는데, 데이터의 양만 많은 것이 아니라 그 종류도 다양하며 정형화된 데이터뿐만 아니라 비정형화된 데이터도 늘어나고 있다.

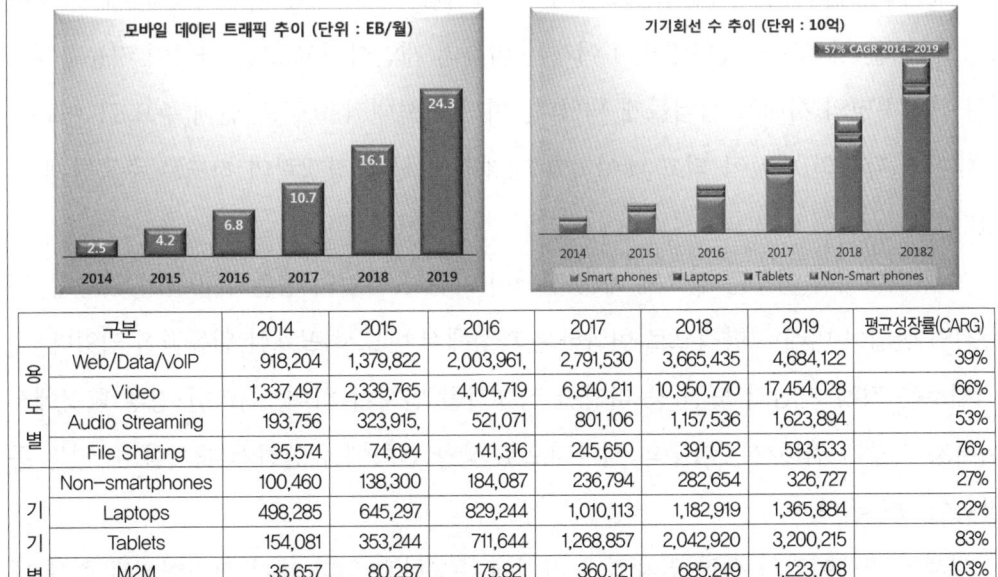

[그림 1] 모바일 데이터 트래픽 추이 및 디바이스 회선 수 추이
출처 : Cisco

데이터의 급증으로 엄청난 규모의 데이터를 통칭하는 빅데이터가 등장하였으며, 최근에는 대규모 자료의 수집, 분류, 체계화, 분석을 위한 도구 등을 포괄하는 용어로 등장하게 되었다.

정보사회 패러다임 이동

구 분	PC 시대	인터넷 시대	모바일 시대	스마트 시대
패러다임 변화	디지털화	온라인화	소셜화, 모바일화	지능화, 사물정보화
IT 이슈	PC, 통신	초고속인터넷, 웹	모바일 인터넷, 스마트폰	빅데이터, 사물인터넷
핵심 분야	PC, OS	포털, 검색엔진	앱, SNS	미래전망, 상황인식
IT 비전	1인 1PC	클릭 E-KOREA	손안의 PC	신 가치창출 사물인터넷

[표 1] 정보사회 패러다임 이동
출처 : NIA, 새로운 미래를 여는 빅데이터 시대(2013)

정보사회 패러다임의 측면으로 살펴보면 1인 1 PC 시대에서 인터넷 시대로, 모바일 스마트폰 시대로 이동하였으며 이제는 더욱더 개인화되고 모든 사물이 지능화되는 4차 산업혁명의 시대로 접어들게 되었다. 이러한 시대적 요구로 인해 주요 IT 이슈는 빅데이터 활용의 핵심이 되고 데이터가 경제적 자산과 경쟁력의 척도로 주목받게 되었다.

이제 빅데이터 이용은 필요에 따른 선택이 아니라 기업의 생존과 관련이 있는데, 전통적인 산업이 미래 지향적으로 변화하는 과정에서 반드시 필요한 원동력이 되었다.

새로운 경쟁 기업의 도전 등 다양한 경쟁자를 만나야 하며, 이러한 경쟁 환경에서 뒤처지지 않기 위해서는 다수의 시나리오로 상황 변화에 유연하게 대처할 수 있는 통찰력이 요구된다.

세계는 빅데이터의 성장 잠재력과 가치에 주목하고 있다. 4차 산업혁명과 함께 데이터 생성이 기하급수적으로 늘어나고, 이전과는 차원이 다른 정보 유형, 정보 소스, 정보량이 발생하게 되면서, 이들 정보를 수집, 축적, 분석, 활용하여 새로운 가치를 만들어 내려는 자발적인 시장의 움직임이 나타나고 있다. 이미 시장에서는 미국의 인터넷 및 소프트웨어 기업 등 선발 사업자들뿐만 아니라 국내 사업자들까지 비용 절감 및 효율성 개선, 광고 등 마케팅 활용, 새로운 비즈니스 모델을 창출하는 과정에서 빅데이터를 활용한 사례가 나타나고 있다.

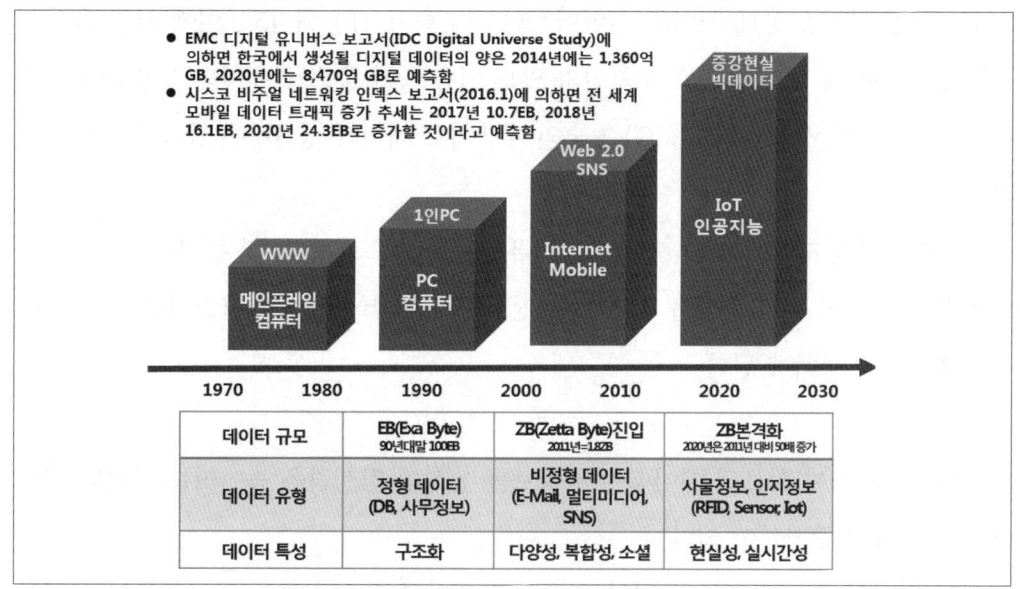

[그림 2] ICT 발전에 따른 데이터의 변화 방향
출처 : NIA, 새로운 미래를 여는 빅데이터 시대(2013)

그리고 빅데이터 관련 시장의 급성장 과정에서 한국은 뒤처지지 않기 위해서 보다 적극적인 관심과 투자의 필요성을 강조하고 있다. 정부에서도 빅데이터 활용의 잠재력을 극대화하기 위해 다양한 정책을 수립·시행하고 있다. 최근 '정부 3.0 추진 기본계획'을 발표하였고 60개 이상의 정보 공유 및 시스템 연계·통합 과제와 빅데이터 시범과제를 추진하였으며, 과학기술 기본계획에서 빅데이터를 30대 중점 기술로 선정하기도 하였다. 그리고 미래창조과학부는 최근 빅데이터 활용을 통해 사회문제를 해결하고자 일자리, 청소년 복지, 소상공인 지원, 보건의료 분야에서 빅데이터 사업화 컨설팅 과제를 선정·지원하고 있다.

빅데이터 중요성

그렇다면 빅데이터는 왜 중요시되고 확대되는 것인가?

첫째, 4차 산업 혁명을 통하여 정보의 양과 질적 급성장을 하였다.

4차 산업 혁명을 통해 스마트 디바이스의 대중화가 가능해지고, 이에 따른 음악·동영상 등 대용량 콘텐츠의 소비 확산과 SNS 이용 증가 등으로 데이터 사용량이 빠르게 증가하였으며 사물인터넷(IOT) 기술의 대중화로 데이터 생산량은 급속히 증가하고 있다.

데이터양이 증가함에 따라 자동화된 컴퓨터 능력만으로 처리 및 분석을 할 수 있으며 컴퓨터의 분석 능력 향상을 위해 더욱 정교하고 현상에 특화된 알고리즘 개발과 논리적 추론까지 구하게 된다.

둘째, 양과 질이 확보된 데이터에서 정보를 생성해 경쟁력을 높이려는 기업의 데이터 분석 수요가 증가하고 있다.

시장 경쟁의 증가로 기존 차별화 요소의 활용성이 감소함에 따라 기업들이 데이터에 함축된 고객의 소비 패턴과 (Needs)니즈를 활용하여 새로운 차별화를 추구하려는 유인이 증가하고 있다. 가령, 어떤 업체는 과거의 데이터로부터 생성된 수요자의 구매, 소비 패턴에 맞춰 차별화된 맞춤 서비스, 광고를 제공하거나 신제품을 개발하여 시장에서 경쟁우위를 확보할 수 있다.

셋째, 컴퓨팅 기술의 발전과 기존 ICT 디바이스 시장 포화에 따른 신규 시장 창출 필요성 등이 복합적으로 작용한다.

일반 기업들의 정보시스템 구축이 포화상태에 이르면서 신규 시장 창출이 필요한 상황에서 IBM, HP, 삼성, LG 등 세계적 기업들이 클라우딩 컴퓨터와 빅데이터 비즈니스의 성장성에 주목하여 공급기반을 확대하고 있다.

2절 | 빅데이터 가치

　빅데이터는 미래사회에서 새로운 기회를 창출하고 위험을 해결하는 사회 발전의 엔진 역할을 수행할 것으로 기대되며, 사회 발전의 속도가 빨라지고 위험 요인과 복잡성이 증가할수록 시스템적으로 신속하게 환경 변화를 감지하고 분석하기 위한 빅데이터 기술의 필요성이 증가하게 된다.

　스탠퍼드 대학교 석좌교수 제프리 페퍼는 자신의 저서 'Hard Facts'를 통해 '최상의 증거를 토대로 한 의사결정'의 필요성을 주장한 바 있으며, 빅데이터는 증거 기반 경영[1]을 뒷받침하기 위한 중요한 자원으로 인식되고 있다.

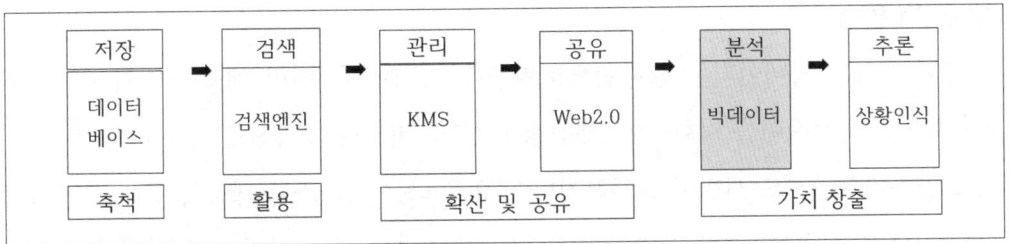

[그림 3] 데이터의 과거/현재/미래
출처 : NIA, 새로운 미래를 여는 빅데이터 시대(2013)

※ 통계학적으로 봤을 때 표본이 많아지면 표본오차가 작아지고, 증거 데이터가 많을수록 이론은 더욱 정교화되고 탄탄해질 수 있음

　IT 패러다임의 변화는 데이터의 양적 팽창을 가져왔으며, 데이터 범람이 새로운 기회와 편익을 창출해내기 시작하였다. 빅데이터의 가치는 미래의 변화를 읽을 수 있는 클라우드 환경, 만물 지능 통신환경에서 빅데이터 분석과 해석 기술이 경제적 가치를 창출하고 사회적 문제를 해결하는 새로운 데이터 가치사슬을 형성하게 된다.

---

[1] 증거 기반 경영이란 미약한 통념, 관행, 경험, 벤치마킹 대신 과학적으로 입증된 증거에 입각해 의사결정을 내리는 경영 방식이다.

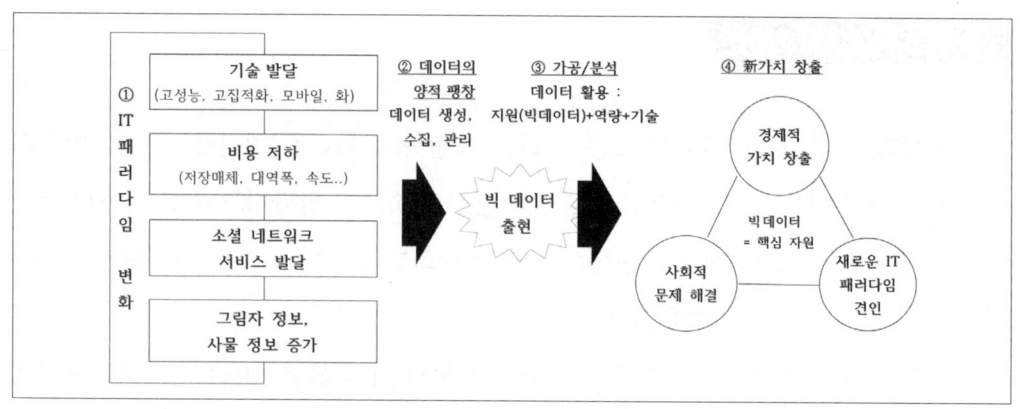

[그림 4] 빅데이터의 출현과 新가치 창출의 흐름
출처 : NIA, 새로운 미래를 여는 빅데이터 시대(2013)

빅데이터 환경

이제 기업은 빅데이터를 활용함으로써 고객의 행동을 미리 예측하고 대처방안을 마련하여 기업경쟁력을 강화하며, 생산성 향상 및 비즈니스 혁신을 가능하게 한다. 그리고 공공기관에서도 시민이 요구하거나 필요로 하는 서비스를 제공하기 위한 기회로 활용할 수 있고, 이를 통해 사회적 비용 감소와 더불어 공공 서비스 품질 향상을 기대할 수 있다. 그렇다면 빅데이터 환경의 특징은 무엇일까?

구 분	과거 환경	빅데이터 환경
데이터	• 정형화된 수치 자료 중심	• 비정형의 다양한 데이터 • 문자 데이터(SMS, 검색어) • 영상 데이터(CCTV, 동영상) • 위치 데이터
하드웨어	• 고가의 저장 장치 • 데이터베이스 • 대규모 데이터 웨어하우스(Data Warehouse)	• 클라우드 컴퓨팅 등 비용 효율적인 장비 활용 가능
소프트웨어 분석 방법	• 관계형 데이터베이스(RDBMS) • 통계 패키지(SAS, SPSS) • 데이터 마이닝(Data Mining) • Machine learning, Knowledge Discovery	• 오픈소스 형태의 무료 소프트웨어 • NoSQL, Hadoop, Cassandra, MapReduce • 오픈 소스 통계 솔루션(R) • 텍스트 마이닝(Text Mining) • 온라인 버즈 분석(Opinion Mining) • 감성 분석(Sentiment Analysis)

[표 2] 빅데이터 환경의 특징
출처 : 정보통신정책연구원 정용찬 외, 빅데이터 산업 촉진 전략 연구 _ 해외 주요국 정부 사례를 중심으로(2014.11)

빅데이터는 향후 비즈니스의 모습, 나아가 산업 구조까지 바꿀 정도의 잠재력을 가진 산업이고 기업들은 빅데이터 분석을 통해 소비자의 취향과 행동 등 다양한 변화를 실시간으로 감지하여 새로운 비즈니스 모델 발굴에 주목하고 있다. 또한 빅데이터 시대에는 스스로 학습을 통해 맥락(패턴)을 구성하는 인공지능(AI)적 접근이 필요한 시점이다.

빅데이터 시장

최근 몇 년간 IT 시장에서 주목받았던 빅데이터와 분석기술 분야가 투자 대비 효과를 보이고 있는 만큼 기업의 성장 전략 및 내부 운영에 빅데이터를 효과적으로 활용할 것으로 예상되고 빅데이터를 위한 클라우드 플랫폼 도입과 전문 분석 서비스에 대한 관심이 높아지고 있다.

DaaS[2]와 같은 새로운 빅데이터 공급체계가 주목받고 있으며, 앞으로는 데이터 자체보다는 데이터를 통해 가치를 창출해내는 분석기술과 서비스에 더 집중될 것으로 전망된다.

기존의 글로벌 IT 솔루션 기업들인 IBM, Oracle, EMC, SAS, Teradata 등은 자신의 솔루션에 하둡(Hadoop)을 통합하여 하둡 앱 라이선스를 제공하고 있다.

그리고 빅데이터를 전문적인 사업 영역으로 삼고 있는 기업들의 매출액 및 시장 점유율이 높은 기업으로는 Vertica, Aster Data, Splunk 등이 있다. 해당 기업들은 빅데이터 관련 정보 관리 및 분석 기술면에서 새로운 시도로 주목받고 있는 업체로 거론되고 있으며, 국내 ICT 시장에서 차지하는 비중이 커질 것으로 전망된다.

---

2 DaaS(Data as a Service)는 클라우드 서비스 공급자가 사용자에게 가상화된 데스크 톱을 아웃소싱 형태로 전달하는 서비스이다.

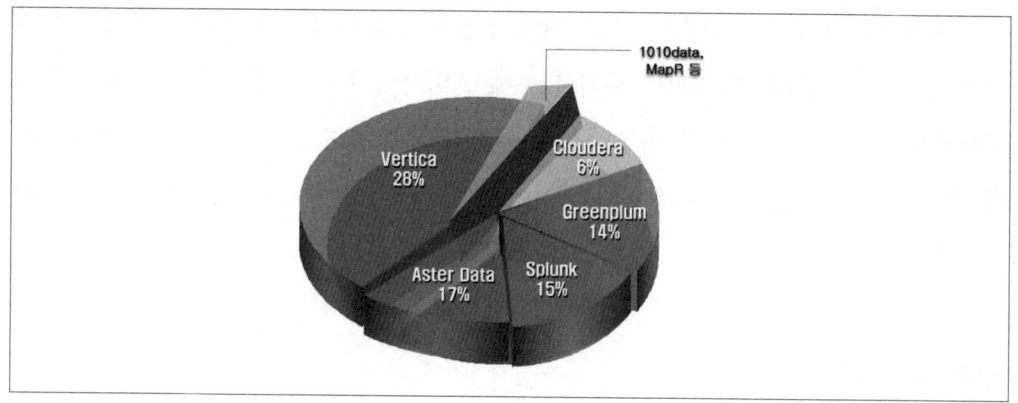

[그림 5] Big Data Pure-Play Market Share
출처 : Wikibon(2012)

빅데이터 활용 희망도 조사

최근 대한상공회의소에서 2014년 조사한 결과에 의하면 빅데이터를 실질적으로 도입할 수 있는 250명 이상 사업체의 도입률은 6.1%에 불과하고(한국정보화진흥원, 2014), 활용 기업이 7.5%, 향후 활용 계획이 있는 기업은 10.9%로 나타났다.

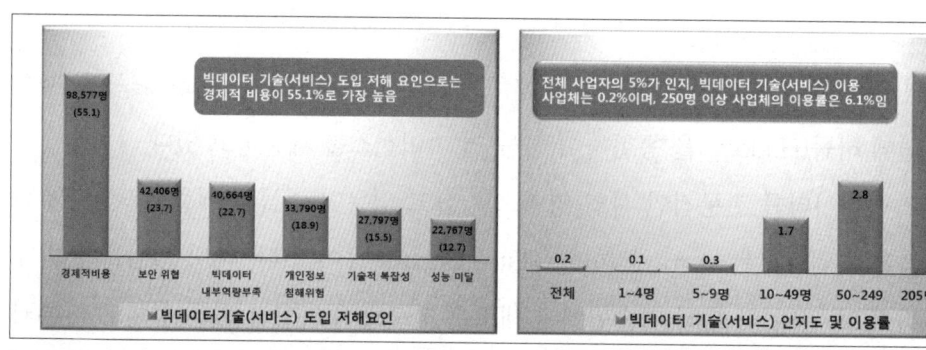

[그림 6] 빅데이터 도입율 및 저해요인
출처 : 한국정보화진흥원 김성현, 빅데이터 사업으로 본 빅데이터 발전 방향 글로벌 빅데이터 사례와 시사점(2015.5)

또한 K-ICT 빅데이터 센터에서 조사한 자료(2015)에 의하면, 빅데이터의 활용 핵심 분야는 고객 관리이고 비즈니스 리더의 89%는 빅데이터를 인터넷으로 인한 마케팅 혁명 때와 같은 방식으로 비즈니스 운영에 혁명을 가져다줄 것으로 판단한다. 또한 비즈니스 리더의 85%는 빅데이터가 사업을 영위하는 방식을 크게 바꿀 것이라고 믿고 있으며, 79%는 빅데이터를 활용하지 않으면 경쟁력을 잃게 될 것이라는 점에 공감을 표시하였다.

그뿐만 아니라, 제품 개발 프로세스를 혁신하는 데도 큰 효과가 있을 것으로 평가되었으며(26%), 조직 운영 혁신 분야에서의 활용이 세 번째로 평가(15%)되고 있다.

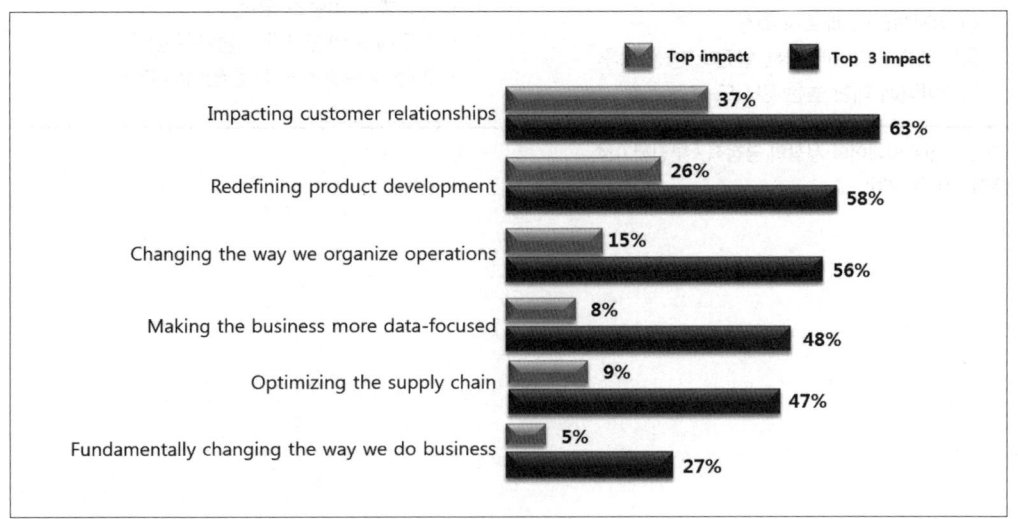

[그림 7] 향후 5년간 가장 큰 변화가 나타날 수 있는 빅데이터 분야
출처 : Accenture(2015)

이제 빅데이터 산업은 글로벌 비즈니스에서 전통적인 산업을 혁신적으로 이끌어 나갈 것이라는 평가를 받고 있으며, 해외에서는 실제적인 활용 성공 사례가 늘어나고 있다.

기업들이 생성하는 데이터양이 기하급수적으로 확대되고 있으며, 데이터 생성 속도 또한 과거와 비교하여 급격한 증가세를 나타내고 있어 빅데이터 처리 및 분석의 성능이 고도화되면서 이에 대한 수요 급증이 예상된다.

그러나 국내에서는 한정적인 데이터를 분석하고 있어 빅데이터의 대용량 데이터 활용이라는 기본 전제가 뒷받침되기 어렵기 때문에 시장 성장의 장벽이 존재할 것이라는 의견도 있다. 이런 측면에서 국내 빅데이터 시장의 긍정적·부정적 이슈를 살펴보면 다음과 같다.

긍정적 측면	부정적 측면
• 기업 내 대량의 데이터 축적 • 전략적이고 빠른 의사결정 지원 · 최적 • 소셜 사물인터넷(IOT) 산업의 급격한 확대 • e비즈니스 이후 새롭고 강력한 Market Impact • 비즈니스 지향의 강력한 Tool • 전 세계적으로 빠르게 확산 • 창의적 아이디어에 따른 발전 가능성 농후 • 빅데이터에 대한 높은 인지도	• 분석할 만한 데이터의 부족 • 개인정보보호법의 강력한 제한 • 빅데이터 도입의 효과 의문 • 데이터 거래 시장의 부재 • 산업별 레퍼런스 부족 • 프로세스 혁신보다 기능단위 접근 • Data Scientist 등 전문 인력의 부족

[표 3] 국내 빅데이터 시장의 긍정적 · 부정적 이슈
출처 : KRB(2015)

3절 | 빅데이터 역할과 활용

빅데이터 역할

빅데이터는 일상생활과 업무 활동에 큰 영향을 미칠 수 있고, 복잡한 것은 물론 일반적인 것들도 모두 영향을 줄 수 있다.

가령, 교통 체증은 필요악처럼 널리 인식되고 있다. 하지만 교통 체증이 크게 줄어들거나 심지어 사라진다고 생각해 보면, 이로 인해 스트레스와 시간이 엄청나게 줄어들 수 있다.

분야	효과	원동력
 출퇴근	교통 혼잡 감소 대기시간 단축	❖ 교통 흐름에 대한 사전 분석 ❖ 실제 교통 데이터가 교통 신호 타이밍을 실시간으로 조절
 가족생활	함께 즐거운 시간을 더 많이 보냄	❖ 가정에 필요한 것을 더 효과적으로 검색, 발견, 모니터링, 관리 및 요금 절감
 건강	더 오래 더 건강하게 생존하기	❖ 맞춤형 치료 개발 ❖ 신속한 질환 발견과 억제
 지갑	개인 정보에서 수익 창출	❖ 여러 소스(은행, 공공기관 등) 데이터를 쉽게 관리 ❖ 개인 데이터를 완벽하게 통제하고 수익 창출
 세계	모두가 더 살기 좋은 세상	❖ 세계적인 온난화의 둔화 (원인 파악 및 모니터링) ❖ 아동 비만 억제(영양 프로그램)

[그림 8] 빅데이터의 관련성
출처 : Cisco IBSG, 2012[(Bill Gerhardt, Kate Griffin, Roland Klemann, 분열된 빅데이터 분석 세계에서의 가치 발견 정보 중개인이 새로운 데이터 생태계를 만들어 내는 방법, CISCO(2012.6)]

빅데이터는 불확실성, 리스크, 스마트, 융합 등 미래사회의 특성에 대응하는 역할을 수행하며, 기회 요인을 창출하는 핵심 엔진으로 작용한다. 또한 성공적인 빅데이터 활용을 위해서는 연결과 협력, 창의적 인력, 신뢰 환경 등의 과제가 선행되어야 한다.

무엇보다도 빅데이터의 핵심 역량은 창의적 인력 양성 측면에서 다학제적 이해와 통합적 사고, 직관력 등을 갖춘 데이터 사이언티스트의 양성이 요구되고, 데이터 신뢰 환경의 구축을 통한 개인 프라이버시를 위한 기법의 도입과 데이터 자원의 결합과 협력 촉진을 위한 신뢰 기반 형성이 중요하다.

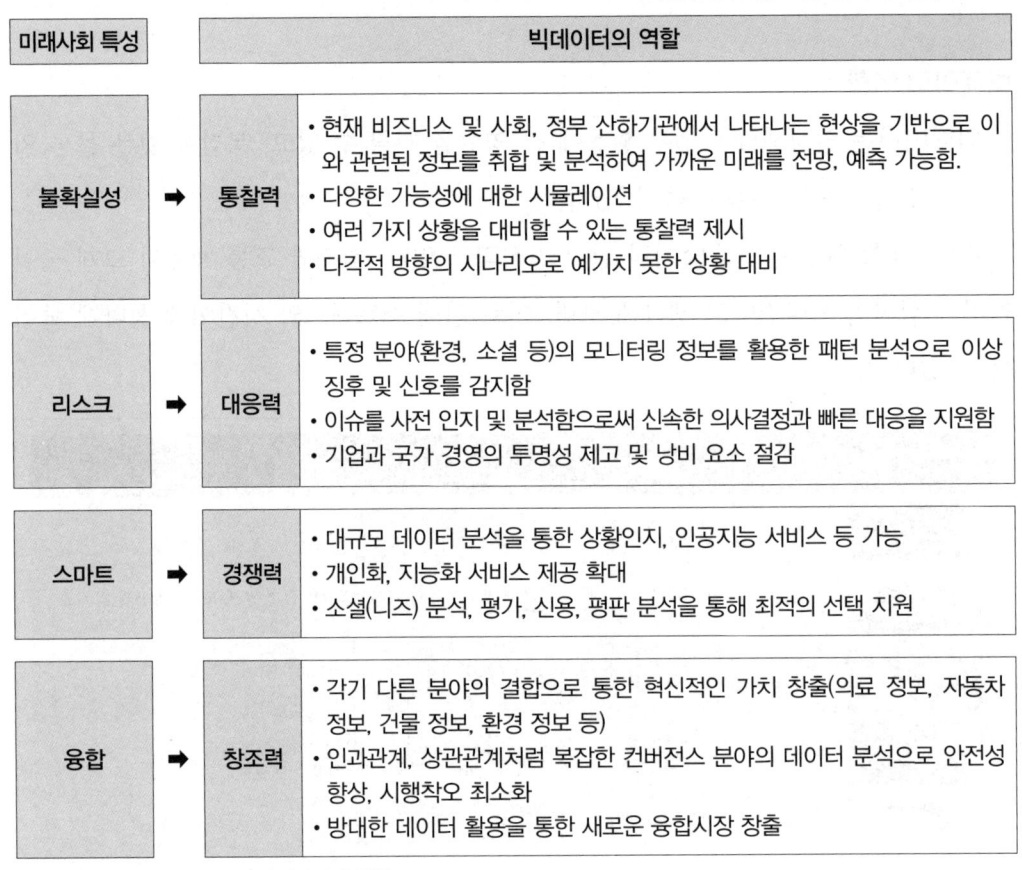

[그림 9] 미래사회의 특성과 빅데이터의 역할
출처 : NIA, 새로운 미래를 여는 빅데이터 시대(2013)

이와 더불어 빅데이터의 가공과 분석에 따라 상황인식, 문제해결, 미래전망이 가능해지고, 데이터가 경제적 자산과 경쟁력의 척도로 주목받는 것이다. 즉, 지능화, 개인화 등 4차 산업 혁명 시대의 주요 패러다임 선도를 위해서는 빅데이터 활용이 핵심이며, 그 수준이 경쟁력과 성패를 좌우하게 된다.

빅데이터 활용 요소

성공적인 빅데이터 활용을 위해서는 데이터의 자원화, 데이터를 가공하고 분석·

처리하는 기술, 데이터의 의미를 통찰하는 인력 등 3가지 분야의 전략 수립이 필수적이다.

① 자원 : 활용할 수 있는 빅데이터 발견하기
- 주어진 빅데이터를 관리 · 처리하는 측면과 함께 활용할 수 있는 외부 빅데이터 자원을 발견하고 확보하는 전략 수립
- 데이터의 품질은 데이터 활용에 중대한 영향을 미치므로 데이터 관리 체계 및 데이터의 신뢰성 확보가 중요함
- 빅데이터의 품질관리는 기존의 데이터 품질 요소인 정확성, 완전성, 적시성, 일관성 등의 측면에서 데이터 사용 목적에 따라 데이터 정확성의 기준을 다르게 적용해야 함

구분	단계	방법
1단계	생성, 저장	• 조직의 독자적인 데이터 생성, 저장 중심의 단계 • 외부 데이터는 인터넷을 통한 수집(검색) 가능 • 데이터의 신뢰성과 품질 제고
2단계	연계, 공유	• 기업의 데이터를 외부 기관들과 상호 교환
3단계	참여, 협력	• 특정한 활동이나 목적을 위해 모인 연합, 그룹, 클럽들이 상호 협력과 공동의 장 형성(집단) • 표준화된 데이터 풀(pool)의 연계를 통해 국경을 초월한 정보 교환과 상호 이용 가능
4단계	오픈, 창조	• 오픈 플랫폼을 통한 데이터 공유 • 상호 협력과 참여를 통해 공동의 자원 창조

[표 4] 데이터 자원 확보 단계

② 기술 : 빅데이터 프로세스와 신기술 이해하기
- 조직과 기업의 혁신 전략으로 적용할 수 있도록 빅데이터 플랫폼, 빅데이터 분석 기술 및 데이터 분석 기법에 대한 이해 요구

구 분	기술 이슈
저장	비관계형/비정형 데이터베이스, 가상화, 클라우드 서비스
검색	자연어/음성·영상/시멘틱 검색 서비스
공유	플랫폼, 소셜네트워크, 집단지성
분석	빅데이터 분석 (소셜 분석, 고급 분석, 비즈니스 분석 및 최적화(BAO), 시각화)
추천	상황 인식 서비스(미래 전망, 사전 대응, 자동화 서비스), 개인화 서비스, 인공지능 서비스 등

[표 5] 스마트 시대 빅데이터 기술 이슈

- 대표적인 기술로는 하둡(Hadoop), 데이터 저장, 관리 기술에는 NoSQL, 분석 기술에는 데이터 마이닝, 기계 학습, 자연어 처리, 패턴 인식, 소셜네트워크 분석, 시각화 기술 등이 있음

③ 인력 : 데이터 사이언티스트 역량 키우기
- 조직의 차원에서 인재를 확보하기 위해 내부 역량 강화 및 외부 협력 전략 수립
- 데이터 분석 기술과 모델링 기법을 사용하여 통찰력 있는 결론을 발견해 내는 일을 하는 인재 필요
- 데이터 과학자 업무 역량
    - 데이터 관리(Data Management) : 데이터에 대한 이해
    - 분석 모델링(Analytics Modeling) : 분석론에 대한 지식
    - 비즈니스 분석(Business Analysis) : 비즈니스 요소에 초점
    - 소프트 스킬 : 커뮤니케이션(Communication), 협력(Collaboration), 리더십(Leadership), 창의력(Creativity), 규율(Discipline), 열정(Passion)

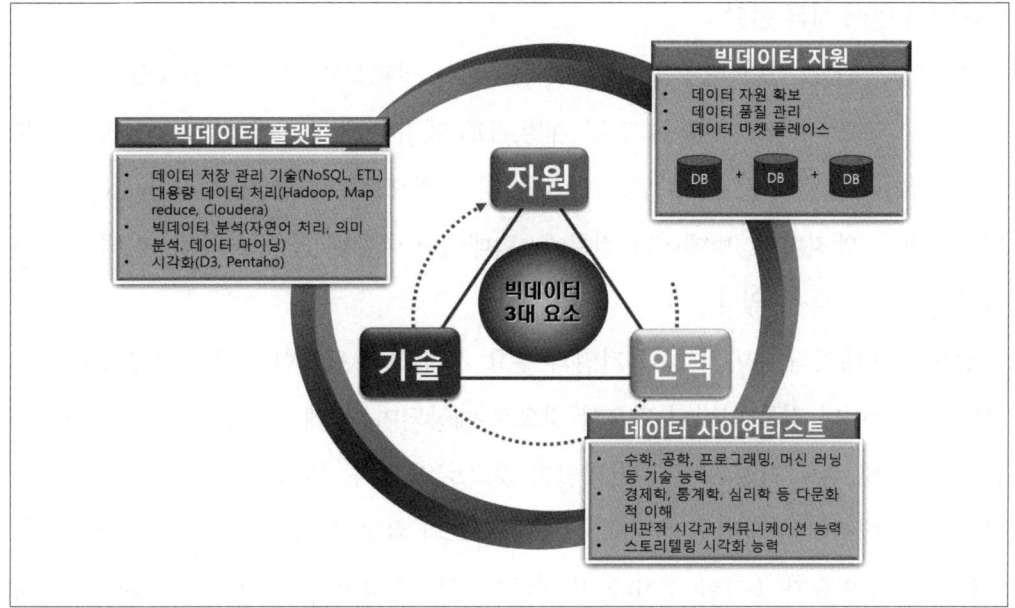

[그림 10] 빅데이터 활용을 위한 3대 요소
출처 : NIA, 새로운 미래를 여는 빅데이터 시대(2013)

4절 | 빅데이터 인력 시장 현황

빅데이터 산업 활성화 수준

　최근 빅데이터 시장 현황 조사(미래창조과학부), 2015년 자료에 의하면, 기업에서 빅데이터 도입을 위한 움직임이 빠르게 변화하고 있으나, 실질적인 투자 계획이나 빅데이터의 필요성과 현업의 관심은 크게 변화를 보이지 못한 상황이라고 한 바 있다. 그러면서 '종사자 300명 이상 기업이 300명 이하 기업보다 전반적으로 활성화 수준이 높은 것으로 조사되었으며, 의료 업종의 경우 빅데이터 필요성 인식 및 관심도가 높은 수준이나 업종에 특화된 빅데이터 성공사례 부족, 의료 정보 및 개인 정보의 규제로 인해 실질적인 투자 및 전담 조직 구성은 낮은 수준으로 나타났다'고 하였다.

빅데이터 인력 시장 현황

빅데이터 관련 인력 현황을 직무로 구분해서 살펴보면 먼저 일반 DB 인력으로 DBA, DA, DB 개발자, DW 설계 및 개발, DB 엔지니어, DB 컨설턴트, 일반 DB 분석사, 데이터 입력자로 볼 수 있고, 빅데이터 인력으로는 하둡(Hadoop) / NoSQL / MapReduce 엔지니어, 빅데이터 전문가, 빅데이터 마케터 및 기술영업, 빅데이터 컨설팅 등으로 나뉠 수 있다.

앞으로 빅데이터 분야의 공급 기업과 수요 기업 모두 필요한 인력은 일반 DB 인력보다는 빅데이터 전문 인력이 필요할 것으로 예상되며, 빅데이터 인력에 대한 채용은 공급 기업 및 수요 기업 모두에서 활발할 것으로 보인다. 특히 빅데이터 인력은 단순한 부서별 데이터 분석에서 전사 혹은 그룹사로의 확장이 이루어져 수요 기업에서의 인력 수급의 필요가 증가할 것이나, 빅데이터 실무 경험이 있는 인재가 소수에 불과하여 인력수급 문제가 향후 빅데이터 시장에서의 중요한 이슈로 대두될 수 있을 것이다.

특히, 가까운 미래에는 분석 서비스의 수요가 늘어날 것으로 보이는데 분석 서비스의 경우 고난이도 분석이 많고 전반적인 프로젝트에 대하여 이해하고 수행할 수 있는 고급 수준의 인력에 대한 필요가 증가할 것이다.

향후 빅데이터 전문 인력은 빅데이터 시장 현황 조사(미래창조과학부, 2015년) 자료에 의하면, 2015년 빅데이터 전문 인력이 100개사 응답 기준 918명으로 나타나고 있으나, 2018년에는 빅데이터 전문 인력이 2015년 대비 약 2.2배 증가한 2,030명 수준의 인력으로 운영되어야 한다는 결과로 나타났다.

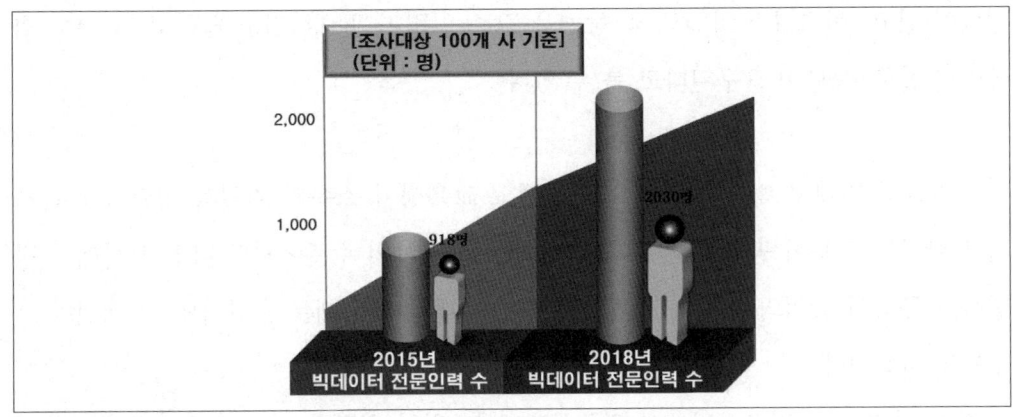

[그림 11] · 국내 빅데이터 전문 인력 현황
출처 : 2015년 빅데이터 시장 현황 조사(미래창조과학부)

    기업에서 필요로 하는 전문 인력은 빅데이터 분석가, 하둡(Hadoop)/NoSQL/MapReduce 엔지니어, 빅데이터 기술영업 및 마케터의 순으로 필요하며, 이는 시장 초기에서의 솔루션 개발 및 영업에 대한 중요성으로 엔지니어, 기술영업의 인력이 비중이 높은 것으로 분석된다.

    이러한 이유는 빅데이터 시장의 성숙으로 데이터 분석 수요가 증가하면서 빅데이터를 분석할 수 있는 분석가의 수요가 증가할 것이며, 빅데이터 컨설팅에 대한 수요 기업의 요구도 증가하여 빅데이터 컨설팅 인력에 대한 채용도 늘어날 것으로 전망되고 있다.

    국내 빅데이터 전문 인력의 구성에서 가장 높은 비중을 나타내는 직종은 시스템통합(SI)의 경우 빅데이터 컨설팅 인력, 국내 빅데이터 전문 기업의 경우 하둡(Hadoop)/NoSQL/MapReduce 엔지니어, 외국계 기업의 경우 빅데이터 분석가이며, 국내 빅데이터 전문 기업은 아직 솔루션 개발 위주의 공급 기업이 많아 엔지니어에 대한 수요가 높다. 반면, 외국계 기업들은 성숙한 빅데이터 시장의 영향력으로 데이터 분석가의 비중이 높게 나타나고 있는 것으로 보인다.

    미래의 빅데이터 인재는 데이터 분석이 가능하며 IT 등 빅데이터 기본 지식을 갖춘 경력이 있고, 비즈니스 마인드 및 능력을 갖춘 인력이 필요하다고 답하고 있으며, 빅데이터 실무 능력이 요구된다고 볼 수 있다.

이러한 측면에서 빅데이터 교육 과정에도 교육생이 소속된 기업과 명확하게 목표가 부합하는 교육이 필요한데, 교육을 진행하는 강사의 수준에서도 다양한 사례를 경험하지 못하여 강의의 수준이 떨어지는 경우도 발생하기 때문에 강사의 질 개선이 요구되는 시점이다.

정부 및 기관과 민간기업에서 진행하고 있는 취업 희망자 대상의 빅데이터 교육이 현업에서 이용될 수 있도록 개선이 필요하며 재직자 교육에도 일반적인 교육 과정보다는 구체적으로 빅데이터와 관련된 데이터와 분석이 이루어지는 실무과정의 실기 교육이 강조되어야 할 것이다.

> **Tip 포인트**
>
> 1. 빅데이터는 데이터의 양만 많은 것이 아니라 그 종류도 다양해지고 있으며, 정형화된 데이터뿐만 아니라 비정형화된 데이터도 증가함에 따라 이들의 활용에 대해 전략적 접근이 필요하다.
> 2. 빅데이터는 불확실성, 리스크, 스마트, 융합 등 미래사회의 특성에 대응하는 역할을 수행하고, 빅데이터 활용을 위해서는 자원, 기술, 인력이 요구된다.
> 3. 빅데이터 글로벌 IT 솔루션 기업은 IBM, Oracle, EMC, SAS, Teradata 등이 있고, 자신의 솔루션에 하둡(Hadoop)을 통합하여 하둡 어플 라이선스를 제공하고 있다.

연습문제

01 정보사회 패러다임을 설명하시오.

02 빅데이터의 중요성 3가지를 설명하시오.

03 빅데이터 환경의 특징을 데이터 측면과 하드웨어 측면, 분석방법 측면으로 설명하시오.

04 빅데이터 시장의 긍정적인 측면과 부정적인 측면을 설명하시오.

05 성공적인 빅데이터를 활용하기 위한 3가지 요소를 설명하시오.

06 다음 빅데이터 등장 배경의 설명 중 잘못된 것은?
① 스마트폰, SNS, 사물인터넷(IOT) 확산에 따라 데이터가 폭증하며 빅데이터는 ICT 분야의 새로운 패러다임이자 신성장동력으로 급부상하고 있다.
② 대규모 자료의 수집, 분류, 체계화, 분석을 위한 도구 등을 포괄하는 용어로 빅데이터란 개념이 등장하게 되었다.
③ 스마트 디바이스와 소셜미디어 등장 등 다양한 채널의 등장으로 대량의 정보가 생산 유통됨으로써 빅데이터에 대한 관심이 늘어나고 있다.
④ 빅데이터는 비정형화된 데이터를 처리하기 위한 새로운 개념이다.

07 빅데이터 시대의 환경에 대한 설명 중 잘못된 것은?
① 스마트 혁명을 통하여 정보의 양과 질이 급성장하였다.
② 양과 질이 확보된 데이터에서 정보를 생성해 경쟁력을 높이려는 기업의 데이터 분석 수요가 증가하고 있다.
③ 컴퓨팅 기술의 발전과 기존 ICT 디바이스 시장 포화에 따른 신규 시장 창출의 필요성이 복합적으로 작용한다.
④ 빅데이터는 공공기관에서 제공하는 오픈데이터를 중심으로 활용한다.

08 빅데이터의 장·단점 설명으로 잘못된 것은?

① 기업 내 대량의 데이터를 축적할 수 있지만 분석할 만한 데이터가 부족한 편이다.
② 전략적이고 빠른 의사결정을 지원한다.
③ 모든 기업이 빅데이터 도입을 통해 높은 성과를 얻고 있다.
④ 데이터 분석사(Data Scientist)와 같은 전문 인력이 부족하다.

09 빅데이터의 설명으로 잘못된 것은?

① 데이터는 불확실성, 리스크, 스마트, 융합 등 미래사회의 특성에 대응하는 역할을 수행하고, 빅데이터 활용을 위해서는 자원, 기술, 인력이 요구된다.
② 빅데이터를 활용하여 사회현상과 현실 세계의 데이터를 기반으로 한 패턴 분석과 미래를 전망할 수 있다.
③ 빅데이터를 활용하여 기업과 국가 경영의 투명성 제고와 낭비 요소를 절감할 수 있다.
④ 데이터 분석사는 기존의 데이터베이스 관리자가 담당하게 된다.

10 빅데이터 산업기술에 대한 설명으로 잘못된 것은?

① 빅데이터 글로벌 IT 솔루션 기업은 IBM, Oracle, EMC, SAS, Teradata 등이 있고, 자신의 솔루션에 하둡(Hadoop)을 통합하여 하둡(Hadoop) 앱 라이선스를 제공하고 있다.
② 빅데이터의 대표적인 기술로는 하둡(hadop), 데이터 저장, 관리 기술에는 NoSQL, 분석 기술에는 데이터 마이닝, 기계 학습, 자연어 처리, 패턴 인식, 소셜네트워크 분석, 시각화 기술 등을 들 수 있다.
③ 빅데이터 시장의 성숙으로 데이터 분석 수요가 증가하면서 빅데이터를 분석할 수 있는 분석가의 수요가 증가할 것이다.
④ 데이터 분석가는 수학과 공학의 능력이 필요한 이공계열 전공자만 가능하다.

빅데이터 정의 및 특성

1. 빅데이터의 정의를 이해하고, 대규모 데이터와 관계된 기술 및 도구에 대해 이해한다.
2. 빅데이터의 빠른 의사결정, 비정형 데이터 활용도, 동시 처리량 등의 특징을 이해한다.
3. 빅데이터는 수집 데이터의 형태(정형화 정도)에 따라 정형, 반정형, 비정형 데이터로 분류할 수 있다.

1절 | 빅데이터 개념

빅데이터 정의

'빅데이터(Big data)란 기존 데이터베이스 관리 도구로 데이터를 수집, 저장, 관리, 분석할 수 있는 역량을 넘어서는 대량의 정형 또는 비정형 데이터 집합 및 이러한 데이터로부터 가치를 추출하고 결과를 분석하는 기술을 의미한다.' (위키백과)

맥킨지(McKinsey)사는 '빅데이터를 일반적인 데이터베이스 소프트웨어가 수집, 저장, 관리, 분석할 수 있는 범위를 초과하는 대규모의 데이터'로 일반적 데이터베이스 SW가 저장, 관리, 분석할 수 있는 범위를 초과하는 규모의 데이터라고 정의하였다.

IDC(International Data Corporation)는 빅데이터 기술을 '다양한 데이터로 구성된 방대한 양의 데이터로부터 고속 캡처, 데이터 탐색 및 분석을 통해 경제적으로 필요한 가치를 추출할 수 있도록 디자인된 차세대 기술과 아키텍처'라고 정의하였다. 즉, 빅데이터를 특징짓는 가장 큰 부분은 기존 기술로는 처리하기 어려운 정형 및 비정형 데이터가 다양한 형태로 혼재된 복잡도 높은 대용량 데이터를 신속하게 처리할 수 있으며, 이를 기반으로 고급분석과 예측 등을 통한 새로운 차원의 서비스 창출이 가능한 부분인 것이다.

한편, 메타그룹(가트너)의 애널리스트 더그 레이니(Doug Laney)는 2011년 그의 연구 보고서와 관련한 강의에서 데이터 급성장에 따른 이슈와 기회를 데이터의 양(Volume), 데이터 입출력의 속도(Velocity), 데이터 종류의 다양성(Variety)이라는 세 개의 차원으로 정의하였으며, 3V 모델은 이후 가장 널리 사용되는 빅데이터의 정의로 사용되고 있다. 최근 이에 더해, IBM은 정확성(Veracity)이라는 요소를 더해 4V를 정의하였고, 브라이언 홉킨스(Brian Hopkins) 등은 가변성(Variability)을 추가하여 4V로 정의하기도 하였다.

그리고 가트너(Gartner) 사는 향상된 시사점과 더 나은 의사결정을 위해 사용되는 비용 효율이 높고 혁신적이며 대용량 고속 및 다양성의 특성을 가진 정보 자산이라고 하였다.

또한 국내 삼성경제연구소(2012)는 기존의 관리 및 분석 체계로는 감당할 수 없을 정도의 거대한 데이터의 집합을 지칭하며, 대규모 데이터와 관계된 기술 및 도구(수집, 저장, 검색, 공유, 분석, 시각화 등)를 포함한다고 하였다.

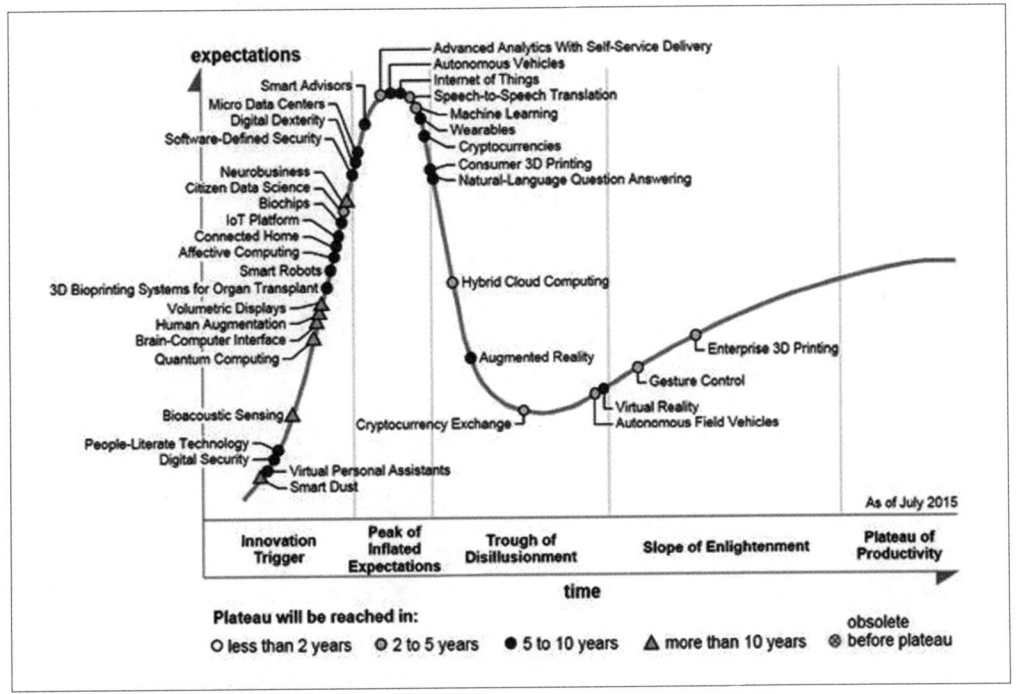

[그림 1] 2011년도 가트너의 이머징 기술 하이프 사이클(Hype Cycle)
출처 : Gartner(2011), 'Hype Cycle for Emerging Technologies, 2011'

처음에 빅데이터의 정의는 기술적인 측면에서 출발하였으나 빅데이터의 가치와 활용 효과 측면으로 의미가 확대되는 추세이므로 빅데이터를 단순한 정량적인 차원에서 접근해서는 안 된다. 또한 지속적으로 변하면서 산업별, 시장별 구분에 따라 다르게 적용되기 때문에 특정 규모(Big Volume) 이상을 빅데이터로 지칭하기보다는 원하는 가치(Big Value)를 얻을 수 있는 정도로 해석할 수 있다.

한편에서는 빅데이터를 정량적인 한계치 차원에서 파악해서는 안 되고, 다양한 데이터로 구성된 방대한 볼륨의 데이터로부터 고속 캡처, 데이터 탐색 및 분석을 통해 경제적으로 필요한 가치를 추출할 수 있도록 디자인된 차세대 기술과 아키텍처 관점이 포함되는 것으로 정의하기도 한다.

2절 | 빅데이터 특징

기존 데이터 처리와의 차이점

시장 조사기관 가트너(Gartner) 사의 'Big Data Analytics'에 따르면 기존 데이터 처리와 빅데이터 처리에 대해 다음과 같은 차이점을 설명하였다.

① 빠른 의사결정이 상대적으로 덜 요구된다.

> 대용량 데이터를 기반으로 한 분석은 장기적이고 전략적이며 계속된 접근이 필요하다. 하지만 기존의 데이터는 문제에 대한 직접적인 데이터에 의해 즉각적인 처리 속도가 특징이다. 따라서 기존의 데이터에 따른 빠른 의사결정과는 달리 빅데이터는 상대적으로 의사결정이 느리다고 볼 수 있다.

② 프로세싱의 복잡도가 높다.

> 다양한 데이터, 복잡한 로직 처리, 대용량 데이터 처리 등으로 인해 프로세싱의 복잡도가 매우 높으며, 이를 해결하기 위해 통상적으로 분산 처리 기술이 필요하다.

③ 처리할 데이터양이 방대하다.

> DBMS가 저장, 관리, 분석할 수 있는 범위를 초과하는 규모의 데이터이고, 기존 방법과 비교해 처리해야 할 데이터양은 방대하다.

④ 비정형 데이터의 비중이 높다.

> 로그 데이터, 구매 기록 등 정형 데이터와 소셜미디어, 위치, 센서, 콜센터 로그, 통신 CDR 로그 등 비정형 데이터까지를 대상에 포함한다. 이러한 비정형 데이터 파일의 비중이 높아 프로세싱의 복잡성을 증대시키는 요인이기도 하다.

⑤ 처리/분석 유연성이 높다.

> 정의된 데이터 모델/상관관계/절차 등이 없어 기존 데이터 처리 방법보다 처리/분석의 유연성이 높은 편이며, 새롭고 다양한 처리 방법의 수용을 위해 유연성이 기본적으로 보장된다.

⑥ 동시 처리량이 낮다.

> 대용량 및 복잡한 처리를 특징으로 하고 있어 동시에 처리가 필요한 데이터양은 낮으나, 다양한 데이터들의 관계를 처리하는 데 유용하다. 또한 실시간 처리가 보장되어야 하는 데이터 분석에는 적합하지 않다.

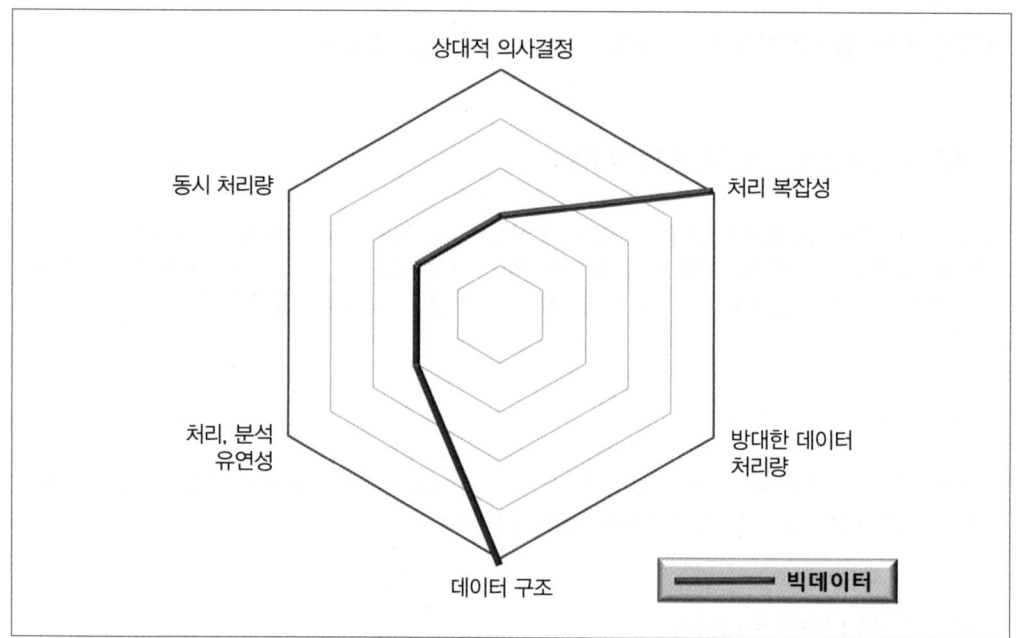

[그림 2] 빅데이터 분석의 기술적 특징
출처 : Gartner, Inc(2011)

빅데이터 3V 특징

2011년 메타그룹(현 카트너)의 애널리스트 더그 레이니(Doug Laney)는 빅데이터를 3가지 특징을 가지고 있어 3V라 정의하였다. 첫 번째로 데이터의 양을 의미하는 규모(Volume), 두 번째로 데이터의 생성속도를 의미하는 속도(Velocity), 세 번째로 데이터의 유형을 의미하는 다양성(Variety)이라 한다. 이후 IBM이 진실성(Veracity)이라는 요소를 더해 4V를 정의했고, 이후에 시각화(Visualization)와 가치(Value)가 추가로 정의되면서 6V까지 확장되었다.

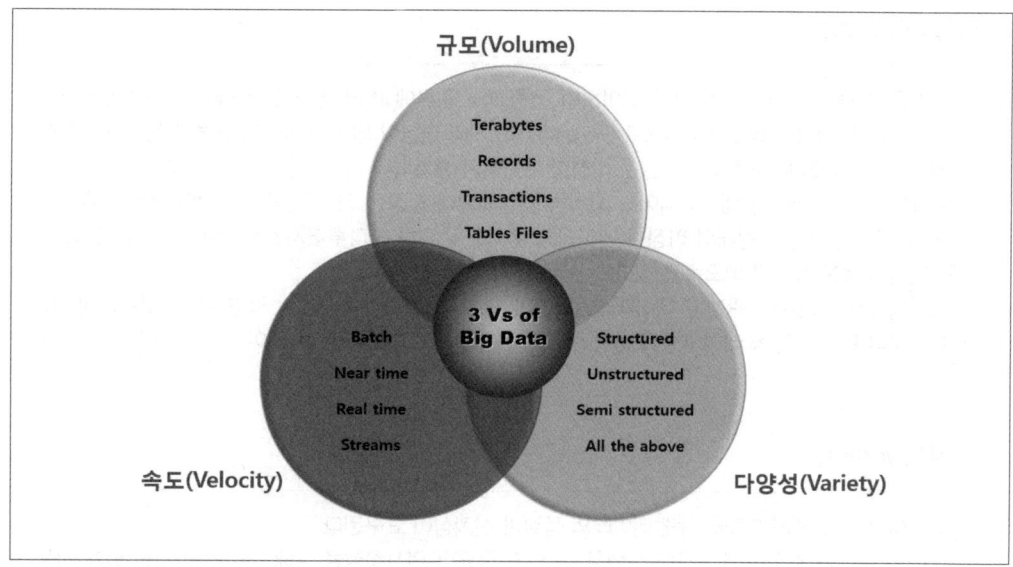

[그림 3] '빅데이터'의 3V 모델

① 규모(Volume)

- 시스템의 데이터 크기, 데이터 처리 용량, 축적된 양을 의미한다.
- 기하급수적으로 데이터가 생성되고 이를 수집, 저장, 처리하기 위한 기술이 빅데이터의 핵심 역량이 되기 때문에 대용량 데이터의 규모는 중요한 속성이 된다.
- 빅데이터의 크기는 움직이는 표적으로 수십 테라바이트(Terabyte, TB)에서 수 페타바이트(Petabyte, PT)까지 다양하다. 과거보다 데이터의 규모가 더욱 증가했다. 이는 여러 개별 요소들의 방대한 소스 데이터(Raw Data : Source Data 또는 Atomic Data라고도 함)의 집합이다.

② 속도(Velocity)

- 기존의 일괄적인 데이터 처리와 달리 빠른 데이터 생산과 유통 속도 및 이에 대한 실시간 분석과 처리의 중요성이 빅데이터의 속도적 특성이다. 즉, 스트리밍, SNS(Social Network Service) 등 실시간성 데이터가 계속적으로 생성되고, 분석 결과를 실시간으로 활용하는 것을 추구한다. 또한 실시간적인 데이터 처리 및 분석 능력과 실시간적인 쌍방향 커뮤니케이션 능력을 모두 포함한다.
- 과거 일정 기간 취합된 데이터를 분석할 경우 데이터가 생성된 시점에서 분석이 이뤄지는 데는 시차가 작용하지만, 실시간 유입되는 데이터의 경우 시차가 거의 없이 실시간 상황을 바로 분석해 현상을 파악한다는 데 의미가 있다.
- 데이터를 생성하거나 수집 및 통합하고 분석하며 활용하는 모든 단계에 있어서 속도가 중요하다. 궁극적으로 빅데이터에서는 분석 결과를 실시간으로 활용하는 것을 추구하며, 이것이야말로 과거의 유사한 기술 트렌드와 빅데이터를 구별하는 가장 큰 특징이다.

③ 다양성(Variety)

- 다양성은 다양한 종류의 데이터를 의미하며 정형화의 종류에 따라 정형(Structured), 반정형(Semi-Structured), 비정형(Unstructured)으로 구분된다. 즉, 처리 대상이 되는 데이터의 종류와 형태가 다양한 채널로부터 수집되며, 구조화되지 않은 비정형 데이터가 증가되어 가고 있음을 의미한다.
- 기존에는 내부의 관계형 데이터베이스 시스템에 정제되어 저장된 정형 데이터 분석이 주로 다루어졌다면, 최근에는 다양한 형태의 비정형 데이터의 분석도 중요하게 다루어지면서 데이터의 다양성이 빅데이터의 새로운 화두로 떠오르고 있다.
- 빅데이터에서는 기존의 관계형 데이터베이스뿐만 아니라 SNS, 위치 정보, 각종 로그 기록을 비롯해 멀티미디어 등의 비정형 데이터를 포함한 다양한 유형의 구조화되지 않은 데이터를 다룬다.

④ 진실성(Veracity)

- 빅데이터는 주요 의사결정을 위해 데이터의 품질과 신뢰성이 요구된다.
- 데이터 무결성과 조직이 데이터를 신뢰할 수 있고 중요한 의사결정을 위해 데이터를 자신 있게 사용할 수 있는 능력을 나타내는 것이다.

⑤ 시각화(Visualization)

- 빅데이터의 복잡한 데이터 구조를 시각적으로 표현한다.
- 데이터 분석 결과를 쉽게 이해할 수 있도록 시각적으로 표현하고 전달되는 과정을 말한다.
- 데이터 시각화의 목적은 도표(graph)라는 수단을 통해 정보를 명확하고 효과적으로 전달하는 것이다.

⑥ 가치(Value)

- 빅데이터 분석을 통해 비즈니스 효익을 실현하기 위해 긍국적인 가치를 창출함을 의미한다.

이처럼 빅데이터는 기본적으로 대용량의 데이터를 가지며 빠른 속도로 데이터가 생성되는 실시간성을 포함하고, 구조화된 데이터가 아닌 다양한 형태의 정보로 구성되기 때문에 기존 데이터보다 복잡하고 심화된 데이터 관리 및 처리가 필요한 새로운 패러다임이라고 할 수 있다.

3절 | 빅데이터 유형

빅데이터 분류

빅데이터는 수집 데이터의 형태(정형화 정도)에 따라 정형(Structured), 반정형(Semi-Structured), 비정형(Unstructured) 데이터로 분류할 수 있다.

구 분	기술 내용	수집 난이도	
정형 (Structured)	• 고정된 필드에 저장된 데이터 • 관계 DB처럼 스키마(Schema) 형식에 맞게 저장된 데이터	• 내부 시스템인 경우가 대부분이라 수집이 쉬움 • 파일 형태의 스프레드시트라도 내부에 형식을 가지고 있어 처리가 쉬운 편임	하
	(ex) 관계형 데이터베이스(RDB, Related Database), 스프레드시트		
반정형 (Semi-Structured)	• 공정된 필드에 저장되어 있지는 않지만, 메타데이터나 스키마 등을 포함하는 데이터 • 관계형 데이터베이스나 다른 형태의 데이터 테이블과 연결된 정형 구조의 데이터 모델을 준수하지 않는 정형 데이터의 한 형태	• API 형태로 제공되기 때문에 데이터 처리 기술이 요구됨	중
	(ex) XML, HTML, 텍스트		
비정형 (Unstructured)	• 주로 관계형 모델에 잘 맞지 않는 데이터 구조가 일정하지 않은 데이터 • 규격화된 데이터 필드에 저장되지 않은 데이터	• 파일을 데이터 형태로 파싱해야 하기 때문에 수집 데이터 처리가 어려움	상
	(ex) 텍스트 문서 및 이미지/동영상/음성 데이터		

[표 1] 정형화 정도에 따른 데이터 유형

정형 데이터(Structured Data)는 데이터베이스를 설계한 기술자에 의해 수집되는 정보의 형태가 정해지게 된다. 그리고 한정된 정보들 속에서 고객의 정보와 상품 분석, 인기 품목에 대한 정보를 분석할 수 있다.

또한 정형 데이터의 경우, 스키마 구조를 가지고 있기 때문에 데이터를 탐색하는 과정이 테이블(Table) 탐색, 열(Colum) 구조 탐색, 행(Row) 탐색 순으로 정형화되어 있다.

예) SELECT COLUMN1, COLUMN2… FROM TABLE WHERE CONDITION

반정형 데이터(Semi-Structured Data)는 고정된 필드에 저장된 데이터는 아니지만, XML, HTML 텍스트 등 메타데이터(Meta Data) 및 스키마(Schema)를 포함하는 데이터이다. 그리고 반정형 데이터는 데이터 내부에 정형 데이터의 스키마에 해당되는 메타 데이터를 갖고 있으며, 일반적으로 파일 형태로 저장된다.

비정형 데이터(Unstructured Data)는 고정된 필드에 저장되어 있지 않은 데이터를 의미하며 페이스북과 트위터, 유튜브 영상, 이미지 파일, 음원 파일, 워드 문서, PDF 문서 등을 예로 들 수 있다. 가령, 특정 지역의 날씨 정보, 유동 인구의 수, 이들의 판매 정보 등을 수집할 수 있다. 형태가 정해지지 않는 정보 속에서 분석 방향에 따라 다양한 정보를 수집할 수 있다. 따라서 무의미하던 데이터에서 보석과 같은 값어치가 있는 정보를 추출하여 다른 경쟁 기업보다 경쟁력 우위를 확보하는 것이 무엇보다 중요하다.

그리고 웹에 존재하는 데이터의 경우 HTML 형태로 존재하여 반정형 데이터로 구분할 수도 있지만, 특정한 경우 텍스트 마이닝을 통해 데이터를 수집하는 경우도 존재하므로 명확한 구분은 어렵다.

한편, 수집 데이터의 위치에 따라 내부 데이터와 외부 데이터로도 구분할 수 있다. 이는 배치 처리에서 해당되고 실시간 처리에서는 저장되는 위치가 아니라 발생하는 위치에 따라 내부 데이터와 외부 데이터로 나눌 수 있다. 수집 시 내부와 외부로 데이터를 분류하는 가장 큰 이유는 원천 시스템과의 연계를 위한 인터페이스의 기술적 방법 및 정책적 차이점 때문이다.

구 분	특 징	수집 난이도	
내부 데이터	• 수집하는 원천 데이터의 저장소가 내부 시스템에 있는 데이터 • 데이터 제공자와 상호 협약에 의한 의사소통이 가능 • 인터페이스 할 데이터의 수집 주기 및 방법은 데이터 제공자(또는 기관)와의 협약을 통해 제공받을 수 있음	• 소스 데이터 담당자와 의사소통이 원활하기 때문에 수집 난이도가 외부 데이터와 비교해 낮음	하
외부 데이터	• 수집하는 원천 데이터의 저장소가 외부 시스템에 있는 데이터 • 데이터 제공자와 협약된 관계가 아니면 상호 의사소통이 불가능 • 인터페이스 방법은 수집할 항목을 분석해 수집 시스템을 설계	• 외부 소스의 경우 해당 소스 데이터 담당자와 의사소통이 어려워 상대적으로 수집 난이도가 높음	상

[표 2] 수집 데이터 위치에 따른 유형

한편, 빅데이터는 거래 자료, 추정치 자료, 센서 자료, 온라인 활동 자료, 의견 자료로부터 수집 가능하며 데이터의 생성 주체에 따라서 기계 데이터, 사람 데이터, 관계 데이터로도 구분할 수 있다.

기존	유 형	종 류
생성 주체	기계 데이터	애플리케이션 서버 로그 데이터, 센서 데이터 등
	사람 데이터	트위터, 블로그, 이메일 등
	관계 데이터	트위터, 페이스북, 링크드인 등

[표 3] 생성 주체에 따른 데이터 유형

오픈데이터

오픈데이터란 지식, 아이디어 등을 공개하고 카피하여 사용할 수 있도록 개방해 놓은 것을 의미하며, 미국, 한국, 영국 등의 국가들은 나라별로 오픈데이터 웹사이트를 운영하고 데이터를 활용한 다양한 애플리케이션 및 서비스를 제작하도록 유도하며 데이터 플랫폼을 제공하고 있다.

구분		특징
오픈소스	CKAN	• 비영리 단체인 Open Knowledge Foundation에 의해 개발된 플랫폼으로 영국, 미국, 캐나다 등 40개 이상 국가 활용 • 오픈소스 기반 플랫폼으로 Open Knowledge Foundation 내 CKAN 개발이 프로젝트를 주도하고 있으나 세계 개발자들이 CKAN 프로그램의 개발을 자발적으로 지원 • 콘텐츠 시각화, API 추출 등의 특화된 기능을 Drupal과 같은 타 오픈소스와 결합해 극복
	DKAN	• 오픈소스 콘텐츠 프레임워크인 Drupal을 기반으로 만들어진 오픈데이터 플랫폼 · CKAN의 특징을 부분 포함하고 있으며, CKAN과는 프로그램 언어와 지원 가능한 DB 등에서 기술 차이가 있음 • DKAN은 미국 오픈 시티 솔루션 회사인 Nuam에서 개발
	OGPL	• Open Government Platform은 미국과 인도 정부에서 공동으로 개발하고 있는 오픈데이터 플랫폼 • OGPL도 CKAN과 같이 플랫폼을 오픈소스로 공개하고 있으며 미국과 인도 정부의 오픈데이터 플랫폼의 장점을 모아 개발 진행
상용서비스	SOCRATA	• 클라우드 기반 오픈데이터 플랫폼 서비스로 2007년 시애틀에서 설립 • 미국 연방정부 10여 개 주 정부의 데이터 포털에 사용 • 시각화 분석 등에 있어 오픈데이터 플랫폼보다 장이 있으나, 최근 오픈소스 플랫폼 CKAN의 사용이 확대됨에 따라 자사의 플랫폼을 오픈소스로 개방하려는 노력 진행
	JUNAR	• 클라우드 기반 오픈데이터 플랫폼 서비스로 2010년 실리콘밸리에서 설립 • 새크라멘토, 팔로알토 등 도시 중심으로 사용

[표 4] 오픈데이터
출처 : 빅데이터의 국가통계 자료

데이터 배포 방법으로는 웹사이트를 통한 배포, API를 통한 배포, 사용자 보조의 형태가 있다. 웹사이트를 통한 배포는 파일 다운로드, 데이터 테이블 제공을 통해 데이터를 직접 제공하거나 대시보드, 그래프와 같은 시각화 도구를 통해 데이터의 가공된 결과만을 제공하는 형태가 있다.

API를 통한 배포는 데이터 플랫폼에서는 사람이 데이터에 접근하는 것이 아니라, 기계가 데이터에 접근하고 특정 기능을 수행할 수 있게 한다. 이때 오픈데이터 생태계를 확립하기 위해 표준화와 세분화의 고기능 API 구축이 중요하다.

사용자 보조 방식은 데이터베이스 중 사용자가 필요한 기간, 범위를 설정할 수 있으며, CSV, XLSX, JSON 등의 파일 형태로 전달한다.

데이터 형태별 가치

데이터 형태별 잠재 가치를 비교해 보면, 정형 데이터는 내부 데이터의 특성상 현실적 가치의 한계로 활용 측면에서 잠재적 가치는 상대적으로 낮다. 그리고 반정형 데이터는 데이터의 제공자가 선별해 제공하는 데이터로, 잠재적 가치는 정형 데이터보다 높다. 비정형 데이터는 수집 주체에 의해 데이터에 대한 분석이 선행되었기 때문에 목적론적 데이터 특징이 가장 잘 나타나는 데이터이다. 그렇기 때문에 일단 수집이 가능하면, 수집 주체는 가장 높은 잠재적 가치를 제공하므로 제공 가치가 가장 높다고 볼 수 있다.

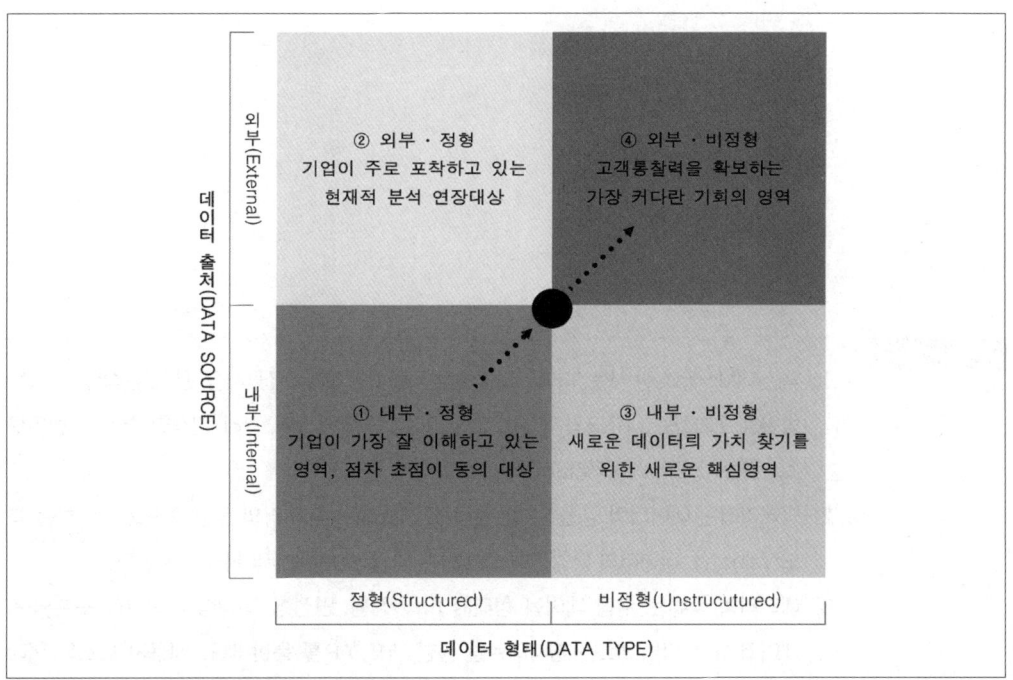

[그림 4] 빅데이터의 유형 분류(Booz & Company, 2012)
출처 : http://publish.gisutd.com/?p=4875

한편, Booz & Company(2012)는 앞의 그림과 같이 모든 데이터를 4개의 상자로 구분하고 데이터를 바라보는 중요한 출발점을 자신 또는 소속 조직을 중심으로 살펴보았다. 그리고 데이터의 생산지가 자신 또는 소속 조직 내부인지 물어본다. 다음으로는 형태가 정형인지 비정형인지 묻는 형식을 취하고 있다. 그리고 중앙에 점이 있는데, 이는 데이터 활용의 주인 스스로가 필요한 정보가 어디에 있는지 그때그때 활용하는 전략이 필요함을 강조하고 있다.

> **Tip 포인트**
> 1. 맥킨지(McKinsey) 사는 '빅데이터를 일반적인 DBMS가 수집, 저장, 관리, 분석할 수 있는 범위를 초과하는 대규모의 데이터'로 일반적 DBMS가 저장, 관리, 분석할 수 있는 범위를 초과하는 규모의 데이터라고 정의하고 있다.
> 2. 빅데이터는 데이터의 양을 의미하는 규모(Volume), 데이터의 생성 속도를 의미하는 속도(Velocity), 데이터의 다양성을 의미하는 다양성(Variety)의 특징을 지닌다.
> 3. 데이터의 종류는 수집 데이터 형태에 따라 정형, 반정형, 비정형 데이터로 구분되며, 데이터 배포 방법으로는 웹사이트를 통한 배포, API를 통한 배포, 사용자 보조의 형태가 있다.

연습문제

01 기존 데이터 처리와 빅데이터 처리의 차이점을 설명하시오.

02 빅데이터의 특징을 3V로 정의할 수 있는데, 3V를 설명하시오.

03 데이터의 정형화 정도에 따라 빅데이터의 종류를 나열하시오.

04 오픈데이터에 대해서 설명하시오.

05 데이터 형태별 가치를 설명하시오.

06 빅데이터의 정의에 대한 설명으로 부적합한 것은?
① 빅데이터 기존 데이터베이스 관리 도구로 데이터를 수집, 저장, 관리, 분석할 수 있는 역량을 넘어서는 대량의 정형 또는 비정형 데이터 집합 및 이러한 데이터로부터 가치를 추출하고 결과를 분석하는 기술이다.
② 빅데이터는 데이터 웨어하우스의 다른 이름이다.
③ 빅데이터는 일반적인 DBMS가 수집, 저장, 관리, 분석할 수 있는 범위를 초과하는 대규모의 데이터이다.
④ 다양한 데이터로 구성된 방대한 양의 데이터로부터, 고속 캡처, 데이터 탐색 및 분석을 통해 경제적으로 필요한 가치를 추출할 수 있도록 디자인된 차세대 기술과 아키텍처이다.

07 빅데이터의 특징으로 부적합한 것은?
① 빠른 의사결정이 상대적으로 덜 요구된다.
② 프로세싱의 복잡도가 높다.
③ 정형 데이터의 비중이 높다.
④ 처리할 데이터양이 방대하다.

08 빅데이터의 개념에 대한 설명으로 잘못된 것은?

① 기하급수적으로 데이터가 생성되고 이를 수집, 저장, 처리하기 위한 기술이 빅데이터의 핵심 역량이 되기 때문에 대용량 데이터의 규모는 중요한 속성이 된다.
② 궁극적으로 빅데이터에서는 분석 결과를 실시간으로 활용하는 것을 추구한다.
③ 빅데이터는 멀티미디어 등의 비정형 데이터를 포함한 다양한 유형의 구조화되지 않은 데이터를 다룬다.
④ 데이터 배포 방법으로는 웹사이트를 통한 배포, API를 통한 배포, E-Mail을 통한 배포가 있다.

09 데이터의 분류로 적합하지 않은 것은?

① 정형 데이터(Structured Data)
② 반정형 데이터(Semi-Structured Data)
③ 비정형 데이터(Unstructured Data)
④ 하이브리드 데이터(Hybrid Data)

10 다음 중 데이터의 설명으로 부적합 것은?

① 수집 데이터의 위치에 따라 내부 데이터와 외부 데이터로도 구분할 수 있다.
② 정형 데이터는 고정된 필드에 저장되어 있지 않은 데이터를 의미한다.
③ 반정형 데이터는 데이터 내부에 정형 데이터의 스키마에 해당되는 메타 데이터를 갖고 있으며, 일반적으로 파일 형태로 저장된다.
④ 데이터의 생성 주체에 따라서 기계 데이터, 사람 데이터, 관계 데이터로도 구분할 수 있다.

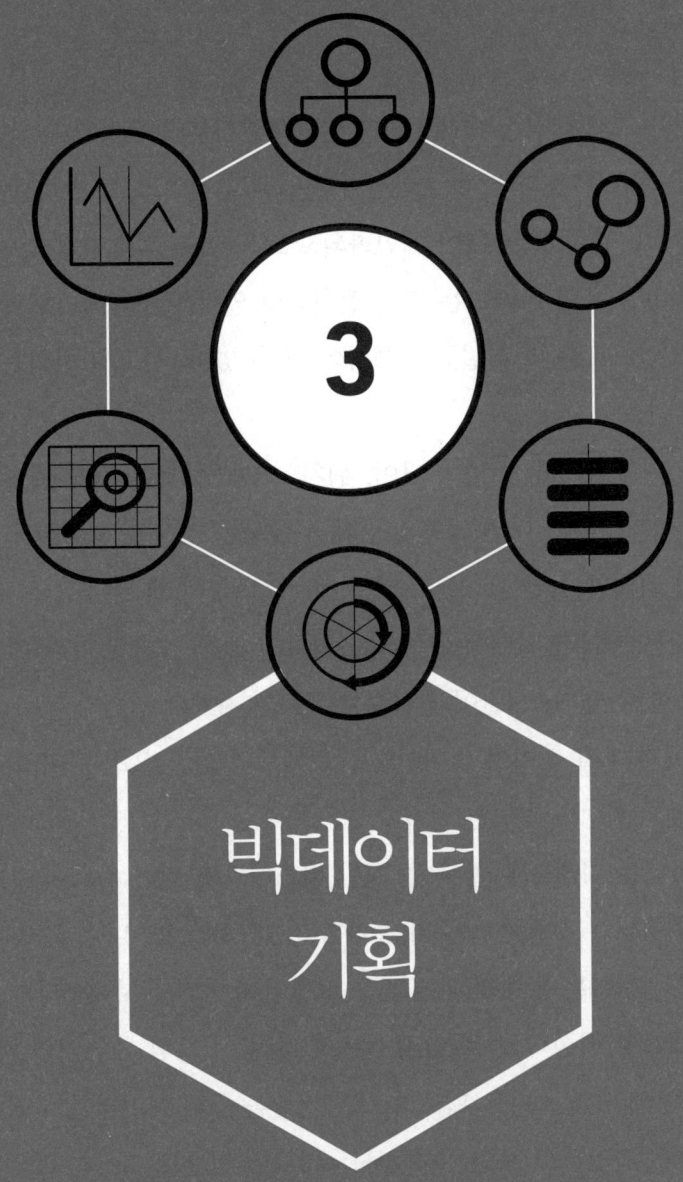

3

빅데이터 기획

1. 빅데이터 분석의 주요 목적을 이해하고 분석 단계를 학습한다.
2. 빅데이터 통계 분석을 통한 가치 창출 전략을 이해한다.

1절 | 빅데이터적 사고

빅데이터적 사고란

　빅데이터적 사고의 핵심은 빅데이터가 발생하면서부터 수익의 원천은 데이터가 되었다는 점이며, 데이터를 수집하는 과정이 치열해질 것이고, 개인정보는 침해될 수밖에 없다는 점이다. 또한 모든 것이 개인화되고 모든 것이 점수화될 것이다. 이러한 추세는 복잡해지고 더욱더 바빠지는 많은 현대인의 일상을 조금이라도 단순화시키는데 맞추어져 있어 앞으로는 더 획일화된 세상이 될 수 있다. 사고의 변화는 여기에서부터 시작되어야 한다.

　데이터화란 기록의 수준을 넘어 단어, 위치, 소통 등 모든 것이 데이터화되는 것이고, 세상이 데이터화되고 나면 정보의 잠재적 용도는 상상을 초월하게 될 것이며, 데이터를 장악한 기업만이 살아남을 수 있는 세상으로 변하게 된다.

　이러한 변화는 데이터 시대에 활약하는 회사의 제공 가치에 따라 데이터, 기술, 아이디어로 분류할 수 있다. 시간이 지날수록 데이터 자체의 가치가 주목받고 데이터 보유자의 힘이 세지게 될 것이며 빅데이터 프로젝트의 성공 요소는 비즈니스 조직 간의 정보 공유 체계의 활성화 측면일 것이다.

　이제 빅데이터는 미래를 바꿀 힘을 지닌 비즈니스의 원천 소스이고 현재도 빅데이터를 업무에 활용하는 수요가 꾸준히 증가하고 있으며, 비즈니스 의사결정에 있어 필요한 데이터를 선정하는 문제에 대해 깊은 고민이 요구되는 시대이다.

　빅데이터 세계의 핵심 기술은 감정 분석과 클릭 스트림 데이터의 해석일 것인데, RFID 태그 산업 설비의 스마트 팩토리 기반 기술을 통해 데이터를 수집하고 효율성을 향상하며 결함을 확인하고 보안 · 개선하는 데 적극적으로 이용하고 있다. 이러한 현상은 사물인터넷 중심으로의 변화가 시작되었다고 볼 수 있다.

빅데이터 접근 방식

새로운 데이터를 창출해 가는 빅데이터 사고방식은 단일 빅데이터를 하나의 새로운 데이터로 통합하는 노력일 것이며, 다수의 데이터 통합을 통해 새로운 시각을 확보하는 노력이라 할 수 있다. 가령, 기상 데이터, 토양 습도 데이터, 종자 데이터 등의 데이터를 결합하여 최적의 재배 용품을 개발한 작물 종자 업체 Land O'Lakes'사를 들 수 있다.

이제는 빅데이터를 선행적으로 받아들인 기업이 성공하는 시대이다. 빅데이터를 통해 성공한 기업으로 Google, 다음카카오 등을 들 수 있으며 시장 곳곳에서 성공의 메시지가 들려오고 있다. 어느 곳에 빅데이터가 존재하고 있는지, 빅데이터의 활용 가치를 찾아야 기업이 선두에 설 수 있을 것이고 이를 뒷받침하기 위해선 경영진의 지원이 필수적인 시대이다.

최근 한국을 방문한 빅데이터 분야의 권위자이자 테라데이타 최고기술경영자(CTO)인 스티브 브롭스트는 "데이터를 활용하지 않는 기업의 미래는 없습니다. 그리고 실리콘밸리에선 이런 말이 돌아다닙니다. '앞으로 회사는 데이터를 사용하는 회사이거나, 데이터를 사용할 회사이거나, 데이터를 사용하지 않고 망할 회사이거나'라고요." 하며 강조한 바 있다.

실제 미국과 독일, 중국을 중심으로 이미 빅데이터 신화는 펼쳐지고 있으며 미국은 '스마트 제조업', 독일은 '인더스트리4.0', 중국은 '메이드 인 차이나 2025'라는 프로젝트를 국가에서 직접 운영하고 있다.

빅데이터 접근 방식으로의 사고 전환을 실천한 기업으로는 네덜란드의 소비자 가전 회사인 필립스를 들 수 있다. 과거엔 5~8년마다 새로운 전동 칫솔을 출시했으나, 지금은 전동 칫솔을 센서에 물려서 소비자가 어떤 방식으로 이를 닦는지 습관을 수집해 이를 소비자에게 다시 전달하는 식으로 비즈니스 모델을 바꾸었다. 또한 애플은 아이폰을 제조할 때 소비자가 원하는 제품이 무엇인지 데이터를 수집해 활용하고 있으며, 최근에는 아이폰 제조보다 소프트웨어와 분석 알고리즘에 많은 투자를 하고 있다.

지멘스는 열차 데이터를 수집해서 언제 유지보수를 할지 고객에게 알리는 유지 보수 서비스를 제공하고, 과거처럼 열차 자체를 판매해서 수익을 올리는 제조업 기반 모델에서 벗어난 바 있다.

2절 | 빅데이터 분석과 기획

빅데이터 분석

빅데이터 분석의 주요 목적은 데이터 분석 전문가가 기존의 전통적인 비즈니스 인텔리전스(BI: Business Intelligence) 프로그램이 시도하지 않았던 웹 서버 로그, 인터넷 클릭 정보, 소셜 미디어 활동 기록, 전화 통화 기록, 센서가 감지한 정보 등의 새로운 종류의 데이터나 많은 양의 트랜잭션 데이터를 분석할 수 있도록 하여 기업이 경영과 관련하여 더 좋은 의사결정을 하도록 도와주는 것이다.

분석(Analytics)의 의미를 정의해 본다면 정보 자체만을 보고 표면적으로는 알 수 없는 새로운 통찰을 제공할 목적으로 데이터를 활용하는 모든 수학적/과학적 방법이며, 단순히 현상에 나온 결과를 분석하는 것에서부터 현대의 데이터 분석은 미래의 예측까지도 분석하는 것을 포함한다.

빅데이터 분석은 다양한 종류로 이루어진 많은 양의 데이터 속에 숨겨진 패턴이나 알려지지 않은 유용한 정보들을 찾아내기 위하여 데이터를 살펴보는 프로세스로써 데이터 수집, 저장관리, 처리, 분석 및 지식 시각화, 이용, 폐기의 순환 과정을 거치게 된다.

빅데이터 기획 단계

<u>1단계 : 빅데이터 수집 (Big Data Collection)</u>
빅데이터는 내부 조직에 있는 정형화된 데이터뿐만 아니라 조직 외부에 존재하는 무한한 데이터 중에서 조직이 필요로 하는 데이터를 발견하여 이를 수집하고 수집된 정보 분석을 위한 특정 데이터 형식으로 변환하는 과정을 거쳐야 한다.
① 수집 대상 데이터 선정 : 빅데이터 수집은 빅데이터 분석이나 서비스를 제공할 때 서비스의 품질을 결정하는 중요한 핵심 단계로 수집 대상 분야에 분석 경험이 많은 전문가의 의견을 반영하여 분석 목적에 맞는 데이터를 선정하여야 한다.

② 수집 세부 계획 수립 : 데이터 소유자를 확인하고 대상 데이터가 내부 데이터인지 외부 데이터인지 또는 수집 대상 데이터의 유형과 데이터 포맷을 확인하여 적정한 수집 기술을 선정하여야 한다.
③ 데이터 수집 실행 : 데이터 수집 실행은 위에서 언급한 다양한 기술을 적용하여 수행하게 되는데 데이터를 수집하는 주체의 능동성 여부에 따라서 능동적 데이터 수집과 수동적 데이터 수집으로 분류할 수 있다.
④ 빅데이터 변환/통합 : 빅데이터의 변환은 데이터를 수집하는 과정에서 컴퓨터가 바로 처리할 수 없는 비정형 데이터를 구조적 형태로 전환하여 저장하는 것을 말한다. 그리고 빅데이터 변환은 빅데이터 정제를 포함한다. 이것은 비정형 데이터를 정제하거나 또는 정형적 데이터에서 측정 값이 빠져 있다거나, 형식이 다르다거나, 내용 자체가 틀린 데이터를 고쳐주는 과정을 말한다.

2단계 : 빅데이터 저장 관리(Big Data Storage Processing)

빅데이터 저장이란 검색·수집한 데이터를 분석하여 사용하기에 적합한 방식으로 안전하게 영구적인 방법으로 보관하는 것으로서, 다양한 형식의 대용량 데이터를 고성능으로 저장하고 필요한 경우 데이터를 검색하여 수정, 삭제 또는 원하는 내용을 읽어오는 방법을 제공하는 것을 포함한다.

① 빅데이터 전처리(Pre-Processing) : 빅데이터 활용목적에 맞지 않는 정보는 필터링으로 제거하여 분석 시간을 단축하고 저장 공간을 효율적으로 활용하도록 하며, 비정형 데이터는 데이터 마이닝을 통해 오류나 중복을 제거하여 저품질 데이터를 개선하고 처리하는 과정을 말한다. 이때, 자연어 처리 및 기계학습과 같은 기술을 적용할 수 있다.
② 빅데이터 후처리(Post-Processing) : 빅데이터 후처리에서의 데이터 변환은 다양한 형식으로 수집된 데이터를 분석에 용이하도록 일관성 있는 형식으로 변환하는 것을

말하며 평활화(Smoothing), 집계(Aggregation), 일반화(Generalization), 정규화(Normalization), 속성 생성(Attribute/Feature Construction) 등을 거치게 된다.

3단계 : 빅데이터 처리(Big Data Processing)

빅데이터 처리는 대용량 데이터에 기반을 둔 분석 위주로써, 장기적이고 전략적이며 때때로 일회성 거래 처리나 행동 분석을 지원하여야 한다. 그리고 단순한 프로세싱 모델이 아닌 다양한 데이터 소스, 복잡한 로직 처리, 대용량 데이터 처리 등을 위해 처리의 복잡도가 가장 높고 통상적으로 분산 처리 기술을 필요로 한다.

① 빅데이터 일괄 처리 : 대표적인 기술로는 하둡(Hadoop)의 맵 리듀스(Map Reduce), 마이크로소프트의 드라이애드(Dryad)가 있다.

② 빅데이터 분석 : 빅데이터로부터 의미 있는 지식을 얻고, 이것을 효율적인 의사결정에 활용하려면 빅데이터를 효과적으로 분석할 수 있는 방법과 다양한 인프라가 필요하다.

4단계 : 빅데이터 분석 시각화(Visualization)

시각화의 과정은 Acquire, Parse, Filter, Mine, Represent, Refine, Interact의 단계로 나누어 설명할 수 있다.

① Acquire : 디스크의 파일이나 네트워크를 통해서 시각화하고자 하는 데이터를 획득한다.

② Parse : 데이터의 의미를 해석할 수 있도록 구조에 넣는다.

③ Filter : 시각화의 대상이 되는 관심 있는 데이터만 남기고 나머지는 제거한다.

④ Mine : 통계학이나 데이터 마이닝 등의 분석 기법을 이용하여 패턴을 파악하거나 수학적인 맥락(Mathematical Context)을 파악한다.

⑤ Represent : 막대그래프, 리스트(List)나 트리구조(Tree) 등의 기본적 시각화 모델을 이용·표현한다.

⑥ Refine : 기본 표상(Basic Representation)을 더 명확하고 시각적으로 돋보이게 개선한다.
⑦ Interact : 사용자가 데이터를 변경하거나 보이는 내용을 조절할 방법을 제공한다.

<u>5단계 : 빅데이터 폐기(Big Data Disposition)</u>

빅데이터 폐기 단계에서는 데이터 분석을 위해 이용된 데이터를 삭제하는 단계이며, 특히 개인 정보와 같은 데이터나 정보의 가치가 없는 데이터들은 이용목적을 달성한 후에는 폐기하여야 한다.

빅데이터와 미래 예측

미래부에서 제시한 전통적 미래 예측과 빅데이터를 기반으로 한 미래 예측의 차이점은 다음과 같다.

전통적 미래전략은 전문가 집단의 의견을 중심으로 미래를 전망하고 10~50년 이후의 중장기적 전망을 내놓으며 거시적이고 추상적인 전망에 그쳤다. 그러나 빅데이터를 기반으로 한 미래전략 수집은 객관적 데이터 분석에 의한 전문가들의 통찰력이 반영되고 정형·비정형의 모든 데이터를 활용하여 추세나 시계 열적인 변화, 즉 단기·중기·장기 전망을 아우르는 전망을 내놓게 된다. 이슈별로 복잡한 상황까지도 포함하여 대응 방안을 수립하고 지속적인 미래 예측과 대응이 가능한 전략을 의미한다.

빅데이터를 기반으로 한 미래 예측 사례로는 UN Global Pulse의 실업률 예측 사례가 있는데, SNS 데이터 중 일자리 관련 단어에 대한 감정 점수를 부여하고 공식적으로 발표된 실업률 간 연관성을 도출한 바 있다. 또한 구글(Google) 사에서 독감과 관련된 단어를 검색하는 통계치로 독감 유행을 예측한 사례와 포스코(POSCO) 사가 해외 광산, 런던 금속거래소 가격 등 철광석 가격에 영향을 주는 변수를 분석하고 철광석 구매의 최적 타이밍과 가격대를 결정한 사례를 들 수 있다.

빅데이터를 기반으로 한 미래전략의 수립 절차는 대체로 탐색, 진단, 예측, 대응의 과정을 거친다. Gartner사에서 제시한 IBM의 데이터 분석 모델 및 한국정보화진흥원(NIA)의 자료를 인용하여 전략 수립의 과정을 제시하면 다음과 같다.

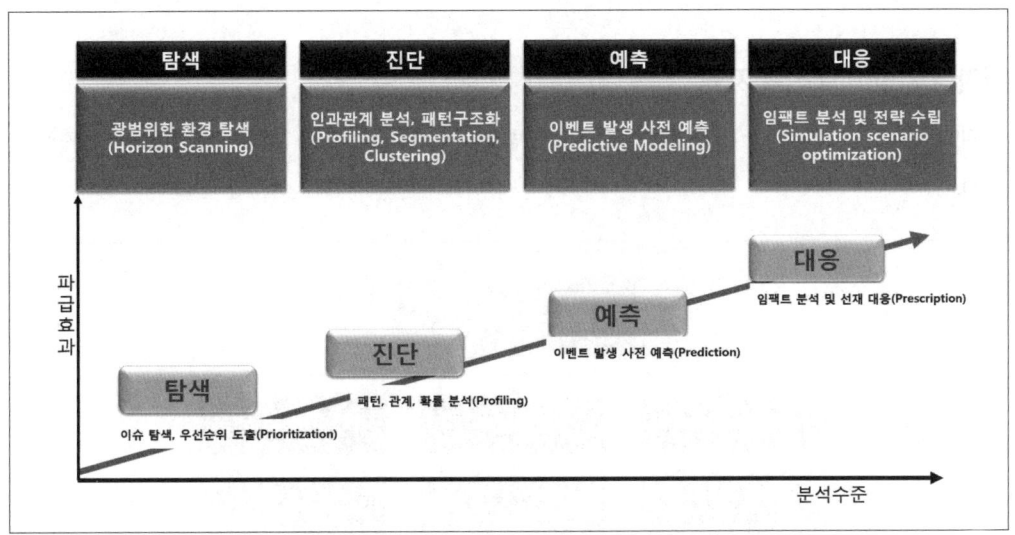

[그림 1] 빅데이터 기반의 미래전략 수립 절차
출처 : 한국정보화 진흥원

여기에서 제시한 호라이즌 스캐닝 기법(Horizon Scanning)이란 특정 분야에 표면적인 이슈들의 스캐닝을 통한 잠재적 이슈를 발굴한다. 최근에 SNS나 센터 등 실시간 데이터의 증가로 인해 주목받고 있으며 미국, EU, 영국, 싱가폴 등 선진국에서 미래의 위협 요소에 선제 대응을 하기 위해 운영하고 있다.

영국에서 추진하고 있는 호라이즌 스캐닝센터(HSC)는 중앙집중형 조직으로 중장기 미래전략 개발을 지원하기 위해 2005년에 설치되었다. 최신 과학이론과 데이터 등 정책 분석 서비스를 제공하고, 네트워킹 기반의 정보 공유와 새로운 인사이트를 도출하는 역할을 담당한다.

빅데이터는 '무엇이 문제인지를 모르는 문제(Unknown of Unknown)'의 해결 수단에 대한 방안으로 빅데이터 기반의 분석 도입이 요구되며, 특히 고령화, 기후 변화, 일자리 창출 등의 복잡한 정책 수립을 위해 활용된다. 이로써 사회 전반적인 문제 해결 능력 향상과 신뢰 문화 확산에 기여하고 장기간 축적된 데이터를 분석하여 최적의 솔루션 도출이 가능해진다. 또한 실시간 데이터 분석을 통해 잠재적인 위협에 대한 사전 징후를 포착하고 신산업 창출의 기회로 활용이 가능해진다.

데이터 기반 미래전략 지원

데이터 기반의 국가 미래전략 지원은 '탐색-분석-준비와 대응' 체계로 구성할 수 있다.

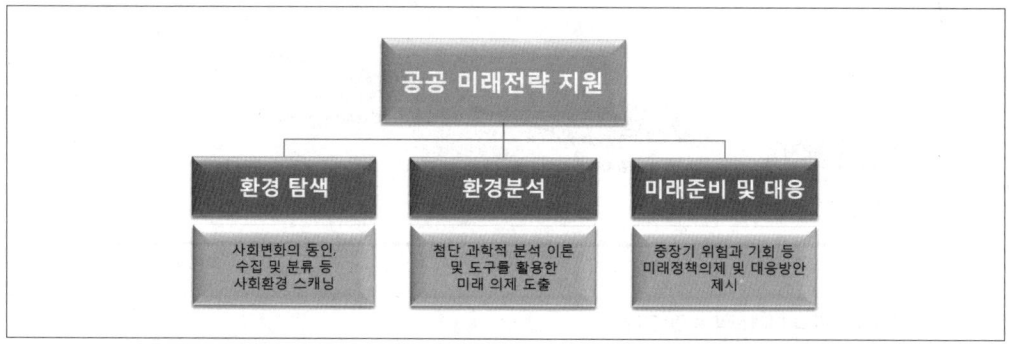

[그림 2] 공공 미래전략 지원체계
출처 : 한국정보화진흥원, 빅데이터 전략연구센터, 새로운 시대를 여는 빅데이터 시대(증보판)(2013.2)

① (환경 탐색) 사회 변화의 동인 수집, 분류 등 사회 환경 스캐닝
- 정치, 경제, 사회, 문화, 환경, 기술, 가치관 등 사회 전 분야에 걸친 공개·비공개, 정형·비정형, 정량적·정성적 데이터 구축
- 온라인 델파이, 메타 DB 구축 및 연계를 위한 빅데이터 센터 구축(ex, iknow 프로젝트, 법제 정보, 통계 및 기상 정보 등)

② (환경 분석) 첨단 과학적 분석 도구를 활용한 미래 의제 도출
- 사회관계망 분석(SNA), 인과지도, 시스템 다이내믹스(System Dynamics) 등 복잡계 이론 및 최신 미래 연구 방법에 의한 미래 시나리오 도출
- 사회 변화를 이끄는 와일드카드, 위크 시그널 및 트렌드 연구 및 분석

② (미래 준비와 대응) 미래 정책 의제 제시 등 미래 대응 방안 마련
- 정보화, IT 산업, 안전, 사회 통합 등 사회 각 분야에 대하여 데이터 분석에 의한 국가 중장기 미래 어젠다 수립 및 지원
- 국가 미래전략 지원을 위해 국내외 미래전략 거버넌스로 인적 네트워크 확보 및 공공 부문 미래 역량 강화
- 사회 부문별 법 제도 문제 등 현황 분석을 통한 미래지향적 법제도 개선과 사회 환경 변화에 대한 지속적 모니터링

그리고 빅데이터의 가치 및 수집의 용이성에 따라 공공 부문의 빅데이터 전략을 세분화하여 정부 차원의 정책 구현 방안을 마련해야 하며, 미래 사회의 위험과 기회를 합리적·선제적으로 대응하기 위해 사회 변화의 맥락을 읽을 수 있는 국가 미래전략 수립 기반이 필요하다.

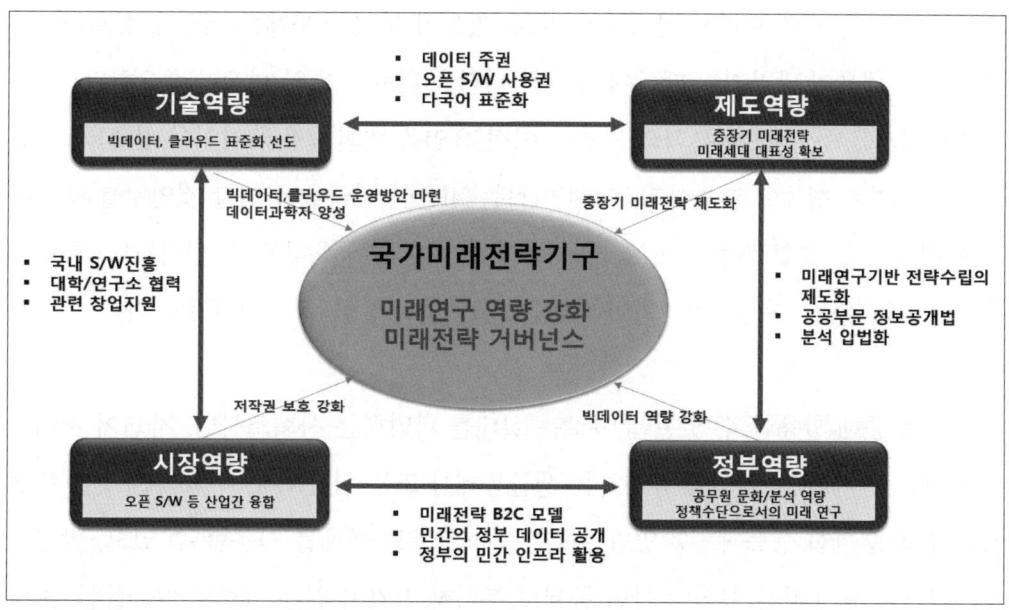

[그림 3] 빅데이터의 가치와 접근 용이성에 따른 서비스 영역
출처 : 한국정보화진흥원, 빅데이터 전략연구센터, 새로운 시대를 여는 빅데이터 시대(증보판)(2013.2)

3절 | 빅데이터 통계 기술

통계 기술 필요성

우리 사회에서는 통계 분석 업무와 같은 데이터 분석과 활용이 기업의 의사결정과 경쟁력에 많은 비중을 차지한다.

빅데이터 분석을 통해 얻은 데이터들은 글과 코드로 이루어져 있는데, 이것을 한눈에 보기 좋게 만들기 위해서는 통계 기술이 요구된다. 무엇을 원하는지 정확히 파악하여 정리를 잘한 통계는 이용하기 쉽다.

가령, 서울시 심야버스 노선을 결정할 때에 사람들이 가고자 하는 장소가 어디인지를 파악해서 가장 높은 순서대로 노선을 결정한다든지, 사람들이 검색하는 약들이 어떤 질병에 통하는지를 파악해서 공급량을 늘리는 등의 사례가 통계를 이용한 빅데이터의 가치를 높이는 전략이다.

통계를 통해 빠르게 현재 상황들을 알 수 있으며 이러한 통계는 어떻게 집계하느냐에 따라서 내용이 달라지기 때문에 데이터 수집을 위한 최초의 설계가 중요하다.

빅데이터를 통한 통계 분석의 기초는 어떤 요인을 변화시켜야 이익이 창출되고, 변화를 일으키는 행동이 가능한지, 이에 따르는 비용이 이익을 상회할 것인지를 생각하며 통계 전략을 수립해야 한다. 통계를 통해 어떠한 의미를 찾을 수 있더라도 투입 비용 대비 이익을 볼 수 없으면, 의미가 없는 시간 낭비가 될 수 있기 때문이다.

통계를 통해 활용할 수 있는 분야로는 실태를 파악하는 사회조사법, 자연어 처리를 위한 텍스트 마이닝, 원인을 규명하는 생물통계학 또는 역학조사, 추상적인 것을 측정하는 심리 통계학 등을 들 수 있다. 또한 증거 자료로 통계를 사용할 수 있고, 막연한 추측이나 경험에 따른 방식이 아닌 통계로 분석하고 가치 있는 신호로 받아들일 수 있다면, 통계 데이터를 완전히 내 것으로 만들 수 있다.

통계 프로그램

통계 프로그램으로는 상용 소프트웨어인 SAS, SPSS 그리고 공개 소프트웨어 R 등이 있다.

SAS는 통계 분석 시스템(Statistical Analysis System)의 약자로, 미국 North Carolina에 있는 SAS연구소에 의해 1970년에 개발된 범용 통계분석 패키지이다. SAS는 대형 컴퓨터, 워크스테이션, 개인용 컴퓨터 등 다양한 컴퓨터 환경과 운영체제에 상관없이 동일한 개발환경을 지원하며, 사용되는 문장이나 명령어는 어느 환경이나 같다는 장점을 지닌다.

SAS는 보고서 작성에 용이한 다양한 통계 그래프를 지원하고, 범용성을 바탕으로 정부나 대규모 데이터를 다루는 비교적 큰 기업에서 사용하고 있다.

빅데이터 시각화 솔루션 SAS Visual Analytics는 인메모리 기술을 이용하여 대용량 데이터를 빠르게 시각화할 수 있으며, 데이터 특성을 파악하여 그에 맞는 그래프와 통계량이 자동으로 산출되도록 한다. 또한 지리적 시각화를 지원하며 웹과 모바일 장치에서 보고서를 작성할 수 있다.

SPSS(Statistic Package for the Social Science)는 컴퓨터를 이용하여 복잡한 자료를 쉽게 처리할 수 있도록 만들어진 통계 분석 프로그램이다. 1969년 SPSS가 개발되었고, 1983년 GUI(Graphic User Interface)와 다양한 데이터 포맷 지원 등의 기능을 강화하였다. 현재는 설문 조사 등 실무에서 사용되는 거의 모든 통계적 분석 방법을 포함하고 있어 사회과학 분야뿐만 아니라 공학, 사회학, 심리학 등 자료 분석의 방법으로 널리 사용하고 있다.

R 프로그램은 1976년 AT&T Bell 연구소의 John Chamber에 의해 개발된 통계용 프로그래밍 언어이다. 대화 형식의 환경을 기반으로 한 객체지향형 프로그래밍 언어

로, 프로그램을 실행하며 편집 기능을 가진 콘솔 화면이 표시된다.

오픈소스 프로그램 R은 통계 계산을 시각화한 언어 및 개발 환경을 제공하며 R 언어와 개발 환경을 통해 기본적인 통계 기법부터 모델링, 최신 데이터 마이닝 기법까지 구현이 가능하다.

통계 패키지 R은 사용자 참여 중심의 인터넷 커뮤니티를 활용하여 유용한 라이브러리를 제공받을 수 있으며 학교, 소규모 기업 등에서 데이터 통계 도구로 활용되고 있다. 다만 사용자 인터페이스 등 초보자들의 접근이 어려운 단점이 있다.

UNIX, Linux, Mac, Windows 등의 운영체제에서 사용이 가능하며, Java, C, Python 등 프로그래밍 언어와의 인터페이스를 제공하므로 확장에 용이하다.

(1) R의 특징
- In-Memory Computing : 빠른 처리 속도를 가지며 H/W 메모리 크기에 영향을 받음
- Object-oriented Programming : 데이터, 함수가 Object로 관리되고 클래스(Class)와 방법(Method) 사용
- Package : 최신의 알고리즘 방법론을 이용하여 다양한 함수 및 데이터 내장, Help의 Examples 바로 사용 가능
- Visualization : 분석에 통찰을 부여할 수 있는 그래픽에 대한 강력한 지원이 가능하며 Chart, Plot, Motion Chart, Map 연계 가능함

R 프로그램은 http://www.r-project.org에서 무료로 다운로드할 수 있으며, 웹 브라우저의 주소창에서 http://cran.r-project.org 를 입력 혹은 R 홈페이지 좌측 메뉴에서 Download 섹션의 'CRAN'을 클릭하여 설치한다.

① R 홈페이지 좌측 메뉴에서 Download 섹션의 'CRAN'을 클릭한다.

② R 홈페이지에서 CRAN을 클릭하여 이동하면 다음과 같이 다운로드할 위치를 선택한다.
   - 우리나라의 경우 'Korea' 로 되어 있는 곳을 선택한다.
③ R을 실행할 수 있는 운영체제는 Linux, MacOS X, Windows로 PC 운영체제를 거의 다 지원한다.
   - 'Download R for Windows' 를 클릭하여 이동한다.
④ 화면을 보면 'base', 'contrib' 그리고 'Rtools' 중에 선택할 수 있다. 각각은 다음과 같은 파일들을 제공하고 있다.
   - Base : R의 설치 파일을 다운로드 받는다. R을 설치하고자 하는 경우 이곳을 통해 설치 파일을 다운로드한다.
   - Contrib : R 자체에도 많은 기능이 있지만, 사용자들이 사용하면서 만든 추가적인 package 들을 다운로드할 수 있다.
   - Rtools : R에서 사용할 package 들을 제작하고자 할 때 사용되는 도구들을 다운로드할 수 있다.
   - 설치를 위해 Base를 클릭한다.
⑤ R을 실제로 다운로드 받는 페이지로 하여 간단한 도움말과 함께 다운로드 받기 위한 링크를 제공한다.
   - 상단의 'Download R x.xx.x for Windows'를 클릭하면 바로 다운로드를 받을 수 있다.
   - 클릭하여 파일을 다운로드 받은 후 실행하면 된다.

그리고 R은 기본적으로 세 개의 창(R Consloe, R Editor, R Graphics)으로 이루어져 있다.

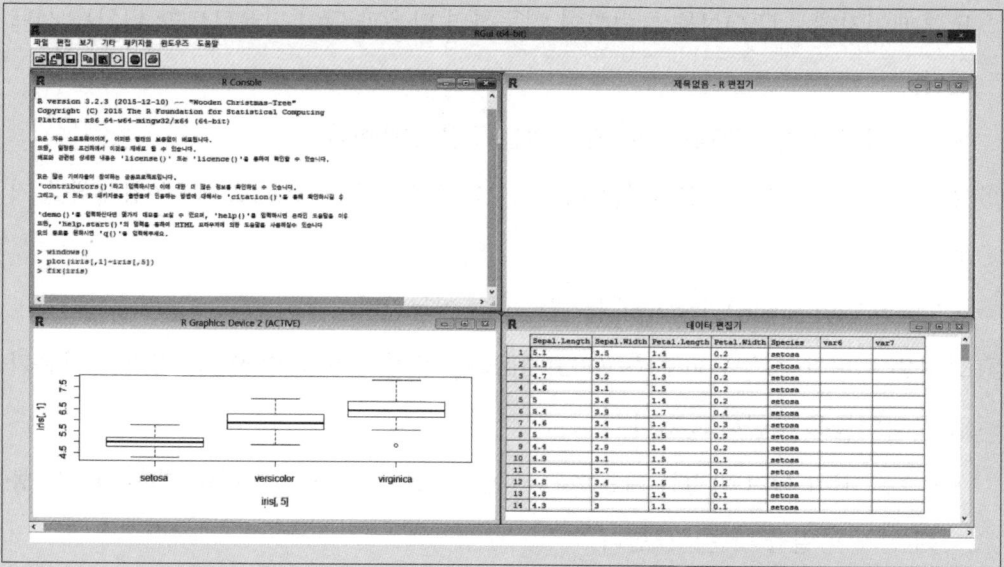

[그림 4] R 프로그램 구성

> **Tip 포인트**
>
> 1. 빅데이터 기획 단계는 수집, 저장, 처리, 분석, 시각화, 폐기의 단계를 가진다. 특히, 시각화의 과정은 Acquire, Parse, Filter, Mine, Represent, Refine, Interact의 단계로 나누어 설명할 수 있다.
> 2. 통계 패키지로는 상용 소프트웨어인 SAS, SPSS 그리고 공개 소프트웨어 R 등이 있다.

연습문제

01 빅데이터 기획 5단계를 설명하시오.

02 빅데이터 수집 과정을 4단계로 나누어 설명하시오.

03 빅데이터 저장 관리에 대해 설명하시오.

04 빅데이터 분석의 시각화 과정을 7단계로 나누어 설명하시오.

05 전통적 미래 예측과 빅데이터를 기반으로 한 미래 예측의 차이점을 설명하시오.

06 다음 빅데이터에 대한 설명으로 잘못된 것은?
① 데이터화라는 것은 기록의 수준을 넘어 단어, 위치, 소통 등 모든 것이 데이터 정형화하는 것을 의미한다.
② 빅데이터는 미래를 바꿀 힘을 지닌 비즈니스의 원천 소스이고 현재도 빅데이터를 업무에 활용하는 수요가 꾸준히 증가하고 있다.
③ 빅데이터 세계의 핵심 기술은 감정 분석과 클릭 스트림 데이터의 해석이다.
④ 데이터 수집과 보안을 개선하여 사물인터넷 중심으로 확대해 나갈 것이다.

07 빅데이터 기획 단계의 5단계 순서로 올바른 것은?
① 수집 -> 저장 -> 처리 -> 분석 -> 시각화 -> 폐기
② 수집 -> 처리 -> 분석 -> 저장 -> 시각화 -> 폐기
③ 수집 -> 처리 -> 저장 -> 분석 -> 시각화 -> 폐기
④ 수집 -> 처리 -> 분석 -> 시각화 -> 저장 -> 폐기

08 다음 통계 프로그램에 대한 설명 중 잘못된 것은?

① 통계 패키지로는 상용 소프트웨어인 SAS, SPSS 그리고 공개 소프트웨어 R 등이 있다.
② SAS Visual Analytics는 인메모리 기술을 이용하여 대용량 데이터를 빠르게 시각화할 수 있다.
③ R은 통계 계산 시각화를 한 언어 및 개발 환경을 제공하고 통계 기법부터 모델링, 최신 데이터 마이닝 기법까지 구현이 가능하다.
④ R은 초보자들도 쉽게 사용할 수 있는 인터페이스를 제공한다.

09 다음 빅데이터 통계 기술에 대한 설명 중 잘못된 것은?

① 빅데이터를 분석해서 얻은 데이터들은 글과 코드로 이루어져 있는데, 한눈에 보기 좋게 만들기 위해 통계 기술이 요구된다.
② 통계를 통해 활용할 수 있는 분야로는 실태를 파악하는 사회조사법, 자연어 처리를 위한 텍스트 마이닝, 원인을 규명하는 생물통계학 또는 역학조사, 추상적인 것을 측정하는 심리통계학 등을 들 수 있다.
③ 통계는 데이터를 가공하는 것이 가장 중요하다고 볼 수 있다.
④ 우리 사회에서는 통계 분석 업무와 같은 데이터 분석과 활용이 기업의 의사결정과 경쟁력에 많은 비중을 차지한다.

10 다음 빅데이터 기획 단계 설명으로 부적합한 것은?

① 시각화의 과정은 Acquire, Parse, Filter, Mine, Represent, Refine, Interact의 단계로 나눌 수 있다.
② 개인정보와 같은 데이터나 정보의 가치가 없는 데이터들은 이용 목적을 달성한 후에는 폐기하여야 한다.
③ 데이터 처리는 대용량 데이터에 기반을 둔 분석 위주로서 장기적이고 전략적이며 때때로 일회성 거래 처리나 행동 분석을 지원하여야 한다.
④ 빅데이터 처리는 빅데이터 분석이나 서비스를 제공할 때에 서비스의 품질을 결정하는 중요한 핵심 단계로 빅데이터 정제를 포함한다.

빅데이터 시스템

1. 클라우드 컴퓨팅 환경을 이해하기 위한 관련 기술의 필요성을 숙지한다.
2. 하둡(Hadoop) 기반의 분산 처리 환경에 대한 개념적 특징을 이해한다.
3. 분산 데이터베이스 시스템 환경에 대한 개념과 특징을 이해한다.

1절 | 클라우드 컴퓨팅의 이해

클라우드 컴퓨팅이란?

최근 몇 년 동안 IT 기술과 융합기술 관련 트렌드의 변화는 가속을 더 하고 있다. 네트워크 속도의 향상, 페이스북, 카카오톡과 같은 SNS의 성장, 그리고 그 트렌드의 중앙에는 클라우드 컴퓨팅이 있다. 클라우드 컴퓨팅이라는 용어는 '구름과도 같은 숨겨진 복잡한 네트워크 환경 속에서 작업을 요청하여 실행한다.' 에서 유래하였다. CIO(Chief Information Officer)들의 설문조사와 가트너 리포트를 비롯한 조사자료 등에서, 향후 10년간 IT 자원을 더 효율적으로 활용하면서 산업 전반을 혁신적으로 바꿔 놓을 키워드를 '클라우드 컴퓨팅'으로 선정하고 있다. TV에서는 각 통신사, 포털들이 각자 클라우드라는 이름을 걸고 서비스 광고를 시작했으며, Apple은 'i-Cloud'로 대중의 관심을 불러들이고 있다. K 대학교 경영정보학부에서는 '클라우드 서비스'라는 전공 수업이 개설되어 있을 정도로 정보기술에서의 클라우드는 어느덧 배워야 하고 알아야만 하는 IT 기술이 되었다.

[그림 1] 네이버의 N클라우드와 애플이 제공하는 아이클라우드(iCloud)

컴퓨팅 환경도 퍼블릭 서비스를 이용하는 방식으로 이전할 것을 예측했다. 컴퓨터 학자 존 맥카시(John McCathy)도 "미래 컴퓨팅 환경은 공공시설을 사용하는 것과 같을 것"이라고 주장하며 이를 뒷받침했다.

미래의 IT 환경을 바라본 전문가들은 공통으로 IT 인프라 혁신의 해답을 클라우드 컴퓨팅에서 찾고 있다. 사실 클라우드 컴퓨팅은 이미 우리 주위에 와 있다. 우리는 서비스의 이름만 다를 뿐 다양한 방식의 클라우드 컴퓨팅을 경험하고 있다.

포털에서 제공하는 이메일은 사용자의 컴퓨터에 저장되는 것이 아니라 서비스 제공자의 서버에 놓이지만, 웹을 통해 언제든 사용할 수 있고 필요에 따라 용량을 늘리거나 줄일 수 있다. 웹상에서 소프트웨어를 사용해 문서를 작성하거나 대용량 자료를 보관하고 공유하는 것도 이미 클라우드라는 용어가 나오기 전부터 낯설지 않은 풍경이다. 기업 내에서 운영되는 클라우드 컴퓨팅도 서비스 제공자가 기업 내에 존재할 뿐 컴퓨팅 자원이 웹을 통해 표준화된 방식으로 효율적으로 분배되고 공유되는 점은 같은 방식으로 이해할 수 있다. 사실 클라우드와 클라우드 컴퓨팅은 완전히 새로운 개념이지만 신기술을 적용하는 것은 아니다. 이미 기존에 우리가 알고 있던 유틸리티 컴퓨팅, SOA(Service Oriented Architecture), SaaS(Software As a Service), SBC(Server Based Computing), Network Computing, ASP(Application Service Provider) 등의 개념을 모두 종합해 놓은 쪽에 가깝다고 할 수 있다. 그러나 이러한 개념들은 단지 아이디어로만 존재하고 있었고, 실제로 구현하기에는 많은 제약이 있었다. 특히 네트워크의 성능, 대역폭 등이 이를 제한하고 있었으나, 현재의 인터넷 환경은 클라우드 컴퓨팅의 개념을 적용하기에 충분하도록 개선이 되었다. 현재 클라우드 컴퓨팅에 대한 수요와 공급이 폭발적으로 늘어나고 있는 것도 이를 뒷받침할 기술과 환경이 존재하기 때문이다.

클라우드 컴퓨팅의 사용자들

이처럼 클라우드로 제공되는 서비스에 대해 사용자가 언제, 어떤 장비를 통해서든 원하는 만큼의 서비스를 사용할 수 있고, 사용량에 기반하여 비용을 지불하게 되는 방식으로 바뀐다면 기존에 개인이나 기업의 IT 환경은 큰 변화를 겪게 될 것이다. 기존의 IT에 대한 개념이 바뀌면서 클라우드 컴퓨팅에는 바라보는 시각에 따라 수많은 사용자가 존재하게 된다.

(1) 서비스 제공자와 서비스 사용자

클라우드 컴퓨팅에서는 IT의 모든 요소를 서비스로 생각한다. 서비스에는 '서비스 제공자'와 '서비스 사용자'가 있다. 클라우드 서비스 제공자들은 견고하고 유연하며 가격으로 합리적인 서비스를 제공해야 하며, 서비스 사용자들은 자신이 필요한 서비스 제공자를 찾아 서비스를 사용하고 사용한 만큼 비용을 지불하게 된다. 이때 서비스 제공자들은 최선의 인프라와 서비스 개발을 통해 경쟁력 있는 서비스를 제공해야 하며, 서비스 사용자들은 피드백을 통해 서비스 제공자의 서비스를 개선하게 한다.

(2) 서비스 유형

서비스 제공자들이 어떤 서비스 사용자를 대상으로 서비스를 적용하는가에 따라 퍼블릭 클라우드(Public Cloud), 프라이빗 클라우드(Private Cloud), 하이브리드 클라우드(Hybrid Cloud)로 나눌 수 있게 된다.

퍼블릭 클라우드 (Public Cloud)	프라이빗 클라우드 (Private Cloud)
전문 클라우드 사업자에 의해 제공되고 누구나 가입하여 사용할 수 있는 클라우드	클라우드 솔루션을 이용하여 특정 조직 내부적으로 구축하는 클라우드
다양한 기능, 미터링, SLA (Amazon, Windows Azure, Google, Verizon 등)	**자동화, 자원의 활용성** (Cloudstack, Openstack, EUCALYPTUS 등)
하이브리드 클라우드 (Hybrid Cloud)	커뮤니티 클라우드 (Community Cloud)
다양한 클라우드 서비스를 상호 연동하여 하나의 클라우드 서비스로 제공	보안 등 공통 관심 영역에 있는 다수의 조직이 합동으로 클라우드 인프라 구축
버스팅(Bursting), DR (Right Scare, Quorum, SCALR 등)	**공통성** (Nexus, Salesforce, Netsuite 등)

[그림 2] 클라우드 컴퓨팅의 서비스 유형

대중을 대상으로 한 상대적으로 저렴한 가격의 대규모 IT 서비스를 제공하는 '퍼블릭 클라우드'가 일반적으로 알려진 클라우드이다. Amazon은 저렴한 가격으로 스토리지 저장 서비스(S3)와 컴퓨팅 서비스(EC2)를 제공하고 있고, 사용자들은 신용카드로 비용을 지불하고 있다. 국내에서는 KT가 대대적으로 uCloud를 런칭하고 있으며, 많은 포털 사업자들이 스토리지 저장 및 백업 서비스를 제공하기 시작했다.

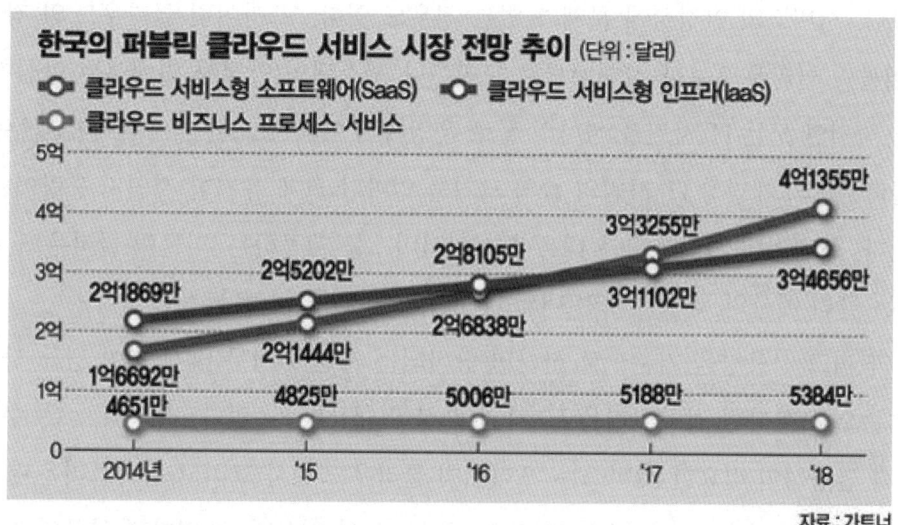

[그림 3] 한국의 퍼블릭 클라우드 서비스 시장 추이(가트너, 2015)

퍼블릭 클라우드가 유명해지자, 일반 기업에서는 클라우드 컴퓨팅의 장점을 기업 내의 인프라에 적용할 수 있을지에 대해 고민하기 시작했다. 사실 클라우드 컴퓨팅은 '서비스를 저렴한 가격에 제공한다.'라는 장점 이외에도 유연하고 빠르게 서비스를 구현할 수 있다는 장점이 있다. 빠르게 변화하는 비즈니스 환경에서 기업이 이를 뒷받침하기 위해 빠르게 변화해야 한다는 것을 고려하면, 기업 내에서도 IT 환경을 클라우드 모델로 변화시키는 것에 대해 관심을 가지는 것은 당연한 일이다. 기업 내에서 기업의 구성원만을 대상으로 보안적으로 안전하며, 유연하고 빠른 IT 서비스를 제공하는 클라우드 모델을 '프라이빗 클라우드'라고 한다. 하지만 '퍼블릭 클라우드'와 '프라이빗 클라우드'에는 사용자가 느끼는 심각한 단점이 있다. 특정한 '퍼블릭 클라우드'를 선택하게 된다면, 사용자는 그 특정 서비스 제공자에게 묶여버리게 된다. 현재 '퍼블릭 클라우드' 서비스에는 국제표준이 없으며, 유명한 서비스 제공자는 자신만의 서비스와 데이터 포맷을 만들어서 사용자들이 이탈하지 못하도록 막고 있다. 그리고 '퍼블릭 클라우드'는 대중을 상대로 인터넷을 통해 서비스를 하므로 보안에 대한 불안감은 막을 수 없다. 상대적으로 퍼블릭 클라우드 제공자는 저렴한 가격으로 서비스를 제공하려다 보니, 서비스의 안정성에 문제가 있는 경우도 있다. '프라이빗 클라우드'의 경우에는 '퍼블릭 클라우드'보다 상대적으로 보안이나 시스템의 안정성 면에서는 안심할 수 있다. 하지만 모든 IT 자원을 하나의 풀로 운영하여 이를 필요한 사용자에게 나누어주는 클라우드의 개념상 IT 자원의 풀의 크기를 얼마나 크게 유지할 것인지 용량이 문제가 된다. 프라이빗 클라우드는 대용량으로 서비스를 제공하는 '퍼블릭 클라우드' 사업자와는 달리 예산의 문제상 기업 내의 IT 자원을 한없이 늘려나갈 수 없다.

만약 피크 사용량을 기준으로 한다면 낭비되는 자원이 너무 많게 되며 평균 사용량을 기준으로 한다면 갑작스러운 IT 자원 요청에 대응할 수 없다. 따라서 높은 수준의 보안과 안정성이 필요한 서비스는 '프라이빗 클라우드'에서 그리고 갑작스러운 용량의 대처 및 심각하지 않은 서비스는 '퍼블릭 클라우드'를 이용할 수 있다면 양쪽의 장점을 모두 이용할 수 있을 것이다.

구 분	퍼블릭 클라우드	프라이빗 클라우드
서비스 대상	• 불특정 다수	• 한정된 사용자
접근 방법	• 인터넷 • ID, Password 등의 개인인증	• 인트라넷 • ID 등의 개인 인증 및 VPN 등의 네트워크 인증
서비스 인프라	• 서비스 제공업체가 관리 • 계약된 기업 및 사용자는 사용량을 보고받고 비용 지불	• 가상화된 인프라를 기업에서 소유 또는 아웃소싱
장점	• IT 유지 비용 없음, 사용료만 지불 • IT 서비스 안정성 최대	• 데이터 보안 향상 • 개별적인 애플리케이션의 개발 및 서비스 기능
단점	• 표준화된 애플리케이션만 이용 가능 • 데이터 보안에 대한 확신 어려움	• 운영 수준에 따라 장애 발생 기능 상존 • 퍼블릭 서비스 대비 비용 효과가 상대적으로 적음
주요 적용 분야	• 오피스, 메일, 개인 일정 관리 등 개인용 애플리케이션	• ERP, PLM 등 기업 핵심 애플리케이션

[표 1] 퍼블릭 클라우드와 프라이빗 클라우드의 비교

이렇게 '프라이빗 클라우드'와 '퍼블릭 클라우드'를 합쳐서 양쪽을 걸쳐 이용할 수 있는 클라우드의 모델을 '하이브리드 클라우드'라고 한다. 이렇게 '하이브리드 클라우드'를 이용하면 성능, 보안, 비용을 모두 해결할 수 있는데, 이렇게 되기 위해서는 '프라이빗 클라우드'와 '퍼블릭 클라우드' 사이에 서비스 전환이 쉽게 이루어져야 한다. 만약 용량이 갑작스럽게 모자라는 경우 '퍼블릭 클라우드'에서 '프라이빗 클라우드'로 쉽게 갈 수 없으면 비즈니스에 영향을 주게 될 것이다. 프라이빗 클라우드에서 더 이상 용량이 모자라지 않은 경우는 '퍼블릭 클라우드'에서 수행되던 서비스를 '프라이빗 클라우드'로 가져오려 할 텐데 만약 서비스가 그 업체에 묶여 버린다면 곤란을 겪게 될 것이다. 자신의 인프라를 소유하지 않고 Amazon에서 제공하는 인프라만을 이용하여 게임을 서비스하는 것으로 유명한 세계 최대의 소셜게임 업체 Zinga의 경우, 용량 예측이 어려운 게임 서비스 부분은 퍼블릭 클라우드를 이용하고 있고, 고객의 정보나 게임의 코어 엔진은 모두 자신이 보유하고 있는 프라이빗 클라우드를 이용하는 하이브리드 클라우드의 형태이다.

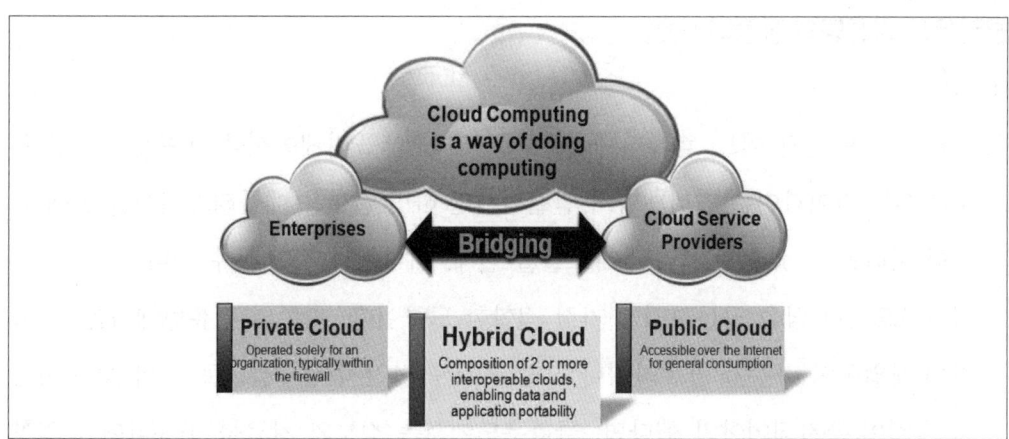

[그림 4] 퍼블릭 클라우드의 '아마존' / 프라이빗 클라우드의 '오픈스택' / 하이브리드 클라우드의 '구글컴퓨터엔진'

(3) 서비스 모델

클라우드 컴퓨팅에서는 IT 자원을 서비스로 제공·이용하게 된다. 제공하는 IT 자원은 서버 등의 컴퓨팅 자원이나 스토리지를 제공하는 하부구조(Infrastructure),

인터넷에서 수행되는 애플리케이션 개발 환경이나 미들웨어들을 제공하는 플랫폼(Platform), 메일이나 CRM 같은 인터넷상에서 직접 사용할 수 있는 애플리케이션의 형태인 소프트웨어 등이 있다. 이를 각각 IaaS(Infrastructure As a Service), PaaS(Platform As a Service), SaaS(Software As a Service)로 부른다. 서비스 프로바이더들은 자신의 역량 및 시장의 요구에 따라 IaaS, PaaS, SaaS 서비스를 제공하고 있다. 각 분야에서 유명한 플레이어로는 Amazon, KT는 IaaS에 주력하고 있고, Google, Microsoft는 PaaS, Salesforce.com 등은 SaaS에 집중하고 있다. 그러나 이것은 고정되어 있지 않으며 각 프로바이더들은 제공하는 서비스를 확장하기 위해 많은 노력을 기울이고 있다. 그리고 많은 퍼블릭 클라우드 서비스 프로바이더들은 저가와 규모를 무기로 해야 하는 퍼블릭 클라우드 시장에서 점차 기업을 대상으로 한 프라이빗 클라우드로도 대상을 넓혀 가고 있다. 그리고 프라이빗 클라우드 구축을 전문으로 하는 업체들 역시 영향력을 확대하기 위해 퍼블릭 클라우드 서비스를 제공하고 있다.

클라우드 컴퓨팅의 장점과 단점

(1) 장점

① 인터넷이 연결된 어느 컴퓨터에서든 데이터와 애플리케이션을 이용할 수 있다. 3G/4G든 와이파이든 인터넷망이 연결되기만 하면 업무용 애플리케이션을 통해 업무를 처리할 수 있으며 처리된 자료들을 언제, 어디서나 확인할 수 있다.
② 클라우드 컴퓨팅은 공동작업에 가장 적합한 도구이다. 기존의 컴퓨팅에서는 한 사람이 작업하여 다수가 공유하거나 작업 후 지속적인 수정작업으로 인해 많은 시간과 물질이 투자되어야만 했다면, 클라우드에서는 정보와 자료를 공유하여 작업할 수 있게 되어 시간적으로도 여러 이익을 볼 수 있다.
③ 클라우드 컴퓨팅이 기존의 방식보다 비용이 적게 소요된다. 소프트웨어 구입비, 하드웨어 구입 비용, 업그레이드 비용 등과 같은 기존 방식과 달리 사용하는 만큼, 사용하는 시간과 인원만큼의 비용만 지불하면 되기 때문에 효과적이다.

④ 환경친화적이다. 수백, 수천 대에서 나오는 전기 소비량은 이를 생산하기 위해 발생하는 이산화탄소와 비례한다. 클라우드 컴퓨터를 통해 이러한 이산화탄소 배출량을 줄일 수 있어 환경친화적이라고 할 수 있다.
⑤ 개인용 컴퓨팅보다 클라우드 컴퓨팅의 보안이 안전하다. 해커의 입장에서는 구글 서버를 상대하는 것보다 개인용 컴퓨터의 보안망을 뚫고 들어가는 것이 비교도 할 수 없을 만큼 쉽다. 이런 점에서 클라우드 컴퓨팅으로 작성한 문서는 더욱 안전하다고 볼 수 있다.

(2) 단점
① 클라우드 컴퓨팅의 가장 큰 단점은 바로 인터넷 접속이 불가능하면 업무를 할 수 없다는 것이다. 만일 이런 일이 발생한다면 세상의 기업들은 업무 처리를 할 수 없어 엄청난 손해를 보게 되므로 이런 일들이 발생하지 않도록 대비하고 있다.
② 보안과 프라이버시의 문제를 배제할 수 없다. 오늘날 가장 크게 대두되고 있는 것이 바로 보안과 프라이버시 문제이다. 개인정보 유출에 민감한 한국 사회에서 이러한 문제를 해결하지 않으면, 기업은 살아남을 수 없게 되었다. 특히 보안에 관한 현안에 있어 책임 소재를 분명히 해야 한다. 2009년 10월 구글이 공무원 3만 명에게 클라우드 컴퓨팅 서비스를 제공하기로 로스앤젤레스시와 계약을 체결했을 때 보안과 관련된 위반이 발생할 경우 엄중한 처벌을 감수하기로 한 조항을 계약서에 포함한 사례가 바로 그것이다.

클라우드 컴퓨팅에는 분명 장단점이 존재한다. 지나치게 광신해서도 안 되지만, 불필요하게 배제해서도 안 된다고 생각한다. 기업의 논리가 아닌 사용자들의 입장에서 이러한 서비스들이 우리에게 무엇을 가져다줄 것인지를 고민하고, 이를 어떻게 기업과 삶에 적용할 것인가에 대해 고민하면서 문제점을 해결해 나가는 지혜가 필요하다.

국내 클라우드 컴퓨팅의 시장 크기 및 전망

(1) 클라우드 확산 정책과 클라우드 컴퓨팅 발전법

2010년대 초반, 클라우드 컴퓨팅의 다양한 이점으로 인해 미국을 포함한 글로벌 지역에서는 공공기관, 민간 기업을 가리지 않고 정부의 지원정책 하에서 클라우드를 적극적으로 도입하고 있으나, 국내의 경우 주요 정보를 외부 업체에 맡기는 것에 대한 우려와 기업들의 투자 회피 등의 이유로 도입이 활성화되지 못한 상황이었다. 이를 해결하기 위해 2013년 10월 국내 클라우드 산업 발전과 이용자 보호를 위해 관련 법률안을 국회에 제출하였고, 2015년 3월 3일 클라우드 컴퓨팅 발전법이 국회 본회의를 통과하여 2015년 9월에 시행되었다.

정부는 도입에 제약이 있는 금융, 교육, 건설 분야를 대상으로 민간 클라우드 규제 개선추진단을 운영해 확산에 총력을 기울이고 있으며, 2018년까지 클라우드 이용률을 30%포인트 끌어올리고 전문기업도 800개까지 육성한다는 목표를 제시해 국내 클라우드 시장을 4.6조 원 이상 성장시킨다고 밝혔다.

(2) 시장 전망

클라우드 컴퓨팅법 제정(2015년 9월) 이후, 현재 국내 클라우드 업계는 성장했다. 정보통신산업진흥원(NIPA)에 따르면 지난해 국내 클라우드 업체 매출 규모는 2014년 대비 46.3%나 성장한 7664억 원으로 집계되었다. 또한 국내 클라우드 기업 수 역시 2014년 258개에서 353개로 증가했다.

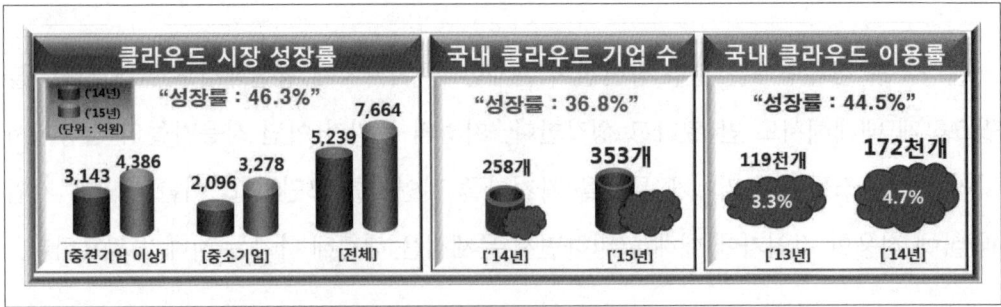

[그림 5] 국내 클라우드 시장 성장 현황(자료 : NIPA)

시장이 커짐에 따라 외국 클라우드 업체의 움직임도 있다. 아마존 웹서비스는 올해 1월 서울 지역(복수 데이터센터)을 열고 업무를 시작해서 국내 시장 점유율 확대 구심점이 되었다. 또한 오라클은 2016년 처음 개최하는 클라우드 콘퍼런스 장소로 서울을 선택했다. IBM도 SK주식회사 C&C와 파트너십을 체결해 클라우드 사업을 강화했다. 국내 클라우드 시장이 개화되면서 이러한 변화가 나타났지만, 한편으로는 국산 기업이 배제된 '남의 잔치'가 될 가능성이 높다는 우려도 제기되고 있다.

하지만 전문가들은 국산업계 클라우드 기술력이 외국과 비교해 결코 뒤떨어지지 않는다고 강조했다. 대표적인 예로 IaaS 시장에서 국내 1위인 KT는 지난 미국 LA에 데이터센터를 구축해 국산 클라우드의 물리적 제약을 해소했다. LG CNS는 부산에 세계 수준 클라우드 데이터센터를 구축해 MS 등 세계적 기업을 유치했으며, 중소기업을 위한 SaaS 마켓 플레이스를 구축해 국내 산업 약진에 앞장서고 있다.

(3) 결론

지금까지 정부가 특정 기술만을 위해 법을 만든 사례는 없었던 점을 고려해 볼 때, 클라우드 컴퓨팅 발전법이 가지는 의미는 매우 크며, 클라우드 기술력만 놓고 봤을 때 국내와 국외 기업 간 편차가 크지 않기 때문에 정부 및 민간 부문에서의 활발한 움직임은 지속될 것으로 생각된다.

2절 | 하둡(Hadoop)의 이해

하둡(Hadoop)의 개념

(1) 하둡(Hadoop) 소개

[그림 6] 하둡(Hadoop)의 브랜드 로고

하둡(Hadoop)은 대량의 자료를 처리할 수 있는 큰 컴퓨터 클러스터에서 동작하는 분산 응용 프로그램을 지원하는 오픈소스 자바 소프트웨어 프레임워크이다. 원래 웹 검색엔진 너치(Nutch)의 분산 처리를 지원하기 위해 개발된 것으로, 아파치 루씬(Lucene)의 하부 프로젝트이다. 분산 처리 시스템인 구글 파일 시스템을 대체할 수 있는 하둡(Hadoop) 분산 파일 시스템(HDFS: Hadoop Distributed File System)과 맵리듀스(MapReduce)를 구현한 것이다.

(2) 등장 배경

이미 오래전부터 기업들은 계속 쌓여 가는 데이터를 처리하기 위해 고민을 하고 있었다. 페이스북이나 트위터와 같이 고객들에 의해 매우 많은 데이터가 축적되는 서비스부터 시작해서, 구글이나 야후 같은 검색엔진을 제공하는 서비스까지 모두 엄청난 양의 데이터를 처리하기 위해 많은 고민을 하고 있다. 이들 기업은 엄청난 양의 데이터를 처리하기 위해서 하나의 고성능 서버로는 도저히 처리할 수 없는 데이터의 양과 사용자들을 보유하고 있다. 그래서 데이터들을 여러 서버에 분산시켜 놓고, 동시에 여러 대의 서버가 처리할 수 있는 분산 처리 기술이 주목받기 시작하였다.

(3) 역사 및 발전 과정

하둡(Hadoop)은 2002년도에 시작된 웹 검색엔진인 너치 프로젝트(Apache Nutch)로부터 시작된다. 너치 프로젝트가 시작된 2002년도만 해도 알타비스타와 라이코스, MS, 구글과 같은 대형 포털을 가진 회사만이 검색엔진 기술을 가지고 있었고, 이 기술은 회사의 기술 및 이익과 직결되다 보니 회사의 내부 기밀로 외부에 노출하지 않았다.

그래서 하둡(Hadoop)의 창시자인 더그 커팅(Doug Cutting)과 마이크 카파렐라(Mike Cafarella)는 다른 사람들과 공유할 수 있는 검색엔진을 오픈소스로 개발하면 좋겠다는 아이디어로 오픈소스를 개발하기 시작하였다. 그 후 이 두 사람은 10억 페이지 규모의 색인을 유지하기 위해 매달 3만 달러의 운영비와 연간 약 50만 달러의 비용으로 검색엔진을 구축할 수 있는 기술을 발표하였다. 이 기술로 만들어진 검색엔진이 바로 2004년도에 발표한 너치(Nutch: Open Source Search)이다. 너치를 시작으로 하여 더그 커팅은 전 세계에 오픈소스로 공개할 검색엔진을 개발하기 시작하였고, 지금의 하둡(Hadoop)을 탄생시킬 수 있었다.

너치 프로젝트도 역사를 거슬러 올라가 보면 루씬(Lucene) 프로젝트가 너치의 시작이라 할 수 있다. 루씬 프로젝트가 시작된 1999년도는 웹이 폭발적으로 성장하고 있던 시기였는데, 웹이 성장함에 따라 웹에서 제공하는 데이터가 기하급수적으로 늘어났고 많은 웹 페이지로부터 원하는 정보를 텍스트로 추출하는 것이 중요한 기술로 대두되었다. 이 기술을 위하여 루씬 프로젝트가 생겨났고, 이를 이용해 방대한 양의 텍스트에서 빠르게 정보를 뽑아낼 수 있었다. 더그 커팅은 이 기술을 이용하여 빠르게 발전하고 있는 웹으로부터 텍스트를 찾기 위해 루씬을 개발하였고, 이 프로젝트를 오픈소스화함으로써 너치와 하둡(Hadoop)을 시작할 수 있었다.

너치 프로젝트를 개발할 당시 하둡(Hadoop)이라는 프로젝트는 존재하지 않았다.

너치를 개발할 당시에는 웹의 규모가 폭발적으로 늘어나고 있었고, 늘어나는 웹 페이지를 쉽게 색인할 수 있는 기술의 개발이 필요했다. 더그 커팅은 여기에 착안하여 무수히 많은 웹에 있는 데이터를 크롤링(Crawling)하고 빨리 찾아줄 수 있는 기술을 개발하여 너치 프로젝트를 만들고 오픈소스화하였다. 하지만 너치에도 한계가 있었다. 너치는 10억 페이지 규모의 색인을 유지할 수 있었지만, 그 이상의 확장을 관리하기에는 구조적인 한계를 가지고 있었다. 이 당시 전체 웹 페이지 규모를 보면 10억 페이지를 관리할 수 있는 너치만으로는 인터넷상에 존재하는 모든 페이지를 가져와서 저장할 수 없었고, 여기서 텍스트 기반의 탐색을 한다는 것은 기술적으로 불가능하였다.

그런 고민을 하던 중에 구글이 2003년에 「구글 파일 시스템(The Google File System)」이라는 논문을 발표하였고, 더그 커팅은 이 논문으로부터 대부분 아이디어를 가져와 너치를 위한 분산 파일 시스템을 만들기 시작했다. 이때 만들어진 분산 파일 시스템이 너치 분산 파일 시스템(Nutch Distributed File System)이다. 구글 파일 시스템과 같은 구조를 가지고 있는 이 파일 시스템은 웹 크롤링과 색인과정에서 생성되는 굉장히 큰 파일들을 생성하기에 알맞은 구조를 가지고 있는 파일 시스템이었다. 그리고 구글은 구글 분산 파일 시스템 위에서 동작시켜 대용량 데이터를 간단하게 처리할 수 있는 맵 리듀스를 2004년에 발표했고, 너치 프로젝트는 맵 리듀스까지 프로젝트에 포함시켰다.

이로써 너치 프로젝트 안에 너치 분산 파일 시스템과 맵 리듀스를 이용하여 굉장히 많은 데이터를 저장할 수 있었고, 많은 데이터를 분산 처리 환경에서 크롤링하여 가져오고, 처리할 수 있는 기반을 구축하였다. 하지만 더그 커팅은 이 너치 분산 파일 시스템과 맵 리듀스가 단순히 크롤링과 인덱스 생성을 위한 구조뿐만 아니라 다양한 용도로 사용될 수 있음을 알아냈다. 그래서 2006년 2월 너치 분산 파일 시스템과 맵 리듀스를 너치 프로젝트로부터 독립시켜 대용량의 데이터를 처리할 수 있는 프로젝트를 새롭게 생성하였고, 이것이 바로 하둡(Hadoop) 프로젝트의 시작이다.

하둡(Hadoop) 프로젝트가 생겨날 시기와 비슷한 무렵인 2006년도에 더그 커팅은 야후에 본격적으로 합류하였다. 이후 하둡(Hadoop)은 야후 안에서 엄청난 속도로 발전하고 성장하기 시작했다. 더그 커팅이 합류하고, 2008년 2월에 야후에서는 10,000개의 하둡(Hadoop) 코어를 이용하여 야후 서비스의 색인 제품들이 생성되고 있다고 발표하였다. 같은 시기인 2008년 2월에 하둡(Hadoop)은 오픈소스의 절대 강자인 아파치 소프트웨어 재단에서 최고의 프로젝트에 등극하여 확실히 이름을 알리기 시작하였다.

그 이후 하둡(Hadoop)은 분산 처리 환경에서 빠르게 처리할 수 있도록 하면서 다시 한번 발전하기 시작하였다. 하둡(Hadoop)이 최고의 프로젝트로 등극했을 당시만 해도 대부분의 하드디스크 용량이 1TB에 달했지만, 초당 읽을 수 있는 용량은 100MB 정도에 불과했다. 그래서 디스크에서 1TB의 데이터를 모두 읽으려면 2시간 반 이상이나 기다려야 하는 상황이었다. 하지만 하둡(Hadoop)은 분산 환경에서 처리할 수 있도록 만들어졌기 때문에 비교할 수 없을 정도로 빠르게 처리할 수 있었다. 1TB의 데이터를 디스크로부터 모두 읽어와 정렬하는 문제를 2007년도에는 297초 만에 완료할 수 있었다. 2008년 4월에 하둡(Hadoop)은 테라바이트 데이터 정렬을 위한 가장 빠른 시스템으로서 세계 기록을 경신했다. 910개 노드의 클러스터와 함께 하둡(Hadoop)은 전년도 우승자를 297초로 제치며 1테라바이트를 209초 만에 정렬했다. 또한 같은 해 11월에는 68초, 2009년 5월에는 야후가 하둡(Hadoop)을 사용하여 62초 만에 1TB의 데이터를 디스크로부터 읽어와 정렬한 후 다시 저장하는 문제를 해결하였다.

하둡(Hadoop)의 구성 요소와 구조

(1) 분산 파일 시스템

하둡(Hadoop)의 분산 파일 시스템을 살펴보기 전에 일반적인 분산 파일 시스템에 대해서 알아보도록 한다. 일반적인 분산 파일 시스템은 마스터 노드(Master Node)와 슬레이브 노드(Slave node), 두 개의 노드(Node)로 구성되어 있다. 마스터 노드는 실제 데이터를 저장하는 서버 및 저장된 데이터를 관리하는 역할을 하고, 슬레이브 노드는 실제 데이터를 저장하는 역할 및 사용자 요청에 따라 데이터를 전달해 주는 역할을 한다.

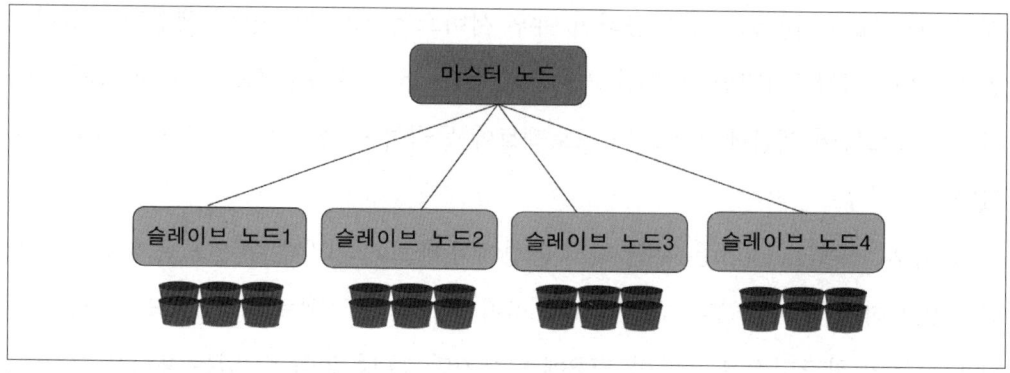

[그림 7] 분산 파일 시스템의 기본 구조

(2) 마스터 노드(Master Node)

분산 파일 시스템에서 마스터 노드는 크게 두 가지 역할을 담당한다. 첫 번째 역할은 현재 분산 파일 시스템에서 사용하고 있는 모든 슬레이브 노드들을 관리하는 것이다. 일반적으로 분산 파일 시스템에서는 수십, 수백, 수천 개의 슬레이브 노드들이 동작한다. 마스터 노드는 각 슬레이브 노드들의 상태를 알고 있어야만 사용자가 데이터 저장을 요청하거나 데이터 다운로드를 요청할 때 어느 슬레이브 노드에 데이터를 저장하거나 데이터를 가져올지 결정할 수 있다. 따라서 마스터 노드의 중요한 역할 중의 하나는 현재 어떤 슬레이브 노드가 분산 파일 시스템을 위해서 동작 중인지, 아니면 어떤 슬레이브 노드가 동작 중 고장으로 인해 더 이상 동작하지 않는지에 대한 정보를 실시간으로 파악하고 있다.

마스터 노드의 두 번째 역할은 디렉터리와 파일에 대한 정보를 포함하는 메타데이터(Metadata)를 관리하는 것이다. 분산 파일 시스템에서 슬레이브 노드는 실제 사용자의 데이터를 보관하기 때문에 마스터 노드는 사용자가 생성한 디렉터리 구조와 파일 목록을 보관하고 있어야 한다. 여기에 분산 파일 시스템 환경에서 중요한 또 하나의 메타데이터가 존재한다. 사용자 데이터가 어느 슬레이브 노드에 존재하는지에 대한 정보이다. 분산되어 저장된 사용자 데이터를 가져오기 위해서 모든 슬레이브 노드들을 찾아가며 사용자가 원하는 데이터가 존재하는지 확인할 수 없기 때문에 마스터 노드는 데이터가 어느 슬레이브 노드에 저장되어 있는지 정확히 알고 있어야 한다. 마스터 노드가 데이터의 저장 위치를 알고 있으면 원하는 데이터를 어느 슬레이브 노드에게 요청해야 하는지 빠르게 알 수 있다. 또한 현재 슬레이브 노드가 동작 중인지, 디스크 용량은 충분한지 등의 정보를 마스터 노드가 실시간으로 확보함으로써 사용자가 데이터 업로드를 요청하면 이 정보를 바탕으로 어느 슬레이브에 데이터를 저장할지 결정하는 역할을 한다.

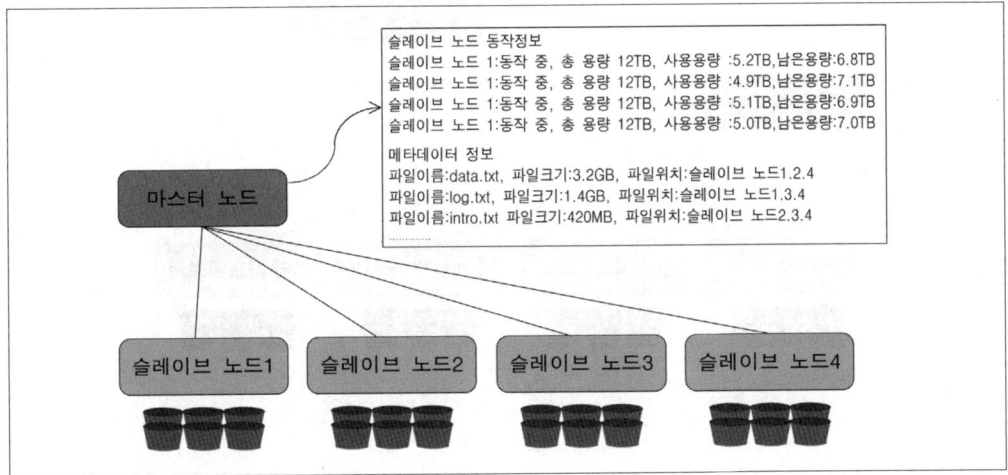

[그림 8] 슬레이브 노드 & 메타 데이터를 관리하는 마스터 노드

(3) 슬레이브 노드(Slave Node)

슬레이브 노드는 사용자의 데이터를 저장하는 역할을 담당한다. 슬레이브 노드는 사용자가 파일을 업로드하면 사용자의 파일을 저장하고, 사용자가 데이터를 다운로드하면 사용자에게 데이터를 전달해 주는 역할을 한다. 이러한 기본 역할 외에도 분산 파일 시스템 환경에서 슬레이브 노드는 하나의 파일을 여러 개의 슬레이브 노드에 동일하게 복제하여 관리하는 역할도 수행한다. 이 기능은 분산 파일 시스템의 가장 강력한 기능이라고 할 수 있다. 왜냐하면 일반적으로 사용자 데이터를 저장하고 있는 디스

크는 자주 고장을 일으키기 때문에 데이터를 잃고 싶지 않다면 그 전에 고장에 대비해야만 한다. 기존에는 두 개의 하드디스크에 데이터를 동일하게 복제하는 방법이 사용되었다. 하지만 이 방법은 데이터를 저장하고 있는 서버가 고장 나면 그 서버를 복구하는 시간 동안 사용자 데이터를 사용할 수 없다. 그래서 디스크 고장과 서버의 고장을 쉽게 처리하기 위해서 분산 파일 시스템에서는 여러 서버에 사용자의 데이터를 복제하도록 설계되었다. 이 기능을 이용하여 사용자의 데이터를 안전하게 보관할 수 있고, 서버가 고장을 일으키더라도 언제든지 데이터를 사용할 수 있다.

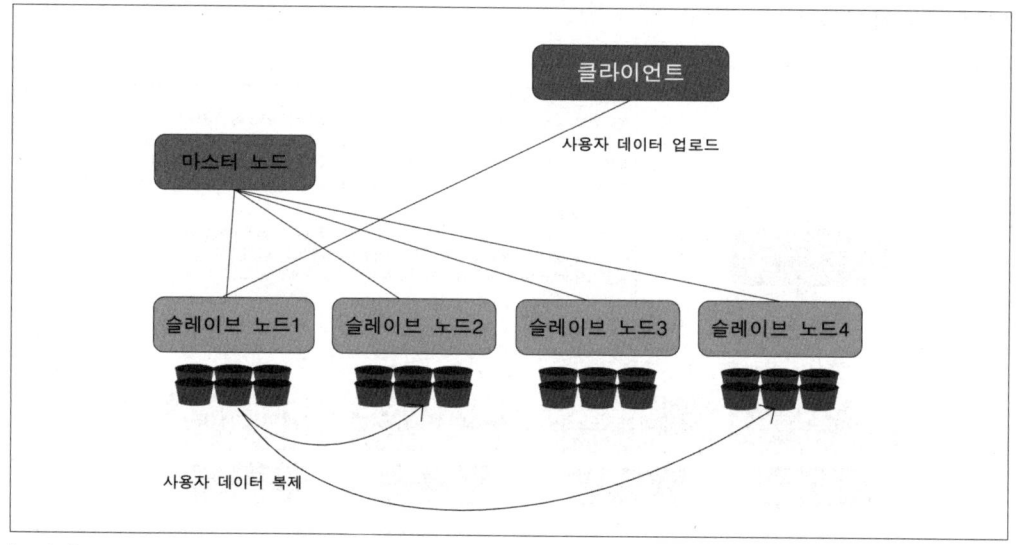

[그림 9] 사용자 데이터를 저장 및 복제하는 슬레이브 노드

(4) 하둡(Hadoop)의 구성 요소

아파치 하둡(Hadoop)은 파일을 저장하기 위한 하둡(Hadoop) 분산 파일 시스템(HDFS)과 저장된 파일을 처리하는 맵 리듀스(MapReduce)로 구성되어 있다. 아파치 하둡(Hadoop)은 다수의 노드에서 동작하며, 마스터 노드와 하나 이상의 슬레이브 노드로 구성되어 있다. 각각의 노드는 유형에 따라 동작하는 프로세스가 서로 다르며, 마스터 노드의 역할은 파일 시스템 관리 및 작업관리(Job Tracker)이며, 슬레이브 노드의 역할은 파일을 저장하고 작업을 실행하는 것이다. 대용량 파일을 처리할 때를 놓

고 생각해 본다면 파일을 읽기 편한 크기로 분할한 다음, 각각 노드에 저장한 후 분할 크기를 기준으로 동시에 여러 노드에서 읽고 고성능으로 처리한다. 또한 시스템 확장이 용이하여 한두 개의 데이터노드 장애에도 정상적으로 동작하며, 운영 중인 시스템에서 노드의 추가 또는 제거를 간단히 할 수 있다.

① 하둡(Hadoop) 분산 파일 시스템(HDFS)

하둡(Hadoop) 분산 파일 시스템 역시 일반적인 분산 파일 시스템과 같이 마스터-슬레이브 구조로 구성되어 있다. 하둡(Hadoop) 분산 파일 시스템에서 마스터 노드 역할은 네임노드(Namenode) 및 세컨더리 네임노드(Secondary NameNode)라 불리는 프로그램이 담당하고 있고, 슬레이브 노드 역할은 데이터노드(DataNode)라 불리는 프로그램이 담당하고 있다. 네임노드는 마스터 노드와 같이 사용자의 데이터를 저장하고 사용자의 요청에 따라 사용자 데이터를 저장 및 복제하여 보관하는 역할을 한다.

② 맵 리듀스(MapReduce)

하둡(Hadoop)에서 데이터 분석을 위해 사용되는 맵 리듀스 역시 마스터-슬레이브 구조로 구성되어 있다. 맵 리듀스에서 마스터 노드 역할은 잡 트래커(Job Tracker)라 불리는 프로그램이 담당하고, 슬레이브 노드 역할을 태스크 트래커(Task Tracker)라 불리는 프로그램이 담당하고 있다. 잡 트래커는 맵 리듀스가 수행할 전체 작업을 중앙에서 관리하는 역할을 한다. 실제로 맵 리듀스 작업은 태스크 트래커가 수행한다.

(5) 하둡(Hadoop)의 구조

하둡(Hadoop) 분산 파일 시스템과 맵 리듀스는 마스터-슬레이브 구조를 가지고 있다. 즉, 전체 하둡(Hadoop) 구성을 위해서 하나의 마스터 노드와 여러 대의 슬레이브 노드를 이용해서 구축할 수 있다. 앞서 설명했듯이 하둡(Hadoop)을 실행하기 위해서 하둡(Hadoop) 분산 파일 시스템 구성을 위한 네임노드, 세컨더리 네임노드와 맵 리듀스 구성을 위한 데이터노드 그리고 잡 트래커와 태스크 트래커를 구동시키면 된다. 아래 그림과 같이 네임노드와 잡 트래커는 하둡(Hadoop) 분산 파일 시스템과 하둡(Hadoop) 맵 리듀스를 하나의 서버에서 동작시킬 수 있으므로 하나의 마스터 노드에 네임노드와 잡 트래커를 함께 동작시키고, 데이터노드와 태스크 트래커는 여러 슬레이브 노드에서 동작하므로 데이터노드가 동작하는 슬레이브 노드에 태스크 트래커도 함께 실행시킨다.

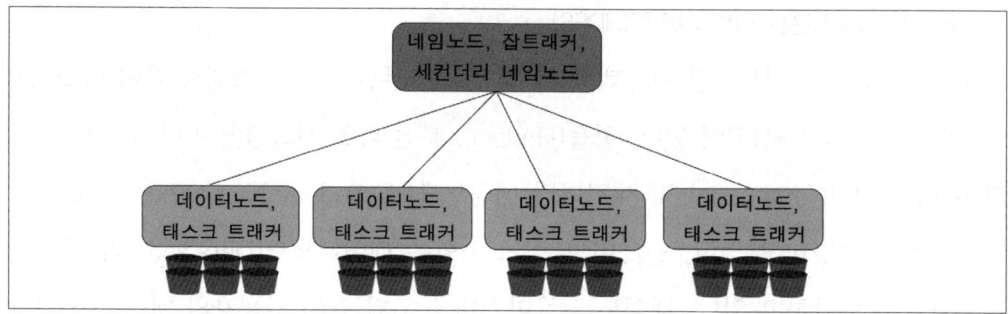

[그림 10] 하둡(Hadoop)의 기본 구조

하둡(Hadoop)의 핵심 구성 요소

(1) 하둡(Hadoop) 분산 파일 시스템(HDFS)

하둡(Hadoop)은 방대한 데이터를 안전하게 저장하기 위한 부분과 저장된 데이터를 처리할 수 있는 플랫폼으로 구성되었다. 하둡(Hadoop)의 구성 요소 중 하둡(Hadoop) 분산 파일 시스템은 많은 양의 데이터를 저장하기 위해 만들어졌는데, 특히 분산된 환경에서 데이터 처리를 위하여 많은 양의 데이터를 안전하게 저장할 수 있을 뿐만 아니라 저장된 데이터를 빠르게 처리할 수 있도록 설계되었다. 하둡(Hadoop)을 제대로 활용하기 위해서 가장 기반이 되는 하둡(Hadoop) 분산 파일 시스템을 이해하고 있어야 한다.

① 하둡(Hadoop) 분산 파일 시스템의 설계

하둡(Hadoop) 분산 파일 시스템은 설계를 위해 2003년도에 구글이 발표한 구글 파일 시스템(The Google File System) 논문을 이용하였다. 실제로 구글은 회사에 존재하는 엄청난 양의 데이터들과 이를 처리하여 값진 결과를 얻을 수 있는 스토리지 시스템이 필요하였기 때문에 구글 파일 시스템을 개발하였다. 이 파일 시스템은 많은 데이터를 처리하기 위하여 기본적으로 확장성 있게 설계되었고, 굉장히 큰 규모로 운영할 수 있도록 설계되었다. 큰 규모로 운영해야 하기 때문에 스토리지를 위해 비싼 서버를 이용하는 대신 값싼 서버들을 이용하여 대규모로 구축할 수 있도록 설계되었다. 그리고 많은 서버들을 스토리지 시스템으로 운영하게 되면 디스크나 서버의 고장이 빈번하게 발생할 수 있기 때문에 이런 고장에 대처하기 위하여 고장 복구가 가능하도록 설계하였다. 그리고 서버와 디스크들이 굉장히 많기 때문에 여러 명의 사용자에게 서비스할 때 전체 성능이 높게 나오도록 설계되었다.

하둡(Hadoop) 분산 파일 시스템도 역시 대량의 데이터를 빠르게 처리할 수 있도록 설계되었고, 구글 파일 시스템과 상당히 유사하다. 하둡(Hadoop) 분산 파일 시스템 역시 값싼 서버들 수백, 수천 대를 이용하여 구축할 수 있다. 또한 서버들의 고장이 발생하더라도 분산 파일 시스템이 아무런 문제 없이 동작할 수 있도록 고장 복구 기능을 구현했다.

하둡(Hadoop) 분산 파일 시스템은 한두 대의 서버로 구성하기보다는 많은 서버를 이용하여 구축하는 것이 전체 성능이나 분산 파일 시스템의 전체 용량을 늘리는 데 유용하기 때문에 값싼 서버들을 이용하여 구축할 수 있고, 높은 수준의 고장 방지 기능을 이용할 수 있다는 것은 하둡(Hadoop) 분산 파일 시스템만의 큰 장점이라 할 수 있다.

또한 하둡(Hadoop) 분산 파일 시스템은 WORM(Write-Once-Read-Many) 하도록 설계되었다. 따라서 하둡(Hadoop) 분산 파일 시스템에 있는 데이터들은 수정이 불가능하다. 또 사용자가 파일을 열고 파일을 쓴 후 파일을 닫으면 더 이상 수정이 불가능하도록 설계되었다. 고작 몇 바이트를 수정하려고 해도 파일을 새로 덮어써야 한다. 이렇게 한 이유는 맵 리듀스와 관련되어 있다.

맵 리듀스를 작성하기 위한 파일 시스템은 수정 기능이 필요하지 않기 때문에 맵 리듀스를 이용하여 분석할 파일들은 수정 기능이 필요 없다. 그리고 각각의 중간 결과 파일도 독립적으로 저장되기 때문에 수정 기능을 추가하지 않도록 설계되었다. 그뿐만 아니라 하둡(Hadoop) 분산 파일 시스템은 여러 개의 복제본을 관리하는데, 전체 모델을 매우 간단하게 관리할 수 있음을 의미한다. 만약 파일의 수정이 가능하도록 설계했다면, 하나의 파일 수정 시 여러 데이터노드에 저장되어 있는 특정 파일을 모두 수정해 주어야 한다. 또한 특정 파일의 한 바이트만 변경되는 경우에도 동일한 파일을 저장하고 있는 모든 데이터노드를 찾아 저장되어 있는 파일들의 한 바이트씩 모두 수정하도록 해야 한다. 수정이 가능했다면 메타데이터를 관리하는 네임노드와 사용자 데이터를 관리하고 있는 데이터노드 모두에 부담이 되는 것은 확실하다. 따라서 하둡(Hadoop) 분산 파일 시스템은 WORM 하도록 설계되었다.

② 하둡(Hadoop) 분산 파일 시스템의 전체 구조

하둡(Hadoop) 분산 파일 시스템에서 클라이언트의 동작을 살펴보면, 메타데이터 관련 명령을 위해서 네임노드와 통신하고 사용자 데이터를 위해서 데이터노드와 통신한다. [그림 11]을 보면 클라이언트가 메타데이터 관련 명령을 위해서 네임노드에게 명령을 전달하고 사용자 데이터 읽기/쓰기를 위해서 데이터노드에게 데이터를 전달하는 것을 알 수 있다. 그리고 데이터 복제를 위해서 데이터노드 간에 통신하는 것을 알 수 있다. 클라이언트는 메타데이터를 위해 네임노드와 통신하고, 실제 데이터 전달을 위해서 데이터노드와 통신한다.

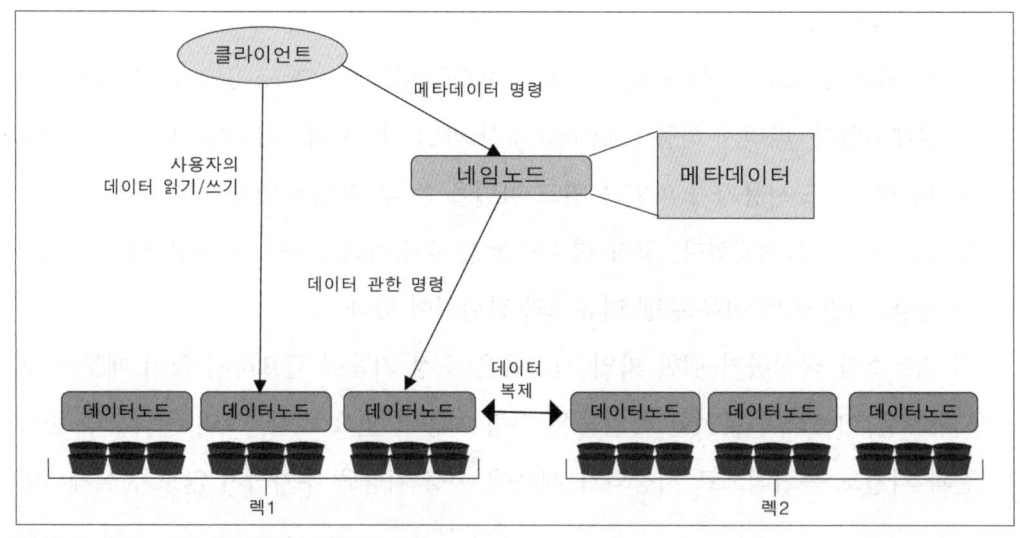

[그림 11] 하둡(Hadoop) 분산 파일 시스템의 구조

하둡(Hadoop) 분산 파일 시스템에서 네임노드의 주된 역할은 파일 시스템의 모든 메타데이터를 저장하고 사용자에게 전달하는 것이다. 파일 시스템에서 사용자는 메타데이터 관련 명령이 가능한 빨리 수행되길 기대한다. 하지만 하둡(Hadoop) 분산 파일 시스템의 경우에는 메타데이터가 항상 네트워크를 통해서 전달되어야 한다. 일단 네트워크를 거쳐 사용자에게 메타데이터를 전달하게 되면 일반적인 파일 시스템의 메타데이터 성능을 기대하기는 힘들다.

그래서 하둡(Hadoop)은 네트워크를 거치는 메타데이터를 메모리에 상주시킴으로써 사용자에게 조금 더 빠르게 메타데이터를 전달할 수 있도록 설계되었다. 데이터노드의 역할은 사용자의 데이터를 저장하는 것이고 여기서 사용자의 파일은 블록(Block) 단위로 나누어 관리하도록 한다. 그리고 하둡(Hadoop) 파일 시스템의 기본 설정은 하나의 블록을 3개의 데이터노드에 복제하여 저장하도록 한다. 블록들을 복제해 놓기 때문에 하나 또는 두 개의 데이터노드가 문제가 동시에 발생하더라도 재복제를 통하여 데이터가 안전하게 존재할 수 있도록 관리하고 있다. 즉, 높은 수준의 고장 방지 기능을 갖추었다고 할 수 있다.

③ 네임노드(NameNode)

네임노드가 하는 주요 역할은 하둡(Hadoop) 분산 파일 시스템의 메타데이터 관리하는 부분과 데이터노드 관리하는 부분으로 나눌 수 있다. 메타데이터는 파일 시스템의 디렉터리 이름과 구조, 파일 이름과 하나의 파일을 여러 블록으로 나눈 목록을 가지고 있으며 이 블록들이 데이터노드에 저장된 정보들을 관리한다. 데이터 노드들의 관리는 현재 하둡(Hadoop) 분산 파일 시스템이 사용하고 있는 데이터노드의 목록과 현재 동작이 가능한지 등을 지속해서 알아내어 데이터노드의 정보를 관리한다. 이 정보를 이용하여 네임노드는 새롭게 업로드하는 블록이 어느 데이터노드에 저장되어야 하는지 또한 모든 데이터노드들이 동작하고 있어서 고장 방지를 위한 복제 수를 만족하고 있는지를 지속해서 알아낼 수 있다.

④ 데이터노드(DataNode)

데이터노드의 주요 역할은 사용자 데이터의 블록을 저장하는 것이다. 사용자 데이터는 데이터노드에 블록 형태로 저장된다. 블록은 기존의 파일 시스템에서 사용하는 블록 개념과는 차이가 있다. 블록은 하둡(Hadoop) 분산 파일 시스템에서 데이터를 나누는 기준으로 사용된다. 이 블록 크기는 설정에 의해 변경될 수도 있지만 기본적으로 64MB로 설정된다. 데이터노드의 역할이 사용자의 데이터 블록을 저장하는 것이기 때문에 데이터를 안전하게 보관하기 위해서는 하둡(Hadoop) 분산 파일 시스템에서 동일한 데이터를 여러 개의 노드에 동시에 저장한다. 블록들을 복제해 저장하기 때문에 데이터노드에 문제가 발생하더라도 재복제를 통하여 데이터가 안전하게 존재할 수 있도록 관리한다.

⑤ 세컨더리 네임노드(Secondary NameNode)

하둡(Hadoop) 분산 파일 시스템의 메타데이터는 메모리에 저장된다. 메모리에 저장해 놓아야 빠르게 사용자에게 전달할 수 있고 관리가 편하기 때문이다. 그런데 하둡(Hadoop) 분산 파일 시스템의 네임노드는 하나만 동작한다. 만약 모든 메타데이터를 메모리에 저장한 상태에서 네임노드에 문제가 생겨 다운되면 어떻게 될까? 당연히 모든 디렉터리 구조 및 블록 관련 정보를 잃어버리게 되며 서비스도 지속할 수 없다. 즉, 네임노드는 한곳에서 고장이 발생하면 전체 시스템이 중단되는 단일 고장 문제를 가지고 있다. 이러한 문제를 방지하기 위해서 하둡(Hadoop) 분산 파일 시스템은 메타데이터 관련 데이터들을 파일로 저장하여 네임노드에 문제가 발생해 다운되었을 경우 다시 빠르게 복구시킬 수 있도록 한다.

바로 이 파일이 Edits 파일과 FsImage 파일이다. 그리고 네임노드에 문제가 발생해 꺼져 버린 경우 빠르게 복구하기 위해 세컨더리 네임노드를 이용해 제공한다. 세컨더리 네임노드는 이름만 보게 되면 네임노드의 역할을 대신할 수 있는 서버라고 생각할 수 있지만 세컨더리 네임노드는 네임노드의 역할을 대신하지 않는다. 세컨더리 네임노드의 역할은 주기적으로 네임노드에 있는 Edits 파일을 가져오고 이

파일을 FsImage 파일에 병합시킨 후 병합된 파일을 다시 네임노드로 전달하는 역할을 한다. 그 과정에서 자신의 디렉터리에 Edits 파일과 FsImage 파일을 저장해 놓는다.

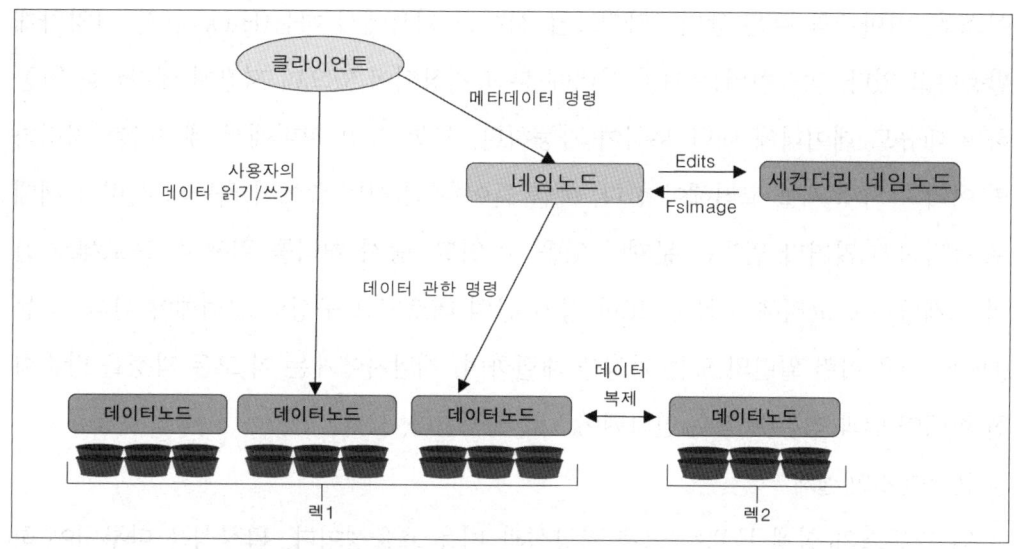

[그림 12] 세컨더리 네임노드를 포함한 하둡(Hadoop) 전체 구조

세컨더리 네임노드는 데이터노드들이나 클라이언트들과는 전혀 통신하지 않고 오직 네임노드와 통신한다. 즉, 일정 조건이 되면 Edits 파일을 가져와 FsImage 파일을 병합하여 네임노드로 전달해 주는 역할만을 수행한다. Edits 파일을 세컨더리 네임노드로 가져오는 조건은 두 가지가 있다.

첫 번째는 Edits 파일을 마지막으로 가져온 후 일정한 시간이 경과한 경우 세컨더리 네임노드로 가져오고, 두 번째는 Edits 파일의 용량이 특정 임계치를 초과하면 세컨더리 네임노드로 가져온다. 이 두 가지 조건은 사용자가 임의로 설정할 수 있다. 기본 설정은 Edits 파일을 마지막으로 가져온 후 1시간이 초과하면 세컨더리 네임노드로 가져오거나, 용량이 64MB를 초과하면 세컨더리 네임노드로 가져오도록 되어 있다.

(2) 맵 리듀스(MapReduce)

　맵 리듀스는 저렴한 머신들을 이용하여 빅데이터를 병렬로 분산 처리하기 위한 프로그래밍 모델이다. 맵 리듀스는 구글에 의해서 처음 소개되었으며, 실제로 야후, 페이스북, 아마존과 같은 엔터프라이즈급 서비스 회사에서 하둡(Hadoop)을 다양하게 활용하고 있다. 빅데이터는 여러 서버에 분산 저장되어 있으며 저장된 데이터를 가공하여 대규모 데이터에 대한 분석이 가능하다. 보통 여러 서버에서 데이터를 처리하면 여러 가지 문제를 고려해야 한다. 예를 들어 여러 서버 중에서 하나의 서버가 제대로 동작하지 않거나 멈추는 문제가 있을 수 있고, 동시 처리를 위해 각 프로세스 간의 스케줄링도 고려해야 한다. 또한 장치 간의 네트워크 구성도 고려해야 한다. 하둡(Hadoop)은 이런 일련의 모든 과정을 해결하며, 개발자에게는 이 모든 과정을 단순화한 형태인 맵과 리듀스 함수 인터페이스로 제공한다.

① 맵 리듀스의 설계

　맵 리듀스의 설계 목표는 크게 확장성과 비용 효율성이다. 확장성은 다루어야 하는 데이터의 양이 항상 커지기 때문에 반드시 고려해야 한다. 예를 들어 100TB의 데이터를 초당 50MB를 처리하는 노드 한 개로 처리한다면, 2,097,152초가 걸린다. 이를 날짜로 환산하면, 대략 24일이 걸린다. 만약 1개의 노드로 처리하지 않고, 1,000개의 노드로 처리한다면, 1,000개의 노드는 초당 50GB를 처리할 것이다. 즉, 2,048초가 소요되며 분으로 환산하면, 대략 34분이 걸린다. 즉, 확장성이 보장되는 맵 리듀스 구조에서는 빅데이터를 다루기 위해 노드의 수를 늘리면, 그만큼 짧은 시간 안에 데이터 처리가 가능하다는 것을 의미한다.

　또한 맵 리듀스는 비용 효율성을 위해서 설계되어야 한다. 비용 효율성을 위해서 값비싼 장비를 사용하지 않고 일반 장비를 사용한다. 즉, 일반 노드를 사용하고, 일반 네트워크 환경을 고려한 고사양 장비가 아닌 일반 장비를 사용하기 때문에 가격이 저렴하지만 언제든지 고장 날 수 있기 때문에 이에 대한 대비책이 필요하다.

이를 위해서 보통 맵 리듀스 구조에서는 고장 복구를 고려한다. 고장 복구 기능이 맵 리듀스 자체적으로 제공되기 때문에 맵 리듀스 시스템을 위해서 많은 수의 관리자가 필요 없다. 또한 맵 리듀스 프로그래머 입장에서는 맵 리듀스 잡(Job)에 대한 스케줄링, 모니터링 및 상태 갱신에 신경 쓸 필요가 없으므로 데이터 처리에 집중할 수 있다.

② 맵 리듀스의 전체 구조

[그림 13] 맵 리듀스의 실행 구조

맵 리듀스에서는 파일을 맵 작업에 의해서 생성된 중간의 (키, 값) 쌍으로 변환하고, 다음 스텝인 셔플(Shuffle) 과정을 통해서 맵 작업의 결과물을 리듀스 태스크의 입력값으로 사용한다. 셔플 과정에서 정렬과 파티셔닝 작업을 동시에 수행하여 각 맵 작업에서 나온 결과물을 리듀스 작업의 입력값으로 사용하기 위해서 맵 작업에서 나온 결과물을 나눠주는 역할을 한다. 마지막으로 리듀스 작업에서는 맵 작업의 결과물로 받은 입력 값들을 집계하며 최종 결과 파일을 생성한다. 맵 작업과 리듀스 작업들은 전체 맵 리듀스 구조에서 살펴보았을 때 태스크 트래커가 관리한다. 잡 트래커는 태스크들의 스케줄링을 담당하며, 하나의 마스터 노드는 여러 슬레이브 노드들의 실행을 관리한다. 태스크 트래커는 각각의 슬레이브 노드에서 실행하는 태스크들을 관리한다.

③ 잡 트래커(Job Tracker)

잡 트래커의 주요 역할은 등록된 모든 잡을 스케줄링하고 관리하는 것이다. 잡 트래커는 실행되는 모든 태스크를 모니터링하고 태스크가 실패한 경우 자동으로 실패한 태스크를 재실행한다. 클라이언트가 잡 트래커에 데이터 처리를 요청하면 잡 트래커는 해당 작업을 분할하며 서로 다른 맵과 리듀스 작업을 구성한 뒤 각각의 태스크 트래커에 할당한다.

④ 태스크 트래커(Task Tracker)

잡 트래커가 마스터인 성격으로 맵 리듀스의 전체적인 실행을 관리·감독한다면, 태스크 트래커는 각 슬레이브 노드, 즉 태스크 트래커에 할당된 작업의 실행을 담당한다. 태스크 트래커는 잡 트래커와 계속해서 통신하면서 작업 진행 상황 등의 정보를 주기적으로 전송하고, 만약 정해진 주기 내에 정보가 도착하지 않을 시에는 해당 태스크 트래커에 문제가 생긴 것으로 간주하고 해당 작업을 하둡(Hadoop) 내에 위치한 다른 노드에서 실행한다.

하둡(Hadoop)의 활용 사례

(1) KT 활용 사례

2010년부터 차근차근 준비해 온 KT는 기간계 시스템 가운데서도 고성능 서버에 상용 RDBMS를 기반으로 한 CDR 분석 시스템을 KT 클라우드웨어의 빅데이터 솔루션인 NDAP(Nexr Data Analytic Platform) 소프트웨어로 대체하여 도입하기로 했다. CDR(Call Data Record)은 유무선 전화 통화에 대한 로그 데이터이다. 일반적으로 통신업체 교환 장비에서 생성되는 이 데이터는 전화 사용자의 모든 통화마다 한 건씩 발생하므로 1일 발생량 수억 건 정도의 데이터가 발생하는 셈이다. 무엇보다 CDR 데이터는 통신업체가 보유한 가장 중요한 고객의 원천 데이터로 고객의 통화 품질 불만에 대한 실시간 대처에 사용되거나 일/월 단위의 통화 품질 통계를 통해 각 통신업체의 운영 및 경영의 기반 자료로 활용된다.

KT의 기존 CDR 시스템은 낮에는 고객 장애 대응을 위한 실시간 로그 검색을 수행하다가 밤에는 통화 품질 분석을 위한 데이터 집계 작업을 수행해 왔다. 그러나 지난 몇 년간 스마트폰 사용량의 급증으로 인해 CDR 데이터 수집과 배치 처리에 병목 현상이 발생하고, 저장 공간의 포화로 인해 장기간 데이터를 저장할 수 없었다. 특히 시스템 성능의 포화로 가입자 행태 분석과 같은 추가적인 분석 업무가 불가능했던 것이다. KT는 향후 5년 내로 약 1PB(페타바이트) 이상의 데이터가 쌓일 것으로 예상됐으며,

향후 좀 더 다양한 소스의 데이터가 쌓일 것으로 파악되었다.

KT가 빅데이터를 도입할 당시, 글로벌 포털 업체들이 비정형 데이터를 저장 용도로 사용하는 경우는 있었지만, 기간계 시스템에서 제대로 활용하는 기업은 드물었다. KT가 CDR 시스템을 하둡(Hadoop) 기반의 NDAP로 구축하면서 고민했던 점은 두 가지 측면이었다. 하나는 원하는 성능을 제대로 낼 것이냐는 것과 이를 통해 TCO를 획기적으로 줄일 수 있냐는 것이었다. 이를 위해 CDR 시스템의 데이터 수집에서 저장, 처리, 분석까지의 기본 계획을 수립했다.

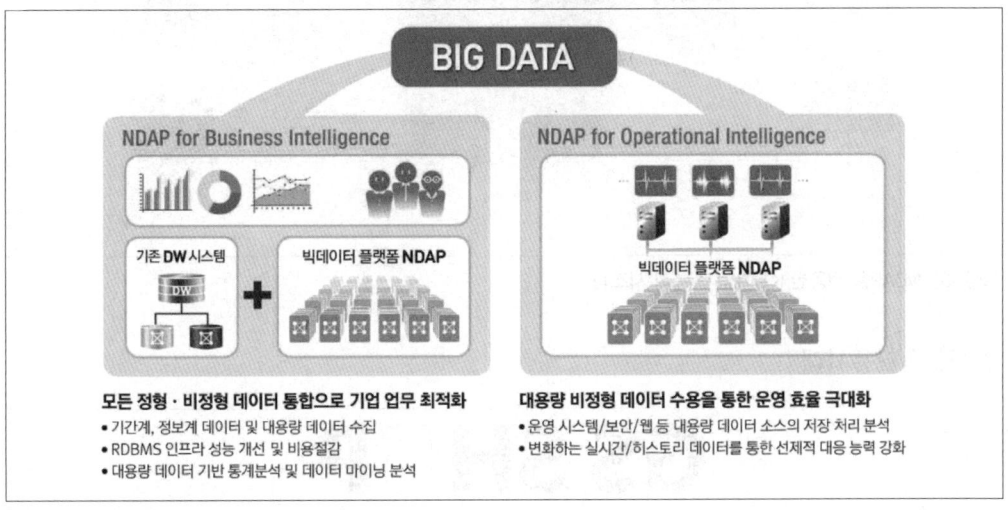

[그림 14] 업무 특성에 따른 BI 영역과 OI 영역에서의 빅데이터 활용

KT가 빅데이터를 활용하는 방법은 다양하다. KT는 이미 외부 데이터와 결합한 융합 데이터를 이용해 새로운 비즈니스 모델을 창출하는 것에서부터 올레닷컴 사이트나 CDR 시스템, 클라우드 서비스까지 비정형 데이터 분석뿐만 아니라 대용량 데이터 분석까지 곳곳에서 활용하고 있다. 예를 들어 CDR 시스템에 도입한 NDAP는 콜 센터에서 통화 명세, 통화 패턴 분석 등으로 활용하고 있다. 또한 KT뿐만 아니라 대부분 기업이 회계 및 관리 결산 마감이 있는데, 데이터베이스를 분석해 수익성도 계산하는 작업이 매년 진행된다. KT만 하더라도 이런 데이터가 엄청나다. 전국 지점과 대리점 등에서 나오는 데이터를 모두 모아 두고 분석을 해야 하는데, 데이터 오류를 수정하다

보면 대체로 3, 4일은 기본이다. 이를 하루 만에 끝낼 수 있다면, 이 또한 빅데이터 효과라고 할 수 있다.

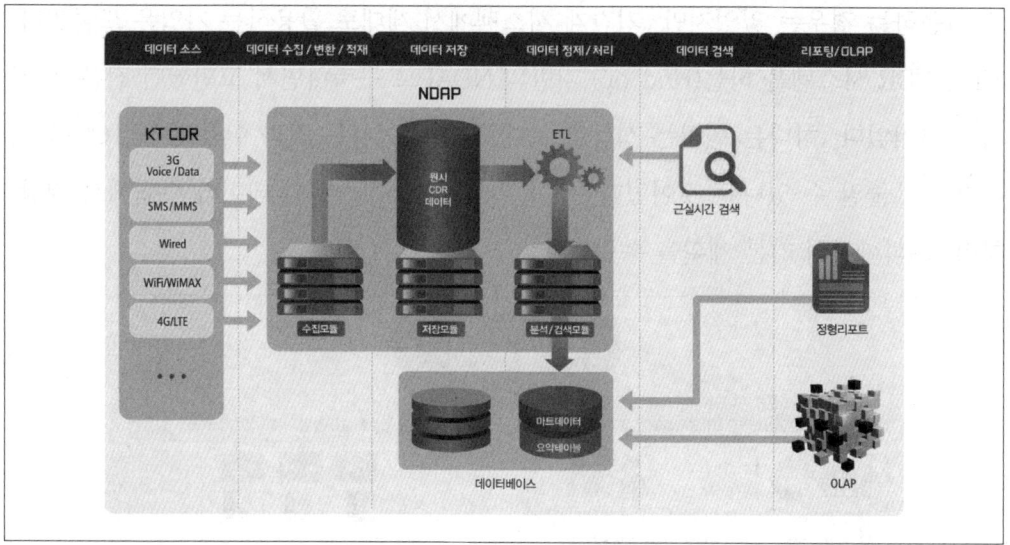

[그림 15] NDAP를 적용한 KT 가입자 분석 시스템

(2) GS샵 활용사례

[그림 16] GS샵 브랜드 로고

   1994년 창립한 GS샵은 TV, 인터넷, 모바일, IPTV 등 다양한 쇼핑 채널을 통해 사용자의 만족도를 극대화한 온라인 쇼핑 서비스를 제공해 왔다. 최근 구매자에게 맞춤형 상품 추천 서비스를 제공하는 것이 이 분야의 핵심 경쟁력이자 온라인 커머스 시장의 새로운 화두로 떠오르면서, GS샵은 이런 트렌드에 대응할 수 있도록 하둡(Hadoop) 시스템을 도입해 상품 추천 서비스 기반을 구축하여 차별화된 서비스를 제공하고 있다. 특히 GS샵은 빅데이터 플랫폼에 대한 기술 내재화에도 성공해 향후 다양한 서비스에도 이를 적용할 수 있는 자체 역량을 갖추었다는 데 큰 의미가 있다.

GS샵은 자사의 사업 기반이 온라인 커머스에 있는 만큼 IT가 단순히 비즈니스를 지원하는 차원을 넘어 새로운 비즈니스 기회 창출에 직간접적인 영향을 미친다고 여겨 왔다. 이에 IT를 비즈니스에 잘 활용하는 수준을 넘어 우수한 IT 플랫폼을 확보함으로써, 다른 온라인 커머스 업체들과의 차별화된 경쟁력을 갖추고자 노력했다.

그 일환으로 GS샵은 사용자들의 구매 내역을 바탕으로 상품 선택 패턴을 분석한 다음, 그 결과를 토대로 사용자가 관심을 가질 만한 신제품이나 관련 상품들을 맞춤식으로 추천해주는 새로운 상품 추천 서비스를 구축하기로 했다. 그러나 기존 고객 관계 관리 시스템(CRM)을 운영 중인 데이터 웨어하우스를 대신해, 구매 내역을 통합 관리하고 분석할 새로운 데이터 플랫폼을 도입하는 게 중복 투자로 이어질 수 있다는 우려와 사업 확장에 따른 변화를 수용할 수 있어야 한다는 점을 고려해야만 했다.

고객 상품 추천 서비스 개발을 주도한 GS샵 인터넷 사업부 무는 기술적인 측면과 중장기적인 사업 전략에 부합해야 한다는 것 외에도 IT에 기반을 둔 온라인 리테일 사업을 추진하려면, 기술 내재화를 통해 회사 내부 개발자들도 충분히 활용할 수 있는 수준으로 기술을 발전시키고 이를 경쟁력으로까지 승화시켜야 한다는 점도 무시할 수 없었다고 강조했다.

그런 점에서 상용 데이터웨어하우스 업체나 데이터베이스 관련 업체들은 빅데이터 플랫폼에 대한 솔루션과 기술 컨설팅을 제공했지만, 대부분이 하둡(Hadoop)과 맵 리듀스 등에 대한 핵심 엔진 관련 기술력을 제공하지 않았다. 게다가 GS샵 내부 개발인력으로도 충분히 상용 솔루션 업체가 제공하는 수준의 하둡(Hadoop) 시스템을 활용해 자체적인 서비스를 개발할 수 있었기 때문에 상용 솔루션 도입을 고려하지 않았다. 특히 고객과의 접점을 확보하기 위해서는 GS샵의 내부 개발자들이 상품 추천 시스템의 핵심 엔진에 대한 내용뿐 아니라, 웹 로그 및 비정형 데이터 등의 빅데이터 분석을 위한 개발에 대해서도 잘 알고 있어야만 했다.

이에 GS샵은 2012년 7월부터 하둡(Hadoop) 기반 빅데이터 플랫폼으로 사용자의 구매 내역과 온라인 게시판에 남긴 텍스트 데이터를 이관하는 동시에

CEP(Continuous Event Processing)나 오피니언 마이닝(Opinion Mining) 등과 같은 빅데이터 관련 내부 연구 과제를 마련해 국내외 파트너사들과 함께 수행했다. 그 과정에서 빅데이터 플랫폼에 대한 기술이전을 제공하는 그루터(GRUTER)의 빅데이터 솔루션이 자사에 적합한 솔루션이라고 판단했다.

사전에 염두에 둔 고려 사항들뿐만 아니라 기술 내재화를 만족시키고 GS샵이 제공하는 다양한 서비스에 빅데이터 플랫폼을 적용할 수 있는 확장성을 제공한다는 측면에서 그루터의 빅데이터 솔루션과 컨설팅은 GS샵에 큰 도움이 됐다. 특히 통합 관리 시스템 환경 구축의 경우 빅데이터 플랫폼에 탑재되는 다양한 오픈소스들이 조합되어 사용되기 때문에 각각의 오픈소스들을 관리하는 데 많은 노력이 요구됐다. 그런 점에서 그루터 솔루션은 오픈소스를 단일 시스템에서 관리하는 구축 시스템을 갖추고 있었다. 특히 클루몬(Cloumon)은 오픈소스와 관련된 다양한 인프라에 대한 모니터링은 물론 데이터의 수집, 분석 및 배치, 서비스에 이르는 전체 라이프 사이클을 단일 툴에서 보다 쉽게 수행할 수 있게 했다.

하둡(Hadoop)과 H베이스(HBase), 하이브 등 하둡(Hadoop) 에코 시스템에 대한 통합 관리와 분석 작업을 지원하는 클루몬은 최대 수백 대의 분산 서버와 SW를 웹 기반 환경에서 관리할 수 있다. 또한 분산 환경에서의 성능 장애 모니터링과 하둡(Hadoop) 파일 브라우저, 하이브, H베이스 질의 클라이언트 그리고 워크플로우 디자이너 등의 기능도 갖췄다.

현재 GS샵 빅데이터 플랫폼은 운영 중인 다양한 몰에서 동일하게 서비스될 수 있도록 구현되어 있다. 사이트별 에이전트와 컨트롤러로 구성된 수집기가 사용자와 구매 내역을 하둡(Hadoop)에 보내면, 이를 맵 리듀스에서 분석한다. 이렇게 분석된 데이터는 다시 관계형 데이터베이스 시스템(RDBMS)으로 보내져 사용자에게 추천 서비스를 제공하는 데 활용된다.

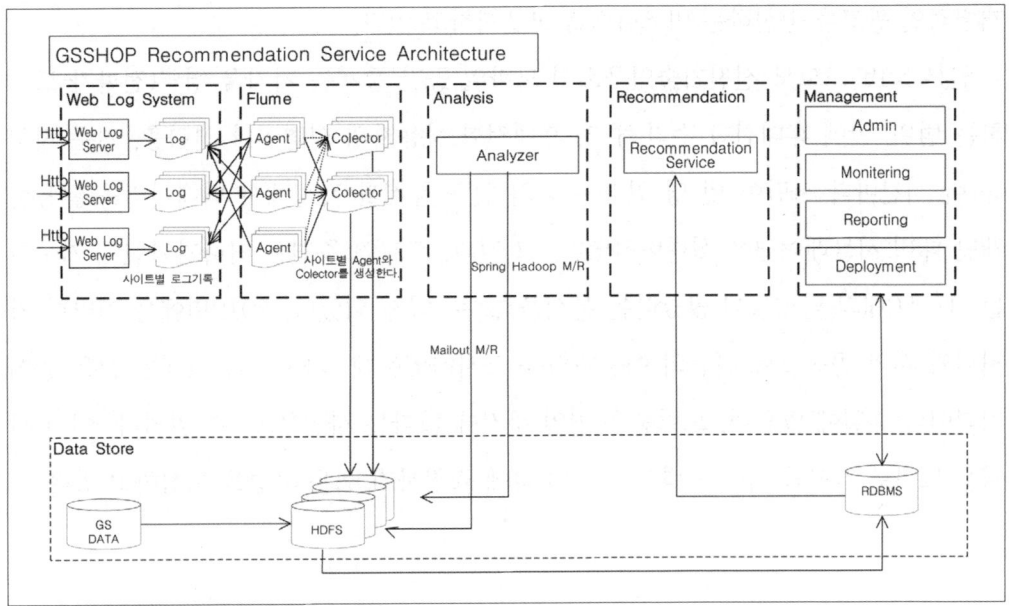

[그림 17] GS샵 상품 추천 서비스 아키텍처

　GS샵은 하둡(Hadoop) 기반 시스템이 현재는 상품 추천 서비스에만 도입됐지만, 보다 다양한 서비스로까지 그 적용 범위를 확대해 나갈 방침이라고 전했다. 이를 위해 연구개발팀은 검색과 텍스트 마이닝 분야에 빅데이터 플랫폼을 적용해, 서비스 최적화를 위한 연구개발과 실제 적용을 위한 노력을 병행하고 있다. GS샵은 아직까지는 가시화된 비즈니스 성과가 나타나진 않았지만, 순차적으로 빅데이터 플랫폼을 적용하면 서비스 수준을 향상해 수익 창출을 기대할 수 있을 것으로 내다봤다.

(3) Yahoo Japan 활용 사례

　일본의 야후는 다양한 인터넷 서비스를 통해 고객의 인터넷 열람 기록, 검색 기록, 광고 클릭 정보, 메일 내용, 스마트폰 위치 정보 등 일반 기업에 없는 다양한 고객 속성 정보를 수집하고 고객에게 알맞은 광고를 송신하는 데 주력하고 있다. 고객이 야후 사이트를 열람할 때 수십 개의 프로그램이 동시에 작동하면서 시간대, 고객 속성, 과거의 열람 및 검색 기록 등 다양한 데이터를 조합하여 고객의 흥미와 관심사를 파악해 개별적인 광고를 송신하는 비즈니스를 모델화하고 있다.

일본 NTT 도코모 선진기술연구소의 모바일 공간 통계는 기지국 영역(전파가 도달하는 범위) 안에 휴대전화 수의 체크, 휴대전화 사용자의 성별이나 연령층, 거주 지역 등 한 시간마다 사람이 몇 명 있다는 등의 인구 통계를 작성해서 빅데이터를 활용한 재난 대비 시뮬레이션을 실현화하였다. 그 결과, 도쿄역 주변은 가나가와현에 거주하는 40~50대의 남성들이 많았다는 분석을 할 수 있게 되었다. 2012년에는 지바현 카시니와 시와 공동으로 사람의 이동현황을 조사하였는데, 카시니와 역에는 젊은 층이 저녁이나 휴일에 많으며, 노령층은 평일 주간에 많다는 사실을 알 수 있었다. 이런 사실을 토대로 카시와 시는 고령자가 평일 낮에 쇼핑하기 쉬운 환경을 조성하고 있다.

3절 | 분산 데이터베이스 시스템

분산 데이터베이스 개념

중앙 집중(Centralized) 시스템이란 아래의 그림과 같이 모든 처리기와 기억 장치가 한곳에 모여서 모든 데이터 처리를 중앙 컴퓨터 시스템에서 처리하는 시스템을 말한다.

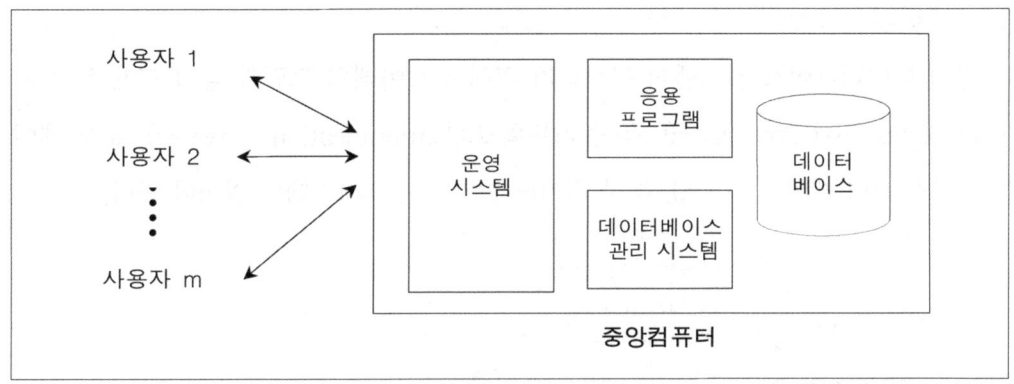

[그림 18] 중앙 집중 데이터베이스 방식

분산(Distributed) 시스템이란 처리기와 기억 장치들이 지리적으로 분산되어 이들 상호 간에 통신 회선을 통해 데이터를 협동으로 처리할 수 있는 시스템을 말한다. 이러한 분산 시스템은 여러 개의 노드(Node)로 구성되어 있다. 각 노드는 한 지점의 완전한 컴퓨터 시스템 또는 특정 기능을 가진 컴퓨터 시스템을 말한다. 분산 데이터베이스 시스템(Distributed Database System)은 통신 회선으로 연결된 노드들 사이에 처리기들의 지리적인 분산뿐만 아니라 데이터베이스 자체도 여러 노드에 산재되어 존재하는 것을 말한다. 이처럼 지리적으로 흩어져 있는 데이터들을 사용자가 손쉽게 사용할 수 있도록 하기 위해서 사용자는 데이터가 어느 지점에 위치하고 있는지에 관해서는 상관하지 않도록 해야 한다.

데이터베이스 시스템의 기본적인 목적은 지리적으로 멀리 떨어져 있는 원격 자원과 데이터를 사용함으로써 일반 사용자의 생산성을 향상시키고 최대의 시스템 가용성을 얻도록 하며, 각 노드는 각기 어느 정도의 자치권을 획득함으로써 지역적인 정보 처리의 효율을 증진시킨다. 또 시스템의 확장이나 변경을 용이하게 하며 일부 노드가 고장 나도 전체 시스템은 계속 가동될 수 있도록 가용성과 신뢰도를 증진시키는 데 있다. 이러한 분산 시스템은 마이크로컴퓨터와 미니컴퓨터의 가격이 급격히 저렴해짐으로써 경제적으로도 가능하게 되어 그 활용이 보편화되었다.

분산 데이터베이스 시스템 구성

분산 데이터베이스 시스템이 구성되기 위해서는 아래의 그림과 같이 크게 분산 처리기(Distributed Processors), 통신 네트워크(Communication Network), 분산 데이터베이스(지역 데이터베이스), 분산 데이터베이스 관리 시스템이 있어야 한다.

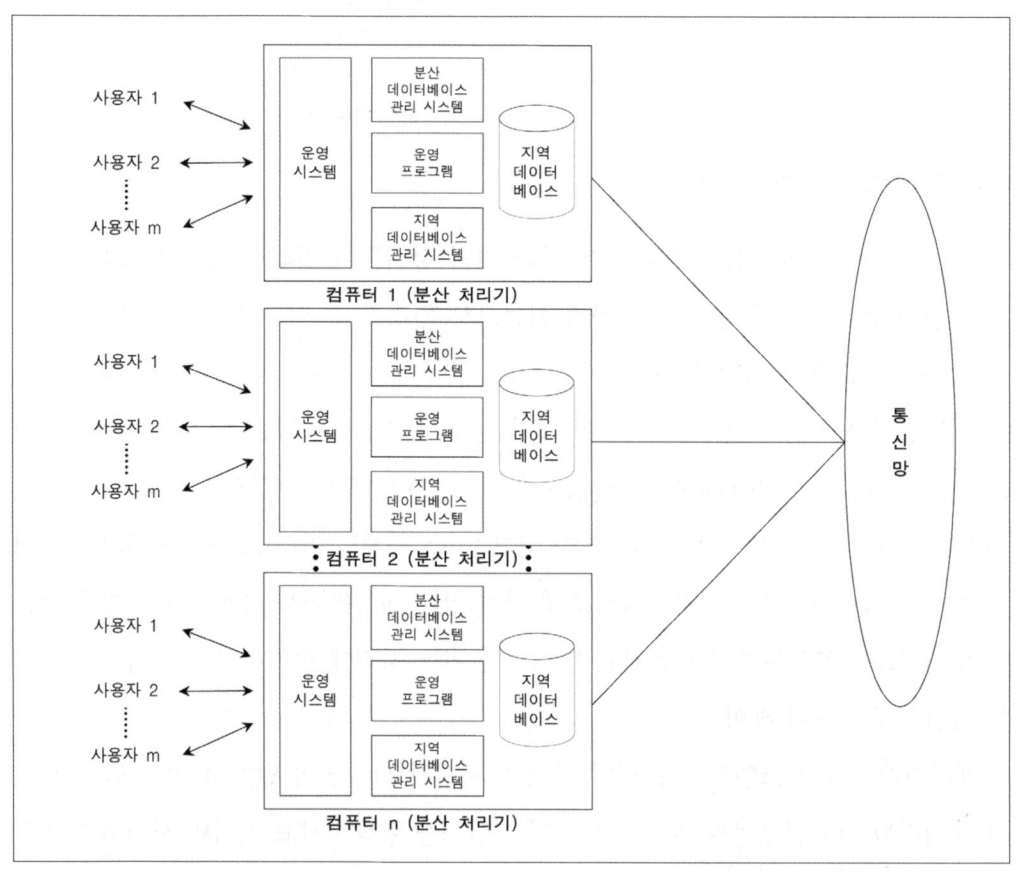

[그림 19] 분산 데이터베이스 방식

하나의 논리적 데이터베이스를 여러 물리적 장소에 분산시킴으로써 얻을 수 있는 장점은 다음과 같다.

① **빠른 응답 속도와 통신 비용 절감**

데이터를 자주 사용하는 물리적 장소에 저장함으로써 통신망을 통하여 전송되는 시간과 비용을 절감할 수 있다. 또한 여러 대의 컴퓨터가 병렬적으로 처리함으로써 한 대의 컴퓨터가 처리하는 것보다 사용자의 요구에 더 빨리 응답할 수 있다.

② **데이터의 가용성(availability)과 신뢰성의 증가**

중앙 집중 방식에서 중앙 컴퓨터가 고장 나면 모든 데이터베이스 업무가 중단되지만, 데이터가 분산되어 있는 경우에는 컴퓨터 정지로 인한 위험성 역시 분산할 수 있다. 그리고 동일한 데이터가 여러 장소에 저장되어 있는 경우에는 데이터의 가용성과 신뢰성이 더욱 증가한다.

③ **시스템 규모의 적절한 조절**

중앙 집중 방식에서 시스템의 용량이 한계에 이르면 중앙 컴퓨터를 교체해야 한다. 중앙 집중 방식에서 대형 컴퓨터를 교환하는 작업은 많은 비용을 발생시킬 뿐만 아니라, 컴퓨터 교체 기간 중에 데이터베이스를 사용할 수 없다. 그러나 분산 데이터베이스 방식 하에서는 시스템의 용량이 부족하면, 네트워크상에 새로운 소형 컴퓨터를 추가하면 된다. 이 방식은 중앙 집중 방식과 비교하여 비용이 저렴하고 작업이 간단하기 때문에 시스템의 증가 요구에 잘 적응할 수 있다.

④ **각 지역 또는 사용자의 요구 수용 증대**

분산 데이터베이스는 각 지역의 요구 사항에 초점을 맞추어 설계되고, 지역 사용자에게 보다 큰 권한을 부여함으로써 지역 사용자의 만족도를 증가시킬 수 있다.

집중 시스템과는 달리 데이터가 분산됨으로써 발생되는 문제점을 열거하면 다음과 같다.

① 질의 처리

하나의 질의가 지리적으로 여러 곳에 흩어져 있는 많은 양의 데이터들을 처리하고자 할 때, 이 질의의 처리 계획이 잘못 결정될 경우, 엄청난 양의 데이터 전송을 유발시킬 수 있다.

② 갱신 트랜잭션들의 상호 간섭과 모순된 판독

병렬 처리하는 집중 시스템에서와 마찬가지로 두 개의 트랜잭션이 원격지에 있는 동일 데이터에 대해 갱신하려고 할 때, 상호 간섭에 의해 잘못된 결과를 유발할 수 있으며 모순된 판독도 일어날 수 있다. 이와 같은 현상은 동일한 데이터가 서로 다른 노드에 존재하는 중복 데이터(Replicated Data)들의 경우에는, 그 발생 빈도가 집중 시스템보다 훨씬 높다.

③ 데드록

병렬 처리 제어를 위해 록킹(Locking)을 사용할 경우 여러 노드가 동시에 병목현상(Dead Lock)에 걸릴 위험이 있다.

④ 프로토콜의 부하

잘못된 갱신, 모순된 판독, 데드록 등을 방지하는 프로토콜에 따른 전송량이 지나친 부하를 초래할 수 있다. 이와 같은 현상은 중복 데이터가 사용될 경우 더욱 문제가 심각해진다.

⑤ 감시와 보호

분산 데이터베이스 시스템의 경우에 어떤 데이터에 누가 어떠한 작업을 했는지 파악하기가 쉽지 않고, 데이터가 분산되어 있으면 데이터의 보안과 보호가 쉽지 않다.

⑥ 고장 시 복구 작업

여러 노드로부터 요청된 트랜잭션들의 처리 도중 고장난 노드들을 회복시키기가 쉽지 않으며, 특히 중복 데이터가 사용될 경우 그 회복 절차가 더욱 복잡하다.

연습문제

01 클라우드 컴퓨팅에 대해 설명하시오.

02 클라우드 컴퓨팅의 장점과 단점을 설명하시오.

03 하둡(Hadoop)에 대해서 설명하시오.

04 메타 데이터에 대해 설명하시오.

05 맵 리듀스에 대해 설명하시오.

06 다음 개념 중 관계가 다른 하나는?
① EC(Embedded Computing)
② SOA(Service Oriented Architecture)
③ SaaS(Software As a Service)
④ SBC(Server Based Computing)

07 클라우드 서비스의 유형으로 부적합한 것은?
① 퍼블릭 클라우드
② 프라이빗 클라우드
③ 씬 클라우드
④ 하이브리드 클라우드

08 하둡(Hadoop) 시스템의 설명으로 잘못된 것은?
① 하둡(Hadoop) 분산 파일 시스템 역시 일반적인 분산 파일 시스템과 같이 마스터-슬레이브 구조로 구성되어 있다.
② 하둡(Hadoop) 분산 파일 시스템은 저성능의 많은 서버를 이용하는 것보다 고성능의 서버로 구축하는 것이 유용하다.
③ 하둡(Hadoop)에서 데이터 분석을 위해 사용되는 맵 리듀스는 마스터-슬레이브 구조로 구성되어 있다.
④ 하나의 마스터 노드와 여러 대의 슬레이브 노드를 이용해서 구축할 수 있다.

09 맵 리듀스에 대한 설명으로 잘못된 것은?
① 맵 리듀스는 저렴한 머신들을 이용하여 빅데이터를 병렬로 분산 처리하기 위한 프로그래밍 모델이다
② 맵 리듀스의 설계 목표는 크게 확장성과 비용 효율성이다.
③ 맵 리듀스 실행 구조는 맵->셔플->리듀스로 되어 있다.
④ 잡 트래커(Job Tracker)는 각 슬레이브 노드에 할당된 작업 실행을 담당한다.

10 분산 시스템의 설명으로 잘못된 것은?
① 분산(Distributed) 시스템이란 처리기와 기억 장치들이 지리적으로 분산되어 이들 상호 간에 통신 회선을 통해 데이터를 협동으로 처리할 수 있는 시스템을 말한다.
② 분산 처리기(Distributed Processors), 통신 네트워크(Communication Network), 분산 데이터베이스(지역 데이터베이스), 분산 데이터베이스 관리 시스템이 있어야 한다.
③ 빠른 응답 속도와 통신 비용이 절감된다.
④ 데이터의 트랜잭션 처리가 용이하다.

빅데이터 기술

1. 빅데이터의 처리 과정을 이해하기 위한 관련 기술의 필요성을 숙지한다.
2. 빅데이터의 기술적 내용(수집, 저장, 처리, 분석, 표현)에 대한 개념적 특징을 이해한다.
3. 빅데이터의 기술적 내용(수집, 저장, 처리, 분석, 표현)에 대한 제품들의 특징을 이해한다.

1절 | 빅데이터 처리 과정

전통적 개념의 데이터는 Google이나 Apple 등과 같은 대기업이나 NASA의 연구과학 프로젝트에서 분석하는 대용량의 정형화된 데이터를 일컫는다. 하지만 빅데이터는 2장에서 설명한 바와 같이 전통적인 데이터의 개념으로 설명할 수 없다. 아울러 빅데이터는 상대적인 개념으로 받아들이고 있는데, 이유는 기업 규모에 따라 데이터 저장과 분석 용량이 다르기 때문이다. 2장 1절에서 논의한 빅데이터는 '대용량의 데이터 외에 앱, SNS 등에서 생산되는 데이터'를 포함하는 개념이다(채승병, 2011). 이러한 광범위한 데이터는 기존 민간 기업이나 정부의 데이터 분석 범위를 넘어선 것이다.

따라서 빅데이터를 '기존의 시스템, 서비스, 기업 등에서 주어진 비용이나 시간 내에 처리 가능한 데이터 범위를 넘어서는 데이터'라고 보는 시각이 대부분이다. 그래서 빅데이터를 Very Large DB, Extremely Large DB, Extreme Data, Total Data 등 다양한 용어로 부른다.

가트너의 애널리스트 더그 레이니(Doug Laney)는 연구 보고서에서 현재 가장 널리 사용하는 빅데이터의 속성을 3V, 즉 규모(Volume), 다양성(Variety), 속도(Velocity) 등 세 가지로 정의했다. 2012년 가트너는 기존 정의를 다음과 같이 개정했다. 빅데이터는 큰 용량, 빠른 속도, 다양성이 높은 정보 자산이다. 이것으로 의사결정 및 통찰 발견, 프로세스 최적화를 향상하려면 새로운 형태의 처리 방식이 필요하다." IBM은 여기에 정확성(Veracity) 요소를 더해 4V로 정의했고, 최근에는 가치(Value)를 포함하여 5V로 정의하기도 한다.

구 분	속 성
3V	규모(Volume), 다양성(Variety), 속도(Velocity)
4V	규모(Volume), 다양성(Variety), 속도(Velocity), 정확성(Veracity)
5V	규모(Volume), 다양성(Variety), 속도(Velocity), 정확성(Veracity), 가치(Value)

[표 1] 빅데이터의 속성별 정의

빅데이터의 5V, 즉 규모(Volume), 다양성(Variety), 속도(Velocity), 정확성(Veracity), 가치(Value)에 대하여 주요 내용은 아래와 같다.

구 분	주요 내용
규 모	• 미디어나 위치 정보, 동영상 등과 같이 다루어야 할 데이터의 크기 • 기술적인 발전과 IT의 일상화가 진행되면서 해마다 디지털 정보량이 기하급수적으로 폭증 → 제타바이트(ZB) 시대로 진입
다양성	• 다양한 종류의 데이터를 수용하는 속성 • 로그 기록, 소셜네트워크, 위치, 소비, 현실 데이터 등 데이터 종류의 증가 • 텍스트 이외의 멀티미디어 등 비정형화된 데이터 유형의 다양화
속 도	• 대용량의 데이터를 빠르게 처리하고 분석할 수 있는 속성 • 사물 정보(센서, 모니터링), 스트리밍 정보 등 실시간성 정보 증가 • 실시간성으로 인한 데이터 생성, 이동(유통) 속도의 증가 • 대규모 데이터 처리 및 가치 있는 현재 정보(실시간) 활용을 위해 데이터 처리 및 분석 속도가 중요
정확성	• 데이터에 부여할 수 있는 신뢰 수준 • 본질적으로 불확실한 데이터 유형의 신뢰성과 예측 가능성 관리
가 치	• 빅데이터를 활용한 가치 창출 • 빅데이터에서 신속하게 일정한 패턴을 추출해 낸후, 이를 바탕으로 유용한 통찰력을 얻음

[표 2] 빅데이터(5V)를 구성하는 5가지 요소

빅데이터의 여러 측면에서의 정의는 아래와 같다.

구 분	주요 내용
데이터 규모	• McKinsey 2011.6 • 기존 데이터베이스 관리 도구의 데이터 수집, 저장, 관리, 분석하는 역량을 넘어서는 데이터
업 무 수행 방식	• IDC 2010. 04 • 다양한 종류의 대규모 데이터로부터 저렴한 비용으로 가치를 추출하고, 데이터의 빠른 수집, 발굴, 분석을 지원하도록 고안된 차세대 기술 및 아키텍처
기 타	• 방대하고 복잡하기에 현재 사용하고 있는 데이터 관리 도구나 전통적인 데이터 처리 방식으로는 다룰 수 없는 데이터의 집합체를 나타내는 총괄적 용어 • 크기나 복잡성이 너무 커서 데이터를 획득하거나 관리하고 처리하는 데 있어 일반적으로 사용하는 소프트웨어 툴로는 인내할 만한 시간 내에 진행하기 어려운 데이터의 집합 • 빅데이터의 크기는 계속 증가하고 있는데, 하나의 데이터 셋이 수십 Terabytes에서 수 Petabytes 정도 되는 데이터

[표 3] 빅데이터의 여러 정의

앞서 언급했듯이 빅데이터는 기존의 데이터와 속성이 달라 데이터 수집·저장·처리·분석·표현하는 새로운 방법들이 필요하다. 다음은 빅데이터 처리 과정을 크게 데이터의 생성·수집·저장·처리·분석·표현의 과정으로 분류한 것이다.

과정	영역	개요
생성	내부 데이터	데이터베이스Database, 파일 관리 시스템File Management System
	외부 데이터	인터넷으로 연결된 파일, 멀티미디어, 스트림
수집	크롤링(Crawling)	검색 엔진의 로봇을 사용한 데이터 수집
	ETL(Extraction, Transformation, Loading)	소스 데이터의 추출·전송·변환·적재
저장	NoSQL 데이터베이스	비정형 데이터 관리
	스토리지	빅데이터 저장
	서버	초경량 서버
처리	맵 리듀스(MapReduce)	데이터 추출
	프로세싱(Processing)	병렬 업무 처리
분석	NLP(Neuro Linguistic Programming)	자연어 처리
	기계 학습	기계 학습으로 데이터의 패턴 발견
	직렬화(Serialization)	데이터 간의 순서화
표현	가시화(Visualization)	데이터를 도표나 그래픽적으로 표현
	획득(Acquisition)	데이터의 획득 및 재해석

[표 4] 빅데이터 처리 과정

2절 | 빅데이터 수집/ 저장/ 관리 기술

빅데이터 수집

(1) 수집 및 통합 기술

데이터 수집은 주로 툴, 프로그래밍으로 자동 진행된다. 데이터는 데이터 소스 위치에 따라 내부 데이터와 외부 데이터로 구분된다.

- 내부 데이터 수집 : 주로 자체적으로 보유한 내부 파일 시스템이나 데이터베이스 관리 시스템, 센서 등에 접근하여 데이터를 수집하는 것을 의미한다.
  - 수집 방법 ETL(Extraction, Transformation, Loading) : 다양한 소스 시스템으로부터 필요한 데이터를 추출(extraction)하여 변환(Transformation)하는 작업을 거쳐 저장하거나 분석을 담당하는 시스템으로 전송 및 적재(loading)하는 모든 과정을 포함한다.
- 외부 데이터 수집 : 인터넷으로 연결된 외부에서 데이터 수집하는 것을 의미한다.
  - 수집 방법 크롤링 엔진(Crawling Engine) : 로봇이 거미줄처럼 얽혀 있는 인터넷 링크를 따라다니며 방문한 사이트로부터 정보를 수집한다.

방법	설명
로그 수집기	내부에 있는 웹 서버의 로그를 수집, 즉 웹 로그, 트랜잭션 로그, 클릭 로그, DB의 로그 데이터 등 수집
크롤링	주로 웹 로봇으로 거미줄처럼 얽혀 있는 인터넷 링크를 따라다니며 방문한 웹 사이트의 웹 페이지라든가 소셜네트워크 데이터 등 인터넷에 공개된 데이터 수집
센싱	각종 센서로 데이터 수집
RSS 리더/ 오픈 API	데이터의 생산·공유·참여 환경인 웹 2.0을 구현하는 기술로 필요한 데이터를 프로그래밍으로 수집
ETL (Extraction, Transformation, and Loading)	데이터의 추출, 변환, 적재의 약자로 다양한 소스 데이터를 취합해 데이터를 추출하고 하나의 공통된 형식으로 변환하여 데이터웨어하우스에 적재하는 과정 지원

[표 5] 빅데이터 수집 방법

(2) 수집 및 통합 제품

주요 빅데이터 수집 및 통합을 위한 제품들은 다음과 같다.

제품/기술	최초 개발	최고 공개	주요 기능 및 특징
Flume	Cloudera	2010년	방대한 양의 이벤트 로그 수집
Chukwa	야후	2008년	분산 시스템의 로그 수집 및 모니터링
Scribe	페이스북	2008년	분산 시스템 로그 수집 서버
SQOOP	아파치	2009년	RDBMS와 NoSQL 간의 데이터 연동
Kafka	Linkedin	2010년	분산 시스템에서 메시지 전송 및 수집
OpenRefine	구글	2010년	대용량 데이터 정제
JSON	D.Crockford	-	XML과 비슷한 데이터 정형화 방식
BSON	-	-	JSON의 바이너리 형태 표현 방식
Thrift	페이스북	2007년	비정형 데이터의 정형화 및 관리
Protocol Buffers	구글	2008년	오픈소스 직렬화 라이브러리
Avro	아파치	2009년	이기종 간 데이터 교환 및 RPC 기능 제공

[표 6] 빅데이터의 주요 수집 및 통합 기술

Flume는 Cloudera에서 공개한 오픈소스 프로그램으로 이벤트 로그 데이터를 효율적으로 수집하고 집계할 수 있는 로그 수집기이다. 또한 수많은 서버에 분산된 대용량의 로그 데이터를 한곳으로 모을 수 있으며 안정성과 가용성이 높다.

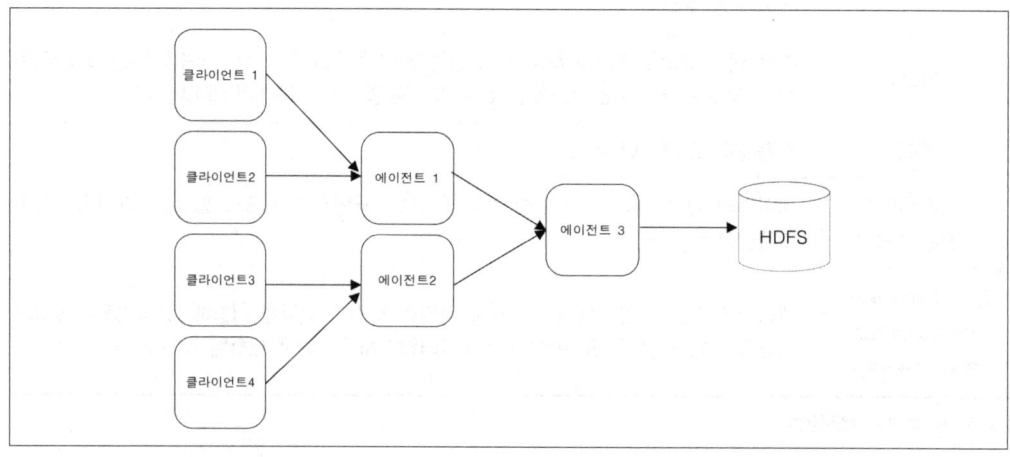

[그림 1] Flume의 데이터 흐름도

Chukwa는 2008년 야후에서 개발한 것으로 Flume와 마찬가지로 로그 데이터 수집 및 분석, 출력, 모니터링하는 시스템이다. 현재는 아파치의 하둡(Hadoop) 서브 프로젝트에 등록되어 있으며 하둡(Hadoop) 기반으로 동작하므로 반드시 하둡(Hadoop)을 설치해야 한다. 또한 응용 프로그램의 로그 저장 모듈을 수정하지 않아도 로그 수집이 가능하며 하둡(Hadoop) 분산 파일 시스템을 그대로 수용하고 실시간 분석이 가능하다는 장점이 있다.

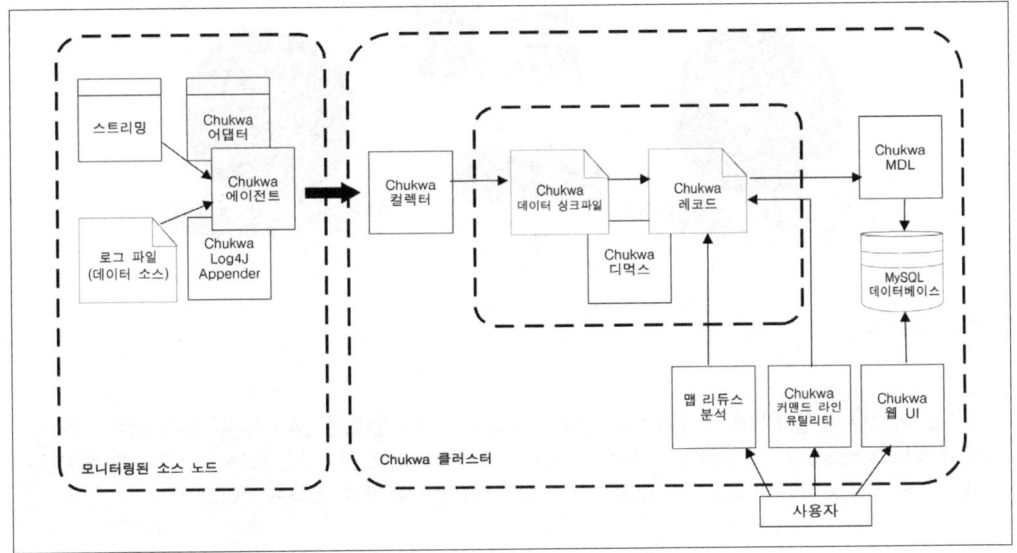

[그림 2] Chukwa 시스템 구성도

시스템 구조는 Flume와 비슷한데, Chukwa 에이전트, Chukwa 컬렉터를 기반으로 데이터를 수집한다. 그리고 HICC가 내장되어 있어 하둡(Hadoop) 클러스터의 로그 파일과 시스템 정보를 수집, 분석한 후 그 결과를 웹에서 보여 준다.

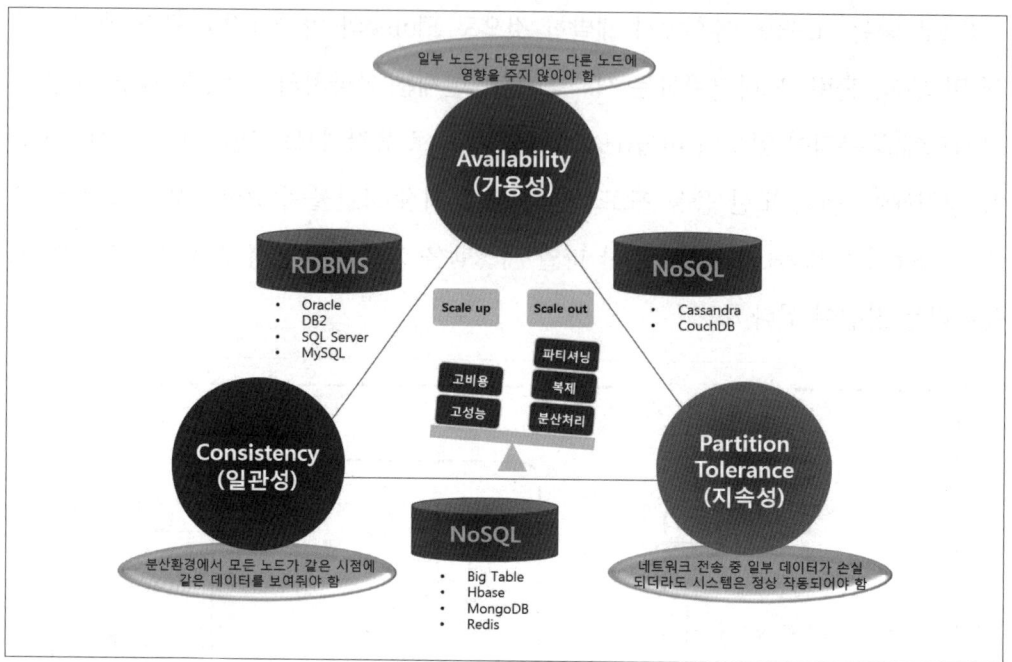

[그림 3] CAP 이론

> **NOTE** 2002년 버클리 대학의 에릭 브루어(Eric Brewer) 교수가 발표한 CAP 이론은 분산 컴퓨팅 환경의 특징을 Consistency, Availability, Partition Tolerance 세 가지로 정의하고 있는데, 어떤 시스템이든 이 특성 모두를 동시에 만족하기는 어려우며 최대 두 가지만 만족할 수 있다는 것이다.

　기존 데이터 저장 구조는 디스크에 저장된 전체 데이터베이스에 접근하기에 처리 속도가 늦고 관리가 어려웠다. 또한 저장할 데이터양의 증가로 읽기·쓰기에서 RDBMS의 제약이 생기고, 수평 확장에도 한계가 있었다. 더불어 웹 서비스 구조가 변화하여 저장할 데이터의 형태가 다양해졌으며 사용자의 데이터 요구 또한 다변화했다. 특히 CAP 이론 중 일관성과 가용성을 만족시키려고 만든 RDBMS로는 해결하지 못하는 여러 문제에 부딪혔다. 따라서 새로운 저장 기술이 필요하게 되었는데 대표적인 기술이 바로 NoSQL이다.

　NoSQL의 핵심 특징은 RDBMS의 한계를 극복하려는 데이터 저장 공간의 새로운 형태로, 수평적 확장성을 지원하는 것이다. 확장성을 지원하는 〈키, 값〉 저장 구조,

키에 Put/Get 연산 지원 등 기존의 RDBMS와 비교하여 제공하는 기능이 매우 적다. 기존 RDBMS와 NoSQL을 CAP 이론에 맞게 비교한 것은 [표 ㄱ-1]과 같고, RDBMS와 NoSQL의 장단점 및 특성을 비교한 것은 [표 ㄴ-2]와 같다.

[표 ㄱ-1] CAP 이론을 기준으로 한 RDBMS와 NoSQL의 비교

구분	설명	적용 예
RDBMS	• 일관성(C)과 가용성(A)을 선택	• 트랜잭션 ACID의 보장(금융 서비스)
NoSQL	• 일관성(C)이나 가용성(A) 중 하나를 포기하고, 지속성(P)을 보장	• C+P형: 대용량 분산 파일 시스템(성능 보장) • A+P형: 비동기식 서비스(아마존, 트위터 등)

[표 ㄴ-2] RDBMS와 NoSQL의 장단점 및 특성 비교

구분	RDBMS	NoSQL
장단점	• 데이터 무결성, 정확성 보장 • 정규화된 테이블과 소규모 트랜잭션이 있음 • 확장성에 한계가 있음 • 클라우드 분산 환경에 부적합	• 데이터의 무결성과 정확성을 보장하지 않음 • 웹 환경의 다양한 정보를 검색·저장 가능
특성	• UPDATE, DELETE, JOIN 연산 가능 • ACID 트랜잭션이 있음 • 고정 스키마가 있음	• 수정·삭제를 사용하지 않음(입력으로 대체) • 강한 일관성은 불필요 • 노드의 추가 및 삭제, 데이터 분산에 유연

[표 7] RDBMS와 NoSQL의 비교

NoSQL은 제품 종류에 따라서 지원하는 기능이 다르긴 하나, 공통으로 정렬이나 JOIN 연산, GROUP BY 연상 등은 지원하지 않아 필요할 때마다 추가로 구현하여 사용해야 한다는 단점이 있다. 그래서 이런 단점을 보완한 NoSQL 제품과 다양한 오픈 소스 제품이 등장했는데, 개발 목적에 맞는 제품을 선택하려면 각 제품의 특징부터 알아야 한다. 이런 NoSQL의 기술적 특성을 정리하면 다음과 같다.

특성	내용
無 스키마 (No Schema)	• 데이터를 모델링하는 고정된 데이터 스키마 없이 키(Key) 값을 이용하여 다양한 형태의 데이터 저장 및 접근 가능 • 데이터 저장 방식은 크게 열(Column), 값(Value), 문서(Document), 그래프(Graph) 등의 네 가지를 기반으로 구분
탄력성 (Elasticity)	• 시스템 일부에 장애가 발생해도 클라이언트가 시스템에 접근 가능 • 응용 시스템의 다운 타임이 없도록 하는 동시에 대용량 데이터의 생성 및 갱신 • 질의에 대응할 수 있도록 시스템 규모와 성능 확장이 용이하며, 입출력의 부하를 부산 시키는데도 용이한 구조
질의 (Query)	• 수십 대에서 수천 대 규모로 구성된 시스템에서도 데이터의 특성에 맞게 효율적으로 데이터를 검색·처리할 수 있는 질의 언어, 관련 처리 기술, API 제공
캐싱 (Caching)	• 대규모 질의에도 고성능 응답 속도를 제공할 수 있는 메모리 기반 캐싱 기술을 적용하는 것이 중요 • 개발 및 운영에도 투명하고 일관되게 적용할 수 있는 구조

[표 8] NoSQL의 기술적 특성

빅데이터 저장 및 관리기술

(1) 저장 기술

데이터에서 의미 있는 정보를 추출하려면, 효율적으로 저장 관리하는 기술이 필요하다. 데이터 저장 관리는 추후 사용할 수 있도록 데이터를 안전하고 효율적으로 저장하는 것으로 빅데이터는 '대용량, 비정형, 실시간성' 속성을 수용할 수 있는 저장 방식이 필요하다. 특히 대량의 데이터를 파일 형태로 저장할 수 있는 기술과 비정형 데이터를 정형화된 데이터 형태로 저장하는 기술이 중요하다. 분산 파일 시스템(Distributed File System), NoSQL, 병렬 DBMS, 네트워크 구성 저장 시스템 등이 있다.

접근 방식	설 명	제 품
분산 파일 시스템 (Distributed File System)	컴퓨터 네트워크로 공유하는 여러 호스트 컴퓨터 파일에 접근할 수 있는 파일 시스템	GFS (Google File System), HDFS (Hadoop Distributed File System), 아마존 S3 파일 시스템
NoSQL	데이터 모델을 단순화해서 관계형 데이터 모델과 SQL을 사용하지 않는 모든 DBMS 또는 데이터 저장 장치	Cloudata, HBase, Cassandra
병렬 DBMS	다수의 마이크로프로세서를 사용하여 여러 디스크의 질의, 갱신, 입출력 등 데이터베이스 처리를 동시에 수행하는 데이터베이스 시스템	VoltDB, SAP HANA, Vertica, Greenplum, Netezza
네트워크 구성 저장 시스템	서로 다른 종류의 데이터 저장 장치를 하나의 데이터 서버에 연결하여 총괄적으로 데이터를 저장 및 관리	SAN(Storage Area Network), NAS(Network Attached Storage)

[표 9] 빅데이터 저장 방법

(2) 관리 기술

데이터로부터 지식과 지혜를 추출하기 위해서는 효과적으로 저장 관리하는 기술이 필요하다.

데이터 저장 관리란 추후 데이터를 사용할 목적으로 데이터가 오염되거나 사라지지 않도록 안전하고 영구적인 방법으로 보관해 두는 것을 의미한다. 빅데이터 저장 관리를 위해서는 빅데이터가 가지는 대용량, 비정형, 실시간성이라는 특징을 수용할 수 있어야 한다.

여러 노드를 활용하여 용량과 속도를 늘리는 스케일 아웃(Scale-out) 기술과 다양한 유형의 데이터를 객체로 저장하기 위한 기술, DRAM과 플래시 메모리에 데이터를 저장하여 속도 문제를 해결하기 위한 기술이 적용되고 있다. 대표적인 기술들은 분산 파일 시스템(DFS), NoSQL, 비 디스크 기반 데이터베이스 관리 시스템 등이 있다.

관리 기술	설 명
분산 파일 시스템(DFS ; Distributed File System)	• 막대한 양의 데이터를 저장하고 관리하기 위해 수많은 서버들에 데이터를 나누어 저장하고 관리하는 파일 시스템 • 구글 파일 시스템, 하둡(Hadoop) 분산 파일 시스템, 아마존 S3 파일 시스템 등
빅데이터베이스 관리 기술	• NoSQL은 관계형 데이터 모델을 사용하지 않고, SQL을 사용하지 않는 모든 DBMS 혹은 데이터 스토어를 일컬음 • NoSQL은 스케일 아웃 기술에 기반한 수평적 확장성을 특징으로 하는 데이터 저장소
고성능 비 디스크 기반 DBMS	• DRAM이나 플래시 메모리를 주된 데이터 저장소로 활용하는 DBMS

[표 10] 빅데이터 관리 방법

(3) 저장 및 관리 제품

주요 빅데이터 저장 및 관리를 위한 제품들은 다음과 같다.

제품/기술	최초 개발	최초 공개	주요 기능 및 특징
S3	아마존	2006년	아마존의 인터넷 스토리지 서비스
HDFS	아파치	2008년	분산 환경에 기반한 데이터 관리
DynamoDB	아마존	2007년	SSD를 이용한 하둡 기반 데이터 분석·저장
MongoDB	10gen	2009년	DB의 수평 확장 및 범위 질의, 맵 리듀스 연산
CouchDB	D.Katz	2005년	ACID 속성을 유지한 분산 데이터베이스
Cassandra	A.Lakshman	2008년	데이터의 저장 및 처리, 제한적 정렬
HBase	아파치	2007년	분산 클러스터 관리 및 복구 데이터의 Get/Put/Scan/Delete 기능
Redis	WMware	2009년	정의된 데이터 타입을 이용한 구조화된 데이터 관리
Riak	Basho.com	2009년	링 형 구조를 이용한 데이터 분산 저장
Hypertable	Zvents	2009년	HBase와 비슷한 하둡 기반 데이터베이스 SQL과 비슷한 HQL 명령어 제공
ZooKeeper	아파치	2010년	여러 종류의 하둡 기반 시스템의 관리
Voldemort	LinkedIn	2009년	해싱을 이용한 빠른 조회, 동시 입력 데이터의 처리

[표 11] 빅데이터 주요 저장 및 관리 제품

3절 | 빅데이터 처리 기술

처리 기술

빅데이터는 방대한 양의 데이터와 데이터 생성 속도, 데이터 종류의 다양성을 통합적으로 고려할 수 있는 기술이 필요하다. 빅데이터에서 유용한 정보 및 숨어 있는 지식을 찾아내기 위한 데이터 가공 및 분석 과정을 지원하는 것이 빅데이터 처리 기술이다. 대표적인 빅데이터 처리 기술로 맵 리듀스가 있다. 현재는 오픈소스인 하둡(Hadoop)의 성공으로 분산병렬 데이터 처리 기술의 표준이 되었다.

빅데이터 처리 기술로는 정형, 비정형 빅데이터 분석에 가장 선호되는 솔루션인 하둡(Hadoop), R언어와 개발 환경으로 기본적인 통계 기법부터 모델링, 데이터 마이닝 기법까지 구현 및 개선이 가능한 R, 전통적인 관계형 데이터베이스 RDBMS와는 다르게 설계된 비관계형 데이터베이스인 NoSQL 등이 있다.

빅데이터 처리 기술은 크게 3가지로 나누어진다. 빅데이터를 여러 서버로 분산하여 각 서버에서 나누어 처리하고, 이를 다시 모아서 결과를 정리하는 분산병렬 기술 방식인 일괄 처리 기술, 스트림 처리 기술로 강화된 스트림 컴퓨팅을 지원하는 InfoSphere Streams과 분산 환경에서 스트리밍 데이터를 분석할 수 있게 해 주는 트위터의 스톰 기술인 실시간 처리 기술, 빅데이터 이벤트 기반 복합 처리 프로그래밍 지원 기술이 있다.

구 분	내 용
분산병렬 처리 기술	빅데이터를 여러 서버로 분산하여 각 서버에서 나누어 처리하고, 이를 다시 모아서 결과를 정리하는 분산병렬 기술 방식으로 구글 맵 리듀스, 하둡(Hadoop) 맵 리듀스, 마이크로소프트 드라이애드 등이 있다. 과거에는 대용량 데이터를 근거로 기계학습을 실시하려면 상당히 많은 시간이나 비용이 필요하였다. 하지만 요즘은 대규모 병렬 처리 기술이 발달한 덕분에 대량의 데이터를 모두 활용하면서 편하게 기계학습을 실시하게 되었다.

실시간 처리 기술 (Stream Processing)	지속적인 이벤트 소스로부터 발생한 스트림 데이터를 실시간으로 분석 처리하기 위한 기술로 지속해서 발생하는 스트림 데이터를 실시간 질의하여 데이터를 추출하는 기능이 제공되고, 실시간 분석 모델과 예측 모델 생성 기능을 제공해야 한다. 스트림 처리 기술로 IBM의 인포스트림즈, 아마존의 키네시스 등이 있다.
CEP (Complex Event Processing)	CEP는 기존의 DBMS 기반 이벤트 처리 방식의 한계를 개선해 대량의 다양한 데이터를 실시간으로 처리하는 이벤트 기반 복합 처리 기술이다. 일정 간격으로 발생한 데이터의 중복 내용을 제외한 새로운 이벤트 데이터만 추출하는 기능과 데이터에 여러 개가 섞여 입력될 경우 분리를 통한 추출 기능을 제공해야 한다. 시시각각 생성되는 고빈도의 데이터로 미리 설정한 상태로 처리하고 분석하는 알고리즘을 가지고 있어 금융, 마케팅, 의료 등과의 친화성이 매우 높다. 트위터의 스톰과 아파치의 스파크가 이 방식에 속한다.

[표 12] 빅데이터 처리 기술

처리 제품

빅데이터 처리를 위한 주요 제품들은 인터넷, 소셜네트워크, 스마트폰과 태블릿 PC 등 모바일 매체의 급속한 발달로 데이터 처리 기술 역시 기존과 다른 방식이 필요하게 되었다. 기존의 데이터 처리 방식이 방대한 양의 데이터를 한 번에 얼마나 빠르게 처리하는지에 초점을 맞췄다면, 현재의 데이터 처리 제품은 저장된 방대한 양의 데이터를 사용자가 원하는 부분에 맞춰 원하는 시간에 처리하는 기술에 초점을 맞추었다. 빅데이터 처리를 위한 주요 제품들은 다음과 같다.

제품/기술	최초 개발	최초 공개	주요 기능 및 특징
Hadoop	야후	2006년	맵 리듀스 기반의 분산 처리 프레임 워크
Pig	야후	2006년	고수준의 추상화로 개발 편의를 제공하는 데이터 처리 언어 프레임 워크
Hive	야후	2008년	하둡 기반의 SQL 프로그램 구현 인프라
Cascading	C.Wensel	2007년	JVM에 바탕을 둔 언어 기반 데이터 처리 및 동함 API 제공
Cascalog	N.Marz	2010년	SQL보다 높은 수준의 사용자 추상화 제공
Mrjob	Yelp	2010년	Python 기반의 맵 리듀스 개발 모듈

S4	야후	2010년	분산 환경 기반의 이벤트 스트림 처리 시스템
MapR	MapR Tech.	–	기업에 적합한 분산 처리 통합 솔루션
Acunu	Acunu.com	2009년	처리 속도 개선에 중점을 둔 통합 저장 플랫폼
Azkaban	LinkedIn	2009년	워크플로우를 정의하는 배치 스케줄러
Oozie	야후	2009년	하둡 기반의 워크블로우 제어 시스템
Greenplum	Greenplum	2003년	맵 리듀스 처리가 가능한 MPP 구조의 데이터베이스
EC2	아마존	2006년	컴퓨팅 규모 제어가 가능한 클라우드 서비스
Heroku	Salesforce.com	2007년	Rudy 기반의 클라우드 개발 도구
R	R Development Core Team	1993년	통계적 계산과 그래픽을 처리하는 프로그래밍 언어 및 소프트웨어 환경
Pipes	야후	2007년	데이터 파이프라인을 생성하는 웹 응용 프로그램
Mechanical Turk	아마존	2005년	크라우드소싱 인터넷 마켓
Solr/Lucene	CNET Networks/ D.cutting	2010년	전체-텍스트 검색 서버 플랫폼

[표 13] 빅데이터 주요 처리 제품

하둡(Hadoop)은 구글의 맵 리듀스 인프라스트럭처에 대한 논문이 발표된 후, 이의 복제품으로 오픈소스 프로젝트가 되었다. 하둡은 여러 컴퓨터로 구성된 클러스터를 이용하여 방대한 양의 데이터를 처리하는 분산 처리 프레임워크이다. 엔진 형태로 되어있는 미들웨어와 소프트웨어 개발 프레임워크로 구성되어 있으며, 방대한 양의 데이터를 분산 처리할 수 있는 솔루션이다. 즉시 응답해야 하는 트랜잭션 처리보다는 데이터를 모은 후 처리하여 작업을 완료해야 응답을 주는 방식으로 설계되었다. 따라서 어느 정도의 시간이 소용되는 방대한 양의 데이터 처리에 적합하다.

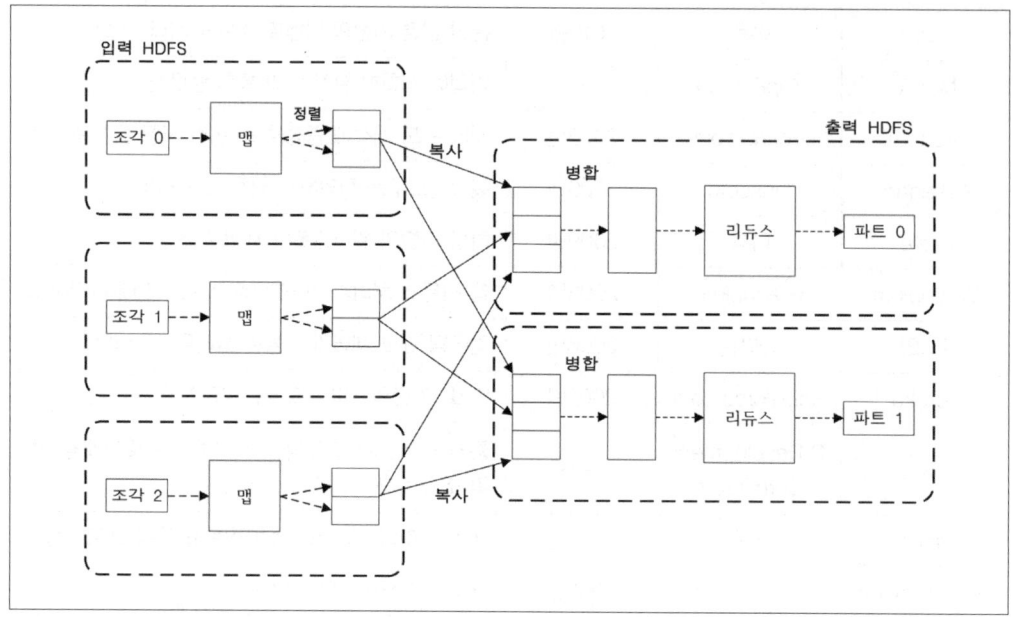

[그림 4] 맵 리듀스 실행 단계

하둡(Hadoop)은 기본적으로 맵 리듀스 분산 처리 구조를 사용한다. 맵 리듀스는 하나의 큰 데이터를 여러 개의 조각으로 나누어 처리하는 맵 단계와 처리된 결과를 하나로 모아서 취합한 후 결과를 도출하는 리듀스 단계로 구성되어 있다.

아파치 하둡(Hadoop)의 배포판 공급 업체인 MapR Technologies에서 높은 신뢰성을 요구하는 기업에 제공하는 상업용 하둡(Hadoop)이다. HDFS를 대체할 수 있는 자체 파일 시스템으로 운영하며, 분산된 네임 노드가 있어 개선된 신뢰성을 제공한다. MapR의 새로운 파일 시스템은 성능이 더욱 개선되고, 백업이 쉬우며, 네트워크 파일 시스템과 호환할 수 있는 등 데이터 전송의 단순화를 제공하여 맵 리듀스 처리량을 향상하고 입출력 프로세싱 속도도 개선되었다. MapR의 프로그래밍 모델은 하둡(Hadoop)과 같지만, 핵심 프레임워크를 둘러싼 인프라스트럭처를 개선하여 기업에 적합한 통합 솔루션이라 할 수 있다.

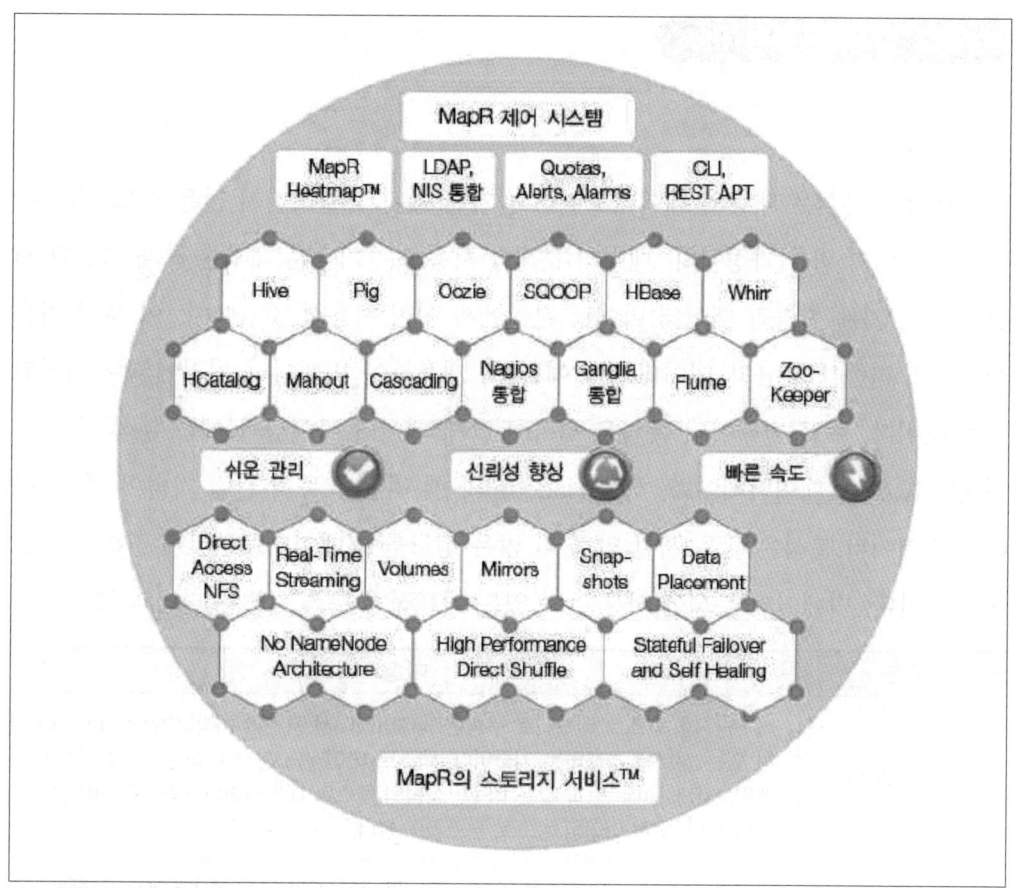

[그림 5] MapR의 프레임워크 및 장점

4절 | 빅데이터 분석 기술

분석 기술

빅데이터 분석은 대량의 데이터로부터 숨겨진 패턴과 알려지지 않은 정보 간의 관계를 찾아내기 위한 과정이다. 데이터 분석에 사용하는 기술은 대부분 통계학과 및 전산학 특히 기계 학습과 데이터 마이닝 분야에서 이미 사용한 것들이다. 이 분석 기술들의 알고리즘을 대규모 데이터 처리에 맞게 개선하여 빅데이터 처리에 적용시키고 있는 것이다. 주로 빅데이터 분석을 위하여 크게 데이터 마이닝과 예측 분석 등이 고려되며 NoSQL 데이터베이스, 하둡(Hadoop)과 맵 리듀스 등의 관련 기술이 있다. 따라서 빅데이터 분석은 짧은 시간 안에 더 많은 정보를 빅데이터로부터 추출하는 것을 목표로 한다. 빅데이터 분석에 사용할 수 있는 대표적인 분석 기술은 다음과 같다.

구분	내용
텍스트 마이닝	비·반정형 텍스트 데이터로 구성된 빅데이터에서 자연어 처리 기술에 기반하여 의미 있는 정보를 추출하는 기술이다. 텍스트 마이닝의 분석 대상은 텍스트 문서, 이메일, HTML 파일 등과 같은 비·반정형의 텍스트 데이터이다. 텍스트 마이닝은 텍스트 분석, 문서 마이닝 등으로 부르기도 한다.
오피니언 마이닝	다양한 온라인 뉴스와 소셜 미디어 코멘트, 사용자가 만든 콘텐츠에서 표현된 의견을 추출, 분류, 이해하고 자산화하는 컴퓨팅 기술로 빅데이터에 포함된 어떤 사안이나 인물, 이슈, 이벤트에서 사람들의 의견이나 평가 등을 분석하는 것이다.
리얼리티 마이닝	데이터 마이닝 기술의 일종으로, 휴대폰 등 디바이스를 사용하여 인간관계와 행동 양태 등을 추론하는 것으로 통화량, 통화 위치, 통화 상태, 대상, 내용 등을 분석하여 사용자의 인간관계, 행동 특성 등 정보를 찾아낸다.
소셜네트워크 분석	수학의 그래프 이론을 바탕으로 소셜네트워크 서비스에서 소셜네트워크 연결 구조와 연결 강도를 분석하여 사용자의 명성 및 영향력을 측정하는 것이다.
분류	미리 알려진 클래스들로 구분되는 훈련 데이터 군을 학습시켜 새로 추가되는 데이터가 속할 만한 데이터 군을 찾는 지도 학습 방법으로 가장 대표적인 방법으로 KNN이 있다.

군집화	특성이 비슷한 데이터를 합쳐 군으로 분류하는 학습 방법이다. 분류와 달리 훈련 데이터 군을 이용하지 않기 때문에 비지도 학습 방법이다. 트위터에서 주로 사진·카메라를 논의하는 사용자 군과 게임에 관심 있는 사용자 군 등 관심사나 취미에 따라 분류한다.
기계 학습	인공지능 분야에서 인간의 학습을 모델링한 것으로 컴퓨터가 학습할 수 있도록 하는 알고리즘과 기술을 개발하여 수신한 이메일의 스팸 여부를 판단할 수 있도록 훈련한다. 결정 트리 등 기호적 학습, 신경망이나 유전자 알고리즘 등 비기호적 학습, 베이지안이나 은닉, 마코프 확률적 학습 등 다양한 기법이 있다.
감성 분석	문장의 의미를 파악하여 글의 내용에 긍정/부정, 좋음/나쁨을 분류하거나 만족/불만족 강도를 지수화, 그런 다음 이 지수를 이용하여 고객의 감성 트렌드를 시계열적으로 분석하고 고객 감성 변화에 기업의 신속한 대응 및 부정적인 의견의 확산을 방지하는 데 활용한다.

[표 14] 빅데이터 분석 기술

데이터 마이닝은 마케팅 관리 시스템, 신용 평점 시스템의 신용평가 모형 개발과 같이 다양한 산업 분야에서 사용한다. 하지만 데이터에 의존하여 현상을 해석하고 개선하기 때문에 데이터가 현실을 충분히 반영하지 못하면, 정보를 추출한 모형을 개발할 때 잘못된 모형을 구축하는 오류를 범할 수 있다. 데이터 마이닝은 데이터 분석으로 다음과 같은 기술을 적용하여 의미 있는 결과를 도출할 수 있다.

- 분류(Classification) : 일정한 집단에서 특정한 정의를 이용하여 분류 및 구분을 추론한다. 예를 들어 경쟁자에게로 이탈한 고객을 분류해 내는 기술을 들 수 있다.
- 예측(Forecasting) : 방대한 양의 데이터 집합의 패턴을 기반으로 미래를 예측한다. 예를 들어 수요를 예측하는 기술을 들 수 있다.
- 시계열(Time-Series) 분석 : 시간의 변화에 따라 일정한 간격으로 연속적인 통계 숫자를 저장한 시계열 데이터에 바탕을 둔 분석 방법이다. 예를 들어 매일 주식의 값을 저장하는 시계열 데이터를 분석하는 기술을 들 수 있다.
- 회귀분석(Regression) : 하나 이상의 변수 간의 영향이나 관계를 분석 및 추정하는 기술을 들 수 있다.

- 군집화(Clustering) : 구체적인 특성을 공유하는 군집을 찾는다. 군집화는 미리 정의된 특성의 정보가 없다는 점에서 분류와 다르다. 예를 들어 비슷한 행동 집단을 구분해 내는 기술을 들 수 있다.
- 연관 규칙(Association Rule) : 동시에 발생한 사건 간의 관계를 정의한다. 예를 들어 장바구니 안에 동시에 들어가는 상품들의 관계를 규명하는 기술을 들 수 있다.
- 요약(Summarization) : 데이터의 일반적인 특성이나 특징의 요점을 간략히 정리하는 기술을 들 수 있다.
- 연속성(Sequencing) : 시간에 따라 순차적으로 나타나는 사건의 종속성을 말한다. 예를 들어 A 제품을 구입한 고객이 향후 B 제품을 구입할 확률이라든가 작년의 계절적 매출 변동 요인과 올해의 매출 등을 알아내는 기술을 들 수 있다.

분석 제품

주요 빅데이터 분석을 위한 제품들은 다음과 같다.

제품/기술	최초 개발	최초 공개	주요 기능 및 특징
NLTK	E.Loper	2001년	글의 문장 분할, 문장의 단어 분할 기능 제공
OpenNLP	아파치	2010년	비정형 텍스트에서 의미 있는 용어 추출
Boilerpipe	C.Kohischutter	2010년	웹 페이지에서 불필요 데이터 제거 및 필요한 정부 추출
WEKA	I.Witten	1993년	데이터 마이닝 및 기계 학습 알고리즘을 포함한 데이터 분석 프로그램
Mahout	아파치	2009년	확장 가능한 기계 학습 알고리즘 개발 프로젝트
scikits_learn	D.Cournapeau	2011년	오픈소스 기계 학습 라이브러리

[표 15] 빅데이터 주요 분석 제품

① NLTK

NLTK는 특정한 문제를 해결하기 위한 알고리즘 생성 과정에 필요한 빌딩 블록을 제공한다. PHP, Python 등으로 제공되는 도구들이 있으며, 연구자들이 많이 사용하는 프레임워크로 사용자들이 다양한 방식으로 활용할 수 있다. 또한 일반적인 접미사를 제거하여 중심 단어들을 추출하거나 전체 텍스트에서 동의어를 찾아내려고 기계가 분석 가능한 사전 형태로 데이터를 정형화시키는 기능도 제공한다.

② OpenNLP

아파치의 OpenNLP는 비정형화된 텍스트에서 사람이나 기관의 이름, 특정 장소, 시간 등을 추출하는 작업을 간편하게 실행할 수 있는 모델을 포함하는 라이브러리이다. OpenNLP는 Java 기반의 자연어 처리 솔루션이다. 프로그래밍 언어 기반의 응용 프로그램에 적합한 형태로, 자연어 처리코드를 스스로 생성한다. 비정형화되거나 가공되지 않은 텍스트를 문장과 단어로 분리한 후, 그 결과를 다양한 방법으로 클래스 화하는 표준 컴포넌트를 많이 포함한다.

③ Boilerpipe

Boilerpipe는 웹 페이지 내에서 불필요한 부분을 제거하여 실질적으로 필요한 정보만 추출하는 작업을 수행하는 프레임워크이다. HTML 문서에서 실제로 가장 중요한 콘텐츠를 찾아내는 알고리즘을 적용한 Java 기반 라이브러리로 제공된다. 모든 종류의 웹 콘텐츠에서 거의 완벽한 전처리 도구를 생성할 수 있다. 또한, 뉴스나 기고 같은 특정 정보가 담긴 웹 페이지의 분석에 많이 사용하다가, 최근에는 블로그나 SNS 서비스 등 다른 형태의 웹 페이지에서 정보를 추출할 때도 유용하게 사용한다.

④ WEKA

WEKA는 플러그인 형식을 취해 개발자가 자신이 개발한 고유 알고리즘을 쉽게 접목시킬 수 있고, 사용이 간편한 명령으로 구성되어 있으며, 이해하기 쉽고 간단한 인터페이스를 제공한다. 데이터 분석 프로그램으로, 무료로 배포되고 Java로 작성된 오픈 소스 프로그램이다. 데이터 마이닝 알고리즘으로 사용자 개인화가 가능하다는 장점이 있다.

⑤ Mahout

Mahout은 확장 가능한 기계 학습 알고리즘을 만드는 것이 주목적으로, 아파치 라이선스가 있으면 무료로 사용할 수 있다. 방대한 양의 데이터 집합에서 기계 학습 알고리즘을 실행할 수 있는 오픈 소스 프레임워크로, 확장성과 처리량을 보장하려고 하둡(Hadoop) 기반의 병렬 형식으로 구성한다. 공통 작업이 많은 알고리즘에 적합하며, 군집화, 분류, 사용자 행동을 기반으로 품목을 추천해 주는 시스템 등 분석환경에도 적합하다.

⑥ Scikits_Learn

Scikits_Learn은 복잡한 문제를 해결하는 알고리즘이나 문제를 해결하는 과정에 초점을 맞추었기에 과정에 치중하는 사용 환경에 더 적합하다. 서포트 벡터 머신, 로지스틱 회귀분석, 군집화 등 여러 분석 기법을 제공. 또한 이런 기법을 편리하게 활용할 수 있도록 고수준의 인터페이스를 제공한다.

5절 | 빅데이터 표현 기술

표현 기술

빅데이터의 기술은 크게 수집, 저장, 분석, 관리 및 처리의 4가지 분야로 나뉜다.

빅데이터 표현 기술은 특정 기준에 따라 [그림 6]과 같은 기술로 분석한 데이터의 특징이나 분석 결과를 분석가와 사용자들이 쉽게 이해할 수 있도록 그림이나 그래프 등으로 표현해 주는 기술들을 말한다. 빅데이터 분석에서는 표현 단계가 가장 중요한 기술 분야로 취급받는다. 데이터를 도표나 그래픽적으로 표현해 주는 시각화(Visualization)라고, Infographics 기술이 있다.

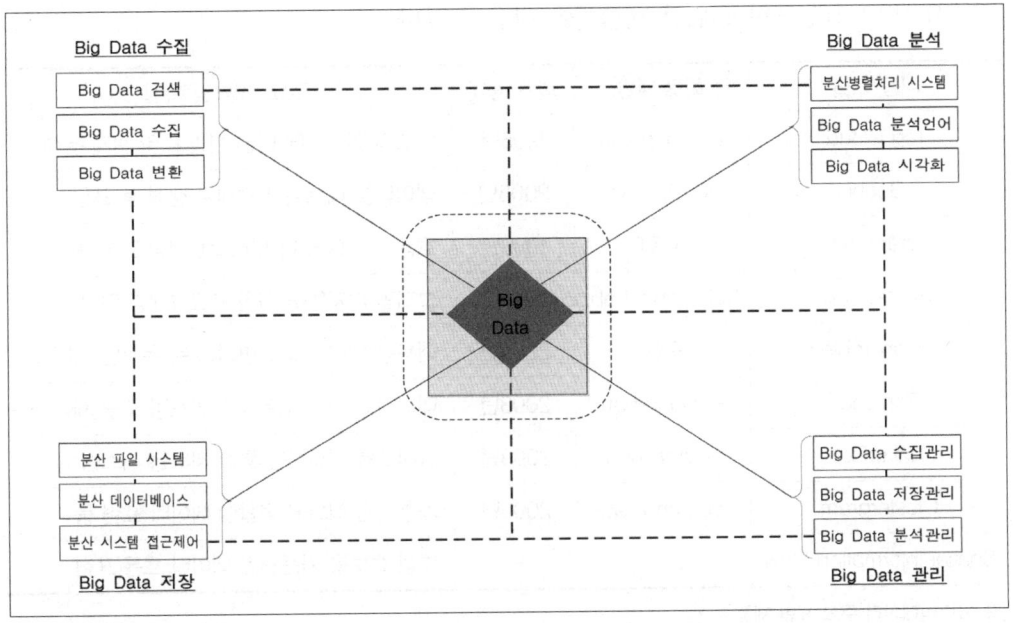

[그림 6] 빅데이터의 기술

정기적으로 데이터를 다뤄 익숙한 사람은 엄청나게 쌓인 데이터에서 가치 있는 것들만 골라내는 비결을 알고 있을 것이다. 하지만 데이터에 접근하는 비결, 즉 우리를 영리하게 만들 도구를 쓸 수 있는 사람은 한정돼 있다. 잘 디자인된 시각화의 도움을 받고 그 힘과 한계를 깨달으면 훨씬 많은 사람이 문을 열고 도구를 써서 정보를 얻을 수 있다. 빅데이터 시대에 발견을 위한 핵심 요소로 중요성을 더해 가고 있는 영역이 바로 시각화다. 시각화란 쉽게 얘기해 데이터 분석 결과를 이해하기 쉽도록 일목요연하게 보여 주는 기술과 비법 등을 의미한다. 시각화로 사용자들은 한눈에 어느 부분이 문제가 되고 주의를 요하는지 파악할 수 있다. 수많은 정보를 요약해 큰 흐름을 한 번에 파악할 수 있게 하는 것이 바로 이러한 시각화의 장점이다. 이제 데이터 시각화는 컴퓨터 사이언스, 통계학, 시각디자인, 스토리텔링 등의 기법들이 녹아든 역동적이고 창조적인 분야로 부각되고 있다.

표현 제품

주요 빅데이터 표현을 위한 제품들은 다음과 같다.

제품/기술	최초 개발	최초 공개	주요 기능 및 특징
Tag Cloud	D. Coupland	1995년	태그의 연관성에 따른 빈발도 및 관계 분석
Gephi	M. Bastian	2008년	데이터를 네트워크 형태로 생성 후 표현
GraphViz	AT&T	1988년	흐름도나 트리 다이어그램 생성 표현 툴
Processing	MIT Media Lab.	2001년	그래픽 디자인을 위한 프로그래밍 언어
Fusion Tables	구글	2009년	대용량 데이터를 표현해 주는 온라인 서비스
Tableau	P. Hanrahan	2003년	데이터의 시각적 분석과 리포팅 도구 제공
TinkerPop	A. Aerbuch	2009년	그래프를 처리하는 통합 서버형 시스템
Clustergram	M. Schonlau	2002년	계층적 군집화에 적합한 데이터 표현 툴
Spatial Information Flow	-	-	특정 정보를 기준으로 데이터 흐름 표현

[표 16] 빅데이터 주요 표현 제품

[그림 7] Tag Cloud의 생성 예

① Tag Cloud

Tag Cloud는 메타데이터에서 얻은 태그들의 중요도, 빈발도, 인기도 등 주제에 따라 분석하여 시각적으로 늘어놓은 것으로 대부분 웹 페이지나 이미지로 나타내며, 보통 태그가 2차원 표와 같은 형태로 배치된다. 특징적인 하나의 연결에 연관된 태그가 얼마만큼 많으며, 그 연관된 태그들이 어떤 종류인지를 잘 보여 준다. 가장 대표적인 예로 각 태그의 인기도가 얼마만큼 높은지 보여 주는 표시법으로 사용될 수 있다.

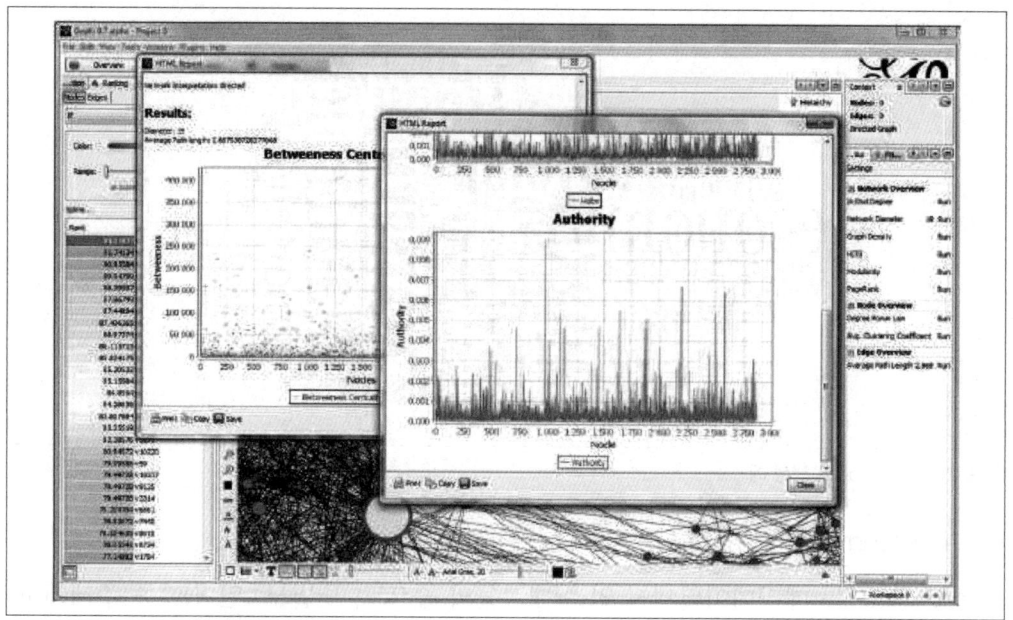

[그림 8] Gephi 실행 화면 예

② Gephi

Gephi는 정제나 가공하지 않은 그래프 데이터를 네트워크 형태로 생성하여, 이를 시각화하는 오픈소스 기반의 Java 응용 프로그램이다. Gephi는 소셜네트워크와 관련된 정보를 쉽게 이해할 수 있도록 도와주는데, 주로 Linkedin의 데이터를 표현하는 데 많이 활용한다. 표현에 필요한 변수를 구성하려고 여러 알고리즘을 사용했으며, 사용자가 데이터 및 노드의 위치를 자유롭게 수정하고 조절할 수 있도록 개발했다. 수정할 데이터나 노드의 위치가 많아도 윈도 GUI를 이용하여 쉽고 빠르게 수정 가능하며 기본적으로 많이 사용하는 그래프 구성을 제공한다. 데이터의 표현 결과를 미리보기 탭에서 확인할 수 있으며 사용자는 도구 라이브러리에서 제공하는 함수를 활용한 문서작성이 가능하다.

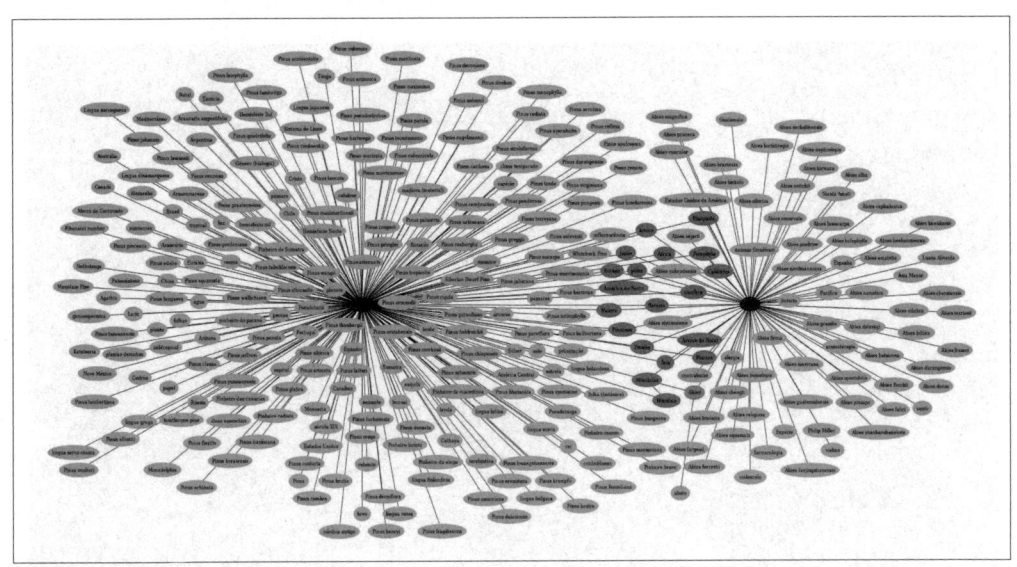

[그림 9] GraphViz 실행 화면 예

③ GraphViz

GraphViz는 AT&T 연구소에서 DOT 스크립트 언어를 사용하여 다이어그램을 그리려고 만든 오픈소스 프로그램으로 CPL(Common Public License)을 사용한다. 데이터를 기반으로 다이어그램을 그릴 수 있는 명령어 라인 네트워크 그래프 시각화 툴이며 일반적인 목적의 흐름도나 트리(Tree)를 그리는 데 적합하다. GraphViz로 생산한 결과 그래프는 다른 표현 툴의 결과물보다 상대적으로 간단하거나 투박하다. 하지만 결과 그래프를 효과적으로 다듬을 수 있는 다양한 옵션을 함께 제공한다. 다른 소프트웨어에서 라이브러리로 사용할 수 있는 기능도 제공하고, DOT 언어를 사용하여 그래프를 정의하며 이 정의한 내용을 필터를 이용하여 다양한 이미지 포맷으로 생성한다.

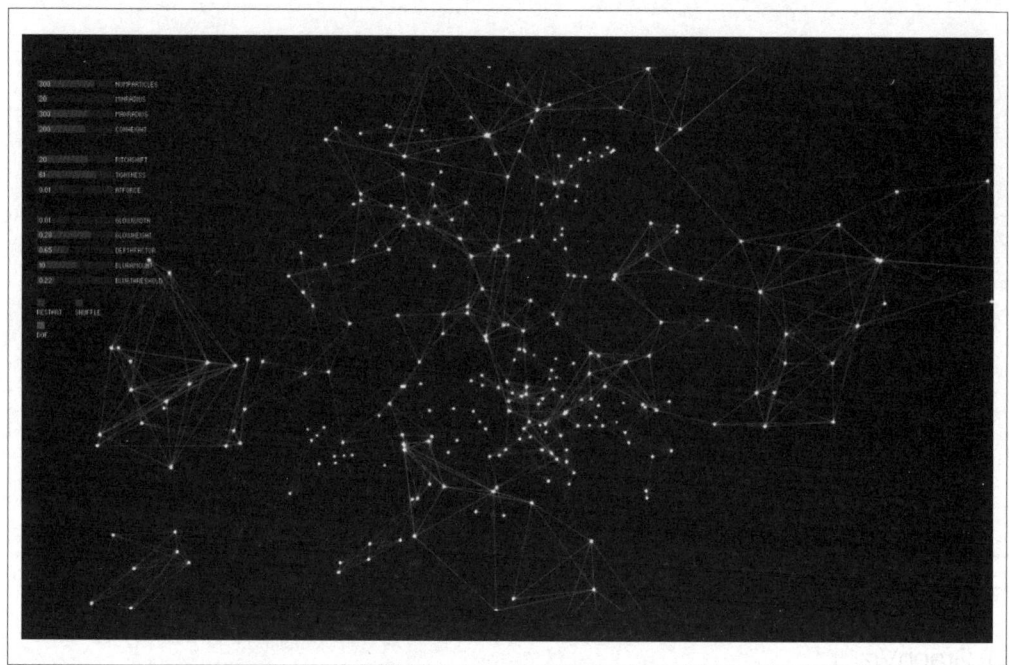

[그림 10] Processing 실행 화면 예

④ Processing

Processing은 기존의 DBN(Design By Number) 기반으로 만든 프로그래밍 언어로 DBN은 디자이너와 아티스트의 프로그래밍 접근도를 높여 주는 소프트웨어로, 프로그래밍이나 계산 과정의 난해함을 최소화하여 디자이너가 코딩 몇 줄로도 이미지를 만들 수 있도록 고안한 소프트웨어이다. 디자이너에게 가장 많이 알려진 그래픽 프로그래밍 언어로 관련 있는 웹을 시각화할 수 있는 Processing은 연관 라이브러리, 예시, 관련 문서 등이 많아 사용자가 원하는 정보를 얻기 쉽다. 여러 가지 시각화 도구로 구성된 JavaScript 프레임워크인 Protovis 바, 라인 그래프, 포스-디렉티드(Force-Directed) 네트워크 구성과 같은 다양한 기능이 포함되어 있으며, 시각화 템플릿 툴 중에서 인터페이스 수준이 상당히 높은 편이다.

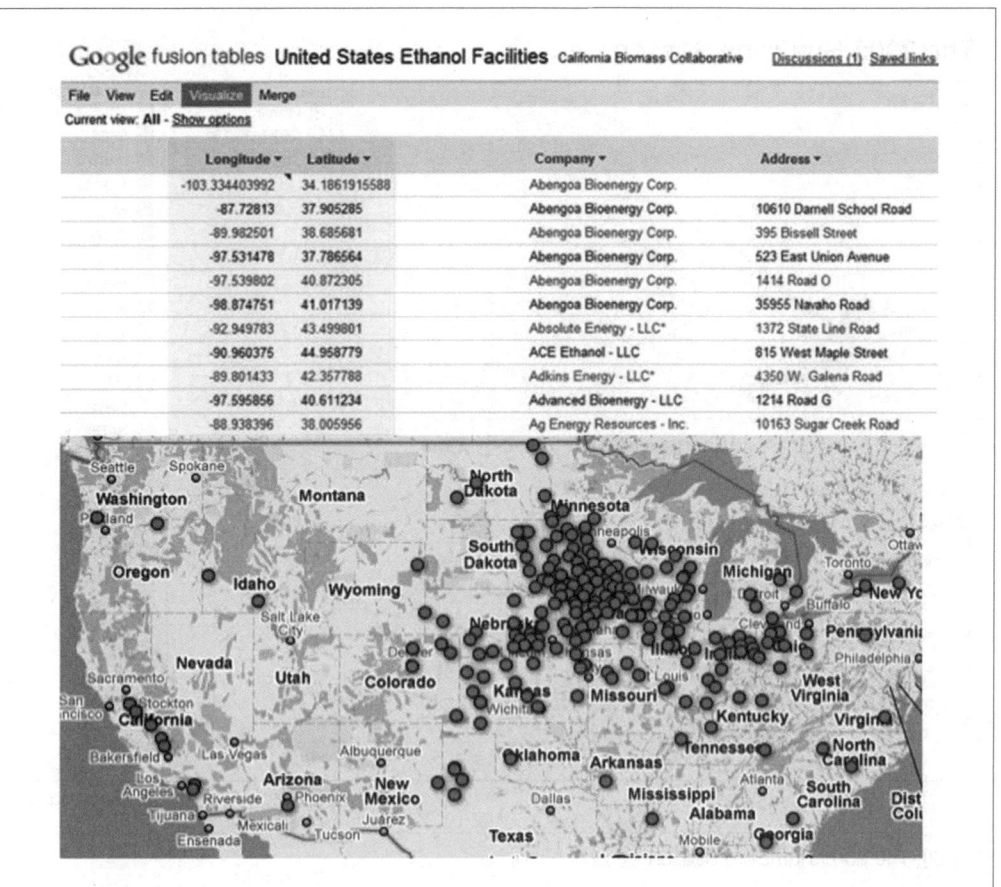

[그림 11] Fusion Tables 실행 화면 예

⑤ Fusion Tables

Fusion Tables는 방대한 양의 데이터를 스프레드시트와 같은 테이블에 저장할 수 있는 온라인 시스템으로 저장된 정보를 사용자 요구에 맞게 처리하고 그 결과를 시각화할 수 있다. Fusion Tables는 마이크로소프트 엑셀에서 제공하는 차트와 달리 테이블을 파일이나 이미지 등 공유 대상으로 지정. 구글 맵, 구글 스프레드시트와 간단히 연동할 수 있으며 엑셀, CSV 등의 파일을 업로드할 수 있다. 이 제품은 테이블의 데이터를 효과적으로 시각화할 수 있게 도와주는 도구이다.

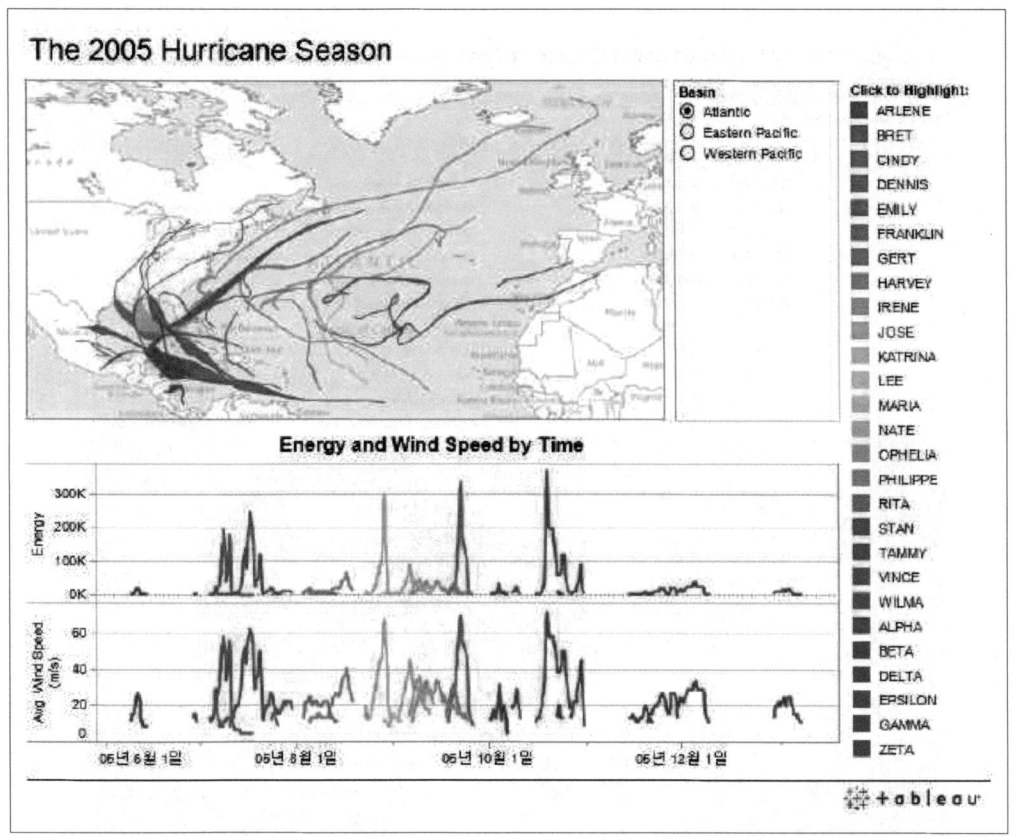

[그림 12] The 2005 Hurricane Season

⑥ Tableau

Tableau는 그래프를 시각화하는 데스크톱 응용 프로그램으로 온라인 지원과 다양한 콘텐츠를 추가할 수 있고 시각적인 분석과 리포팅 도구를 제공한다. Tableau는 사용이 쉬우며 GUI가 직관적이고 사용자의 피벗 테이블이나 크로스 테이블의 작성을 도와주는 도구는 여러 가지가 있으며 Tableau는 그중에서 가장 강력한 기능을 제공한다. 데스크톱의 인터페이스를 사용하거나 전문적인 출판물에 첨부할 다양한 형태의 그래프를 생성하는 작업을 할 때 사용하기 좋은 프로그램이다. [그림 12]는 2005년에 발생한 허리케인들의 에너지와 바람 세기를 시각화한 것이다.

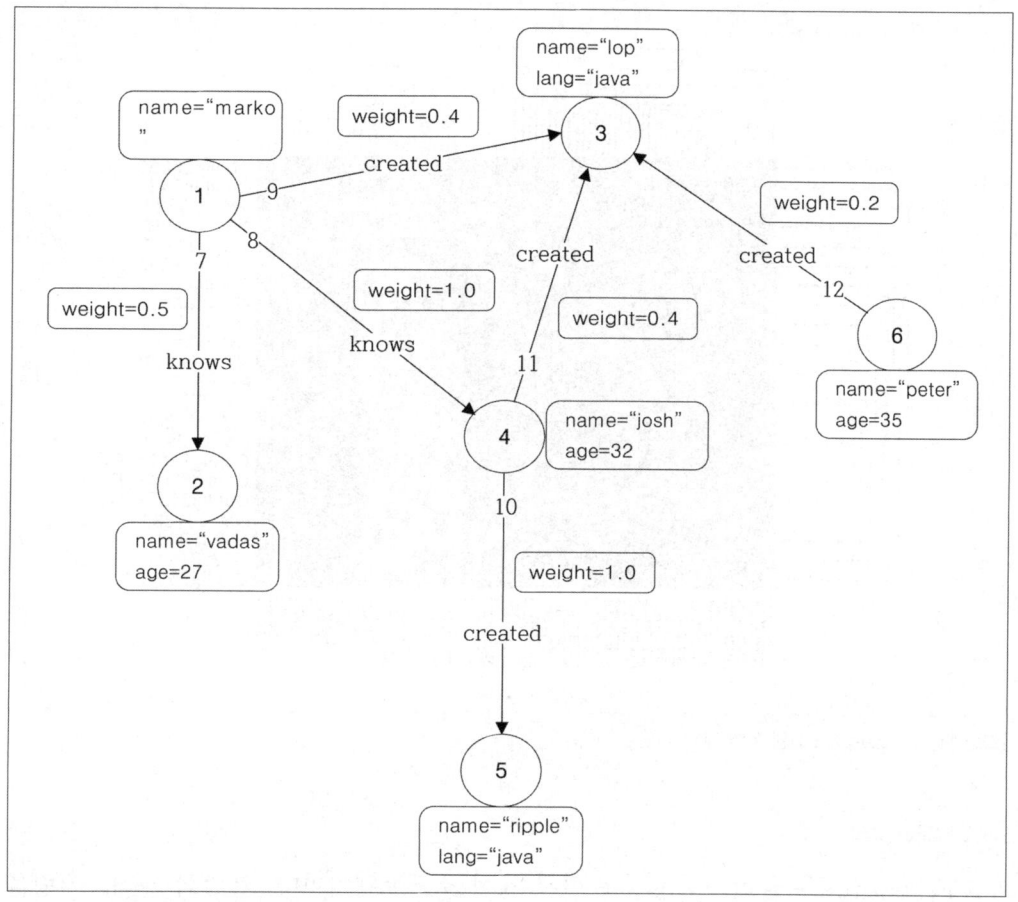

[그림 13] TinkerPop로 표현한 주변 사람 구조 그래프

⑦ TinkerPop

TinkerPop은 REST 기반의 서버 형태로 시스템을 공개하며, 전문화된 그래프 데이터베이스에 질의를 작성하고 상호 연결된 일반적인 작업들을 수행할 수 있는 서비스 모음을 제공한다. 세부 서비스로 각각 기능이 다른 Blueprints, Pipes, Gremlin, Frames, Furnace, Rexster 여섯 가지를 제공한다. 이 제품은 오픈소스 그래프 소프트웨어인 TinkerPop은 통합된 도구 모음을 생성할 수 있으며 그래프를 처리하는 LAMP(Linux, Apache, MySQL, PHP) 구조와 비슷하다. [그림 13]

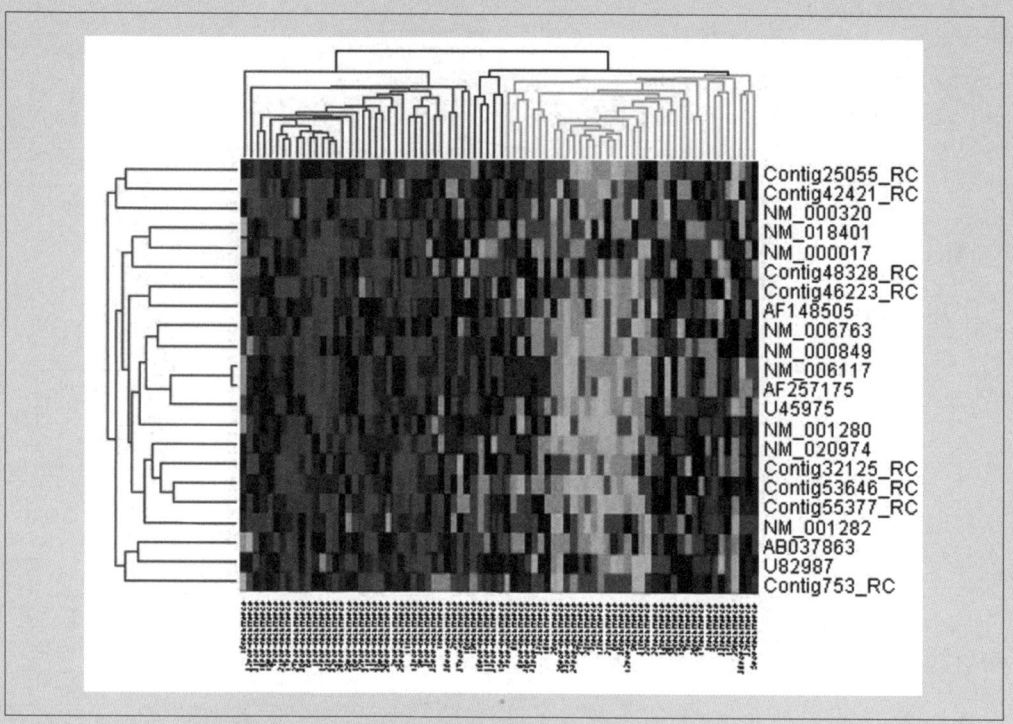

[그림 14] Clustergram 실행 화면 예

⑧ Clustergram

Clustergram은 클러스터링과 관련된 표현 소프트웨어이다. 계층적 클러스터링을 수행하고 계통도 Dendrogram이나 히트 맵 형태로 표현한다. 클러스터 개수가 늘어나면 각 데이터 집합 부분에 어떻게 클러스터를 할당하는지 보여 주는 집약 분석 기법이다. [그림 14]

연습문제

01 빅데이터의 5가지 속성에 대해서 설명하시오.

02 빅데이터 6단계 처리 과정을 설명하시오.

03 빅데이터 수집 방법에 대해서 설명하시오.

04 NoSQL의 장단점에 대해서 설명하시오.

05 빅데이터 저장 방법에 대해서 설명하시오.

06 빅데이터 수집 방법으로 적합하지 않은 것은?
  ① 로그 분석기에 의한 방법
  ② 크롤링에 의한 방법
  ③ RSS 리더에 의한 방법
  ④ E-mail에 의한 방법

07 NoSQL의 설명으로 잘못된 것은?
  ① 데이터의 무결성을 정확하게 보장한다.
  ② 웹 환경의 다양한 정보 검색과 저장이 가능하다.
  ③ 클라우드 분산 환경에 적합하다.
  ④ 수정과 삭제를 하지 않는다.

08 다음 빅데이터의 기술로써 성격이 다른 하나는?

① Distributed Parallel Processing
② Stream Processing
③ Distributed File System
④ Complex Event Processing

09 다음 빅데이터 분석에 대한 설명 중 잘못된 것은?

① 빅데이터 분석은 대량의 데이터로부터 숨겨진 패턴과 알려지지 않은 정보 간의 관계를 찾아내기 위한 과정이다.
② 데이터 마이닝은 마케팅 관리 시스템, 신용 평점 시스템의 신용 평가 모형 개발과 같이 다양한 산업 분야에서 사용한다.
③ 주로 빅데이터 분석을 위하여 크게 데이터 마이닝과 예측 분석 등이 고려되며, NoSQL 데이터베이스, 하둡(Hadoop)과 맵 리듀스 등의 관련 기술이 있다.
④ 빅데이터의 분석을 위한 제품으로는 Tag Cloud, Gephi, GraphViz, Fusion Tables 등이 있다.

10 다음 빅데이터 표현 기술에 대한 설명 중 잘못된 것은?

① 빅데이터 표현 기술은 특정 기준에 따라 분석한 데이터의 특징이나 분석 결과를 분석가와 사용자들이 쉽게 이해할 수 있도록 그림이나 그래프 등으로 표현해 주는 기술들을 말한다.
② 데이터 시각화는 컴퓨터 사이언스, 통계학, 시각디자인, 스토리텔링 등의 기법들이 녹아든 역동적이고 창조적인 분야로 부각되고 있다.
③ 데이터를 도표나 그래픽적으로 표현해 주는 Visualization이라고 하는 Infographic 기술이 있다.
④ 데이터 시각화는 데이터의 저장 분야로 분산 시스템의 효율성을 높여 준다.

빅데이터 분석과 플랫폼

1. 빅데이터 분석 기술을 이해하기 위한 관련 기술의 필요성을 숙지한다.
2. 최신 빅데이터 플랫폼을 이용한 활용 트랜드와 사례에 대해 이해한다.
3. 빅데이터 플랫폼 구축을 위한 필요조건과 플랫폼의 진화 방향에 대해 이해한다.
4. 빅데이터의 역기능과 정보 보안에 대한 개념을 이해한다.

1절 | 빅데이터 분석 기술

텍스트 마이닝(Text Mining)

텍스트 마이닝 비·반정형 텍스트 데이터에서 자연어 처리 기술에 기반하여 유용한 정보를 추출·가공하는 것을 목적으로 하는 기술이다. 텍스트 마이닝 기술을 통해 방대한 텍스트 대상에서 의미 있는 정보를 추출해 내고 다른 정보와의 연계성을 파악하며, 텍스트가 가진 카테고리를 찾아내는 등 단순한 정보 검색 그 이상의 결과를 얻어낼 수 있다. 컴퓨터가 인간이 사용하는 언어를 분석하고 그 안에 숨겨진 정보를 발굴해 내기 위해 대용량 언어 자원과 통계적, 규칙적 알고리즘이 사용되고 있다.

텍스트 마이닝 기법 중에 일반적인 방법은 특성 벡터이며 특성 추출 과정을 통해 텍스트에 대한 특성 벡터를 생성하게 된다. 따라서 텍스트 분석의 기반이 되는 것이 바로 특성 추출에 의한 특성 벡터이며 이의 통계 수치는 각 분석 기법들의 근거가 되는 것이다. 특성 추출은 텍스트에서 중요한 용어를 인식하여 추출해 내는 것으로 추출된 용어들은 일반적으로 단어의 원형으로 변형되어 특성 벡터를 구성하게 된다.

이러한 특성 벡터는 문서를 분류하거나 요약하는 데 기초 정보로 사용되며 특성의 중요성을 나타내는 가중치 함수와 지지도 함수의 계산은 단어가 발생한 위치와 발생한 횟수에 기초한다. 가령, 한 문서 내에서 여러 번 나타나는 단어의 중요도는 높다고 가정하지만 여러 문서에 걸쳐서 발생도가 높다면 이 단어의 중요도는 낮다고 간주한다. 따라서 가중치 함수의 계산에는 단어가 발생한 문서 개수의 역함수 값이 사용된다. 이에 기반을 둔 기법은 텍스트에서 정보나 지식을 발견하고 추출하는 데 사용되며 그 방법에 따라 크게 문서의 군집화(Clustering), 분류화(Classification), 요약(Summary)의 세 가지로 분류된다.

(1) 문서의 군집화

문서의 군집화는 데이터들을 각각 다른 그룹으로 분류하여 각 그룹 내의 데이터들이 유사성을 가질 수 있도록, 즉 공통적인 특성을 공유할 수 있도록 하는 기법이다. 이를 위한 데이터 간 근접 정도와 거리 척도를 이용하여 구하게 된다. 문서의 군집화는 비지도적 문서 구조화, 자동 토픽 추출, 고속 정보 검색 혹은 필터링을 구현하는 데 사용된다.

(2) 문서의 분류

문서의 분류는 문서를 그 내용 기준으로 하나 혹은 그 이상의 범주에 맞게 나누는 것이다. 문서 분류 작업은 두 종류로 나누어 생각할 수 있다. 지도적(Supervised) 문서 분류는 표본 문서들에 대한 정확한 분류 결과를 외부의 정보로써 제공하여 이를 참고할 수 있으며, 비지도적(Unsupervised) 문서 분류의 경우 외부의 정보를 참조하지 않고 수행해야 한다. 반지도적(Semi-supervised) 문서 분류는 문서의 일부분에 대하여 외부 메커니즘에 의해 분류될 수 있으며 가장 간단한 적용 사례가 스팸 필터링이다. 메일 문서가 스팸인지 아닌지에 대한 자동 분류를 적용할 수 있다.

(3) 문서 요약

문서 요약은 컴퓨터 프로그램을 이용해 문서의 축약 버전을 생성하는 작업으로 문서, 요약 과정을 통한 생산물은 원래 문서의 중요한 부분을 담고 있어야만 한다. 정보의 홍수로 인하여 일관성이 있고 정확한 요약문의 필요성이 높아져 가는 상황이다. 문서 요약에는 추출 요약과 생성 요약으로 크게 두 가지 접근 방법으로 볼 수 있다. 추출 요약은 시스템이 판단할 때 중요하다고 생각하는 문서의 일부분을 선택하여 제공한다. 이에 비해 생성 요약은 원본 문서의 내용을 더 간결하게 바꿔 쓰는 작업이 추가된다. 즉, 생성 요약은 추출 요약보다 원문을 더 강력하게 축약한다고 볼 수 있다. 그러나 이런 작업은 자연어 생성 기술을 필요로 하고 이는 아직 성숙되지 않은 기술 분야라는 문제점이 있다. 문서 요약에 있어서 가장 큰 이슈는 평가의 문제다. 좋은 요약이라는 판단은 매우 주관적이고 편차가 크므로 이를 자동화하기는 매우 어렵다. 수작업으로 평가할 수 있으나, 이는 많은 시간이 필요하며 평가하는 인력이 요약문뿐만 아닌 원문 또한 읽어야 한다는 노동 집약적 문제가 발생하게 된다.

오피니언 마이닝(Opinion Mining)

오피니언 마이닝은 소셜미디어 등의 정형·비정형 텍스트의 긍정, 부정, 중립의 선호도를 판별하는 기술이다. 오피니언 마이닝은 특정 서비스 및 상품에 대한 시장 규모 예측, 소비자의 반응, 입소문 분석 등에 활용되고 있다. 정확한 오피니언 마이닝을 위해서는 전문가에 의한 선호도를 나타내는 표현·단어 자원의 축적이 필요하다.

오피니언 마이닝은 2000년대 초반부터 활성화되기 시작한 전자상거래와 함께 발전하기 시작했다. 기존의 데이터 마이닝 기술을 활용하여 블로그, 상품평 등에 나타난 의견을 추출하는 분야로써 텍스트의 주제를 판단하는 것이 아닌 주제에 대한 저자의 태도를 판단하는 기술이다. 오피니언 마이닝은 문서 단위가 아닌 대상의 특징을 기준으로 정보를 추출한다. 기업에서는 방대한 양의 상품 리뷰를 일목요연하게 정리하고, 소비자들이 제품의 어떤 특성에 어떻게 반응하는지 알아보기 위해 오피니언 마이닝을 마케팅에 활용하기 시작했다. 현재 오피니언 마이닝의 단계별 수행을 위한 다양한 방식들이 연구되고 있으며, 자연어 처리 기술 기반에서 통계적 기법에 이르기까지 여러 분야의 기술이 접목되고 있다.

오피니언 마이닝은 텍스트의 주관성 분석, 극성 분석, 극성의 정도 분석으로 크게 세 가지로 나뉘어 연구되어 왔다.

(1) 주관성 분석

주관적 분석은 주어진 텍스트에 나타난 저자의 태도가 주관적 혹은 객관적인지를 결정·판단한다. 여기서 주관적이라고 하는 것은 긍정적 또는 부정적 의견을 포함하는 것이고, 객관적이라고 하는 것은 감정적으로 중립 상태임을 의미한다.

(2) 극성 분석

극성 분석은 주어진 텍스트가 주관적일 경우에 긍정인지 부정인지를 분석·분류한다. 이때 분석하려는 콘텐츠별로 전문가가 핵심 어휘들을 미리 정의해야 할 필요가 있다. 특히 온라인상에서는 특정 시기나 주제별로 나타나는 신조어가 많기 때문에 신속하게 업데이트하는 것이 중요하다.

(3) 극성의 정도 분석

극성의 정도 분석은 주관적인 텍스트에 대해 긍정적인 정도와 부정적인 정도를 측정한다. 데이터를 수치화한 후에는 그 내용을 효율적으로 표현하는 것이 중요하며 미디컴과 다음소프트가 공동 개발한 소셜네트워크 여론 분석 사이트인 '트렌드시크'에서는 탐색어맵과 각종 그래프를 활용한 시각화를 통해 데이터를 알기 쉽게 전달하고 있다.

소셜네트워크 분석(SNA)

소셜네트워크 분석(Social Network Analysis ; SNA)은 사회학, 정치학, 심리학, 인류학 등과 같은 사회과학(Social Sciences)의 한 분야이다. SNA는 전통적인 통계학 기법보다는 그래프이론(Graph-Theoretic) 접근 방법을 이용하여 사람들 사이의 상호 행동에 대해서 연구한다. 이러한 연구는 데이터 분석을 위한 과학적인 방법론과 사람들 사이의 상호 관계가 어떻게, 왜 발생하는가? 에 대한 수많은 이론들, 상호 관계 패턴들이 삶에 어떠한 변화 및 영향을 미치는지에 관한 것도 포함된다. 다양한 사회과학에서 기인한 이론들은 수학적인 방법으로 항상 수치화되는 것은 아니지만 특정 이론에 대해서는 데이터를 명확하게 표현할 수 있다. 과학 분야에서는 둘 이상의 학문 분야에 걸쳐 융합되기도 하는데 수학자, 물리학자, 컴퓨터 과학자, 사회학자, 정치학자, 심지어 록 음악가까지도 포함된다.

SNA는 1930년대에 활동한 미국 사회 심리학자이자 사이코 드라마 창시자인 제이

콥 모레노(Jacob Levy Moreno)가 창안한 것으로 그는 개인을 치료하려면 개인이 속한 집단을 이해해야 한다고 믿었다. 그렇기 때문에 인간관계를 끊임없이 변화하는 상호 작용 네트워크로 보고 구성원 간의 관계를 '선호'와 '거부'로 연결시켜 보여 주는 연결망 지도와 유사한 소시오그램(Sociogram)을 만들었으며, 이를 통해 집단의 구조를 분석하고 개인의 심리 치료에 활용했다.

모레노 이후 초기 형태의 SNA 기법은 인류학, 문헌정보학, 범죄 분석 등에서 간헐적으로 사용되었는데, 1990년 중반부터 인터넷 보급이 확산되며 '관계'의 구조가 가시화되고 연구가 활발해졌다. 인터넷, 전자 금융, 휴대전화, 이메일 등을 통해 디지털 형태의 관계 데이터가 축적·확보되면서 비약적으로 발전하였다. 즉, SNA는 사회 연결망 분석으로 기존의 개별 속성을 분석하는 방법과 달리 개체 간의 관계를 분석하는 기법이라고 볼 수 있다.

현재 국내에서는 2000년에 설립된 '사이람'이 유일하게 네트워크 분석 원천 기술을 가지고 있으며, SNA는 인터넷과 통신 기술의 발달, 그리고 페이스북, 트위터 등의 SNS 등장으로 관계에 대한 데이터들이 축적되면서 연구가 활발해졌다. 인터넷 쇼핑몰 등에서 관계를 맺고 있는 사용자의 구매 패턴을 분석하여 상품을 추천하는 등 다양한 분야에서 사용이 가능하다. 아직 국내에서는 불법이지만 미국과 유럽의 통신 업체들은 고객의 통화 내역을 SNA로 파악해 마케팅에 활용하고 있다.

소셜네트워크 분석은 수학의 그래프 이론에 뿌리를 두고 있다. 소셜네트워크 연결 구조 및 연결 강도 등을 바탕으로 사용자의 명성 및 영향력을 측정하여 소셜네트워크상에서 입소문의 중심이나 허브 역할을 하는 사용자를 찾는 데 주로 활용된다. 이렇게 소셜네트워크상에서 영향력이 있는 사용자를 인플루언서(Iinfluencer)라고 부르는데, 인플루언서의 모니터링 및 관리는 마케팅 관점에서 중요하다.

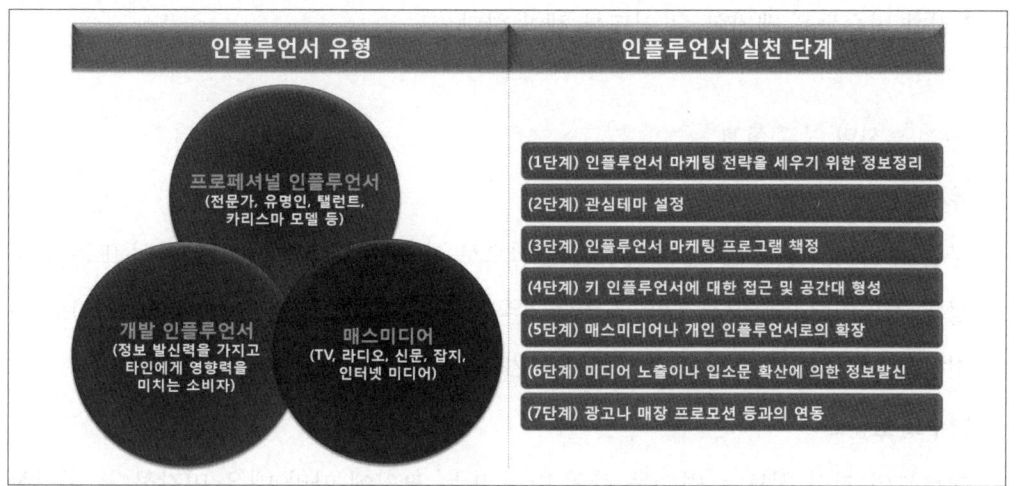

[그림 1] SNA의 인플루언서 3가지 유형 & 인플루언서 실천

군집 분석(Cluster Analysis)

군집 분석은 응답자 또는 상품 등과 같은 대상들을 그들이 가진 특성에 기초해서 유사한 성질끼리 모아 같은 집단으로 분류하는 기법이다. 군집 분석의 첫째 방법은 관측 대상 간에 정해지는 유사성을 기초로 비슷한 하나의 그룹을 만드는 식으로 전체를 몇 개의 그룹으로 나누는 것이다. 두 번째 방법은 데이터 및 그룹 내의 분산 개념을 기초로 그룹 간의 분리 정도를 기준으로 분류하는 것이다.

군집 분석에서의 주요 과제는 어떤 특성에 대한 측정치의 차이를 비교할 것인가의 변수 선정의 문제, 어떻게 유사성의 차이를 측정할 것인가의 거리 척도의 문제, 그리고 대상들 간의 거리가 산출되었을 때 어떻게 대상들을 묶을 것인가이다.

(1) 군집 분석의 목적

군집 분석의 주요 목적은 대상들의 유사성을 근거해서 특수한 특성을 지닌 두 개 또는 그 이상의 군집으로 분류하는 것이다. 군집 분석은 다른 다변량 분석과는 달리 최종 결과에 대한 유의성을 검증할 수 있는 장치가 없기 때문에 변수를 선정할 경우에는 이론적, 개념적, 현실적 근거를 신중히 고려해야 하며 항상 분석 결과를 검토해서

부적절한 변수들을 제거할 수 있도록 해야 한다.

(2) 군집 분석의 연구 설계
① **유사성 척도**
군집 분석의 기본 개념인 유사성은 군집으로 분류될 대상들 간의 일치성 또는 유사성의 척도이다. 군집 분석에서 유사성은 주로 거리 척도(Distance Measure)로 측정한다. 거리 척도의 유사성은 대상들 간의 근접도(Proximity)로 나타낸다.
② **변수의 표준화**
대부분의 거리 척도는 변수들 간의 단위 또는 크기에 따라 매우 민감하다. 이러한 문제점을 해결하기 위해서 연구자는 변수들 간의 상대적 표준 편차에 기초해서 변수들을 표준화해야 한다.

(3) 군집 분석의 가정 검정 : 표본의 대표성(Representativeness)과 다중공선성(Multicollinearity)
군집 분석은 대상들을 내재해 있는 특성에 따라 분류하는 것이므로 표본이 얼마나 모집단을 잘 대표하고 있느냐에 따라서 그 결과의 유용성과 일반화 여부가 결정된다. 그러므로 표본 선정 시, 대표성에 주의를 기울여야 한다. 다중공선성은 변수들 간의 상관관계가 높아서 분석에 있어서 각 변수들의 실제적인 영향력을 구분하기 어렵게 되는 것을 의미한다.

(4) 군집 추출 방법
군집 추출 방법에는 계층적 군집화 방법과 비계층적 군집화 방법의 두 가지가 있다. 계층적 군집화 방법은 계산 시간이 짧아서 자료를 빠르게 처리할 수 있는 장점이 있으나, 표본의 수가 큰 경우에는 분석하는 데 어려움이 있다. 비계층적 군집화 방법은 점차 사용 범위가 넓어지고 있으며, 이 방법의 유용성은 실무, 객관성, 이론적 기반에 근거해서 적절한 군집 중심점을 정할 수 있는 연구자의 능력에 달려있다. 두 가지

방법을 같이 적용할 경우 각각의 장점을 살릴 수 있다.

(5) 군집 분석의 신뢰성 및 타당성 검증

군집 분석의 결과에 대한 신뢰성과 타당성을 검증하기란 그리 쉬운 일이 아니지만, 이러한 절차가 결여된 군집 분석은 의미가 없다. 다음과 같은 절차에 따라 군집 분석의 효과를 판단해야 한다.

① 같은 데이터를 서로 다른 거리 측정 방법을 통하여 군집 분석을 실시한 후, 그 결과를 비교한다.
② 서로 다른 군집 분석 방법을 적용하여 각각의 결과를 비교한다.
③ 응답자가 회답한 데이터를 두 개로 나누어서 제1 군집 반분 결과와 제2 군집 반분 결과를 전체의 결과와 비교한다. 표본을 두 개로 분리하고 군집 분석을 실행하여 분리된 두 개의 표본에 대한 분석 결과가 같이 도출된다면 군집 분석 결과의 일반 타당성은 검증될 수 있다.

(6) 군집의 해석

군집 분석 결과 도출된 각 군집들이 실무적인 판단, 이론적 근거 또는 상식에 의해서 이해할 수 있게 분류되면 각 군집의 본질을 잘 나타낼 수 있는 이름을 정해야 한다. 현재 최적의 군집 결과를 도출하기 위한 표준이나 객관적인 절차가 완전하게 개발된 것은 아니지만 군집 분석은 대상들을 분류하는 사전 분류 기법으로 많이 사용되고 있으며 군집의 특성을 파악하기 위해서는 판별 분석을 주로 사용하고 있다.

2절 | 빅데이터 플랫폼 활용 트렌드와 사례

최근의 빅데이터 플랫폼 활용 트렌드

(1) 개별 사업 부문 빅데이터 활용 트렌드

① 고객의 소셜미디어 활동 정보를 분석하여 마케팅 전략에 활용

금융 분야에서는 각 은행 및 증권사 점포가 위치한 지역 고객의 소셜 미디어 데이터 분석을 통해 해당 지역 고객이 선호하는 예금 및 보험, 금융 상품을 개발하고 있다. 유통 분야에서는 상품별 판매 전략 구축을 위해 해당 지역 주민들의 소셜 미디어 데이터를 분석하여 주력 판매 제품 및 매장 구도 계획 등에 활용하고 있다. 명절이나 기념일 전에 고객의 소셜 미디어 활동 내용과 과거 구매 이력을 분석하여 고객이 선물할 만한 대상을 추정하고 적합한 선물을 추천한다.

② 소비자 행동 패턴 분석에 따른 행동 변화 예측

소비자들이 다양한 경로를 통해 보이는 행동 패턴을 데이터로 분석하여, 고객 이탈을 조기에 감지하고 타 금융기관으로의 이동을 사전에 차단한다. 잠재고객 행동 분석을 통해 호응이 좋은 고객을 선별하여 프로모션을 강화하고, 새로운 고객층을 확보하는 데 활용하고 있다.

③ 실시간 데이터 수집 및 분석을 통한 리스크 관리

은행의 경우, 대출자의 채무 불이행 가능성을 개인 신용도와 재정 상태, 고객 행동 데이터의 분석을 통해 판단이 가능하다. 보험사와 카드사도 과거 이력 데이터를 분석하여 보험 사기, 카드 부정 사용을 사전에 감지 및 즉시 조사에 착수하여 사고 감축에 활용하고 있다.

마트는 품목별 판매량을 실시간으로 관리하여 적정 재고 가이드로 활용하고, 축산 분야는 가축의 행동 패턴 감지 시스템을 활용하여 질병 등을 사전에 예측하여 폐사를 방지하는 데 활용하고 있다.

④ 고객 결제 정보, 매출 데이터 분석을 활용하여 2차 수익 창출

카드사의 경우 고객의 결제 정보로 분석한 선호 업종 및 지역 데이터를 기반으로 고객이 위치한 지역에 있는 상점의 프로모션, 카드 할인 정보를 실시간으로 제공한다. 상점과 제휴하여 상점 매출과 카드 사용을 증대시키는 win-win 전략에 활용하고 있다.

카드 매출 정보를 지역·업종 등으로 가공하여 창업 희망자 컨설팅으로 소비자에게는 모바일 앱 정보 서비스를 제공하고 있다. 2013년 5월 여신전문금융업법 시행령 및 감독 규정 개정안에 대한 입법 예고에 따라 카드사의 빅데이터를 활용한 컨설팅 서비스가 허용되어 수익 사업으로 활용이 가능해졌다.

(2) 그룹 차원의 빅데이터 활용 트렌드

① 그룹 내 모든 사업 부문의 고객 정보를 통합 DB로 구축 및 공유하여 전사적으로 활용

일본 라쿠텐 그룹의 경우 온라인 쇼핑몰과 라쿠텐 은행, 증권 등 각 계열사의 개인 정보를 통합한 '라쿠텐 슈퍼 DB'를 구축하여 개인 고객 전용 상품과 서비스를 판매하고 있다. 슈퍼 DB에는 라쿠텐 회원 기본 정보와 구매 이력, 서비스 예약 데이터 등이 통합되어 있어 이 정보를 여행·금융·신용 등 라쿠텐 그룹이 제공하는 모든 서비스에서 활용하고 있다. 예를 들어 항공권이나 숙박권을 구매한 고객에게 여행에 필요한 용품 정보를 제공해 구매를 유도한다. 또한 개인 맞춤형 홈페이지도 제공하고 개인 정보를 모든 서비스에서 활용하기 위해 하나의 ID로 모든 서비스에 접근 가능한 '라쿠텐 통합 회원 ID'를 도입했다.

② 국내 금융지주사들도 그룹 차원의 리스크 관리와 계열사 간 데이터 공유 및 정보 분석 역량을 강화하기 위해 전사 고객 정보 통합 사업 및 하드웨어 증설 확대 추진

KDB금융그룹은 계열사의 단위 업무 시스템을 금융그룹 전체 시스템으로 통합하는 경영 관리 시스템을 구축했다. 6개 계열사의 관리 회계 시스템, 성과 관리, 수익 관리 시스템 등을 그룹 데이터 웨어하우스로 통합하고 각 계열사 데이터가 자동으

로 그룹 시스템에 연동되며, 내외부 정보 보호를 위해 강력한 보안 체계를 적용하였다. 원천적으로 복호화 불가능한 단방향 암호화 기술을 사용하며 정보 유출 시 원래 데이터 식별을 불가능하게 했다. 또한 외부 비정형 데이터 분석을 위한 정보계 시스템 고도화 사업을 추진해 통합 마케팅 부문의 효율 향상을 기대하고 있다.

③ 외부 데이터를 적극적으로 활용하여 내부 데이터와 함께 전략 수립에 사용

구글, 네이버 등 검색 통계 제공자의 데이터와 페이스북 등의 소셜 미디어 데이터는 방대한 규모의 정보를 가지고 있으며 접근성 및 활용도가 높아 전략 수립에 적극적으로 활용하고 있다. 특정 키워드 검색 통계와 소셜미디어 사용자들의 활동 콘텐츠로부터 향후 시장 및 환경 변화, 소비자 트렌드를 예측할 수 있다.

코리아크레딧뷰로(KCB)에서 제공하는 알지오(R-geo) 서비스 등 지역 분석 서비스를 금융업·유통업 마케팅에 활용하고 있다. 알지오는 KCB가 금융 통계와 이종 산업 간의 정보를 융합해 개발한 지역 통계 기반 마케팅 지원 솔루션으로 전국을 40만 소규모 지역으로 구분하여 타깃 지역을 찾거나 해당 지역의 고객 속성 분석에 유용하다. 이 서비스를 이용하여 마케팅 타깃 지역 선정, 지역별 고객 속성에 따른 차별화된 전략 수립, 점포의 입지 선정 등 마케팅 전략 수립에 활용할 수 있다.

각국 정부 및 공공기관에서 제공하는 공공데이터도 해당 국가의 자연환경, 경제활동, 사회 및 문화 등을 포함하고 있어 활용 가치가 높기 때문에 새로운 사업 전략 수립 시 이용할 수 있다.

④ 그룹 자체적으로 트위터, 페이스북 등을 운영하여 소비자들의 의견을 수집하는 수단으로 활용

소셜 미디어를 고객 응대 채널로 활용할 경우 고객 불만에 빠르게 대응할 수 있으며 자사 상품 및 서비스에 대한 직접적인 피드백을 받거나 숨은 니즈를 찾아낼 수 있다.

2010년 Aite 그룹과 EFMA가 미국과 유럽 금융기관의 임원을 대상으로 설문 조사를 한 결과, 90% 이상이 2012년 이내에 마케팅 및 PR 수단으로 소셜 미디어를 활

용할 것이라고 응답했다.

소셜 미디어에 금융 교육 자료를 링크하거나 금융 정보·계산기·게임 등을 제공하는 등 금융 정보 제공 수단으로 사용하여 고객들의 관심사를 파악하고, 고객 확대 기반으로 활용할 수 있다.

(3) 이종 산업 간 데이터 융합

기업 간 또는 이종 산업 간에 데이터를 융합하여 각자가 구축해 놓은 기반을 함께 활용하는 사례 증가하고 있다.

SK텔레콤과 NHN은 유·무선 융합 신규 서비스 발굴 등을 위한 업무 제휴를 했다. 각 사가 보유한 모바일과 인터넷 정보 분석 기술을 공유해 구글과 애플의 구글맵, 애플맵 등의 위치 기반 서비스에 대응하고 새로운 시장을 창출하고 있다. 특정 지역의 유동 인구 파악 등을 제공하는 SKT의 상권 분석 서비스인 '지오비전'에 네이버의 검색 통계가 더해지면 최신 음식 트렌드나 해당 지역의 소비 패턴 제공이 가능하다.

KT는 외부 데이터와 내부 데이터를 결합해 새로운 비즈니스 모델을 창출했다. KCB와 사업 제휴를 맺고 기존의 유통과 금융, 제조, 의료 등 개별적으로 활용되던 이종 산업 간 데이터를 융합하여 가치를 창출하겠다는 전략으로 진행되었고, KCB에서 제공하는 지역 기반 분석 서비스인 알지오(R-geo)에 KT의 올레맵과 지역별 유동 인구 정보 등을 결합한 개방형 데이터 플랫폼을 구축하여 활용 중이다.

서울시도 KT와 빅데이터를 활용한 공공서비스 개선 협약을 체결했다. KT의 통신 빅데이터와 서울시의 공공데이터에 빅데이터 분석 기술을 접목하여 시민들의 편의성 향상을 위한 공공서비스 발굴에 협력하고 있다. 심야버스 노선 정책 지원과 공공 와이파이존 설치 최적지 도출에 활용하고 있다.

우리나라 기업의 빅데이터 플랫폼 활용 사례

(1) 기업의 빅데이터 활용 효익 및 유형

기업은 빅데이터의 활용을 통해 의사결정의 적시성과 효과성을 높이고 나아가 선제적인 의사결정의 기반을 마련할 수 있고, 또한 내부 역량 향상, 업무 자동화 및 중복 제거, 프로세스의 안정화 등을 통한 생산성의 향상을 기대할 수 있다.

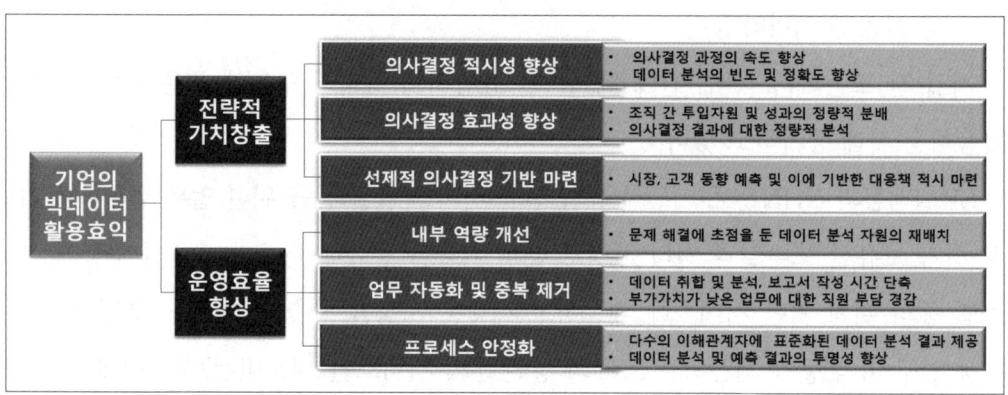

[그림 2] 기업의 빅데이터 활용 효익

기업이 활용하는 빅데이터의 원천은 활용 목적에 따라 고객 거래 내역, 각종 로그 데이터 등 사내에서 나아가 SNS, 타사 데이터 등 외부까지 범위가 확대되는 추세이다. 빅데이터의 원천은 입수 용이성(사내, 사외)과 시장 가치(핵심적, 비핵심적)에 따라 다음의 4가지 유형으로 구분할 수 있다.

사내 핵심 데이터	사외 핵심 데이터
자사가 보유한 독자적인 데이터로 시장 차별화가 가능한 데이터 예) 고객의 구매 이력 및 부가서비스 이용 내역, 신용카드 가맹점의 POS 정보7	타사가 독자적으로 보유한 데이터로 자사에서도 이용 가치가 높은 데이터 예) 타사 고객의 구매 이력, 트위터의 파이어호스(Firehose) 등
사내 비핵심 데이터	**사외 비핵심 데이터**
자사의 독자적인 데이터지만 기업 차별화로 연결되지 않는 데이터 예) 재무 데이터, 직원의 개인정보	외부로부터 비교적 쉽게 입수 가능한 데이터 예) 지도 데이터, 정부의 공개 데이터, 페이스북 프로필 등

[표 1] 기업이 활용 가능한 빅데이터 원천

최근에는 기업이 필요로 하는 사내·외 데이터를 전문적으로 수집·분석해 제공하는 '데이터 어그리게이터'와 인구 통계, 금융 등 데이터를 한곳에 모아 거래하는 '데이터 마켓플레이스'도 등장해 빅데이터 원천이 풍부해지고 수집이 용이해지고 있다.

비자(VISA), 아멕스는 고객 결제 정보 축적 및 성향 분석 후 제휴 업체에 위치 기반 프로모션을 제공하고, 미국의 크림슨 인포매틱스는 고객의 자동차 운행 관련 데이터 수집 분석 후 보험사에 제공하는 데이터 어그리게이터의 역할을 수행하고 있다. MS의 '윈도 애저 마켓플레이스', 아마존의 'AWS 공공데이터 세트' 등은 빅데이터의 수요자와 공급자를 연결해 주는 대표적 데이터 마켓플레이스 사례이다.

기업의 빅데이터 활용 유형은 데이터 처리 시점(실시간 vs 사후)과 최적화 대상(개별 vs 전체)에 따라 다음의 4가지 유형으로 구분할 수 있다.

실시간 처리·개별 최적화 형	실시간 처리·전체 최적화 형
특정 개인이나 사물에서 발생하는 데이터를 실시간 수집·분석하여 개별적으로 활용 예) 위치 정보를 이용한 일대일 마케팅(광고, 쿠폰 전송 등), 개인별 실시간 상품 추천 등	다수의 개인이나 사물에서 발생하는 데이터를 실시간 수집·분석하여 특정 그룹에 활용 예) 자동차에 설치한 센서를 통한 교통 정체 예측, 스마트 계량기를 통한 전력 수용 예측 등
사후 처리·개별 최적화 형	**사후 처리·전체 최적화 형**
특정 개인이나 사물에서 발생하는 데이터를 시점에 상관없이 광범위하게 수집·분석하여 개별적으로 활용 예) 구매 이력 기반 일대일 마케팅, 고장이나 장애의 정조 파악, 고객 이탈 정조 파악 등	다수의 개인이나 사물에서 발생하는 데이터를 시점에 상관없이 광범위하게 수집·분석하여 특정 그룹에 활용 예) 인터넷 포털사이트의 검색어 추천 기능, 웹사이트의 편의성 개선 등

[표 2] 기업의 빅데이터 활용 유형   자료:노무라 종합연구소

① 실시간 처리 개별 최적화 (고객별 실시간 상품 추천 및 타깃 마케팅 등에 활용)

일본의 도쿄해상 화재보험은 통신사인 NTT도코모와 제휴해 GPS 정보를 기반으로 고객이 스키장이나 골프장에 도착하면 목적에 맞는 보험 안내 메일을 발송한다.

미국의 특수보험사인 어슈어런트 솔루션은 콜센터에 전화한 고객에 적합한 상담원을 실시간 배정하고, 이를 통해 해약 방지율이 117% 증가, 직원 이직률이 25% 감

소하였다. 미국의 카드 결제 사업자인 비자, 아멕스는 고객의 결제 위치 및 시점, 구입 품목을 실시간으로 파악하고 고객의 구매 이력 및 성향을 감안해 타켓 마케팅 프로그램을 실시하고 있다. (예. 주유소에서 결제를 마치면 인근 카페의 쿠폰을 발송 등)

② 실시간 처리 전체 최적화 (단기 포트폴리오 최적화 및 트레이딩 활용에 최적화)

미국의 헤지펀드와 트레이딩 회사들은 시장 상황에 대한 데이터 수집 및 분석 주기를 단축하여 알고리즘 트레이딩의 예측 정확도와 수익률 향상을 도모하고 있다.

③ 사후 처리 개별 최적화 (고객의 성향 파악을 통한 수익 창출 및 비용 절감의 기회로 활용 최적화)

미국 3위 자동차 보험사인 프로그레시브는 계약자의 차에 운행 기록 장치를 장착하고 운전 습관을 파악하여 보험료를 산정하는 'Pay as you drive' 프로그램을 운영하고 있다.

남아프리카 최대 단기 보험사인 산탐은 고위험 보험금 청구 건에 대한 위험 세분화 및 예측으로 사기성 보험금 청구 비용을 줄이고 보험금 청구 과정을 대폭 단축했다.

미국의 제스트 파이낸스를 비롯한 단기대출 사업자들은 대출 신청자의 통화 습관, SNS 등 수천 개의 변수를 반영한 신용평가 모델을 적용. 제스트 파이낸스는 이를 통해 20%의 수익을 향상했다.

④ 사후 처리 전체 최적화 (시장 상황 상세 파악 및 장기 포트폴리오에 활용 최적화)

JP모건은 부동산 시장 상황을 지역별로 분석하여 적정 매매 가격을 산정하고 이를 담보로 설정한 부동산에 대한 매각 시에 활용하고 있다.

영국의 더웬트 캐피탈은 SNS를 분석해 시장의 투자심리를 파악 후, 이를 포트폴리오에 반영하는 '트위터 펀드'를 도입했다. 운용 당시 업계 평균 수익률(0.76%)을 상회하는 1.86%의 수익을 달성했다.

(2) 파리바게뜨(기상 데이터 분석을 통한 생산관리 체계화) 사례

① 추진 목적 및 배경

날씨가 기업이나 국가 심지어 개인의 일상생활, 경제활동에 크나큰 영향을 미친다는 사실은 정설로 받아들여지고 있다. 날씨가 경제활동에 미치는 부정적인 영향은 전 세계적으로 30억 달러 이상이며 미국의 경우 70% 이상의 기업들이 날씨에 의해 매출이나 비용에 영향을 받는 것으로 추정되고 있다. 예를 들어 아래의 [표 3]을 보면, 산업 기후 연구소에서 발표한 자료에는 날씨와 유통업 매출과의 연관 관계는 매우 크다는 명확한 증거가 제시되고 있다. 이와 같은 임계온도는 상품의 수요가 급격히 변하는 시점 기온으로 판매율과 기온의 상관관계를 분석하는 기준이 된다.

과즙 음료	최고 기온이 20도가 넘으면 팔리기 시작. 25도가 넘으면 1도 상승할 때마다 판매량이 20% 증가
우유, 요구르트	기온 상승과 매출이 반비례하는 제품. 20도에서 30도로 기온이 상승할 때 매출은 약 8% 감소
콜라	25도를 넘으면 매상이 급격히 증가. 기온이 1도 올라갈 때마다 판매량이 15% 증가
캔커피	기온이 30도 가까이 되면 갑자기 잘 팔린다. 25도 넘어서면 1도 상승할 때마다 판매량이 18% 증가
스포츠 드링크	최고기온 23도부터 매상이 늘어남. 30도 가까이 되면 판매량이 급격히 늘어난다. 25도를 넘으면 2도 상승할 때마다 8%씩 매상 증가
아이스크림과 빙과류	25~30도에서는 유지방이 든 아이스크림. 30도를 넘으면 얼음이 많은 빙과류가 잘 팔린다. 20도 이하로 내려가면 소비가 감소
잔치국수	최고 기온이 25도가 될 때부터 잘 팔리기 시작. 30도를 전후하여 절정에 달한다. 25도가 넘으면 1도가 상승할 때마다 15%의 비율로 매출 증가
골프와 테니스	평균 기온 16도 때부터 치는 사람이 늘어나 24도에서 절정을 이룬다. 27도를 넘으면 골프, 테니스를 즐기는 사람이 감소
신사복	최고기온이 28도가 되면 20% 증가. 낮 기온이 27도 아래로 떨어지고 아침 기온이 20도 아래로 내려가면 신사복 입는 사람이 60%가량 증가

[표 3] 날씨와 유통업 매출 간의 연관 관계, 임계온도

날씨 마케팅의 중요성 확대로 일기예보나 기상 통계 등 기상 정보와 자료를 마케팅 활동에 효과적으로 활용하는 기업이 증가하고 있다.

국내에서는 케이웨더, 웨더뉴스 등 고정적으로 날씨 정보를 회원들에게 제공하는 기상정보 제공업체가 증가하고 있고, 기업에서는 기상 정보를 분석하여 이를 적극적으로 마케팅에 활용하고 있으며, 날씨에 따른 차별화된 전략상품도 등장하였다. 기상 특징이 서로 다른 지역은 지역의 기후에 적합한 제품군을 선별해 전략상품으로 활용하고 있다.

② **추진 내용**

파리바게뜨는 날씨 판매지수를 만들어 실시간으로 점포에 제공하고 있다.

1) 최근 5년간 전국 169개 지점의 일별 매출과 기상자료를 통계 기법으로 지수화한 날씨 판매지수 개발

   날씨 판매지수는 날씨에 따른 판매율을 나타내는 지수로, 가맹점에서는 이를 바탕으로 판매량을 예측하고, 주문량을 조절할 수 있는 기회 손실(판매할 제품이 없어 발생하는 손실)을 방지하고 재고 부담 감소를 유도한다.

   기상 관측 자료와 10억 건 이상의 점포별 상품 판매 데이터를 분석하여, 실시간으로 전국 3,100여 개 파리바게뜨 점포의 단말기에 제공한다.

2) 날씨 예측을 통해 판매 수요 예측 및 생산 관리 가능

   날씨별로 판매가 높은 빵을 파악하여 점포 단말기로 주문량을 늘리도록 권장하고, 파리바게뜨 매장의 계산대 단말기 화면에는 '일별 날씨 판매지수 최대 변동'이라는 항목에 제품 이름을 표기한다. 예를 들면 생크림 케이크 항목 옆에 '토요일 50.15%, 일요일 27.15%' 같은 숫자가 표기되며 이는 매장 주변 날씨 예보, 요일 등의 요소를 종합했을 때 최근 2주 평균보다 그만큼 매출이 늘어날 전망이라는 뜻이다. 날씨 지수를 도입한 지 한 달 만에 조리 빵 매출이 30% 증가했다.

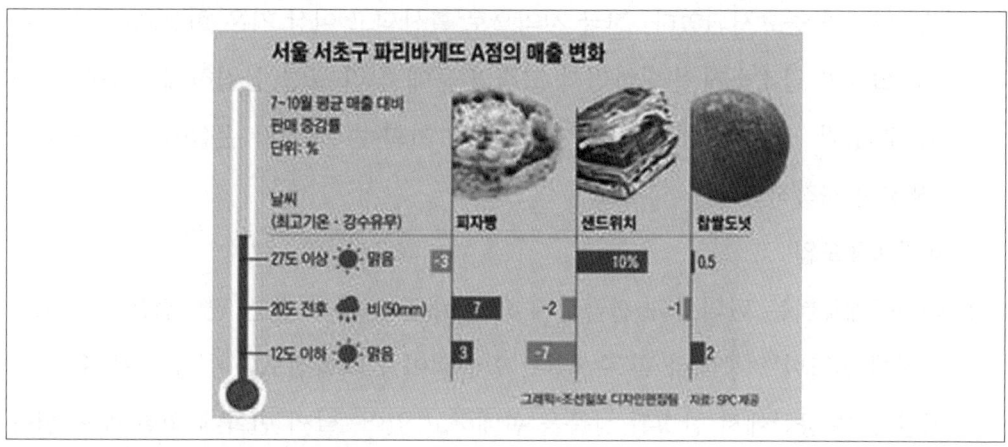

[그림 3] 날씨지수에 따른 제품 판매 현황

③ 효과 및 전망

1) 날씨 정보를 이용하는 기업에 날씨 경영 인증을 해 주고 있으며, 날씨로 인한 위험을 최소화하는 방안을 마련한다.

2) 날씨 판매지수를 활용한 후, 폐기량이 감소하고 음식물 쓰레기가 줄어들어 환경 보호에도 기여할 수 있다.

3) 국내 기상 정보 업체는 16개 정도가 있으며, 날씨 관측 및 분석 기술도 매우 우수하지만 날씨를 경영 및 마케팅에 적극적으로 활용하는 기업은 매우 드문 상황이다.

(3) 편의점 CU(기상 정보의 물류 분야 활용)

① 날씨 정보의 시대별 인식 변화에 따른 빅데이터 도입 배경

  가. 편의점 초기('92~'99)에는 도심지(번화가, 오피스가, 주택가)가 주요 영업 지역이었기 때문에 날씨의 영향보다는 계절지수를 중요시하여 춘하·추동으로 영업전략을 세우고 기상청 자료를 참고로 하여 매출을 극대화하는 데 주력했다.

  나. 편의점 영업 성장기('00~현재)에는 도심지에서 비도심지(공원, 로드사이드 등)로 영업 지역을 확대함으로써 전국 지역에 점포가 분포되어 입지에 따른 일자

별 날씨가 중요시되었다. 전국 지역으로 확산되고 이상 기온 현상으로 일 단위로 날씨가 급격하게 변화하면서 고객의 구매 심리 또한 급격하게 변화하는 시기로 김밥, 도시락 상품의 경우에는 판매 기회 손실/폐기 손실이 과다하게 발생하기 시작하였다.

② 날씨 마케팅 도입

1) 목적구매보다는 편의성과 긴급성에 의한 내점 고객이 많은 편의점은 무엇보다 날씨에 민감한 업종이라 할 수 있다. 할인점이나 백화점보다 취급 품목 수는 적지만 좁은 공간에서 한정된 상품을 판매하고 있어, 날씨 변화에 의한 매출 변동 폭이 타 업체보다 크다. 특히 유통기한이 짧은 패스트푸드와 같이 일,배 상품을 취급하는 비율이 높기 때문에, 날씨 정보를 활용해서 상품을 주문해야 매출을 높일 수 있다. 급변하는 날씨로 인해 고객의 구매 심리 또한 급변하고 있어, 더욱 더 날씨 정보가 수요 예측의 중요한 수단으로 대두하고 있다.

2) 점포에 기상 예보를 보여 주어서 점주가 납품일 날씨를 확인하고, 적절한 수요를 예측하여 주문할 수 있도록 돕는다. 향후 판매 시점에 고객이 원하는 상품이 없거나 또는 상품이 너무 많아서 폐기량이 증가하는 것을 방지하고, 고객이 필요로 하는 최상의 상품을 제공하여 매출 증가 및 고객 만족도를 극대화한다. 또한 날씨 변화에 따라 주문 수량을 조절하는 마케팅으로 판매 기회 상실 및 상품 폐기율이 저하되어 전체 매출 및 이익을 높이는 효과가 있다.

③ 시스템 구축

CU는 2001년 3월 날씨 정보 시스템을 강화하여 차세대 판매 시점관리(POS: Point Of Sale) 시스템으로 개선하였으며 기상 데이터를 행정구역(시, 군, 구, 읍) 단위로 주간 기상정보를 매일 오전 8시와 오후 2시에 받아서 점포 POS 시스템에 일 2회 제공한다. 날씨 정보 제공 범위는 주간 날씨 3일간 4시간 간격의 날씨이며 요소는 날씨 상황, 날씨 경향, 기온, 강수 확률, 강수 지속 시간, 강수량이다.

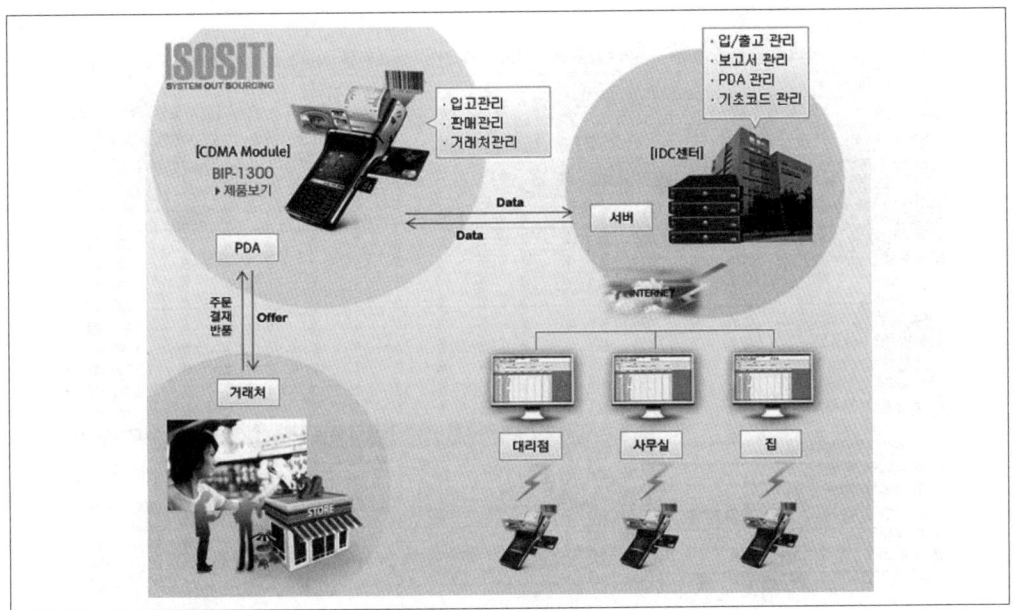

[그림 4] POS DATA 흐름도

④ 추진 내용

3일간의 날씨 경향을 보고 주요 포인트를 활용한다. 맑은 초여름의 오후 유원지에는 건강 음료, 과즙 음료, 아이스크림, 캔 맥주를 찾는 고객이 많기 때문에 오전에 준비하여 매출을 극대화하고, 비가 오는 날에는 패스트푸드, 도시락, 김밥, 샌드위치 등을 축소 발주하고 우산, 제습제 등을 찾는 사람이 많을 것이라 예상된다. 따라서 그날 날씨 예보에 따라 주간 판매 전략을 세운다.

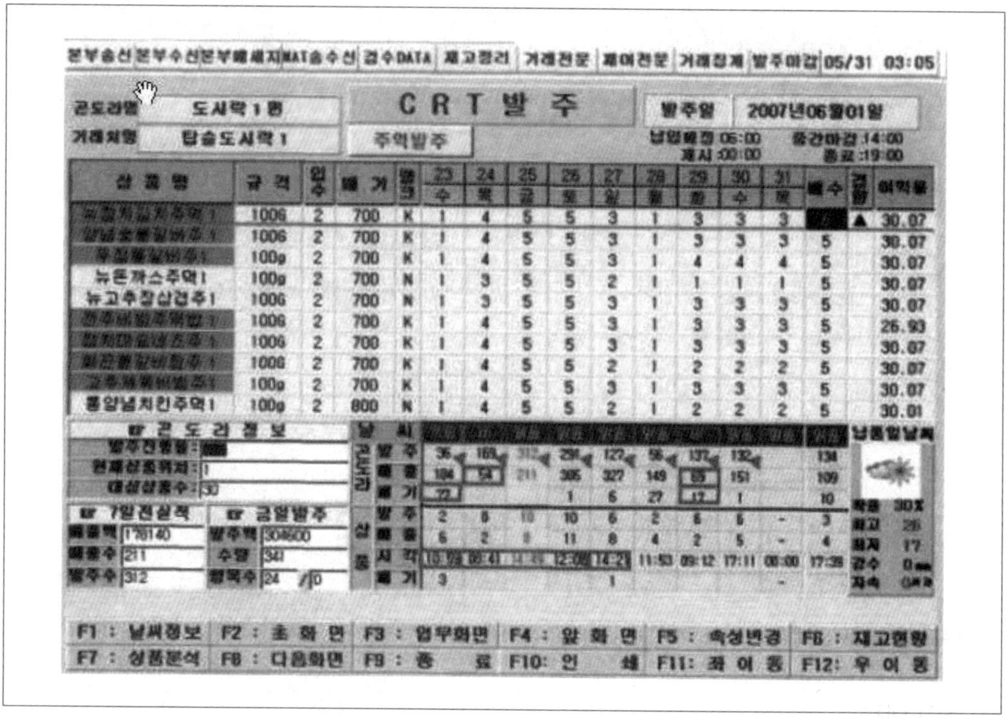

[그림 5] 날씨 예보에 따른 삼각김밥 발주

⑤ 효과 및 전망

CU의 이러한 날씨 경영은 고객이 원하는 상품이 없어서 판매하지 못하는 상황을 방지할 뿐만 아니라, 상품의 폐기 및 재고가 발생하는 것을 사전에 예방할 수 있었다. 또한 날씨 정보를 활용한 노력은 고객들이 원하는 상품을 적절한 곳에 배치함으로써, 매출 증가 및 고객 만족도를 극대화하는 결과를 확인했다.

CVS 유통은 고객에게 안전하고 신선한 먹거리를 제공하기 위해서 김밥 및 도시락류의 상품을 일 3회 주문·제조·배송하여 판매하는 방식으로 발전되었으며 점포에 제공하는 정보 중에서 무엇보다도 날씨 정보가 중요해졌다. 일 2회에서 실시간으로 날씨 정보를 제공하여 정확한 수요를 예측하고 주문을 하는 방식으로 매출 극대화에 중요한 정보로 활용되고 있다.

(4) 현대카드(사용 통계를 기반으로 고객 맞춤 서비스 제공)

① 추진 목적 및 배경

최근 왜곡된 맛집 추천 서비스로 인한 이용자의 불만이 증가하고, 다양한 맛집 추천 서비스가 증가하지만 원하는 식당 선별의 어려움이 발생하고 있다.

다양한 음식 관련 프로그램과 블로그, 레스토랑을 평가하는 스마트폰 애플리케이션의 증가에 따라 맛집을 추천하는 다양한 방법을 제시하고 있지만, 일부 방송 프로그램과 온라인 평가 사이트의 조작 논란이 불거지면서 기존의 후기 및 방송 유무에 따른 평가 방법 등에 대한 문제점 제기되고 있다. 또한 단편적인 이용 후기 또는 일부 전문가의 주관적인 평가에 의해 맛집을 추천하는 것이 일반적인 추천 방식이었으나, 입맛은 주관적 느낌이므로 공감대 형성의 어려움이 존재한다.

② 추진 내용

현대카드 가입자의 3개월분 이용 실적 데이터를 분석하여 'MY MENU' 앱을 개발하였다. 외식업계의 별점이나 블로거의 평가가 아닌 실제 카드 사용 데이터를 기반으로 한 외식 가이드 서비스를 제공한다.

1) 'MY MENU'라는 맛집 추천 서비스 제공

　카드를 사용한 고객들의 이용 실적 및 정보를 통해 이용자에 맞춘 식당을 선별하고, 고객의 성별, 연령, 직업, 재방문률 등의 항목을 세분화하여 파악한 정보에 리뷰를 더하여 이용자에게 맞는 맛집을 추천하는 서비스를 제공한다. 재방문률을 동일 업종 평균과 비교하여 보여 줌으로써, 단골이 많은 식당인지 아닌지 구별할 수 있다.

2) 지역에 따라 무료 메뉴 증정이나 할인 쿠폰에 대한 이벤트 정보도 함께 제공한다.

3) 서울, 부산 등 주요 상권의 맛집 순위, 스마트폰의 위치 정보를 활용하여 반경 150m~2,000m 안에 있는 외식 가맹점에 대한 순위 등 분류된 데이터를 분석하여 1,000여 곳의 추천 맛집을 제공하며 요리 종류와 테마, 고객군 등에 따라 다

[그림 6] 현대카드 마이 메뉴 서비스

양하게 활용할 수 있다.

③ 효과 및 전망

기존의 이용 후기나 전문가의 평가에 의존하는 주관적인 맛집 추천 방식에서 다양한 데이터를 기반으로 하는 객관적인 정보를 제공함으로써 고객으로부터 신뢰를 확보할 수 있으며 다양한 카드 활용 정보를 같이 제공하여 카드 사용 증가 효과로 연계할 수 있다.

(5) 현대자동차(차량에서 발생하는 데이터 분석을 통한 맞춤형 정보 제공)

① 추진 목적 및 배경

자동차 구매 기준이 우수한 엔진 성능에서 친환경/안전/커넥티드(Connected)로 변화하고 있다.

1) 자동차 기술과 다른 분야의 지식을 결합한 서비스 제공 필요

스마트카 개발에 있어서 클라우드 등을 활용한 정보통신 기술의 중요성이 강조되고 있고, 자동차에서 생산되는 데이터를 종합하여 중앙 센서에 모은 다음, 각 차량에 전송함으로써 정보 활용이 용이하다. 자동차와 클라우드 서비스를 결합

한 카쉐어링이나 위치 찾기가 가능해지며 자동차 보험료를 책정하면서 주행자의 주행 안전성을 판단하고 근거 자료로 활용이 가능하다.

2) 전기차 등 친환경 자동차에 대한 기술 개발

그린 모빌리티(Green mobility)를 실현할 수 있는 자동차 모델로 플러그 하이브리드 차량, 클린 디젤 차량, 순수 전기차와 수소연료 전지를 이용한 차량으로 구분할 수 있다. 플러그인 하이브리드 차량은 가격이 비싸고 충전 인프라가 제한되어 있기 때문에, 자동차를 사용하면서 전기를 재활용하거나 평상시 충전할 수 있는 기술에 대한 개발이 요구된다.

② 추진 내용

현대 자동차의 인포테인먼트 시스템 '블루링크(BlueLink)'

1) 차세대 IT 기술인 '블루링크' 지원 멀티미디어를 장착한 자동차를 출시하여 스마트하게 차량을 제어할 수 있는 환경을 제공한다.

추운 겨울이나 무더운 여름에 가정이나 사무실에서도 스마트폰의 원격 시동 장치를 이용하여 에어컨 또는 히터를 제어할 수 있고, 주차 위치가 기억나지 않을 때는 스마트폰을 이용하여 바로 확인할 수 있으며 차 문이 잠겨있는지 기억이 나지 않을 때는 도어록(Door Lock) 기능을 통해 자동차 잠금이 가능하다.

2) 자동차와 사용자 간의 연결을 통해 안전한 운전을 도와주는 시스템 마련

갑작스러운 사고가 발생했을 경우에는 SOS 버튼만으로 사고 처리 및 구조 지원 요청이 가능하며 차량의 도난 경보가 울리면 휴대폰으로 문자를 전송하여 큰 피해를 방지하고 도난당한 차량의 위치 추적을 통해 더 빠르게 찾을 수 있다. 또한 네이버 맵 또는 구글 맵에서 확인한 위치를 자동차로 바로 전송할 수 있다.

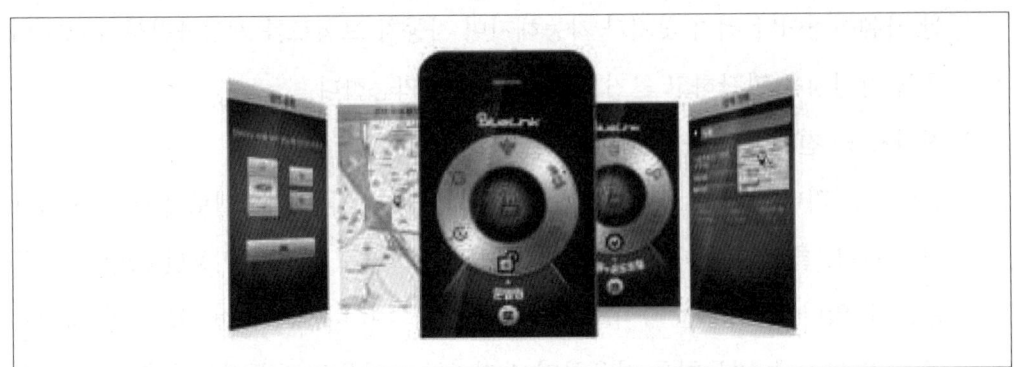

[그림 7] 현대자동차의 블루링크 서비스

③ 효과 및 전망

1) 스마트폰과의 연동으로 자동차의 상태를 지속해서 확인함으로써 사용자가 어디에 있든지 자동차를 효율적으로 관리할 수 있는 환경을 마련하며 안전 보안 및 차량 진단 등의 편의 서비스를 제공하여 더욱 안전하고 스마트한 생활을 지원하고 있다.

2) 자동차에는 수많은 센서와 전자장치 등이 존재하며 이를 위해 포드 사는 자동차가 실시간으로 생산하는 데이터를 분석하여 맞춤형 정보 및 서비스를 제공하기 위한 연구를 하고 있다.

BMW(M파워 메터), GM(온스타), 토요타(G북), 기아자동차(유보) 등 자동차 업체들은 스마트폰을 통해 자동차 홍보, 정보 조회, 차량을 제어하는 서비스 모델을 출시하고 있으며 이를 통해 차량 내 발생하는 속도위반 횟수나 차량 정비 상태, 운전패턴, 연비 효율성 등과 같은 데이터를 전문적으로 분석하여 새로운 맞춤형 서비스 개발에 적극적으로 활용될 것으로 전망된다.

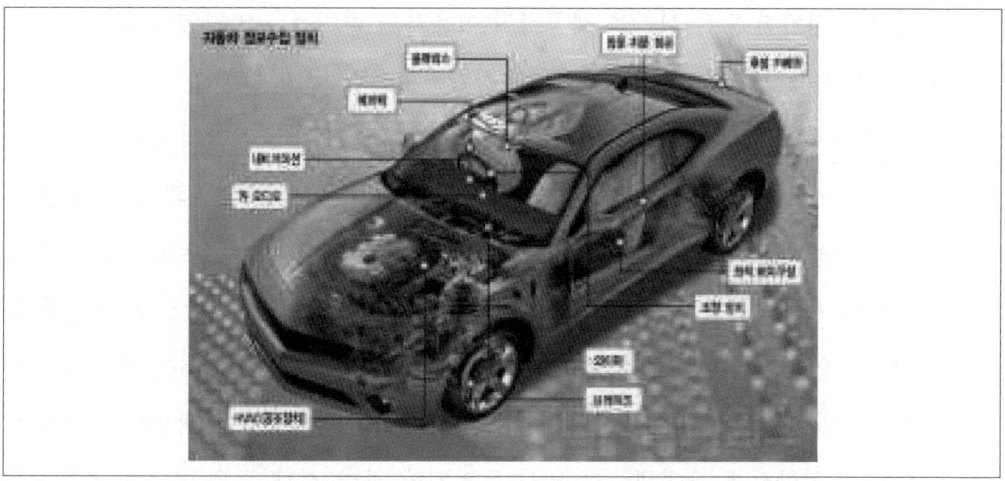

[그림 8] 자동차 정보 수집 장치

(6) SK텔레콤

① 빅데이터로 정확도를 향상시킨 T맵을 통한 실시간 교통 정보 서비스

 1) 추진 목적 및 배경

유무선 통신망과 인터넷에 축적된 데이터를 활용한 데이터 기반 서비스의 경쟁력 확보를 위해 2001년 처음 서비스를 시작한 T맵은 우리나라 대표적인 길 안내 서비스로, 스마트폰의 보급 활성화에 따라 SK텔레콤은 ISF를 통한 개인화 데이터 축적 및 활용을 통한 T맵의 업그레이드를 진행한다.

 2) 추진 내용

• T맵 내비게이션을 통한 실시간 전국 도로의 교통 정보 제공

서버의 슈퍼컴퓨터를 적극적으로 활용하여 최단 거리 및 정확한 도착 시간 제공 T맵 내비게이션을 통해 콜택시, 유류 운반 차량, 고속버스 등에 위성 위치 확인 시스템을 장착하여 실시간으로 전국 도로의 교통 정보를 제공하고 5분 단위로 알려오는 실시간 정보를 활용하여 도착 예상 시간을 예측한다. 지도와 길 안내 프로그램을 기계 속에 설치하는 기존 내비게이션과 달리 T맵은 SK텔레콤 서버의 슈퍼컴퓨터가 실시간 정보를 토대로 목적지까지의 최단 거리를 계

산하고 정확한 도착 시각을 제공하여 이용자의 편의를 고려하였다.

- T맵의 지속적인 업그레이드를 통한 정확도 향상

2012년 11월 T맵 4.0으로 업그레이드를 통해 빅데이터 기반의 정확한 서비스 제공이 가능해졌다. 스트리밍맵을 통해 자동차 길 안내는 기존과 같이 내장 지도를 이용하고 차량용 내비게이션으로 사용하지 않을 때는 스트리밍맵 기술을 사용하여 대중교통 길 안내 정보를 상세화시켜 버스, 지하철, 도보를 합쳐 목적지를 안내한다. 2017년 2월 업그레이드된 T맵 V5.0버전에서는 국토교통부, TBS 교통방송, 경찰청과 협력하여 돌발 상황에 관한 정보를 개선하여 더욱 신속하고 정확하게 안내해주고 우선 목적지와 관련 정보 등을 빠르게 조회·설정할 수 있어 편의성이 강조되었다.

또한 T맵은 가장 빨리 가는 길을 알려 주지만, 무리하게 골목길로 안내한다거나 비싼 유료 도로로 진입하게 하는 것이 아니라 최적 길 안내와 최단 거리, 무료 도로 외에 최소 시간, 고속도로 우선, 일반도로 우선, 초보자 경로 등 7가지 길 안내 방법을 통해 상황에 맞게 빠른 길과 쉬운 길을 안내한다.

타임머신 기능을 통해 도착해야 하는 시간을 입력하면 출발이 가능한 시간과,

[그림 9] 7가지 길 안내 방법

10년간의 축적된 도로 정보를 통한 날짜, 요일, 공휴일 등의 데이터를 분석하여 도착 시각 예측이 가능하다.

3) 효과 및 전망

데이터베이스 관리 시스템을 통한 내부 마케팅으로 활용 가능하며 내·외부 데이터 결합을 통한 수익 모델 확보가 가능하다.

② 클라우드 벰스(BEMS)를 이용한 건물 에너지의 효율적인 관리

1) 추진 목적 및 배경

- 전 세계적으로 친환경과 에너지의 효율적인 사용을 통해 빌딩에 대한 효율적인 관리가 필요하다.

  저탄소 녹색 성장을 위해 대형 빌딩의 에너지의 효율적인 이용이 필요한 상황으로 우리나라 에너지의 해외 의존도가 97%에 달하는 전체 에너지 사용량 중 빌딩 부분이 약 30%를 차지한다. 에너지 사용량은 크게 상업용 빌딩, 주거용 건축물, 산업용 공장, 플랜트로 구분되고 있으며, 선진국으로 갈수록 상업용 빌딩의 에너지 사용 비율이 증대되고 있다. 국내 주요 대도시의 빌딩 에너지 사용량을 줄이고 적절하게 운영할 방안은 에너지 절약 및 녹색 성장과 직결된다.

- 빌딩 설비 노후화로 인한 에너지 효율 저하

  빌딩의 설비는 시간 경과에 따라 성능 유지 및 관리가 필요하다. 오래된 건물일수록 에너지 효율이 떨어질 뿐만 아니라 관리 소홀로 인한 에너지 낭비가 발생하고, 시간이 지나면서 성능이 저하될 뿐만 아니라 고장으로 인해 에너지 사용량이 증가하고 있다.

2) 추진 내용

SK텔레콤을 빌딩 에너지 관리 시스템(Building Energy Management System : BEMS)과 네트워크 운영 센터(NOC)를 결합한 새로운 비즈니스 모델을 개발했다. ICT 기술을 결합한 에너지 절감 모델 개발을 통해 효율적인 빌딩 관리 시스템을

구축한 것이다.

SK텔레콤이 세계 최초로 자체 개발한 클라우드 벰스는 빌딩 안의 에너지 설비를 유·무선 네트워크로 연결해 에너지 사용 추이 및 설비 성능을 실시간으로 수집·분석하고 이를 바탕으로 정확한 에너지 사용량 예측 및 설비 가동을 가능하게 하는 시스템이다.

SK텔레콤은 SK T타워와 SK 남산 그린빌딩, SK텔레콤 미래경영연구원에 NOC-BEMS 구축을 완료하고 에너지 관리 대행 사업을 추진하고 있다. 빌딩 각각에 설치된 있는 빌딩 자동화 시스템(BAS)을 중앙에서 에이전트 방식으로 운영 제어, 전기, 가스, 수도, 냉방, 난방, 조명 등 주요 에너지 사용 정보를 축적하고 시간대, 날짜, 구역별, 사용 내역을 분석하여 최적의 냉난방, 조명 여건 등을 설정이 가능하다. 건물 층별 또는 일정 구역에 속한 특정 디바이스에 대한 설비 용도 및 계통 장비별로 세분화하며 체계적인 에너지 분석 및 절감을 실현하고 있다.

③ 효과 및 전망

1) 에너지 낭비 요소를 최대한 줄이면서 쾌적한 실내 환경 유지 가능

불필요한 에너지를 최대한 절감하는 지능형 빌딩 에너지 관리 시스템이 가능하다. 날씨 및 환경 요건에 맞춘 빌딩 관리를 통해 사용자에게 최적화된 실내 환경을 조성한다. 노후 설비 성능 개선, 전문 전시장 리뉴얼 공사 및 LED 조명 교체 등으로 에너지 절감을 실현하고 있다. 2012년 현대백화점과 제주 한라병원에 클라우드 벰스를 구축한 결과, 해당 사업장의 에너지 효율성이 20% 이상 향상되었다.

2) 전력 원가 개념 도입을 통한 전력 공급원 선택 가능

매시간 변화하는 전력원의 가격을 비교해 가스, 전기, 빙축열 발전 중에서 가장 저렴한 공급원을 선택할 수 있게 함으로써 빌딩 관리 비용 절감이 가능하다.

④ 소셜네트워크에서의 여론 분석을 위한 스마트 인사이트 시스템

1) 추진 내용

기업들이 원하는 키워드를 중심으로 온라인 여론을 분석하여 실시간으로 제공하

는 서비스로 분석 리포트뿐만 아니라 분석 결과와 관련된 기사, 블로그 댓글, 트윗 내용 등을 실시간 전송한다.

주요 포털 뉴스 등 온라인 버즈 분석, 기업의 SNS 계정을 통합 관리하고 지원하는 기능을 통해 SNS상의 최신 핫이슈 등을 분석하며 기업의 평판을 실시간으로 모니터링하여 기업의 대응 전략 마련을 지원한다.

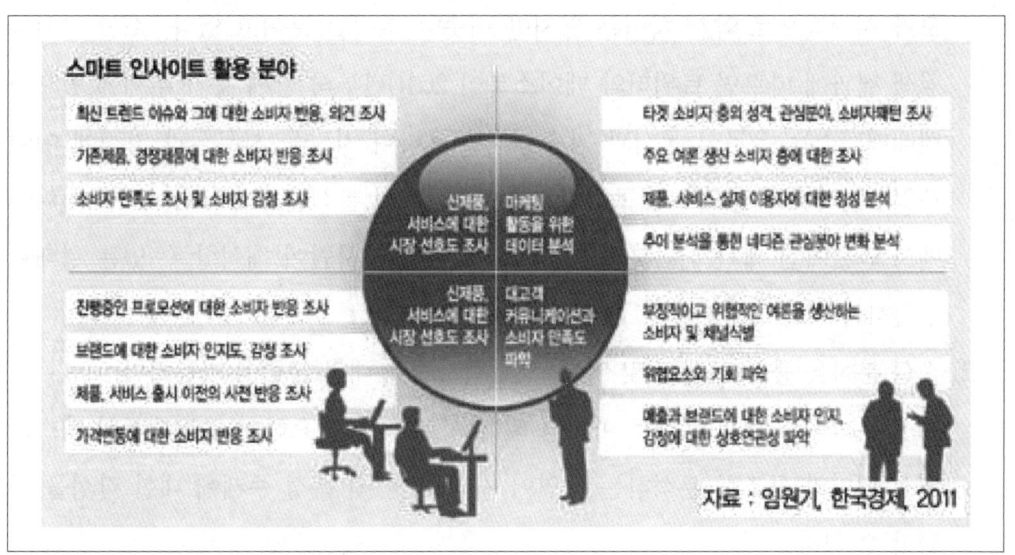

[그림 10] SK텔레콤 스마트 인사이트 활용 분야

2) 효과 및 전망

- 효율적인 기업 홍보 및 마케팅 방법으로 발전

  새로운 제품 출시 시 해당 정보가 어떤 과정으로 고객에게 전달되는지에 대한 실시간 모니터링이 가능하며 잘못된 정보에 대하여 즉각적으로 대처할 수 있는 기반을 마련하고 있다. 최신 트렌드 이슈 및 소비자 반응 조사가 가능하다.

- 마케팅 효과에 대한 정량적인 측정 기준 마련

  진행 중인 프로모션에 대한 소비자 반응 및 효과를 빠르게 조사할 수 있으며, 기존 제품 또는 경쟁 제품에 대한 소비자 만족도 및 감정 조사를 기반으로 새로운 마케팅 방안을 마련할 수 있다.

(7) 다음소프트(소셜 데이터 분석을 통한 사용자들의 심리 및 행동 분석)
① 추진 목적 및 배경
　1) 때와 장소에 구애받지 않고 인터넷에 접속할 수 있으며, 모바일 환경에 최적화된 소셜네트워크 서비스로 인하여 소셜 분석이 가능하다.
　　세계 최대 검색 엔진을 이용해 전 세계 인들이 트위터와 페이스북을 검색하는 규모가 시기적으로 약간 차이는 있지만 비슷한 추이를 보이고 있다. 소셜 분석의 검색 결과에 따르면 트위터와 페이스북이 2010년부터 함께 증가 추세에 있으며 텔레매틱스는 유무선 통신과 방송망을 이용하여 차량을 사무실과 가정에 이어 제3의 인터넷 공간으로 재구성이 가능하다. 소셜 분석은 SNS 또는 소셜 미디어에서 만들어진 메시지를 분석하는 기술을 이용해 사람이 해석할 수 있는 형태로 추출하는 것을 말한다.
　2) 소셜 분석을 통한 트렌드 및 이슈, 영향력자들에 대한 분석이 가능하다.
　　소셜 분석을 위해서 텍스트 마이닝 및 감성 분석이 필요하며 SNS에서의 텍스트에서 의미와 구조를 분석하는 자연어 처리 기술 및 특정 주제에 대한 감성을 분석할 수 있다.
② 추진내용
　1) 이슈 분석
　　관심 키워드·개체명과 관련된 이슈의 발생과 변화를 감지하고 모니터링할 수 있는 이슈 분석 서비스를 제공한다.
　2) 영향력자 분석
　　관심 키워드·개체명과 관련된 버즈를 발생시키는 영향력 있는 사용자를 감지하고 모니터링할 수 있는 사용자 영향력을 분석하는 서비스이다.
　3) 소셜 미디어 계정 분석
　　이용자·기업의 소셜네트워크 계정에 대한 리트윗, 맨션 등의 상호작용을 모니터링하고 대응할 수 있는 계정 분석 서비스를 제공한다. 오랜 연구 개발 경험을 통해 정확도가 높은 단어를 인식하고 단어의 구조를 파악하는 형태소 분석 기술과 문장 내에서 단어 간의 관계를 파악할 수 있는 문장 분석 기술을 보유하며 개체명 사전, 사물과 상황에 대한 주관적 평가에 사용되는 표현과 감성어 사전 등의 방대한 언어 자원을 구축했다.

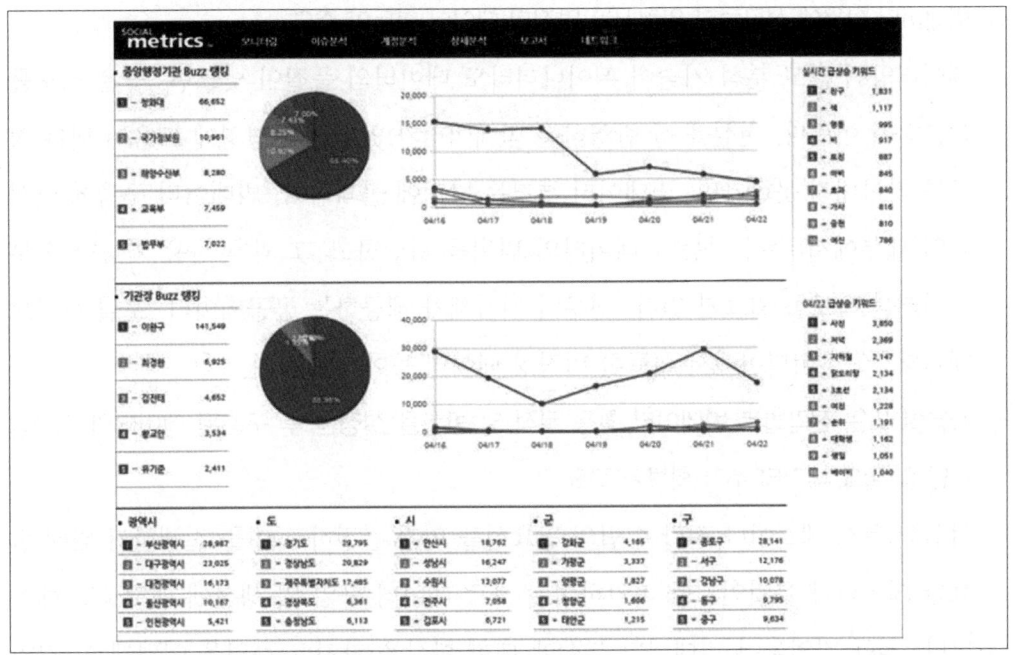

[그림 11] 다음소프트의 SNS 여론 동향 분석의 예

③ 효과 및 전망

한국의 수준 높은 IT 인프라 기술을 이용하여 다양한 소셜 분석을 통해 사용자 중심의 데이터 제공이 가능하며 기업들은 위기 감지, 소비자 반응 분석, 소비자 트렌드 및 행동 연구, 커뮤니케이션의 활동 평가 등에 소셜 미디어의 분석 활용이 가능하다.

3절 | 빅데이터 플랫폼 구축 필요조건과 진화 방향

빅데이터 플랫폼 구축 필요조건

(1) 빅데이터 활용에 대한 전사적 방향 설정

① 빅데이터 활용에 성공하기 위해서는 양질의 데이터 획득이 중요

데이터양이 많고 분석 기술이 뛰어나더라도 데이터의 품질이 낮으면, 좋은 정보를 추출하기 어렵다. 현실을 잘 반영하는 빅데이터가 있더라도 경영에 도움이 되는 정보를 찾아내지 못한다면, 빅데이터 투자는 낭비에 불과하다. 빅데이터 구축에 앞서 기업 내부에서 수집 가능한 데이터의 범위를 확인하고 그 외에 사용 가능한 외부 데이터를 확보할 필요가 있다. 정부와 지자체가 제공하는 공공데이터, 포털 사이트 데이터, 소셜 미디어에서 획득한 비정형 데이터 등이 필요하다.

② 사업별 또는 전략별로 빅데이터 활용 목적 및 방향을 설정한 후 구축된 데이터의 적절성 판단 및 필요 데이터 추가 확보가 필요

사업의 문제 해결이나 전략 수립의 필요성을 먼저 결정하고 이를 진행하기 위해 필요한 데이터가 무엇인지를 파악하여 추가로 데이터 구입 및 생산에 대해 검토해야 한다. 최근 기업들이 빅데이터 분석에 대한 환상을 가지고 무엇을 어떻게 할 것인가에 대한 구상 없이 빅데이터 솔루션 및 인프라부터 도입하는 기술적인 접근을 하는 것에 대한 우려가 제기된다.

③ 확보된 데이터의 필요성과 가치를 중시하는 공감대 형성 필요

사업 진행 중 생산되는 데이터를 단순하게 생각하지 않고 적극적으로 활용하려는 자세가 중요하다. 데이터에 대한 맹신은 금물이지만 데이터가 가진 가치를 존중함으로써 체계적으로 데이터 축적이 가능하다.

④ 각 사업 부서별로 흩어져 있는 데이터들을 전사 차원에서 관리하기 위한 통합 작업 실시

각 부서가 지니고 있는 데이터에 대해서 부서 이기주의로 인해 공유가 쉽게 이루어지지 않는다. 각 부서나 팀이 생성하여 보유하고 있는 데이터들이 사내 영향력의

원천이라 생각해 잘 공유하지 않는다. 담당 부서 또는 담당자의 업무 영역에 맞춰 부분적으로 데이터를 관리하기 때문에 기존 방식에 따라서만 데이터가 관리된다.

(2) 전문 인력과 시스템 구축

정확하고 실용적인 데이터 수집, 정리, 분석은 관련 업종의 숙련된 노하우와 기술이 요구된다. 빅데이터는 기존의 기술로는 처리하기 힘들 정도로 규모가 방대하고 형식이 다양하여 전문화된 IT 지식이 필요하고 또한 빅데이터 분석 기술 자체가 대단히 빠른 속도로 발전하고, 다양한 솔루션들이 빠르게 등장하고 있어 신기술을 적시에 활용하는 것이 중요하다. 그러나 최근 빅데이터에 대한 관심 폭발로 빅데이터 전문가 공급이 수요보다 턱없이 부족하며 현업 실무 지식과 IT 지식을 둘 다 겸비한 데이터 전문가를 구하는 것은 더욱더 어렵다. 따라서 조직 문화와 상황을 잘 알고 있는 내부 인력과 숙련된 데이터 처리 기술을 갖춘 전문 인력으로 구성된 전담 조직이 필요하다.

또한 빅데이터를 구축하고 활용하기 위해서는 하드웨어, 소프트웨어, 관련 서비스 등 전문적인 시스템들이 수반되어야 한다. 방대한 데이터를 저장하기 위한 내·외부 저장 공간과 이를 운영하기 위한 네트워크, 데이터 분석에 필요한 다양한 소프트웨어, 구축된 빅데이터를 활용하기 위한 컨설팅 등의 서비스가 갖춰져야 한다. 빅데이터 시스템 구축에 앞서 데이터양, 처리화 정도, 활용 범위 등을 고려하여 예산을 책정하고, 소요 예산 대비 데이터 구축의 실효성을 반드시 검토할 필요가 있다.

(3) 개인정보 보호 환경 마련

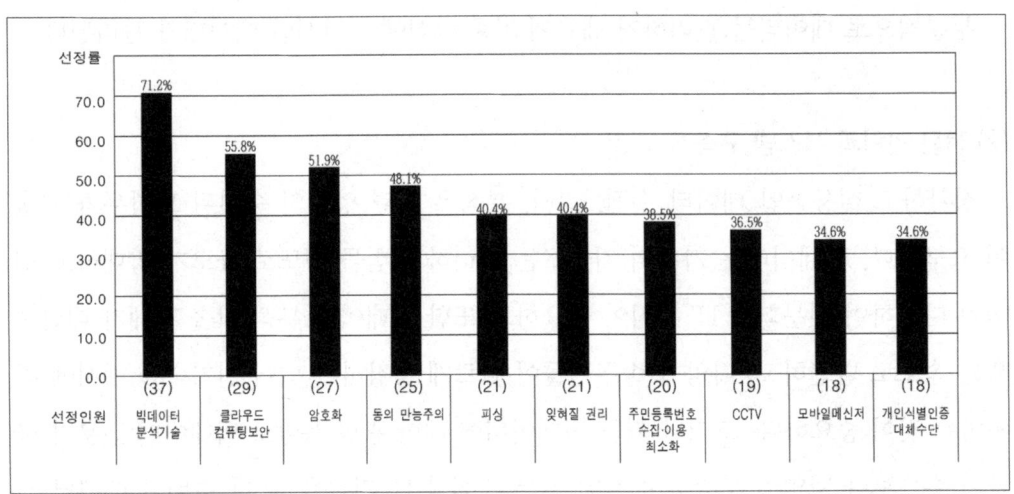

[그림 12] 2013 개인정보 TOP issue 10가지

　정보화 사회에서 생활하는 모든 사람은 공적 또는 사적으로 자의적 또는 타의 적으로 많은 개인정보를 남긴다. 개인정보 피해로 부각되는 점은 다음과 같다.

　첫째, 부적절한 모니터링이다. 인터넷 마케팅 업체들은 쿠키나 접속한 개인의 클릭스트림(Clickstream) 조사 등의 방법을 사용해서 이용자들이 어느 웹사이트를 접속해 얼마나 머무르고 어떤 거래를 하는지를 알아낸다.

　둘째, 부적절한 분석이다. 이용자 등 정보 주체에게 알려주지 않고 그들의 사적인 정보를 분석하는 행위를 말한다. 부적절하게 접근되고 수집된 정보와 모니터링 정보가 분석되면 그것은 당연히 부적절한 분석이 된다. 부적절한 분석을 통해 차별적 서비스나 개인에 대한 통제 강화에 이용할 수 있다.

　셋째, 부적절한 개인정보의 유통이다. 고객에게 알리지 않고 수집한 개인정보를 다른 기업이나 사람에게 넘겨주는 행위가 이에 속한다.

　최근 국가에 의한 개인정보 침해보다는 기업의 개인정보 침해 문제가 글로벌 이슈로 부각되고 있다. 개인정보 보호 문제는 국가와 국민 간의 이해 충돌보다는 세계적 기업에 의한 침해 문제가 더 크다. 정보 공개와 실시간 정보 전달 · 공유를 특징으로 하는 스마트폰의 확산과 활용이 일상화됨에 따라 개인정보 유출의 위험성이 더 커지고 있다. 일반 전화와 달리 스마트폰은 이메일 계정, 개인 스케줄, 대화 내용, 신용카드 등의 금융정보와 같은 방대한 정보가 들어 있다. 스마트폰을 분실하거나 해킹을 당할 경우를 가정하면 잠재적 위험은 더 크며, 개인의 피해도 적지 않다.

하지만 스마트폰 사용의 일상화는 개인정보 유출 문제가 아니라 자발적인 개인정보 공개와 남겨지는 디지털 흔적, 그리고 세계적 기업의 개인정보 수집의 부작용 등에 대한 논란은 여전히 없어지지 않고 있다.

① 개인정보 유출 및 활용과 관련하여 리스크를 최소화 할 수 있는 명확한 내부 가이드라인 마련

스마트폰, 소셜 미디어를 기반으로 개인의 위치 정보를 포함한 다양한 정보들이 수집 및 공유되면서 손해배상 등의 소송이 발생하여 개인정보보호 이슈가 퍼지고 있다. 고객정보 수집 및 활용에 앞서 정보 제공의 권한 및 책임 문제와 소유권, 개인정보 보호, 내부정보 유출, 보안 등에 관한 내부 가이드라인 및 데이터 표준화가 필요하다. 또한, 고객들이 공감할 수 있는 사회적 합의점도 찾아야 한다. 개인의 프라이버시는 충분히 보호하면서 빅데이터 활용을 통해 생활의 편익을 증진할 수 있다는 공감대 형성 및 확대가 필요하다.

② 개인정보 침해를 최소화할 수 있는 데이터 활용 방안 연구

수집된 데이터를 익명화된 집합적 데이터로 변환하여 사용할 경우에는 개개인의 정보 유출 문제를 어느 정도 줄일 수 있다. 개인정보 활용에 따른 빅데이터 수집 및 분석의 필요성을 홍보하고, 안전장치가 확립된 영역부터 시범적으로 실시할 필요가 있다.

(4) 빅데이터 활용의 한계 인식

① 빅데이터가 데이터 마이닝이 지닌 한계를 극복하지 못하고 생기는 투자 효율성에 대한 우려 존재

빅데이터를 활용하여 높은 마케팅 투자 수익을 달성한 기업은 소수이다. IDC(International Data Corporation)에 따르면 방대한 데이터 중 0.5%만이 분석되고 있으며, 의미 있는 데이터를 추출해서 비즈니스에 이용하는 기업은 일부에 불과하다고 한다.

데이터를 통합하는 작업은 쉽지만, 특정 현상에 대한 원인 변수를 밝혀내는 일은 여전히 어려우며, 고객 행동을 예측하는 기법도 고도화되지 못한 상태이다. 기업이 보유한 기존 데이터에 비정형 데이터가 결합하더라도 시장의 트렌드와 고객의 행동을 예측하는 일은 수월하지 않다는 의견이 지배적이다.

② 객관성이 부족한 비정형 데이터에 대한 해석의 한계가 잘못된 의사결정을 유도할 수 있음을 명시

빅데이터의 많은 부분을 차지하는 비정형 데이터는 객관성이 부족하며 진의를 파악하기 어려워 왜곡된 정보를 제공할 가능성이 있다. 분석 기법이 발달하더라도 그 분석 기법 또한 인간이 만든 것이므로, 데이터 해석 과정에서 오류가 발생할 수 있다. 따라서 의사 결정 과정에서 비정형 데이터를 맹신하는 것은 위험하므로, 정형 데이터와 의사결정자의 직관이 수반되어야 한다.

빅데이터 플랫폼의 진화 방향

하둡(Hadoop) 프로젝트의 창시자인 더그 커팅(Doug Cutting)은 한 콘퍼런스에서 다음과 같이 말했다.

"구글이 우리에게 방향을 제시했다. 구글은 그들의 GFS(Google File System)와 MapReduce 논문을 발표하기 시작했고, 우리는 재빠르게 그것을 하둡(Hadoop) 프로젝트에 복제했다. 몇 년 동안 구글은 오픈소스 진영에 영감을 준 많은 방법들을 발표

했다."

구글이 자신의 플랫폼 노하우를 논문으로 발표하고, 이를 더그 커팅이 오픈소스로 개발함으로써 하둡(Hadoop) 프로젝트가 시작되었다. 구글의 영감은 하둡(Hadoop)을 비롯한 현재와 미래의 빅데이터 플랫폼 기술이 전반에 지속적인 영향을 끼치고 있다. 한마디로 구글은 빅데이터 플랫폼의 청사진인 셈이다.

다음 표는 구글이 발표한 논문과 이를 구현한 오픈소스 프로젝트를 비교한 표이다.

구 분	구글 논문	하둡(Hadoop)과 에코시스템	설 명
파일 시스템	2003년 GFS	2006년 HDFS	분산 파일 시스템
	2010년 Colossus		GFS 단점 보완
데이터 처리	2004년 MapReduce	2006년 – MapReduce	분산 병렬처리
	2005년 Sawzall	2008년 Pig, Hive	빅데이터 쿼리(일괄처리)
	2009년 Pregel	2013년 Giraph	대규모 그래프 데이터 처리
	2010년 Dremel	2013년 Drill, Impala	실시간 빅데이터 쿼리
데이터베이스	2006년 BigTable	2008년 HBase	Schemaless NoSQL DB
	2012년 Spanner	–	빅데이터 트랜잭션 처리
서버 관리	2006년 Chubby	2008년 Zookeeper	서버 록(Lock) 서비스

[표 4] 구글 논문과 하둡(Hadoop) 관련 오픈소스 비교

(1) 실시간 빅데이터 처리

기존 맵 리듀스(MapReduce)의 일괄처리 방식이 아니라, 온라인으로 연결된 상태에서 빅데이터 처리 요청과 응답을 즉각 주고받을 수 있는 실시간 처리 기술이 발전할 것이다. 이것은 반구조화(Semi-Structured)된 빅데이터를 칼럼 테이블 형태로 저장하고, 분산 병렬 SQL 쿼리를 실행함으로써 가능하다. 구글의 드레멜(Dremel), 오픈소스로는 클라우데라(Cloudera)의 임팔라(Impala), 아파치 재단의 드릴(Drill)이 대표적 구현물이다.

(2) 다양한 분산 병렬 처리 방법 제공

맵 리듀스(MapReduce)는 분할, 병렬 처리와 그 결과의 합산 방식이기 때문에 꼭지점(Vertex)과 선(Edge)을 처리하는 그래프 연산과 조건을 충족할 때까지 특정 데이터 처리를 반복하는 순환 연산에 비효율적이다. 이는 정확히 하둡(Hadoop)의 한계라기보다는(MapReduce) 라는 프로그래밍 모델의 한계다. 하둡(Hadoop)과 하둡(Hadoop)을 기반으로 하는 빅데이터 플랫폼은 기존 맵 리듀스(MapReduce)와 함께 그래프 연산과 MPI(Message Passing Interface) 등 다양한 데이터 처리 라이브러리도 지원하도록 보편적 분산 병렬 프레임워크로 진화하고 있다.

(3) 관계형 데이터 모델과 대규모 업무 트랜잭션 제공

관계형 데이터베이스에 NoSQL(Not only SQL) 확장성과 고성능 기능을 부여하여 빅데이터를 저장하고, 트랜잭션 및 SQL 처리가 가능하도록 빅데이터 플랫폼이 진화하고 있다.

기존 빅데이터 플랫폼에서 주요하게 채용된 NoSQL은 분산 처리와 확장성이 뛰어나지만, 스키마와 관계형 데이터 모델이 지원되지 않는다. 이를 보완하여 일반적 목적의 트랜잭션 처리나 관계형 데이터 모델이 가능하면서도 빅데이터를 처리할 수 있도록 보완한 NewSQL이 등장했다.

(4) 파일 관리 효율화

작은 파일들의 저장은 파일 정보를 관리하기 위한 메모리 공간 낭비를 초래하기 때문에 비효율적이다. 그리고 작은 파일이든 큰 파일이든 하둡(Hadoop)이 3개의 파일 복사본을 유지하는 것도 비효율적이다. 그래서 향후의 빅데이터 기술은 이러한 낭비를 줄이는 방향으로 발전하고 있다. 저장 파일 정보를 분산 해시 테이블(Distributed Hash Table)로 관리하면 작은 파일도 메모리 공간 낭비 없이 저장할 수 있으며 원본 복구가 가능한 알고리즘을 활용하여 데이터 복구 정보를 관리한다면 기존 대비 절반 정도의 저장 공간을 절약할 수 있다.

4절 | 빅데이터 역기능과 정보 보안

빅데이터의 역기능, 정보 보안 위협

앞서 살펴본 것처럼 빅데이터는 잘 활용만 한다면 비용 절감, 미래에 대한 대처, 삶의 질 향상 등 유용한 기능을 제공한다. 하지만 그 과정에서 다양한 경로를 통해 생성·수집되는 많은 양의 데이터들은 치명적인 보안 위협에 노출될 수 있다. 또한 빅데이터는 상당 부분 개인 단말을 통해 생성·수집되는데 이때 의도치 않게 개인 정보가 노출되거나 개인 데이터가 무분별하게 상업적으로 이용되기도 한다.

게다가 빅데이터는 그 특성상 굉장히 다양하고 세밀한 정보까지 담고 있기 때문에 해킹으로 인한 정보 유출 시 그 피해가 매우 심각해질 수 있다. 예를 들어 GPS 정보를 이용하면 이용자의 현재 위치는 물론이고 이동 경로, 목적지 등도 알 수 있기 때문에 이러한 정보들이 악용되면 그 파급력은 훨씬 심각해질 수밖에 없다. 이미 개인 정보나 SNS 정보, 온라인 결제 및 GPS 정보, 블로그 등을 분석하여 범죄에 악용되는 사례가 여러 차례 미디어를 통해 전해졌다.

정보 보안 이슈 및 대책

빅데이터는 대규모 데이터를 안정적으로 수집, 저장, 처리하기 위해 대부분 분산 처리 및 병렬 처리 방식을 취한다. 이 과정은 첫째, 여러 소스를 통해 생산되는 데이터를 수집하는 과정, 둘째, 분산처리 및 병렬처리를 위해 데이터의 분산 저장 및 운영 과정, 셋째, 데이터 분석 및 2차 데이터 생성을 통해 서비스로 재사용되는 과정으로 나눠볼 수 있다.

(1) 빅데이터 생성 및 수집 구간

다양한 경로를 통해 생성·수집되는 많은 양의 데이터들은 곧 다양한 경로의 보안 위협에 노출될 수 있음을 의미한다. 최근 장시간에 걸쳐 목적을 가지고 공격하는 지능형 지속 위협(APT : Advanced Persistent Threat) 등이 발생하면서 빅데이터 생성 및 수집 과정에서 데이터 신뢰성(Confidentiality) 및 무결성(Integrity)에 대한 우려가 커지고 있다. 이를 해결하기 위해 여러 연구가 진행되고 있으며 전자 서명, 다양한 필터링 기법, 스팸 메일 방지, 피싱방지 기술 등이 적용되고 있다.

빅데이터는 상당수가 개인 단말을 통해 수집되므로, 이때 개인 프라이버시 침해가 일어날 수 있다. 따라서 빅데이터 수집 시 프라이버시를 고려하여 최소한의 개인정보만을 수집할 방법에 대한 연구가 필요하다. 이외에도 생성된 데이터의 소유와 관련하여 법적 분쟁이 발생할 수 있으므로 이에 대한 대책도 준비되어야 한다.

(2) 빅데이터 저장 및 운영 구간

빅데이터가 생성되어 저장·분석 과정을 거친 후 서비스로 제공되기까지 과정 중 가장 보안에 취약한 구간이 바로 저장 및 운영 구간이다. 외부로부터의 공격뿐만 아니라 내부로부터의 위협에도 노출될 수 있기 때문이다. 따라서 인가된 사용자를 식별하기 위한 사용자 인증은 필수 보안 요소라 할 수 있다. 최근 클라우드 컴퓨팅 환경에서 시스템마다 반복적으로 인증을 실시하거나 인증을 위한 식별 정보의 중복 저장과 같은 문제를 막기 위해 SSO(Single Sign-On), SAML(Security Assertion Markup Language)과 같은 사용자 중심의 인증 방식이 사용되고 있으므로 빅데이터 접근 시에도 활용될 수 있을 것이다.

데이터 운영의 안전성을 보장하기 위해 접근 제어(AC) 및 침입 차단 시스템(IDS), 침입 탐지 시스템(IPS), 방화벽 등 네트워크 보안 및 웹 보안을 구축할 필요도 있다. 분산, 병렬 처리되는 클라우드 컴퓨팅의 특성상 주로 웹 기반 인터페이스를 통해 데이터가 전송되므로 SSL/TLS 기반의 https 등의 활용과 알려진 공격 이외의 공격까지 탐지하기 위해 애플리케이션 단위의 트래픽 탐지가 가능한 침입 차단 시스템이 개발되어야 한다.

또한 데이터의 기밀성을 확보하기 위해 데이터는 반드시 암호화 처리되어야 한다.

고의적인 내부 공격이나 외부 공격을 통해 데이터가 노출되더라도 암호를 해독하지 않는 이상 원본 데이터를 얻을 수 없도록 하면, 그만큼 노출에 대한 위험을 낮출 수 있다. 하지만 모든 데이터를 암호화하는 데는 많은 시간과 자원이 요구되므로 보안 정책 및 데이터의 중요성에 따라 차별적으로 적용할 필요가 있다.

데이터의 가용성 및 복구에 대한 대책도 있어야 한다. 실시간으로 대량 생산되는 데이터를 처리하기 위해 분산된 시스템을 이용하는 빅데이터의 저장과 운영에 있어 인가된 사용자는 언제든지 원하는 데이터에 접근할 수 있어야 한다. 특히 기업 입장에서는 데이터 접근 곤란으로 서비스 중단 등의 사태가 벌어질 경우 기업 이익이나 이미지가 크게 훼손될 수 있다. 따라서 재해나 물리적 침입으로부터 안전하게 서비스가 지속할 수 있도록 백업 및 복구에 대한 물리적 보안도 제공되어야 한다.

(3) 빅데이터 분석 및 2차 활용 구간

모여진 많은 양의 데이터를 각각의 필요와 요구에 따라 분석하는 일은 빅데이터 서비스를 위해 반드시 필요한 과정이다. 이 과정에서 암호화 등을 통해 데이터의 기밀성과 익명화 과정을 거쳤다면, 반대로 사용자가 원하는 데이터를 추출하기 위해서는 데이터의 복호화 등 데이터 복구 과정이 있어야 한다.

따라서 빅데이터 분석 및 2차 활용 과정에서도 프라이버시 침해 및 데이터의 기밀성 노출 위험이 존재한다. 2차 데이터 생성 시 반드시 프라이버시 보호를 위해 익명화 및 암호화 기법 등이 도입되어야 한다. 다만 여기서도 모든 데이터 분석을 위해 암호화·복호화 작업을 하는 것은 상당히 비효율적일 수 있다. 이에 최근 암호화된 상태에서도 키워드를 통한 검색을 가능케 하는 키워드기반 검색기법(Keyword Search), 프라이버시를 보호하면서 데이터를 분석하는 PPDM(Privacy Preserving Data Mining) 기법 등이 연구되고 있다.

또한 클라우드 형태로 분산·병렬 운영되는 데이터 웨어하우스로부터 정책을 결정하거나 분석 결과를 통해 서비스를 제공받는 사용자의 입장에서 데이터의 무결성 및 가용성은 반드시 고려되어야 하는 중요한 요소이다. 따라서 빅데이터 자체에 대한 신뢰성 및 가용성 확보를 위해 산업별, 기업별 주요 데이터에 대한 별도의 보안 기법 적용 및 위험 관리가 필요하다. 이 밖에도 분석 및 처리 과정을 통해 얻은 2차 생성 데이터의 소유에 관한 이슈가 있다.

현재 우리 사회는 스마트폰이 대중화되고, 생활 전반에 걸쳐 다양한 데이터 생산 디바이스들이 출현하면서 트래픽도 급증하고 있다. 데이터의 크기와 형태가 다양하고 증가 속도가 가파른 이른바 '빅데이터 시대'에 놓여 있는 것이다. 또한 기업들은 빅데이터 분석을 통해 기업 경영 개선과 새로운 시장 창출을 노리고 있고, 정부 역시 빅데이터를 활용하여 다양한 시스템 효율화를 도모하고 있다.

하지만 이에 수반되는 역기능도 만만치 않다. 우리가 인터넷 검색, 소셜네트워크서비스(SNS), 위치 기반 서비스 등을 이용할 때마다 각종 개인의 프라이버시가 포함된 정보가 무차별적, 실시간적으로 생성되고 수집되어 커다란 위협으로 돌아올 수 있기 때문이다. 단적인 예로 SNS의 경우, 다양한 이점이 존재하는 훌륭한 서비스지만 사용자들은 자신이 올린 수많은 개인 정보로 인해 오히려 프라이버시 침해 위험에 노출되곤 한다. 그리고 이러한 프라이버시 문제는 새로운 정보 기술의 지속적 사용 의지를 저해하는 요인으로 작용할 수 있다. 따라서 앞서 지적했던 여러 문제점들을 분석하고 이에 대응하기 위한 기술을 개발하여, 빅데이터를 기반으로 하는 서비스가 보다 안전하게 보급될 수 있도록 노력해야 할 것이다.

연습문제

01 텍스트 마이닝 기술에 대해서 설명하시오.

02 오피니언 마이닝 기술에 대해서 설명하시오.

03 소셜네트워크 분석(SNA)에 대해서 설명하시오.

04 군집 분석에 대해서 설명하시오.

05 텍스트 빅데이터의 역기능에 대해서 설명하시오.

06 마이닝의 분류로 적합하지 않은 것은?
① 군집화(Clustering)
② 분류화(Classification)
③ 요약(Summarization)
④ 강조(Emphasis)

07 다음 오피니언 마이닝에 대한 설명 중 잘못된 것은?
① 오피니언 마이닝은 소셜미디어 등의 정형·비정형 텍스트의 긍정, 부정, 중립의 선호도를 판별하는 기술이다.
② 오피니언 마이닝은 블로그 등의 텍스트 주제를 판단하는 기술이다.
③ 오피니언 마이닝은 텍스트의 주관성 분석, 극성 분석, 극성의 정도 분석으로 나뉘어 연구되고 있다.
④ 극성 분석은 주어진 텍스트가 주관적인 의견을 갖고 있을 경우 긍정인지 부정인지 분류하는 연구이다.

08 다음 군립분석에 대한 설명 중 잘못된 것은?

① 군집 분석은 응답자 또는 상품 등과 같은 대상들 그들이 가진 특성에 기초해서 유사한 성질의 대상들을 동일한 집단으로 분류하는 기법이다.
② 군집 분석의 주요 목적은 대상들의 유사성을 근거해서 특수한 특성을 지닌 두 개 또는 그 이상의 군집으로 분류하는 것이다.
③ 군집 추출 방법에는 계층적 군집화 방법과 비계층적 군집화 방법 등 두 가지가 있다.
④ 군집 분석은 표본의 수가 큰 경우에 적합하다.

09 다음 빅데이터 플랫폼 구축 필요조건 중 잘못된 것은?

① 빅데이터 활용에 성공하기 위해서는 양질의 데이터 획득이 중요하다.
② 사업별 또는 전략별로 빅데이터 활용 목적 및 방향을 설정한 후 구축된 데이터의 적절성 판단 및 필요 데이터 추가 확보가 필요하다.
③ 확보된 데이터의 필요성과 가치를 중시하는 공감대 형성이 필요하다.
④ 각 사업부서별로 흩어져 있는 데이터들을 전사 차원에서 관리하기 위한 분산 작업을 실시한다.

10 빅데이터의 역기능에 대한 설명으로 잘못 설명한 것은?

① 빅데이터 수집 시 개인 정보가 노출되거나 개인 데이터가 무분별하게 상업적으로 이용될 수 있다.
② 빅데이터 수집 시 프라이버시를 고려하여 최소한의 개인정보만을 수집할 수 있는 방법에 대한 연구가 필요하다.
③ 데이터 운영의 안전성을 보장하기 위해 접근제어(AC) 및 침입 차단시스템(IDS), 침입 탐지시스템(IPS), 방화벽 등 네트워크 보안 및 웹 보안을 구축할 필요도 있다.
④ 모든 빅데이터 분석을 위해 암호화·복호화 작업을 하는 것은 필요하다.

빅데이터 국가별 정책

1. 빅데이터의 국가별 정책을 이해하고 한국의 정보화 정책 현황을 학습한다.
2. 미국, 일본, 영국, 호주, 유럽연합의 빅데이터 추진 전략은 각 지역의 특징을 가지면서도 빅데이터 전략을 미래의 핵심적 국가 과제로 삼고 있음을 이해한다.

1절 | 빅데이터 국가별 정책 _ 한국

　주요 해외 정부는 빅데이터 시장 활성화를 위한 공공정보 공개, 빅데이터 기반 공공서비스 제공 등 다양한 사업을 추진하고 있다. 세계적 기업 중심으로 빅데이터 시장을 주도하고 있으며, Ford는 차량에 설치된 센서를 통해 운전자의 주행 습관뿐만 아니라 주행 환경에 대한 데이터를 수집한다. 수집된 빅데이터를 분석해 고객의 숨은 요구를 찾아내 신제품에 반영하고 있으며 Zara는 빅데이터 분석을 통해 현재 유행하는 패션 트렌드를 즉각 반영한 다품종 소량 생산전략을 통해 급성장하였으며 상품 수요의 예측, 매장별 적정재고 산출, 상품별 가격 그리고 운송계획까지 모두 실시간으로 수집되는 빅데이터 분석을 통해 의사결정을 내리고 있다.

한국의 정보화 정책 현황

　중소기업의 정보화 활용 패러다임을 살펴보면 그간 중소기업의 정보화 활용 목적은 생산성 향상에 치중하였으며 정부의 정책지원 방향도 정보화 확산에 의한 대·중·소기업 간 정보 격차 해소에 치중하였다. 국내의 경우를 살펴보면 국민권익위원회의 민원정보 분석 시스템을 통한 국민과 정부의 소통 활성화, 한국도로공사의 고객 대응 시스템, 통계청의 임금 근로 일자리 통계로 일자리 현황 파악 지원, SK텔레콤의 소셜네트워크에서의 여론 분석을 위한 스마트 인사이트 시스템 등과 같이 다양한 주체가 다양하게 추진하고 있는 것을 확인할 수 있다.

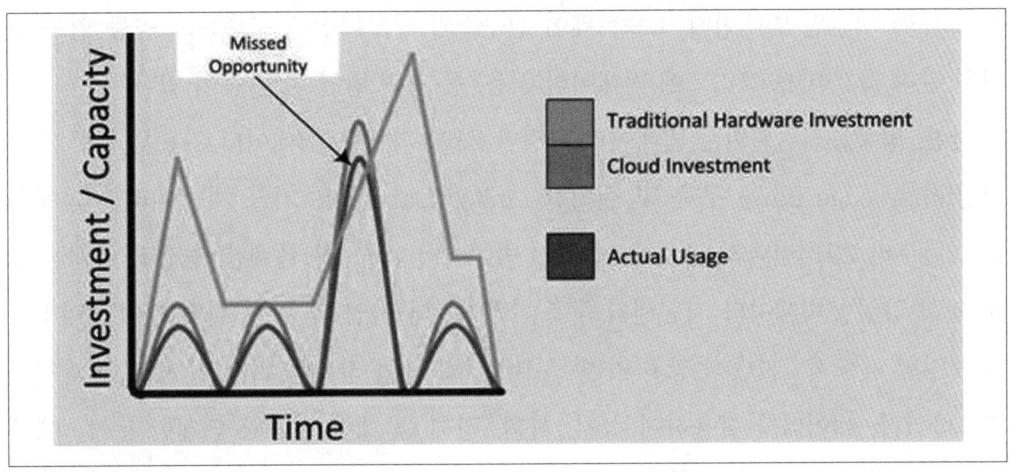

[그림 1] 클라우드를 활용한 빅데이터 효용성 증대
출처 : Austrian Government(2013, 3)

  2011년 11월 대통령 소속 국가정보화전략위원회가 중심이 되어 '빅데이터를 활용한 스마트 정부 구현(안)'을 마련하고 본격적으로 추진하였다. 정부가 빅데이터 활용과 인프라 기반 조성을 선도적으로 추진하기 위한 빅데이터 활용 추진단을 신설하여 빅데이터 경쟁력 함양을 위한 국가적, 사회적 기반을 정비하며, 산·학·연 협력을 통한 원천기술 개발로 빅데이터 핵심 기반을 확보하기로 한 것이다.

  추진 역량을 강화하기 위해서는 범정부적 데이터 연계 통합, 정부·민간 융합 추진, 공공데이터 진단 체계 마련의 과제가 있으며 핵심 기반을 확보하기 위한 과제로서는 법과 제도 개선, 분석 인력 양성 및 재교육, 개인 정보 익명성 보장 등이 있다. 이러한 정부의 노력으로 다양한 분야에 공공 서비스의 질이 향상될 것으로 기대된다. 또한 빅데이터와 관련한 추진 역량과 핵심 기반을 확보함으로써 기술 수준이 향상되고 빅데이터의 활용이 다각화될 수 있는 토대가 형성될 것으로 보인다.

  한국전자통신연구원(ETRI)은 2012년 1월 1일 빅데이터 소프트웨어 연구소를 개설했다. 약 200명의 연구 인력이 소속되어 있으며 음성언어 연구부, 차세대 컴퓨팅 연구부로 세분화하였다. 주요 추진내용으로는 'Foresight-Insight-Action' 기능의 플랫폼화, 타 산업과 융합할 수 있는 빅데이터 소프트웨어 기술 창출, IBM의 미국 알마덴 연구소 내에 신설된 빅데이터 소프트웨어 연구소와 파트너십을 구축하고 공동 연구(수자원 관리 및 스마트 그리드에 빅데이터 적용) 등 협력 방안 마련 등이 있다.

한편, 방송통신위원회는 빅데이터 관련한 R&D 과제로 '빅데이터 활용을 위한 지식자산(knowledge Base) 구축 및 실시간 Linked Data 응용 기술 개발'이라는 과제를 2012년부터 2014년까지 추진하였으며, '빅데이터 기술 및 플랫폼 경쟁력 강화', '전문 인력 양성', '빅데이터 지원센터 구축', '빅데이터 산업 및 활용 실태 파악', '익명성을 보장할 제도적·기술적 장치 마련', '서비스 및 산업 진흥을 위한 법 제도'의 과제를 발표하였다. 데이터를 활용하여 정치, 사회, 경제 등 제반 이슈와 연계한 분석·예측의 중요성이 확대되고 구글 등 글로벌 선진기업들이 웹사이트 방문 기록, 검색 통계, 소셜 미디어 기록 등 빅데이터 분석을 활용한 새로운 비즈니스 모델에 주목하게 되면서 빅데이터 환경 내 프라이버시 침해 가능성을 포함한 그 이외의 부작용을 최소화하기 위해 익명성을 보장해 주는 제도적·기술적 장치를 마련하는 등 개인정보보호 관련 법 제도를 정비해 나갈 계획이다.

그리고 세계 시장에서 경쟁할 수 있는 정책 방안으로 ① 신규 서비스 발굴과 확산을 위한 시범 서비스 추진, ② 빅데이터 기술 및 플랫폼 경쟁력 강화, ③ 전문 인력 양성, ④ 빅데이터 지원센터 설치·운영 및 정보 공유 체계 마련, ⑤ 빅데이터 산업 실태 조사, ⑥ 개인정보보호 관련 법제도 개선, ⑦ 빅데이터 산업 진흥을 위한 법제도 개선 등을 제시한 바 있다.

한국 정부에서는 빅데이터를 활용한 스마트 정부 구현에 앞장서고 있으며 공공데이터의 활용으로 범 부처 간·정부·민간 융합지식을 도출하며 국내외 경제, 사회, 질병 등에 실시간으로 분석·대응하는 고품질의 서비스 국가를 만드는 것을 목표로 하고 있다.

또한 공공데이터 One-stop 고객 서비스 체계를 구축하여 현재 '공공데이터 포털'(1566-0025, www.date.go.kr)을 통해 공공데이터 등록·제공·신청 등 민원에 대해 신속한 대응을 하고 있다. 이와 관련하여 현장대응반(PSC ; Problem Solving

Coordination) 구성 및 관계기관 방문을 통해 현장에서 발생하는 애로사항 수렴 및 민원을 해결하는데, 민간전문가, 안전행정부 및 공공데이터 활용 지원센터의 인력으로 구성하고 공급자인 공공기관과 수요자인 기업이 공공데이터를 활용함에 있어 발생하는 문제를 즉시 해결한다. 그리고 기술지원팀을 통해 서비스 개발·창업 등에 필요한 전문기술 및 컨설팅을 지원하는 경우에는 표준·품질·오픈 API 등의 기술 전문가 및 창업 전문가 등으로 구성된다.

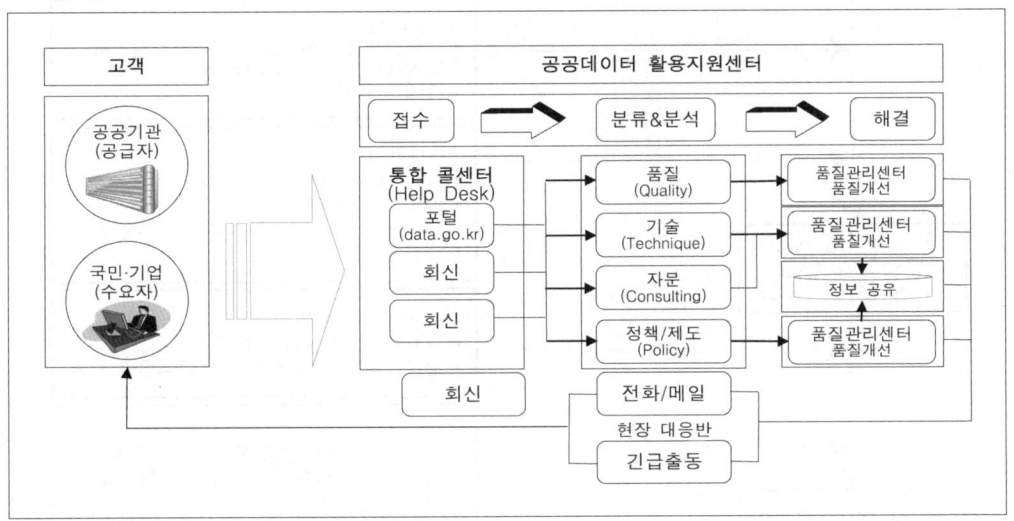

[그림 2] 공공 데이터 원스톱 서비스 체계 운영 체계
출처 : 안전행정부, 미래창조과학부, 정부 3.0 창조경제 구현을 위한 공공데이터 기반 창업 활성화(2014.5)

그리고 데이터 분야 Start-up 활성화 및 성공 사례 확산을 위해 데이터 분야의 단순 시범 사업 및 일회성 경진대회를 창업 공모전 방식으로 전환하고 수상작에 대해서는 액셀러레이터(Accelerator) 매칭을 통해 사업화 및 시제품 제작 지원, IR(Investor Relations) 대행을 통한 벤처캐피털(VC) 투자 유치까지 밀착 지원을 하고 있다. 또한 창조경제타운(온라인) 및 지역별 창조경제혁신센터를 활용한 데이터 기반 창업 지원을 병행하며 창조경제혁신센터 내 데이터 분야 인큐베이팅의 비중을 확보하여 확대 운영한다.

세계적 기업 대비 2~4년의 기술 격차를 조기에 극복하고 차세대 데이터 기술 확보와 사용자 친화적 제작 도구 보급 확대, 기술 개발 활성화 및 대학 DB 교육 인프라 확충 지원 사업을 통해 현장에서 활용 가능한 데이터 인력 배출에도 힘쓰고 있다.

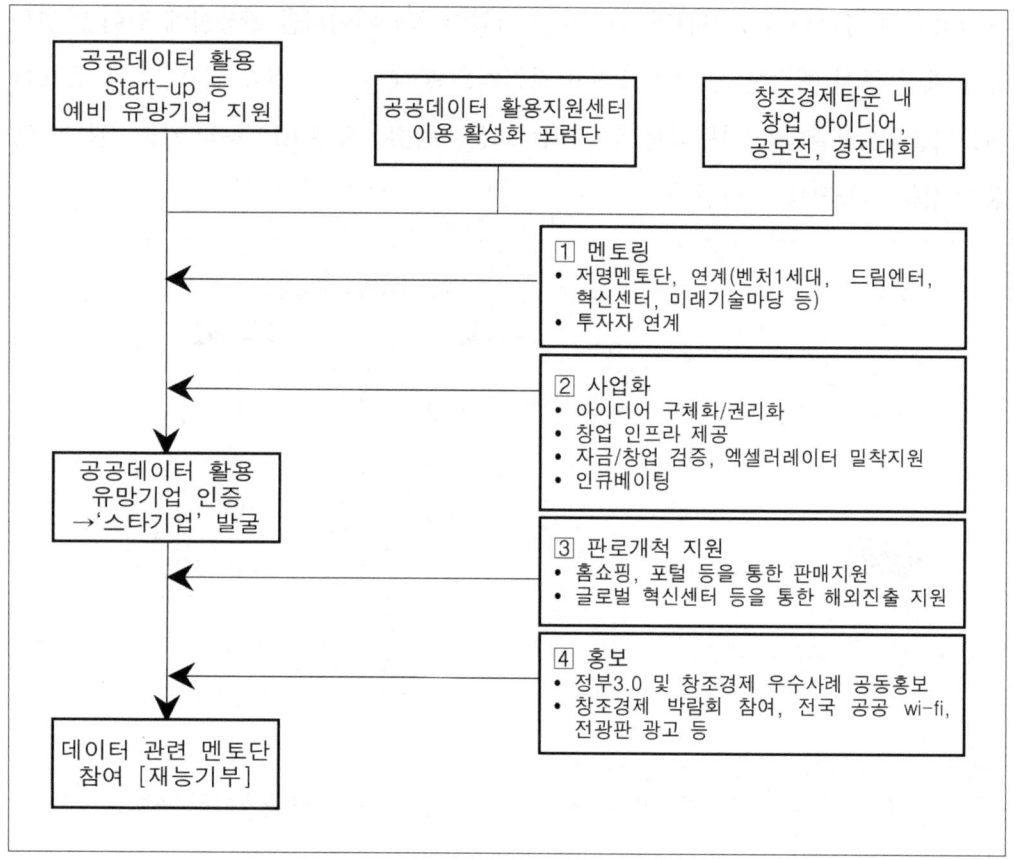

[그림 3] 창업 단계별·수준별 맞춤형 지원 프로세스
출처 : 안전행정부, 미래창조과학부, 정부 3.0 창조경제 구현을 위한 공공데이터 기반 창업 활성화(2014.5)

2014년 3월 19일에 방송통신위원회는 '빅데이터 개인정보보호 가이드라인'에 대한 수정안을 발표하였는데, 2014년 7월 개인정보보호위원회는 해당 가이드라인(안)이 '개인정보 보호법'과 '정보통신 이용 촉진 및 정보보호 등에 관한 법률'의 규정과 입법 취지에 부합하지 않는 부분을 포함하고 있으므로 관련 법률의 내용에 맞게 재검토할 것을 방송통신위원장에게 권고하였다.

그리고 2014년 9월 관계부처 합동으로 오픈데이터 5대 강국 도약을 위한 공공데이터 개방 발전 전략을 발표하고 창조 경제 활성화와 신뢰 정부 구현을 추진 목표로 설정하였다. 중점 추진 과제로 (1) 고가치·고수요 데이터 우선 개방, (2) 공공데이터 품질 보장 강화, (3) 민간-공공 상생의 데이터 생태계 조성, (4) 기반 확충, 지자체 확산 제시를 설정하였다.

(1) 빅데이터 분석 활용 및 멘토링

최근 미래창조과학부와 한국정보화진흥원을 중심으로 '빅데이터 분석 활용센터' 플랫폼을 구축·운영하고 있으며, 누구나 자유롭게 빅데이터를 분석·활용할 수 있도록 하여 분석 시스템을 갖추지 못한 개인 및 중소기업의 빅데이터 활용을 지원하고 있다.

정부는 과학적 정책 수립을 국정 운영 패러다임의 변화를 핵심으로 제시하고 빅데이터를 활용한 체계적·과학적 문제 해결 대안 및 전략을 마련하기 위한 데이터 기반 미래전략 컨설팅을 추진하고 있다. 그리고 중소기업의 빅데이터 활용 기반 경쟁력 강화를 위해 데이터 분석, 서비스 기획, 데이터 기술의 3가지 분야에 대한 기술자문(멘토링)을 적극적으로 추진하였으며 진행 절차를 살펴보면 다음과 같다.

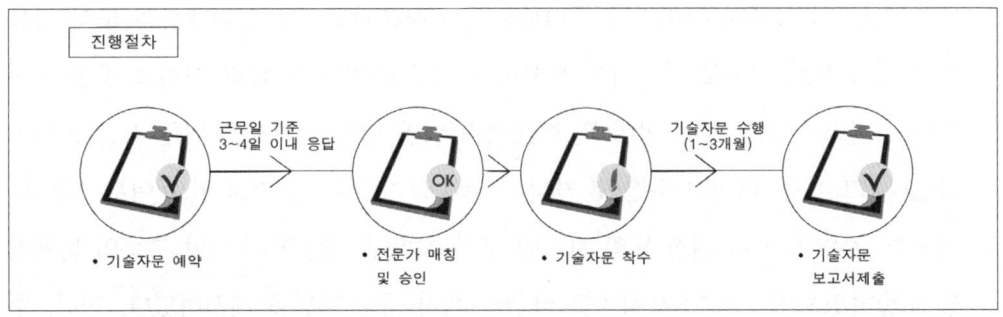

[그림 4] 기술자문 내용 및 진행 절차

미래부에서 발표한 자료에 의한 기술자문 우수사례를 살펴보면 다음과 같다.

① 기존 보유 데이터의 효과적 활용 방안

스팸 전화 알리미 앱 '뭐야 이 번호' 서비스 제공 업체로 불필요한 광고·스팸 전화 및 보이스피싱을 방지하기 위한 정보를 제공하는 기업으로 사업 추진 과정에서 축적되는 많은 양의 데이터를 효과적으로 활용할 수 있도록 데이터 분석 및 솔루션 적용 방안을 제시하였다.

기술자문 결과, 서비스 고객 확대를 위한 외부 기관 연계, 맞춤형 정보 제공 및 신규 사용자 참여 촉진의 필요성을 도출하여 포털 검색에 최적화된 콘텐츠 생성, SNS를 활용한 마케팅 등 커뮤니케이션 전략을 수립하였다.

[그림 5] 마이스통 서비스 개요

② 도서 리뷰 분석 기반 추천 서비스

도서 리뷰 기반 추천 서비스를 준비하는 1인 창조기업으로 인터넷상의 도서 리뷰를 자연어 분석 기술로 분석하여 유사한 서적을 추천한다. 베타 서비스 런칭 준비 중에 서비스 인프라 구성 방안 및 빅데이터 기반 서비스 기획을 위한 자문을 의뢰하였다. 그 결과, 데이터 수집 및 처리 대상의 크기, 실시간 기술 필요 여부, 데이터 저장소, 자연어 처리 엔진 등의 시스템 구성 계획에 대한 고려 사항 부족의 문제점을 도출하였으며 데이터 분석 인프라 아키텍처 구성 방안을 제시하였다. 리뷰, 주제어, 상품 목록, 결과 목록 등 방대한 데이터의 수집이 필요하기 때문에 데이터 활용의 편리성 및 성능에 주안을 둔 구성을 중점에 두었고 비즈니스 상황을 고려한 서비스 기획 및 사업을 추진하게 되었다.

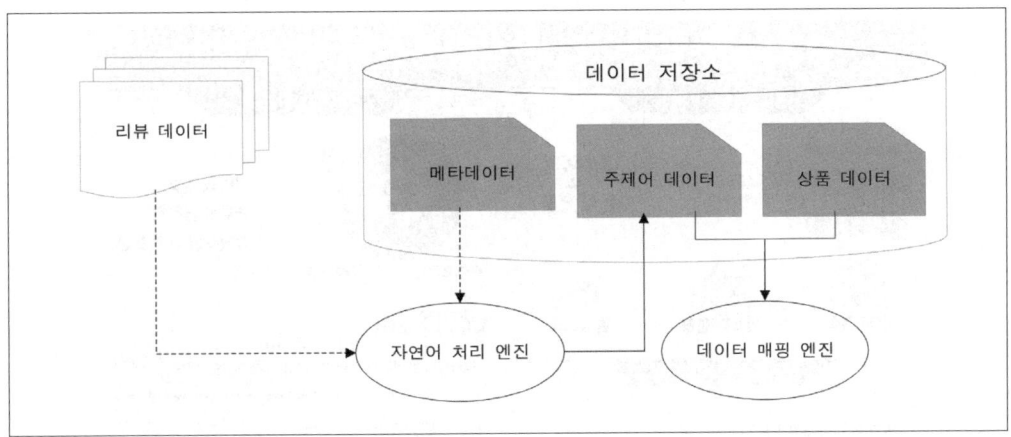

[그림 6] 도서 리뷰 기반 추천 서비스 개요

③ 빅콘테스트

UN Global Pulse에 소개된 '빅 콘테스트 2014'를 통해 빅데이터 분석을 통해 현안을 해결할 수 있는 실질적인 빅데이터 분석 전문가를 발굴하고 공공 및 기업의 과제와 연계할 수 있는 해법을 제시한 바 있다. 미래에는 데이터 활용 범위를 늘리고, 데이터 분석 생태계 조성을 위해서 더 많은 민간 데이터들의 공유와 협조를 장려하여 데이터 활성화에 기여하고 더 완성도 높은 경진대회를 만들기 위한 계획을 수립하고 있다. 한편으로는 미래창조과학부와 한국정보화진흥원은 K-ICT 빅데이터 센터(www.kbig.kr)를 통하여 창업 및 중소기업의 솔루션 사업화 사례 등 눈에 보이는 성과가 조금씩 드러나고 있다.

[그림 7] 빅데이터 분석활용센터 이용현황(K-ICT 2015)
출처 : NIA 한국정보화진흥원 보도 자료, 빅데이터 어떻게 창조경제를 이끄는가?(2014.10)

빅데이터 분석활용센터는 대용량의 분석 인프라(스토리지, 분석 플랫폼, 시각화 기술 등)를 보유하기 어려운 중소기업, 대학, 연구소 등에 빅데이터 활용에 필요한 Shared Service를 제공하고 있다.

2절 | 빅데이터 국가별 정책 _ 미국

(1) 정책 현황

미국에서는 2009년 1월 21일 대통령이 '열린 정부 정책(Open Government Directive)'을 백악관 행정관리예산국(OMB ; Office of Management and Budget)에 지시함에 따라 2009년 12월 8일 '열린 정부 정책을' 발표한 바 있다. 여기에서 열린 정부를 만들기 위한 4단계 절차를 제시하였고 그 내용은 다음과 같다.

① 정부 정보를 온라인상에 공표 : 책임성을 구현하고, 공중에 의한 정보 참여를 개선하며, 경제적 기회를 창출하기 위해 각 기관은 정보를 온라인에 공개하여 정보 접근성을 확대
② 정부 정보의 품질 개선 : 공중이 이용 가능한 정부 정보의 품질을 개선하기 위해, 공개 대상 정보는 행정관리예산국의 정보 품질 지침을 따라야 함
③ 열린 정부 문화를 만들고 제도화 : 모든 기관에서 전례 없는 수준의 공개성과 책임성을 구현하기 위해, 각 기관의 책임자는 진행되는 프로젝트에 투명성, 참여, 협업의 가치가 포함되도록 노력해야 하며, 정책, 법률, 재정, 기술 등 다양한 분야의 통합이 정부가 일하는 방식에서 폭넓고 지속적인 변화를 가져올 수 있도록 함
④ 열린 정부를 위한 권한을 부여할 수 있는 정책 구성 : 새로운 기술이 정부와 국민 간의 소통을 새로운 형태로 열어나가며, 열린 정부를 위한 잠재적 기술을 개발시키도록 정책적으로 노력

미국은 대규모 데이터의 가치에 주목하고 중앙정부뿐만 아니라 자치단체 차원에서도 빅데이터를 적극적으로 활용하고 있다.

2010년에는 과학기술정책자문위원회에서 모든 연방 정부는 빅데이터 전략 수립이 필요하다는 정책을 제시한 이래로 2012년에는 연간 2억 달러 이상을 투입하는 '빅데이터 R&D 이니셔티'를 발족하였다. 이는 빅데이터를 활용하여 투명하고 효율적이며 혁신적인 정부 서비스를 제공하겠다는 것이다. 이를 위해 각 정부 기관은 보유하고 있는 오픈데이터 포털 사이트를 통해 정형·비정형 데이터를 이용하기 쉬운 형태로 개방한다는 취지이다.

또한 미 국방부는 빅데이터를 활용해 스스로 인지·결정해서 군사 행동을 수행하는 자율 시스템을 개발하였으며, 미 국립보건원은 AWS(Amazon Web Services)를 통해

세계 최대의 유전자 변형 데이터 세트를 무료로 공개하기도 하였다.

그리고 국방부(DoD), 국립보건원(NIH), 에너지부(DoE), 지질조사국(USGS), 국립과학재단(NSF) 등 총 6개 기관별로 다양한 프로그램으로 구분된다.

세부 프로그램들은 빅데이터 관련 공공정책이 민간으로 파급될 수 있도록 민간부분의 참여도 포괄하고 있다. 정부 기관별 프로그램별로 빅데이터 기술 개발 사항을 민간 연구기관 및 대학에 의뢰하고 각 대학은 빅데이터 관련 교과과정 및 학과를 개설하며, 각 정부기관은 빅데이터 분석 및 시각화 기술 개발을 위해 민간 기관과의 제휴를 추진하는 과정을 포함한다.

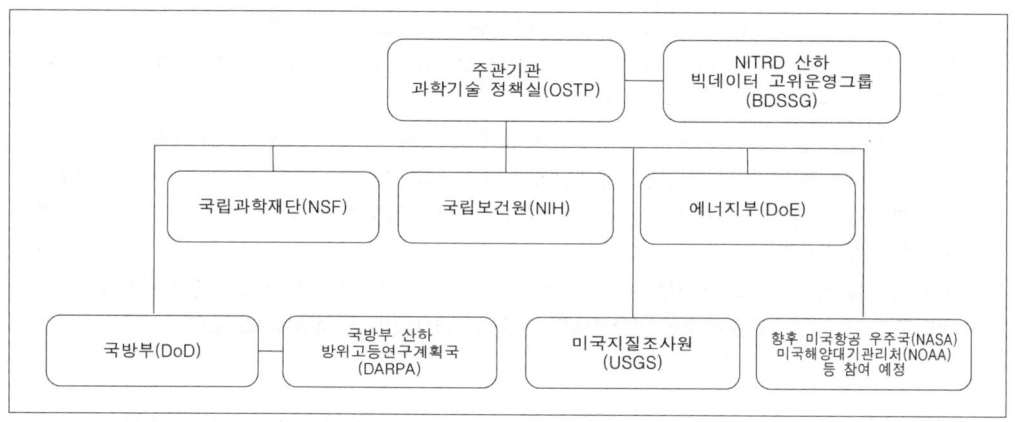

[그림 8] 미국 '빅데이터 R&D 이니셔티브' 참여 기관
출처 : OSTP(2012.3)

이는 빅데이터 기술의 발전 및 시장 확대로 기업이 수집·보유한 데이터 활용에 대한 윤리적 문제와 데이터 관리에 대한 보안 기술 요건에 대한 논의 등 다양한 프라이버시 이슈가 제기되고, 빅데이터 시대 개인 정보를 침해하지 않으면서 개인에게 이득이 되는 서비스를 제공하는 것이 가능한가에 대한 활발한 프라이버시 논의에 기인하는 것이다.

이에 대하여 기업이 수집한 데이터의 관리 방법 및 보안 기술 수준에 대한 논의가 필요해졌으며 데이터를 다루는 윤리적인 마인드와 이를 체계화 시켜줄 윤리 프레임워크에 대한 다양한 의견이 제시되고 있는 등 본격적인 빅데이터 시대를 맞이하기 위한 보안과 윤리에 대한 대비가 필요한 시점임을 인식하고 논의가 본격화되고 있다.

빅데이터 윤리 프로젝트

미국 인포메이션 거버넌스 기관인 IAF(The Information Accountability Foundation)는 4단계의 빅데이터 윤리 프로젝트를 진행하였으며 IAF는 인포메이션 거버넌스를 기반으로 다양한 컨설팅 및 연구 활동을 하는 공공기관으로 개인의 프라이버시에 대한 권리를 지키면서 데이터가 이끄는 혁신을 가능하게 하도록 정부, 공공기관, 기업, 시민과 협력하여 데이터를 보호하기 위한 기관이다.

4단계 프로젝트는 빅데이터 윤리에 관한 논의를 확장 및 구체화하고 실질적인 적용을 확산하는 것이 최종 목표로 하고 있다.

- 1단계 : '통합 윤리 프레임'이라는 주제로 분석을 위한 데이터 활용 단계에서 생각해 봐야 할 5가지의 가치(Beneficial, Progressive, Sustainable, Respectful, Fair)를 제시한다.
- 2단계 : 빅데이터 분석을 시행할 때 생각해 봐야 할 윤리적 문제에 대한 질의 표를 구성하는 등 '질의응답 프레임워크' 작업을 진행한다.
- 3단계 : '논의의 집행' 단계로 국가 기관이나 비즈니스 분야에 실질적인 적용을 해 보는 것에 의미를 둔다.
- 4단계 : '산업 분야에서의 질의응답 모델'을 구축하는 단계로 다양한 산업군에서의 활용 예시를 확산하는 단계이다.

민간 주도형 빅데이터

미국은 민간 부문에서 글로벌 빅데이터 시장을 주도하고 있다. 구글, 페이스북 등 글로벌 인터넷 기업들은 데이터를 분석하여 광고 등 마케팅에 활용하고 있으며 IBM, Microsoft, Oracle, SAP, SAS 등 핵심적인 빅데이터 장비 및 소프트웨어 기업이 포진하고 있으며 또한 신생 기업들도 함께 성장하고 있다.

그리고 미국 정부는 2012년 3월, '빅데이터 R&D 계획(BigData R&D Initiative)'을 발표하였다. 이 계획은 정부 기관이 공공데이터를 개방하고 빅데이터를 활용하여 공공서비스도 개혁하겠다는 의도를 담고 있다. 3개월 후, 2012년 6월 '오픈데이터 백서(Open Data White Paper)'를 공개하여 오픈데이터에 관한 공공부문의 추진 실적 및 정부 방침을 소개하였다. 빅데이터를 활용하여 투명하고 효율적이며 혁신적인 정부 서비스를 제공하겠다는 것이다. 이를 위해 각 정부 기관에서 보유하고 있는 '오픈데이터 포털 사이트'를 통해 정형·비정형 데이터를 이용하기 쉬운 형태로 개방하고 있다. 빅데이터 관련 공공정책이 민간으로 파급될 수 있도록 민간 부분의 참여도 포괄하고 있다.

디지털 개인정보 규제 방향

미국에서는 2014년 5월 오바마 대통령 앞으로 '빅데이터 : 기회 포착과 가치 보호(Big Data : Seizing Opportunities, Preserving Values)' 보고서가 제출된 바 있으며 이 보고서는 정보 주체에 대한 통지와 동의에 의존하는 기존의 규제 대신, 규제자가 의도하는 결과를 정보가 활용되는 맥락에 따라 정보 활용자에게 부과하는 새로운 개인정보 규제 방향을 제시하였다. 디지털 환경에서는 정보 주체의 동의 절차를 거치지 않은 수많은 정보들 CCTV, 교통카드 사용 내역 등이 어디에서 누군가에 의해 수집되며 유통되고 있으므로 단순히 정보 수집을 규제하는 것은 개인정보 보호에 한계가 있기 때문인 것이다.

그리고 2014년 오바마 대통령은 '열린 정부 파트너십(Open Government Partnership)' 3주년을 맞이하여 ① 열린 교육 촉진, ② 정보기술을 통한 정부 서비스의 효율적 전달, ③ 지출 투명성 강화, ④ 개방성과 책임성 확대를 위한 빅데이터 활용을 주요 내용으로 하는 새로운 정부 계획을 발표하였다.

또한 공공성과 책임성을 확보하기 위한 빅데이터 활용 방안으로 행정부는 ① 주법과 지방(local)법이 적용되는 데이터 프라이버시에 대하여 최선의 실천 방법으로 공유를 강화할 것, ② 의료 분야에서 빅데이터 분석과 관련된 개인정보 보호를 확실히 할 것, ③ 정부 내 기술 전문가를 늘릴 것을 제안하였다.

최근 MIT 공대 주관하여 윤리적 프레임워크를 기술적으로 뒷받침해 줄 보안 기술에 대한 정부 주도 논의가 진행되었다. 이와 관련하여 '빅데이터 보안 및 프라이버시에 대한 워크숍'에서 빅데이터 프라이버시 유지를 위한 다양한 보안 기술 요건에 대해 논의하였다. 여기에서 제시된 요건을 살펴보면 프라이버시를 보존하는 데이터 매칭, 공동(협업) 데이터 마이닝, 생체 인증 등 개인 정보 보호 강화를 위한 다양한 보안 기술 요건을 제시하고 있다.

① 프라이버시를 보존하는 데이터 매칭
  - 기존에는 데이터 변환과 벡터 공간 매핑을 기반으로 한 다자간 컴퓨팅의 조합(SMC; Secure Multiparty Computation), 데이터 Sanitization 접근법, K-anonymity 등을 통해 대용량 데이터 세트를 다루기 위한 확장이 가능하다.
② 프라이버시를 보존하는 공동(협업) 데이터 마이닝
  - 전통적인 데이터 마이닝은 모든 데이터를 수집한 중앙 집중식 대형 데이터 웨어하우스에서 수행하나 데이터가 다른 조직에 속하는 경우 중앙의 모든 데이터를 수집하는 것은 개인정보 보호 및 기밀 유지에 대한 문제를 야기시킨다.
  - 앞으로는 자신의 데이터 세트를 유지하면서 각각의 데이터 세트에서 데이터를 노출하지 않고 세계화한 데이터 마이닝 결과를 얻을 수 있는 분산된 협업 접근법이 필요하다.
③ 프라이버시를 보존하는 생체 인증
  - 생체 인증에 대한 기존 접근 방식은 인증 시 사용자에 의해 제공되는 템플릿을 기등록된 사용자의 생체 인식 템플릿에 매칭시키는 방식이 요구된다.

데이터 통합 스타트업

미국 상무부는 데이터 기반의 서비스를 통합하는 정부 내 '스타트업'을 창설하였다. '페니 프리츠커 미국 상무장관과 이안 캘리린 상무부 최고 데이터 경영자(CDO; Chief Data Officer)는 상무부의 인구통계청(Census), 경제분석국(BEA; Bureau of Economic Analysis), 국제무역청(ITA; International Trade Administration) 등 12개 부서의 데이터를 통합 관리·분석을 제공하는 상업 데이터 서비스(Commerce Data Service)를 소개하였다. (출처 : KOTRA 워싱톤 무역관)

프릿츠커 미 상무장관은 상무부는 다양한 정보를 생산하는 '미국의 데이터 기관'(America's Data Agency)이라며 상업 데이터 서비스를 통해 그 기능을 다 할 것이라 발표하였으며 상무부의 12개의 부처[1]는 현재 매일 수백 테라바이트의 정보를 생산 및 관리하는 것으로 알려졌다'.

또한 오바마 대통령의 '스타트업'인 US Digital Service와 18F를 통해 오바마 케어의 건강보험 구매 홈페이지(Healthcare.gov)의 오류 발생 이후, 오바마 대통령은 2014년 3월 미국 조달청(GSA) 내부에 18F라는 스타트업 부서를 개설하고 실리콘밸리 등에서 인재를 모집하였다.

이후 2014년 8월, 고객 중심의 디지털 서비스를 위한 US Digital Service를 개시하고 혁신적인 대국민 서비스 개발에 노력하였다. 18F는 미국 연방정부 300여 개 기관의 홈페이지 방문 기록 등을 분석하는 analytics.usa.gov와 대학교 평가 사이트인 collegescorecard.ed.gov 등을 개발한 바 있으며 기타 정부 기관들의 IT 솔루션 등에 대한 컨설팅 또는 새로운 디지털 서비스를 개발하는 임무를 수행하고 있다.

대학 빅데이터 교과과정

미국의 10개 대학에서 빅데이터 분야로 개설한 학위의 교육과정을 편의상 IT 및 데

---

[1] 경제분석국(BEA), 인구통계청(Census), 국제무역청(ITA), 특허청(USPTO), 국립기술정보센터(NITS), 국립기술표준연구소(NIST), 소수계기업지원청(MBDA), 해양대기관리처(NOAA), 경제 및 통계관리청(ESA), 산업안보국(BIS), 국립전자통신정보청(NTIA), 경제개발청(EDA)

이터 관리 분야, 경영, 비즈니스 관련 분야, 통계 및 수학 관련 분야로 구분하여 분류하였으며 조사 대상으로 한 대학교는 다음과 같으며 학위 과정이 아닌 재직자 교육이나 자격증 과정은 제외하였다.

① 텍사스 주립대학 맥콤스 경영대학원(McCombs School of Business)
② 뉴욕 대학교(New York University) 산하 스턴 경영대학원(Stern School of Business)
③ 노스 캐롤라이나 주립대학교(North Carolina State University)
④ 노스웨스턴 대학교(Northwestern University)
⑤ 미시간 주립대학교(University of Michigan) 산하 디어본 경영 대학(Dearbon College of Business)
⑥ 아이오와 두부쿠의 로라스 칼리지(Loras College)
⑦ 루이지애나 주립 대학교(Louisiana State University)
⑧ 스티븐스 공과대학교(Stevens Institute of Technology)
⑨ 신시내티 대학교(University of Cincinnati)
⑩ 샌프란시스코 대학교(University of San Francisco)

구 분	교육과정(괄호 안의 숫자는 대학 번호)
1. IT & 데이터 관리 분야	Advanced Data Mining and Web Analytics(1) Analytics for Big Data(4) Analytics for Social Networks(10) Business Intelligence Capstone(1) Computation for Analytics(10) Computer Information Systems(5) Data acquisition(10) Data Analytics Programming(1) Data and Information Visualization(10) Information Management(5) Integrating IT Architecture(8) Introduction to Data Management(1) Introduction to Data Warehousing and Workflow Management(4) Introduction to Programming in SAS(10) Knowledge Discovery in Databases(8) Machine Learning(10) Programming Macros/sql(3) SAS Programming(7) Data Driven Decision Making(2) Data Management and Information Processing(4) Data Visualization(2,.4, 9) Data Warehousing and Business Intelligence(8) Database Management(7) Dealing with Big Data(2) Distributed Computing(10) Distributed Databases(10) Geospatial Analytics(3) Social and Digital Media Analytics(2) Social Media Analytics(1) Social Network Analytics(8) Strategic Data Management(8) System Simulation(5) Technologies(6) Text Mining(3, 10) Web Analytics(3, 8, 10)

구 분	교육과정(괄호 안의 숫자는 대학 번호)
2. 경영 & 비즈니스 관련 분야	Advanced Decision Models(2) Advanced Modeling(3) Analysis of Markets(1) Analytical Consulting Project Leadership(4) Analytics for Competitive Advantage(4) Business Communications for Analytics(10) Business Strategies for Big Data(10) Computational Finance(1) Customer Analytics(3) Decision Analysis(4, 5) Decision Models(2) Decision-making(6) Digital Analytics and Strategy: An Introduction(2) Electronic Commerce(7) Ethical, Legal, & Social Responsibilities of Business(6) Financial Analytics(3) Financial Decision Making(8) Financial Enterprise Risk Engineering(8) Financial Management(1, 6) Information Technology in Supply Chain Management(5) Introduction to Data-Driven Business Strategies(10) Investment and Capital Markets(8) Management Science(5) Managerial Economic Analysis(6) Managerial Effectiveness(6) Managing for Quality(2) Market Modeling(2) Marketing Analytics(10) Marketing Management(5) Marketing Metrics(1) Marketing Online(8) Operations Analytics(2) Operations Management(5) Opt. Analysis(9) Optimization and Decision Analysis(1) Optimization and Heuristics(4) Optimization and Simulation(3) Optimization(9) Organization Behavior(5) Pricing and Revenue Optimization(1)

구 분	교육과정(괄호 안의 숫자는 대학 번호)
2. 경영 & 비즈니스 관련 분야	Probabilistic Models for Finance(2) Process Analytics and Optimization(8) Revenue Management & Pricing(2) Risk Analytics(3) Seminar in Advanced Business Problems(7) Strategic Leadership & Management(6) Strategic Marketing(6) Strategy, Change and Analytics(2) Supply Chain Analytics(1) Supply Chain Management(7) Turning Data into Revenue(5)
3. 통계 & 수학 관련 분야	Advanced Statistical Analysis for Research(7) Advanced Topics in Statistics(7) Applied Forecasting(5) Applied Statistical Modeling(5) Data Mining for Business Analytics(2) Data Mining(3, 4, 9) Design of experiment(3) Experimental Design(8) Exploratory & Outliers(3) Prediction(2) Predictive Analytics(4) Predictive Modeling(1) Probability Modeling(9) Review of Linear Algebra(10) Review of Probability and Statistics(10) Simulation Analysis(9) Simulation Modeling(9) Statistical Data Mining(7) Exploratory Data Analysis(10) Forecast/Time Ser(9) Linear Algebra(3) Linear and Non-Linear Programming(3) Linear Regression Analysis(10) Logistic regression(3) Multivariate Data Analytics(8) Multivariate Method(9) Multivariate Statistical Analysis(10)

구 분	교육과정(괄호 안의 숫자는 대학 번호)
3. 통계 & 수학 관련 분야	Statistical Learning & Analytics(8) Statistical Methods for Data Mining(4) Statistical Methods(9) Statistical Modeling(9) Stats/modeling(6) Survey of Operations Research: Stochastic Methods(7) Survival Analysis(3) Time series & Forecasting(3) Time Series Analysis for Business and Finance(10) Unsupervised Learning and Time Series(1)

[표 1] 미국 대학 빅데이터 학과의 교과과정
출처 : 과학기술정책연구원, 빅데이터시대 과학기술정책 방향, 과학기술정책 제 23권 제 3호(제 192호)ISSN 2005-6982, (2013)

3절 | 빅데이터 국가별 정책 _ EU

유럽에서는 스마트 디지털 혁명과 함께 사용자가 생산하는 데이터의 양이 폭발적으로 증가함과 동시에 데이터의 형태가 다양화되면서 데이터를 수집하고 축적하여 그것을 토대로 분석한 것을 활용하여 새로운 가치를 만들어 내는 빅데이터가 IT 분야의 중요한 이슈로 부각되고 있다. 빅데이터 분야의 성장 가치와 잠재력에도 불구하고 한편으로는 빅데이터의 기술적 한계, 사업화 모델 등 불확실성에 있어서 기술 개발, 인력 양성, 법 제도 등 해결해야 할 이슈들도 제기되고 있다.

미국, 유럽, 일본 등 해외 주요국은 빅데이터 이용 활성화를 위해 공공정보 활용을 촉진하거나 공공부문이 직접 빅데이터 기술 개발을 지원하는 방식으로 성장세에 있는 민간부문을 지원하고 있으며 다른 한편으로는 개인 정보 보호, 인프라 구축 지원 등 제도적 기반을 개선하는 방식으로 빅데이터 진흥 정책을 추진하고 있다.

EU 정책 현황

유럽은 미국보다 빅데이터 시장이 제한적으로 형성되어 있다. 금융, 은행, 투자사 등 민간 금융의 영역만이 미국과 동등한 수준에서 빅데이터를 활용하는 정도이다. 그러나 공공부문 데이터 공개에 대해서는 적극적인 정책을 진행하였다.

특히 EU(European Commission)는 공공부문의 엄청난 양의 원시 공공정보의 재생산을 통해 GPS, 일기 예보, 금융 정보 등에 활용될 수 있다는 것이다. 유럽연합의 10년 전략인 'EUROPE 2020'의 7가지 주력 사업에 '유럽 디지털 어젠다(Digital Agenda for Europe)'가 포함되어 있으며 이에 따라 오픈데이터 전략(Open data strategy)이 발표되었다. 오픈데이터 포털(http://open-data.europa.eu)을 통해 데이터 개방을 추진하고 있다.

EU는 종합 연구 개발 프로그램인 'EU Framework Programme'의 일환으로써, 금융위기 극복과 사회의 복잡성을 이해하기 위한 'Future lCT 프로젝트'를 추진하고 있다. Future ICT는 기존의 데이터 마이닝과 컴퓨팅 시뮬레이션으로 경험적 결과를 추론할 수 있지만 이러한 데이터 분석만으로는 근본적 한계를 가진다고 인식하여 사회의 지속가능성과 복원력 탐구를 목적으로 복잡성 사회 시스템(Complex Social Systems)의 이해와 사회의 복원력 및 기회를 창출하기 위해 추진된다.

PEPPOL은 유럽 집행위원회의 경쟁력 및 혁신 프로그램인 ICT 정책 지원 프로그램(ICT-PSP) 하에 이행되고 있는 대규모 파일럿 프로젝트이다. 기업들은 EU 전역에서 모든 입찰에 쉽게 응할 수 있게 되어 공급 업체들의 경쟁력이 향상되고 효율성 증진, 비용 감소 및 이익 증가의 가능성 등의 효과를 얻을 수 있다. 계약을 체결하는 기관들은 EU 전역을 대상으로 하는 소싱의 영향으로 경쟁이 치열해짐에 따라 이득을 얻게 되며 프로세스 자동화를 통해 행정 비용을 절감하게 되었다. 또한 EU는 '데이터 개방 전략(ODS; Open Data Strategy)' 차원에서 2011년 12월에 유럽연합기구와 27개 회원국에서 생산하는 모든 공공정보와 데이터를 의무적으로 공개하고 사용자들이 이러한 데이터들을 자유롭게 활용할 수 있도록 EU 집행위원회 지침을 개정한 바 있다.

2014년 유럽위원회(EC)는 빅데이터 이용 활성화 정책안을 채택하였는데 2014년 7월 유럽 위원회(EC)는 빅데이터의 잠재력을 유럽의 경제 개발에 활용하기 위해 회원국들의 정책 개발을 위한 결의안을 채택하였다. 이는 유럽연합(EU)이 전 세계 GDP의 20%를 차지하는 시장 규모임에도 불구하고, 빅데이터 분야에서 세계 상위 20대 기업 중 단 2개를 보유할 정도로 빅데이터 분야의 발전이 미흡한 상태라는 유럽연합 회원국들의 공통된 인식에서 비롯된 것이다.

유럽위원회의 빅데이터 이용 활성화 정책안의 주요 내용을 살펴보면 우선 회원국들은 빅데이터 확산을 위한 공통 정책으로 중소기업 지원을 위한 오픈데이터 인큐베이터 제도를 마련하고 데이터 소유권 관련 신규 제도 개편 및 데이터 표준의 도식화와 회원국 간 데이터 처리 네트워크 구축 등을 추진한다는 목표를 설정하고 있다.

빅데이터의 잠재력 실현을 위한 4단계 정책 방안은 다음과 같다.

(1) 빅데이터에 대한 아이디어 발굴 및 투자

공공을 비롯한 민간에서의 다양한 빅데이터 비즈니스 모델 개발을 위한 중요한 역할을 하며 지속가능한 부와 사회적 가치를 창출한다. 특히 유럽위원회는 보건, 에너지, 환경, 사회과학 등 다양한 연구 및 데이터 커뮤니티와 협력하여 빅데이터 계획(Big Data Lighthouse Initiative)을 수립하는 데 집중한다는 정책적 목표를 세웠다.

(2) 데이터 기반의 경제성장을 위한 인프라 구축

빅데이터 이용 활성화를 위한 적합한 정보통신 분야의 물리적 인프라를 통해 원활한 빅데이터 분야 발전과 이용 활성화를 지원하도록 한다. 빅데이터 발전을 위해 필수적인 인프라 구축을 위해 유럽 위원회는 수십억 바이트의 데이터를 처리하기 위한 연구자, 기업, 공공 및 민간 등 주요 사회의 구성원들에게 광대역 통신망을 제공해 고용량의 데이터 흐름을 원활하게 할 수 있도록 하며 데이터 처리 능력의 향상 및 관련 서비스를 위한 인프라를 마련하도록 하는 정책적 목표를 세우고 관련 목표를 달성하기 위해 회원국들과 지속적으로 협력하기로 했다. 특히 중소기업, 대학, 연구기관 및 공공 부문을 위한 데이터 처리 및 분석 네트워크를 구축하여 유럽연합 회원국들과 다양한 측면에서 협업을 진행하는 것을 중점 세부 목표로 설정했다.

(3) 빅데이터 활성화를 위한 제도 및 기술 개발

다양한 지원자들의 참여를 유도하며 불필요한 중복적 투자를 방지하는 것을 목적으로 한다. 유럽위원회는 공공데이터를 최대한 활용하기 위한 표준 라이선스 개발 및 데이터 셋, 재활용을 위한 책임 등에 대한 가이드라인을 마련하는 것을 정책적 목표로 삼았다. 이런 정책적 목표는 데이터 기반 경제의 급속한 성장이 원천 정보(Raw Information), 숙련된 데이터 기술자 및 기업을 위한 지원이 중요하다는 데에서 기인한다. 더불어 유럽 연합 회원국 전역의 오픈데이터에 대한 원스톱 상점(One-Stop Shop)을 통해 쉽게 접근할 수 있는 제도적 준비의 마련을 추진하기로 했다.

(4) 빅데이터 활용 관련 신뢰 및 보안

　기업 및 개인이 데이터의 안전에 확신을 가지고 유연한 클라우드 컴퓨팅 서비스에 접근할 수 있는 유럽연합 데이터 보호 개혁 패키지를 개발하는 것을 정책적 목표로 세웠다. 이에 관련한 실행 계획으로 2015년까지 입법 및 공동 규제를 아우르는 미래 정책 옵션을 위한 논의를 진행했다. 이것은 클라우드 유럽 보고서(Trusted Cloud Europe)의 개념을 이어받고 더욱 발전한 형태를 지향한다.

공공데이터 개방

　공공부문의 데이터 개방 확대가 진행되면서 유럽은 세계 경제 위기, 데이터의 폭증, 데이터 활용 기술의 진화 등 환경 변화로 인해 공공기관 데이터가 가진 경제적 가치에도 관심을 기울이게 되었다. 더욱이 영국, 독일 등 일부 유럽회원국들이 공공 데이터를 개방하여 경제 성장 및 고용 창출 효과를 경험하면서 2011년 12월에는 지난 2003년에 제정되었던 '공공 분야 정보의 재사용에 관한 지침'을 개정하여 공공기관의 데이터 개방 및 활용의 폭을 확장하였다. 또한 '유럽 디지털 어젠다 정책'의 일환으로 '데이터 개방 전략(Open Data Strategy)'을 채택하여 유럽 데이터 단일 포털을 개설하고 데이터 처리 기술 연구개발 예산 지원(1억 유로, 2011~2013년)하며 오픈데이터에 대한 공정 경쟁 환경 개선 방안을 마련하였다.

　그리고 공공부문 데이터에 대해서는 시민들의 정보에 대한 접근권을 존중하여 활발한 정보 공개가 이루어지고 있다. 따라서 공공정보 개방 중심의 정책을 통해 정보의 흐름을 촉진하는 방향으로 정책이 진행되고 있다. 유럽도 공공데이터 개방 정책을 추진하며 네트워크 서비스 기반 확대 및 공공기관 클라우드 확산 정책도 병행하여 추진하고 있다. 거시적인 관점에서 '유럽 디지털 어젠다' 전략에는 빅데이터, 클라우드, 네트워크 인프라 육성이 포함되어 있다.

　또한 EU는 27개 회원국에서 생산하는 모든 공공정보와 데이터를 의무적으로 공개하며 자유롭게 사용할 수 있도록 하는 '공공정보 개방 전략'을 발표하였다. 공공데이터를 공공기관에서 생산·수집하는 모든 정보로 지리 데이터, 통계, 기상 데이터, 공개 연구 데이터, 디지털 도서관의 도서 등으로 정의하고 상업적·비상업적 사용 규칙, 요금, 데이터 형태 등을 제정하였다.

한편 2013년에 시작된 유럽연합의 정보 보호 규정(Data Protection Regulation) 개정 논의에서는 재식별화 문제와 유사한 프로파일링(profiling) 문제를 쟁점으로 다루고 있다. 프로파일링은 직업 수행 능력, 경제 상황, 물리적 위치, 건강 상태, 취향 등의 민감한 개인 정보를 분석하거나 예측하는 것으로 개정안은 프로파일링의 방식과 범위를 제한하였다.

또한 유럽 디지털 어젠다(Digital Agenda for Europe)에 의해 추진 중인 오픈데이터 전략과 관련된 지침이 있다. 유럽 디지털 어젠다는 2010년 3월 유럽위원회(EC)에 의해 제안된 유럽연합의 10년 전략인 EUROPE 2020의 7가지 주력 사업 중의 하나이다. 이에 따라 2011년 12월, 오픈데이터 전략(Open data strategy)을 발표하고 데이터 처리 기술 연구에 2011년에서 2013년 동안 1억 유로의 예산 지원이 발표하였다(http://europa.eu). 유럽위원회는 이를 통해 매년 약 400억 유로의 경제적 효과를 가져다줄 것으로 전망한 바 있다.

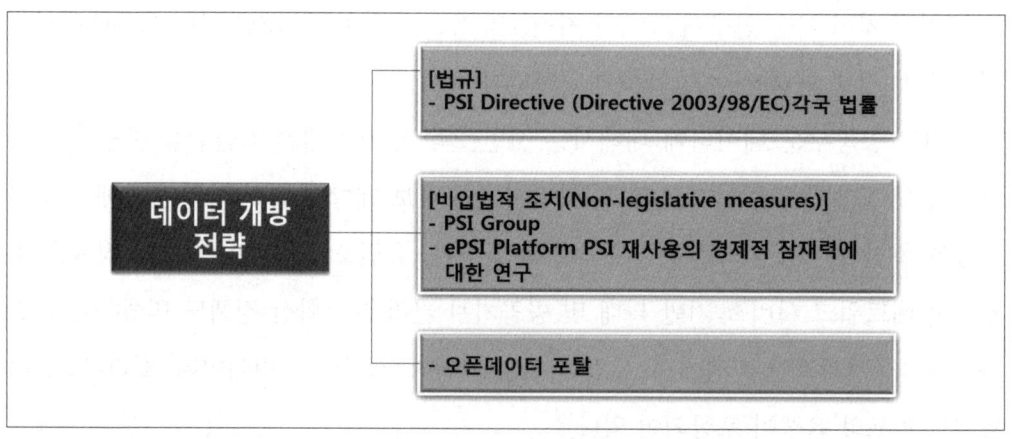

[그림 9] EU 열린데이터 전략
출처 : 이재호 한국행정연구원, 정부 3.0 실현을 위한 빅데이터 활용방안, KIPA 연구보고서(2013.12)

유럽위원회는 다음과 같은 4가지 이유에서 공개 데이터를 지원한다.
① 공용 데이터는 새로운 제품과 서비스의 재사용을 위한 상당한 잠재력을 가지고 있다. 이 자원의 개방에 따른 전반적인 경제 이익은 유럽연합 내 1년에 약 400억에 달한다.
② 사회적 과제 해결과 관련하여 더 많은 공개적으로 사용 가능한 데이터가 새롭고 혁신적인 솔루션을 발견하는 데 도움이 된다.
③ 공공 행정 데이터 공유를 통해 효율성을 달성한다.
④ 정치 및 사회생활에서 시민의 참여를 촉진하고 정부의 투명성을 증가시킨다.

개인정보 보호 지침

EU는 데이터의 활용과 함께 개인정보의 보호나 잊혀질 권리와 같은 새로운 지침들을 강조하여, 유럽연합 출시 초기인 1995년부터 EU 국가 내 개인정보 보호를 위한 지침(Directive 95/46/EC)을 제정하였다.

EU는 미국과 달리 개인정보 처리에 대해 Opt-in 제도를 선택하며 정보 보호에 적극적인 정책을 취해 왔다. 그래서 기업들은 사용자의 정보를 수집·활용하기 위해서 사전에 사용자들에게 정보 사용에 대한 목적을 알리고 동의를 받아야 하며 오픈데이터 영역에 대한 유럽위원회의 역할은 공공부문의 정보(Public Sector Information, PSI) 혹은 정부 데이터(Government Data)와 같은 특정 유형의 데이터 재사용을 통해 가치 창출에 초점을 맞추고 있다.

빅데이터 혁신 기술 발굴

EU에서는 3조 원 규모의 '빅데이터 혁신 기술' 연구 추진하고 있으며 그 내용은 Horizon 2020 연구 혁신(Research and Innovation) 프로그램의 일환으로 2016년부터 5년간 빅데이터 혁신기술 발굴을 위한 사업이며 이 사업의 목적은 다음과 같다.
(출처 : K-ICT 빅데이터 센터, [제4호] EU, 3조 원 규모의 '빅데이터 혁신 기술' 연구 추진, 2014.11)

① 유럽의 데이터 공급자들이 글로벌 데이터 시장의 30% 이상 점유
② 2020년까지 10만 명 이상의 데이터 관련 일자리 창출
③ 에너지 소비율 10% 감소시키고 보다 생산적인 산업 구조를 형성

이를 위해 EU는 빅데이터 가치 연합(BDVA)과의 민관 협력 PPP(Public Private Partnership) 사업을 추진키로 합의하고 이번 PPP를 통해 '20년까지 빅데이터와 관련된 에너지, 제조, 헬스 케어 사업 발굴 및 연구를 위한 투자를 진행할 계획을 수립하였다.

이와 관련하여 주요 투자 분야는 개인 맞춤형 의료, 식자재 유통, 농작물 수확 예측 분석 등을 포함한 에너지, 제조 분야 및 뇌 손상 진단 속도 등의 헬스케어 서비스 분야이다.

4절 | 빅데이터 국가별 정책 _ 영국

정책 개요

영국은 정부 사이트(data.gov.uk)를 통해 공공부문의 정보 공유 및 활용을 위한 데이터 원스톱 서비스를 제공하고 정부의 투명성 제고, 국민의 권리 향상, 데이터의 공개를 통한 경제적·사회적 가치 증대와 차세대 웹(Web of Data)에서 주도권 획득을 목표로 하였다. 또한 일반인들의 참여를 장려하고 아이디어 수렴, 앱 개발, 데이터 공개 등의 주제에 대한 커뮤니티를 제공하고 있다.

2009년 12월 영국은 스마트 정부 구현을 위한 실행 계획을 담은 보고서 "Putting the Frontline First : Smarter Government)"를 발표하였다. 이 보고서에 따르면 공공데이터(Public Data)를 개방하고 투명성을 높인다는 세부 실행 계획을 수록한 바 있다. 투명하고 효율적인 정부와 사회 혁신을 위해 데이터 및 공공정보를 근본적으로 개방하였다. 국립지리원 지도 데이터, 국립 의료 서비스(NHS Choices)와 공공 기상 서비스의 데이터, 실시간 철도 시간표, 부처별 세부 지출 데이터를 포함한 공공 데이터셋을 공개하고 무료로 재활용할 수 있도록 하였다.

이의 일환으로 2012년 3월 기업혁신기술부(BIS)는 공공정보 공개 및 데이터의 가치 창출을 위해 '데이터 전략 위원회(Data Strategy Board)'를 설립하였다. 또한 내각 사무처(Cabinet Office)와 기업혁신기술부(BIS)는 데이터 접근성 강화 및 데이터 공개 지침, 향후 공개 데이터 목록 등에 관련한 정책을 제시한 바 있다. 이를 위해 데이터 접근성 강화를 위해 데이터 공유 플랫폼(data.gov.uk)을 재정비하여 검색 기능 개선, 정보 이용 방법의 단순화, GIS 데이터의 시각화, 보유 목록에 대한 접근성을 확대하였다.

또한 영국 정부의 데이터 정책은 주로 공공기관에 의해 생성·파악되는 정보를 공개하는 오픈데이터 정책에 초점을 두고 있다. 영국 역사상 가장 투명한 정부를 만들고 데이터를 활용한 혁신 기반 경제 성장을 도모하기 위해 노력 중인 영국 정부는 내각사

무국(Cabinet Office)을 비롯한 범부처가 2010년부터 오픈데이터 정책을 본격적으로 추진하였다. 영국은 데이터를 '사회와 경제 성장을 위한 21세기 새로운 원자재 및 연료'로 정의하고 있다.

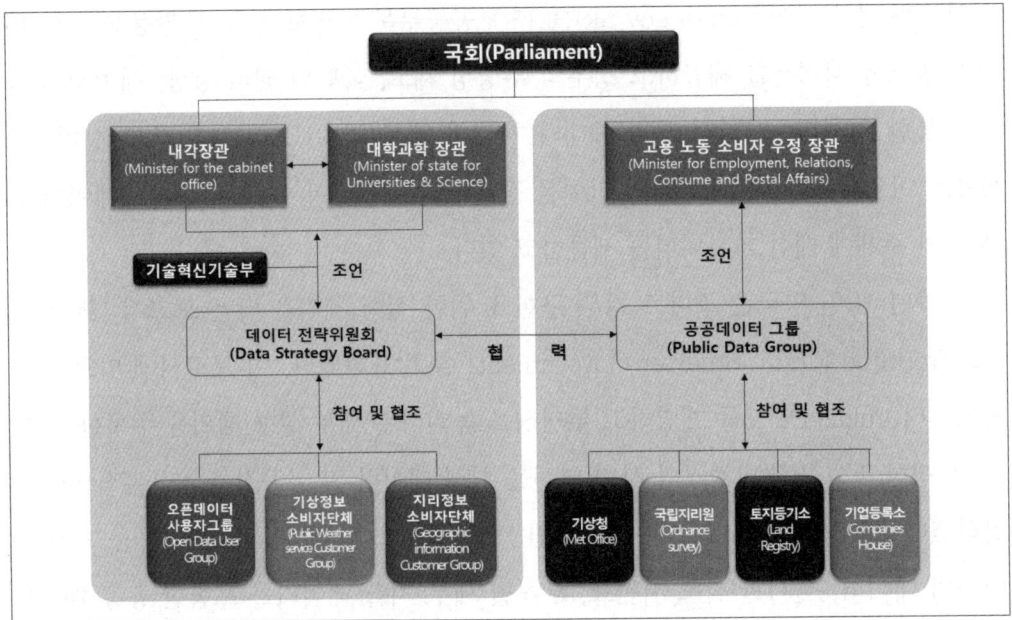

[그림 10] 영국 데이터 전략위원회 조직 구성 체계
출처 : 2012 국가 정보화 백서

데이터 전략 위원회 DSB(Data Strategy Board)는 2012년 3월에 설립하였으며 PDG(Public data Group)로부터 조달받은 데이터가 경제 성장에 도움이 될 수 있도록 방법을 모색하고 오픈데이터와 관련하여 각 장관들에게 적절한 조언을 수행하는 것을 목적으로 한다.

공공 데이터 그룹 PDG(Public Data Group)는 영국 기업, 부동산, 날씨, 지리에 관한 데이터를 수집, 개선, 관리, 보급하는 4개의 공공기관인 기업 등록소(Companies House), 토지 등기소(Land Registry), 기상청(Met Office), 국립지리원(Ordnance Survey)으로 구성된다. 국가와 국제 비즈니스 및 공공 분야에서 이용할 수 있는 고품질의 신뢰성 있는 데이터 생성하며 데이터를 이용 가능성과 접근성에 관해 효율적으로 의사소통하여 그 사용 방법에 대한 지원과 조언을 제공함으로써 중소기업과 기타 개발자들의 발전을 지원한다. 디지털화를 추진하고, 더 효율적인 공공 서비스를 제공하기 위해 공공 분야를 지원하며, 국가적으로 중요한 데이터 셋을 오픈데이터로 제공한다.

그리고 영국의 빅데이터 전략은 공공부문의 정보 공유 및 활용, 데이터 가치 창출을 위한 데이터 공유·공개 중심으로 추진되는 정책이다. 이를 위해서 정부 차원의 '오픈데이터백서(Open Data White Paper)'를 발간하고 있으며, 기업기술혁신 부를 비롯한 총 16개 부처(내무부, 지역사회 지방정부부, 노동 연금부, 교육부, 국제개발부, 에너지 기후 변화부, 외무부, 보건부, 국세청, 국방부, 법무부, 재무부, 교통부, 문화 매체체육부, 환경식품농촌부)에서 부처별 특성에 맞는 오픈데이터 전략을 발표하고 있다.

또한 빅데이터 전문가 양성을 위해 학교, 대학 등의 교육기관은 물론, 기업들과의 협력을 통해 다각도의 인력 양성에 대한 노력을 강화하고 있다. 차세대 데이터 사이언티스트와 데이터 분석가, 분석 해설과 함께 그 결과를 현장 업무에 활용할 수 있는 중간급 레벨의 전문가 양성을 함께 도모하고 있다.

영국의 빅데이터 관련 인력 양성에서 눈여겨볼 점은 2012년 3분기에 설립한 '빅데이터 전문 인력 양성소(Open Data Institute)' 설립이라 할 수 있다(http://www.theodi.org/). 이곳은 빅데이터 전문 인력 양성을 위하여 5년간 140억 원을 투자할 예정이다. 또한 산·학·연이 공동으로 참여하는 빅데이터 분석가 자격증인 'Chartered Big Data analyst' 제도 도입을 추진하고 있다.

영국의 정책 입안자들이 집중해야 할 주요 과제로 디지털 인프라 구축, 전문 인력 양성, 법 제도의 틀 마련, 빅데이터의 시험대 구축을 선정하였으며 빅데이터의 상당 부분은 공공자금이 투입되어 있으며 공공기관에 의해 생성·수집되고 있다.

그리고 빅데이터로부터 최대한의 경제적 편익을 누리기 위해서 다음과 같은 정책 의제들이 해결되어야 한다. (출처 : 정보통신정책연구원 정용찬 외, 빅데이터 산업 촉진 전략 연구_해외 주요국 정부 사례를 중심으로, 2014.11)

① 맞춤형 빅데이터 분석 분야에 영국이 글로벌 리더가 되도록 한다.
② 정부의 공공데이터를 공개한다.
③ 디지털 네트워크 인프라를 구축한다.
④ 차세대 데이터 과학자 양성을 위한 교육정책을 개발한다.
⑤ 법과 제도적 틀을 마련한다.

(1) 오픈데이터 전략

영국은 2012년 6월, 정부 부처별 '오픈데이터 전략(Open Data Strategy)' 발표하고 기업혁신기술부(BIS) 등 주요 부처가 부처별 특성에 맞는 '오픈데이터 전략'을 마련하여 교육, 의료, 고용, 세금, 기상 데이터 등을 2015년까지 순차적으로 개방하기로 결정하였다.

그리고 BIS는 2013년 1월 기업들이 빅데이터로 무장하고 있는 상황에서 소비자들에게 더 많은 권한을 실어 주려는 노력으로 기업들이 보유한 소비자 정보(재화와 서비스 구매 행태 등)를 소비자들에게 다시 제공하도록 하는 'Better Choices, Better Deals' 정책을 발표하였다. 이 정책의 일환인 'Midata' 프로젝트는 정부가 26개 주요 기업들과 함께 추진하는 자발적 프로그램으로 이미 2011년부터 추진되어왔다. 기업이 보유한 소비자 정보, 예를 들어 가정의 상하수도나 전기 등의 사용, 은행 거래, 인터넷 거래 등의 정보를 소비자들이 이용할 수 있도록 제공하는 것이다.

한편, 2013년 5월 15일, 공공정보에 대한 '셰익스피어 검토(Shakespeare Review of Public Sector Information)'를 발표하였으며 정부 서비스 개선과 경제성장 촉진을 위한 공공정보(Public Sector Information) 활용을 위하여 5개의 주제별 권고안을 담고 있다.
① 소유권에 관한 원칙을 규명(공공 데이터는 정부가 아닌 개인의 소유물)한다.
② 기회를 극대화할 수 있는 국가 데이터 전략을 개발한다.
③ 데이터가 상업과 공공행정 모두에서 광범위하고 신뢰할 만한 방법으로 활용되도록

보장한다.
④ 신규 인프라 지원에 초점을 둔 전략(기초 데이터 과학에 대한 전략적 투자 포함)을 세운다.
⑤ 시스템에 대한 신뢰 강화한다.

2013년 10월 방대한 데이터를 활용해 일반 국민, 소비자, 민간기업, 교육기관, 공공부문 등 국가 전반의 새로운 가치 창출을 위한 목적의 '데이터 역량 강화 전략(A strategy for UK data capability)'을 마련하였다.

이 전략은 3가지 핵심 요소를 확보하는 데 초점을 맞추고 있다.
① 빅데이터 전문 인력(Human Capital)
② 데이터 분석과 저장이 가능한 인프라와 도구
③ 접근성과 활용성을 갖춘 풍부한 데이터

2013년 11월 1일, 'G8 오픈데이터 헌장 국가 실천 계획(G8 Open Data Charter National Action Plan)'을 마련하였으며 액션 플랜에 포함된 6가지 공약은 다음과 같다. (출처 : 정보통신정책연구원 정용찬 외, 빅데이터 산업 촉진 전략 연구 _ 해외 주요국 정부 사례를 중심으로, 2014.11)
① G8 오픈데이터 헌장에서 확인된 14가지의 핵심 데이터 셋과 높은 가치를 지닌 데이터 셋을 공개, 게시, 향상시키도록 한다.
② 공개된 모든 데이터 셋이 영국의 국가 데이터 포털인 data.gov.uk를 통해 게시되도록 한다.
③ 최적의 공개 우선순위가 될 수 있는 데이터 셋을 식별하기 위해 시민, 사회단체가 함께 참여한다.
④ 공유 경험을 통해 국내외에서 오픈데이터 혁신을 지원한다.
⑤ 영국에서 오픈데이터 작업에 관한 명확한 향후 방향 설정한다.

⑥ 정부 데이터의 국가 정보 인프라(National Information Infrastructure)를 구축한다.

2014년 7월 15일 기존의 오픈데이터 전략 실행을 위해 세부 전략을 개선한 'Open Data Strategy 2014~2016(新ODS 전략)을' 발표하였다. BIS는 영국 최초의 ODS 전략(2012년 6월)을 보완하고, 효율적인 데이터 활용을 위한 영국 정부의 새로운 역할을 강조한 전략을 제시한 것이다.

(2) 빅데이터 연구 개발

영국의 빅데이터 관련 연구 개발은 최근 빅데이터 테스트베드 구축을 중심으로 이루어지고 있다. 이러한 연구는 빅데이터에 관한 유의미한 수준의 표준화, 기술·보안 프로토콜 개발을 위한 기업·학계와 함께 공유가 가능하고 일관성과 안정성이 확보된 실험 환경을 필요로 하게 된다. 따라서 공공 또는 민간 데이터들의 공유 및 통합으로 발생하는 기회와 장벽을 모두 실험 및 연구할 수 있는 테스트베드가 필요하며, 테스트베드 구축을 통해 시민들의 개인정보 보호와 데이터 보안이 보장될 수 있는 민간·공공간의 데이터 공유 및 통합과 관련한 법·규칙을 수립·보완한다.

그리고 정보 활용의 활성화에 따른 역기능 방지는 빅데이터와 관련된 직접적인 법은 없는 상황이며 일반 데이터와 관련된 법과 규제는 찾아볼 수 있었다. 영국은 '데이터 보호법(Data Protection Act)'을 만들어 데이터 활용에 대한 규제를 하고 있다. 개인 데이터 보호에 관한 법도 포함하고 있지만 이 챕터에서는 일반 데이터 보호에 관련해 언급하겠다. 이 데이터 보호법에서 데이터의 의미는 어떠한 목적에 대하여 응답을 자동화된 장비로 가공된 것, 어떠한 목적의 수단으로서 녹음된 정보, 제출되거나 입력한 정보의 전부 또는 부분의 정보, 정부에서 수집한 정보 등을 데이터의 정의로 두고 있다. 데이터 보호에 적용받는 행위, 책임, 권한 등을 명시하고 있다.

(3) 최근 주요 정책

정보 경제 전략(Information Economy Strategy), 데이터 역량 강화 전략(A Strategy for UK Data Capability), 오픈데이터 전략(Open Data Strategy : 2014-2016) 등 발표된 주요 정책을 살펴보면 다음과 같다.

① **정보 경제 전략(Information Economy Strategy)**

영국 정부는 국가 디지털 역량 강화를 위해 '정보 경제 전략'을 2013년 6월 발표하였으며 이 전략은 기업 혁신 기술부(Department for Business Innovation and Skills, BIS) 주도로 작성된 것으로 국가 디지털 역량 강화를 위한 정부, 산업계, 학계의 광범위한 파트너십 구축에 초점을 두고 있다.

정보 경제 전략의 추진 체계는 정보 경제 전략의 성공적 추진을 위해 정부, 산업계, 학계 인사로 구성된 정보 경제위원회(IEC; Information Economy Council)를 신설하고, 정보 경제위원회는 정보 경제 전략의 세부 실행 계획을 수립하고, 진행 경과를 점검하는 핵심 역할을 수행하는 것이다.

1) 강력하고 혁신적인 정보 경제의 발현을 통해 영국의 우수성을 세계에 전파
2) 영국의 기업과 조직, 특히 중소기업의 ICT 활용 능력을 향상함으로써 온라인 거래를 활성화하고 국내외 시장에서 매출을 증대한다.
3) 대다수 시민을 디지털 세대로 편입시키고, 디지털 서비스의 활용 효과를 누릴 수 있도록 시민의 능력과 자신감 향상한다.

기업 내 정보기술과 데이터의 스마트한 활용을 장려하는 데 유럽의 디지털 단일 시장과 그 외 세계시장은 영국의 경쟁력 있는 온라인 비즈니스를 위한 중요한 상업적 기회를 제공한다. 그러나 많은 경우에 기업은 자신이 거래하고자 하는 국가에 따라 다른 규정과 요구사항에 직면하게 되었다.

① 데이터 역량 강화 전략(A Strategy for UK Data Capability)

영국 정부는 영국을 글로벌 빅데이터 시장의 선두주자로 발전시키는 동시에 국내 빅데이터 역량을 경제 성장으로까지 연계하기 위한 목적으로 2013년 10월 '데이터 역량 강화 전략(Strategy for UK Data Capability)'을 발표하였다. 이는 데이터의 양이 증가하고 기업과 소비자의 요구가 더욱 정교해짐에 따라 데이터 인프라가 변화하는 트렌드에 유연하게 즉각 대응하는 것, 또한 새로운 도구와 기술, 데이터 분석을 위한 응용 프로그램에 대해 지속적으로 연구·개발하는(R&D) 것이 중요하다고 인식한 것이다.

이에 대한 실천 방안으로 초·중등 교육에 대한 정부 개혁을 통해 데이터 분석 직업에 필수 기술인 컴퓨팅과 과학에서 우수 능력을 지닌 학생을 배출시키기 위해 2014년 9월부터 이름을 바꾼 컴퓨팅 국가 교육 과정은 5~16세 학생들이 애플리케이션을 구축하고 컴퓨터 프로그램을 작성하는데 필요한 기술을 교육받도록 요구한다. 교과 과정은 컴퓨팅과 현실적인 문제들과 소프트웨어와 하드웨어 시스템에서의 이론적 개념들을 포함하고 학생들은 논리와 집합론에 대한 교육 및 알고리즘, 프로그래밍 언어와 인터넷 구조를 학습하게 되었다. 교과 과정의 변경뿐만 아니라 정부는 컴퓨터 과학 교사들이 코드를 작성할 수 있어야 한다는 새로운 요구사항을 도입한 것이다.

그리고 영국은 공적 자금을 받는 연구 데이터에 대한 접근 방식을 개선하고 있으며 연구 결과물 공개를 통해 다른 연구자들이 이러한 데이터를 혁신적으로 사용하고 협력을 촉진하도록 유도한다. 따라서 영국 정부는 연구자들이 논문과 기타 작업에 대한 대규모 분석을 수행할 수 있도록 하는 텍스트데이터 마이닝 연구를 지원하고 있는 것이다.

③ 오픈데이터 전략(Open Data Strategy)

영국의 비즈니스 혁신기술부(BIS)는 기존의 오픈데이터 전략 실행을 위해 세부 전략을 개선한 'Open Data Strategy 2014~2016(新ODS 전략)'을 2014년 7월에 발표하였다. 新ODS 전략은 2013년 6월 18일 영국 정부를 포함한 G8 회원국들이 합의한 G8 Open Data Charter의 연장선에서 5개의 핵심 원칙(Open Data by Default, Quality and Quantity, Usable by All, Releasing Data for Improved Governance, Releasing Data for Innovation)으로 구성된다.

영국 ICT 시장은 약 580억 파운드로 세계에서 가장 큰 시장 중 하나이며 유럽의 최대 IT 국가라고 불리고 있다. 조사기관인 BMI Research에 의하면, 영국 ICT 시장은 2015년에 590억 파운드에 달할 것으로 예상되며 컴퓨터 하드웨어 매출이 200억 5,000만 파운드가 될 것으로 예상하고 있다. 영국 수도인 런던에는 IT 기업이 다수 있으며 특히 런던 동쪽에 3,000여 개 사의 스타트업 IT 기업이 집중돼 있고, 해당 지역은 미국의 실리콘밸리와 유사해 실리콘 라운더바웃(Silicon Roundabout) 또는 테크 시티(Tech City)라고 불린다. (출처 : KOTRA 런던 무역관)

5절 | 빅데이터 국가별 정책 _ 일본

정책 개요

일본은 민간부문에서 일부 빅데이터 활용 사례가 증가하고 있으나 전반적인 활용 정도는 미국이나 유럽에 비해 낮다. 따라서 상대적으로 정부의 진흥 기능을 통해 시장을 형성하는 데 주력하고 있다.

일본의 빅데이터 추진을 위한 주요 전략과 내용은 2012년 7월 일본 총무성 산하 정보통신 심의위원회에서 발표한 '액티브 재팬(Active Japan ICT)' 전략에 상당 부분이 포함되어 있다. 이는 일본이 수학적으로 불가능한 표현을 통해 그들의 전략을 발표한 배경에는 국내적인 GDP의 정체, ICT 경쟁 랭킹의 침체, 주요 ICT 지표 랭킹의 침체, 전자정부 발전 지수의 침체, 세계 시장에 있어 일본 점유율의 침체, 스마트폰 시장의 성장과 존재감 없는 일본 메이커, ICT 관련 일본 기업의 국제적 지위 저하 등에 대한 위기의식과 미국이나 유럽에 비해 빅데이트의 활용도가 낮다는 점에 기인하였다.

일본 총무성은 2000년대 이후 성장 정체·국제 경쟁력 저하, 2011년 동일본 대지진 등 빈번한 자연재해 등 국가 위기 상황을 극복하기 위해 2012년 5월, ICT에 기반한 국가 주도의 종합적 진흥정책인 'Active Japan ICT' 계획을 발표한 바 있다. 총무성은 'Active Japan ICT' 전략을 '벼랑 끝에 선 일본의 탈출 전략'이라 칭할 정도로 미래 핵심 정책으로 추진하고 있다. Active Japan ICT 계획은 5개 부문으로 구성되어 있으며 이 중 'Active Data' 부문이 빅데이터 관련 정책에 해당한다. Active Data 정책은 다종 다량의 빅데이터를 실시간으로 수집, 전송, 해석하여 재난 관리를 포함한 정책 과제 해결에 이용함은 물론, 수십조엔 규모의 데이터 활용 시장 창출을 목표로 하고 있다. 따라서 일본은 빅데이터를 국가 자산화하여 성장 동력을 육성하겠다는 것이다.

2012년 5월, 빅데이터 활용 특별부회는 빅데이터 활용을 위한 정책의 기본 방향을 검토하여 '빅데이터 활용 방안'을 발표하였다. 여기서 발표한 내용은 '액티브 재팬 ICT' 전략에 최종 반영하였다. 2012년 7월에 총무성이 발표한 차기 ICT 전략인 액티브 재팬 ICT 전략은 5개의 추진 전략으로 이루어져 있으며 빅데이터의 이용과 활용에 의한 사회·경제 성장을 위해 '액티브 데이터 전략'을 중점 목표로 하고 있다. 액티브 데이터 전략은 민간 분야를 고려하면서 빅데이터 활용 활성화 정책을 추진할 예정이며 이를 위해 데이터 개방, 기반기술 연구 개발, 표준화, 활용 인재 확보, 사물 간 통신 촉진, 규제 개선, 산·학·관이 제휴하여 추진, 성과 평가 방법 등을 마련하고 있다.

(출처 : 과학기술정책연구원, 빅데이터시대 과학기술정책 방향, 과학기술정책 제23권 제3호(제192호) ISSN 2005-6982, 2013)

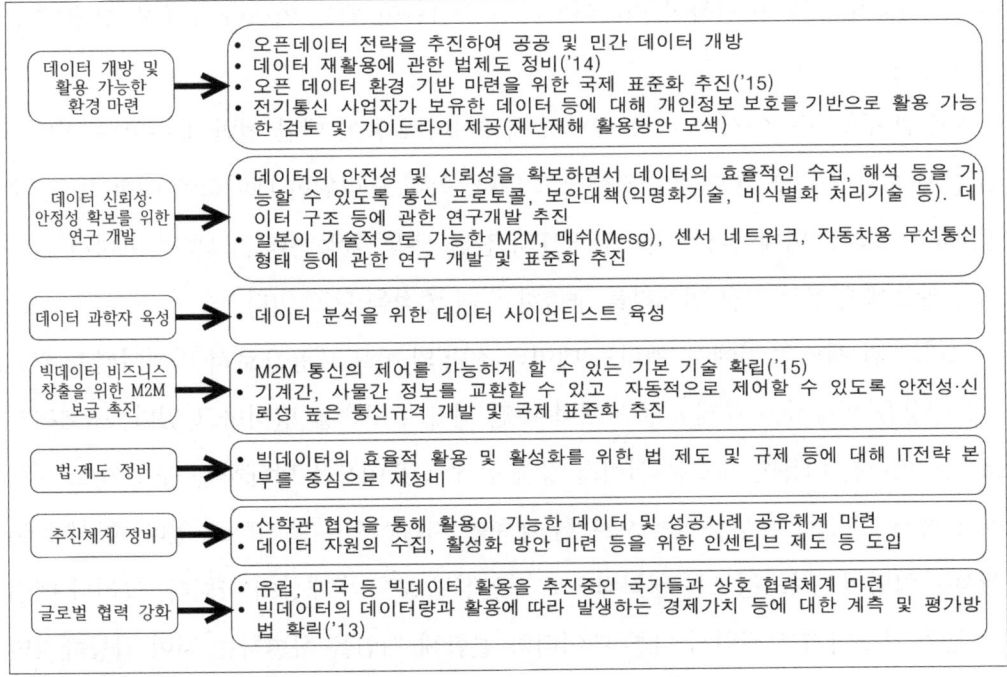

[그림 11] 액티브 데이터 전략을 위한 7대 추진 과제
출처 : 과학기술정책연구원, 빅데이터 시대 과학기술정책 방향, 과학기술정책 제 23권 제 3호(제 192호)ISSN 2005-6982(2013)

또한 액티브 재팬 ICT 전략 외에도 IT 종합 전략 본부(구, IT 전략 본부)는 2012년 7월에 공표한 일본 재생 전략의 과학기술 이노베이션·정보통신 전략을 통해 빅데이터 환경을 위한 공공데이터 전략을 수립하였다.

(1) 개인 정보 보호 법제

　일본은 유럽과 같이 사전 동의(Opt-in) 중심의 개인 정보 보호 법제로 구성되어 있다. 최근 일부 빅데이터 활용 사례가 늘고 있어, 프라이버시 침해, 개인정보 보호 등에 대한 이슈가 제기되고 있다. 분석기술이 향상되면서 다른 데이터와 결합해 개인 식별이 가능해짐에 따라 익명의 행동 정보에 대한 개인정보 보호법 적용 범위 개정을 추진하고 있는 것이다. 이외에도 빅데이터 저장·처리 및 전송을 위한 연관 산업 육성도 함께 추진되고 있는데, 앞서 말한 'Active Japan ICT' 계획 내에 별도의 'Active Communication'을 마련하여 빅데이터의 전송기반이 되는 인프라 구축을 병행 추진하고 있다.

　시스템 구축 차원에서 국가적 차원의 빅데이터 활용에 대한 전반적 논의는 '빅데이터 활용에 관한 특별 그룹'에서 진행하고 있다. 특히 광범위한 데이터에 대한 생성, 수집, 축적 그리고 빅데이터를 둘러싼 ICT의 진전 상황, 활용 사례, 그뿐만 아니라 빅데이터 활용에 있어서 기술 인프라를 구축하는 데 중점을 두고 있다.

　그리고 법 제도 측면에서 '액티브 데이터 전략'의 주요 내용으로서 빅데이터를 위한 ICT 활용을 방해하는 규제·제도 개혁 촉진 전략의 구축을 명시하고 있다. 구체적으로 빅데이터를 이용한 새로운 서비스 창출 등에 ICT 이용을 방해하는 규제 제도 개혁에 관해서 IT 전략 본부를 중심으로 한 대처를 지속적으로 촉진하고 있다. 현재 일본에서는 익명의 '행동' 정보는 원칙적으로 개인정보 보호법 대상이 아니다. 그러나 데이터 분석 기술이 향상되면서 다른 데이터와 결합해 개인을 식별하는 것이 가능해지면서 법률을 바꿔야 한다는 의견이 나오고 있다. 그래서 일본 총무성은 2012년 11월부터 개인정보 보호법 개정안을 마련하기 위해 유럽연합(EU)이 채택하고 있는 'EU 데이터 보호 지침'을 검토하고 있다.

(2) 빅데이터 활용 기업

　일본 대기업들이 빅데이터 및 사물 인터넷 기술 활용 늘고 있다. (출처 : KOTRA 나고

야 무역관)

후지쯔와 이스즈 자동차는 차량·도로 분석 데이터로 교통 인프라의 안정화에 기여하고 있다. 정보 시스템 회사인 후지쯔(富士通)는 차량 주행 실적 데이터 분석과 도로 관리 업무 지원 사업을 본격적으로 전개하기 위해 2015년 7월에 '후지쯔 교통·도로 데이터 서비스(FTRD)'를 설립하기도 하였다.

FTRD는 2012년부터 화물용 트럭 5만3,000여 대의 주행 데이터를 IOT를 이용해 수집하여 누계 5,000억 건의 데이터를 보유하고 있다. 현재도 매월 약 100억 건의 데이터를 갱신하고 있다고 발표하며 수집 데이터를 통해 사고 위험이 높은 교차로, 정체 발생이 높은 시간대, 새로운 도로 개통으로 기대되는 효과 등의 정보를 지방자치단체나 기업에 판매하는 것이 주된 사업 내용이라고 설명하였다.

또한 FTRD는 일본 완성차 제조사인 이스즈 자동차와 공동 설립한 '트랜스트론' 사에서 제공하는 물류용 운행 관리 서비스 사용자들로부터 데이터를 수집하고 이 회사에서 제공받은 데이터를 차량, 기업 등 타 주체들이 특정할 수 없는 상태로 가공·축적한다. FTRD 측에 따르면 데이터 축적 초기 단계에서 익명화를 적용해 타 주체에게 데이터를 판매할 때 고객들의 개인정보 누출 가능성을 낮출 수 있었다고 하였다.

한편, 히타치는 빅데이터 기술을 도입하여 인프라 사업을 패키지화하였으며 도시 철도 건설과 관련된 시뮬레이션이 가능한 소프트웨어를 개발하였다. 이 소프트웨어를 사용해 승객 수, 투자액, 수익에 미치는 영향뿐만 아니라 철도 건설로 인해 도로 정체가 어느 정도 완화되는지, 이산화탄소 산출량이 얼마나 감소하는지 등의 철도 분야 외의 효과도 시뮬레이션이 가능하며 이를 통해 철도 인프라 계획의 종합적인 손익 여부를 판단할 수 있게 되었다.

더 나아가 히타치는 이러한 소프트웨어가 향후 부동산, 철도회사뿐만 아니라 정부, 지방자치단체의 도시계획 수립을 지원하는 데에도 적극적으로 활용될 것으로 예상하고 있다. 히타치 제작소는 앞으로 교통 분야 외에도 풍력발전소 건설 등의 발전, 의료, 도시 개발, 수자원, 환경, 제조업, 물류 분야 등 다양한 분야에 적용할 수 있는 소프트웨어 개발에 착수할 것이라고 한다.

    이를 통해 일본에서는 후지쯔와 이스즈 자동차는 차량 주행, 운전 기술 데이터를 축적해, 물류 회사에 제공함으로써 기존 고객 기업들의 사업 효율화뿐만 아니라 데이터를 기반으로 신규 고객·기업에게 자사 제품 사용에 최적화된 운영 매뉴얼을 제공할 수 있을 것으로 예상한다.

6절 | 빅데이터 국가별 정책 _ 싱가포르

정책 개요

싱가포르는 자국의 위험·기회 요인에 대한 선제적 파악 및 대응 전략 수립을 위한 국가 위기관리 정책 지원 시스템이 필요하다는 인식 아래, 빅데이터 기반 위험 관리 계획의 일환으로 국가안보조정국(NSCS; National Security Coordination Secretariat) 내에 'RASH(Risk Assessment and Horizon Scanning) 시스템'을 마련하였다.

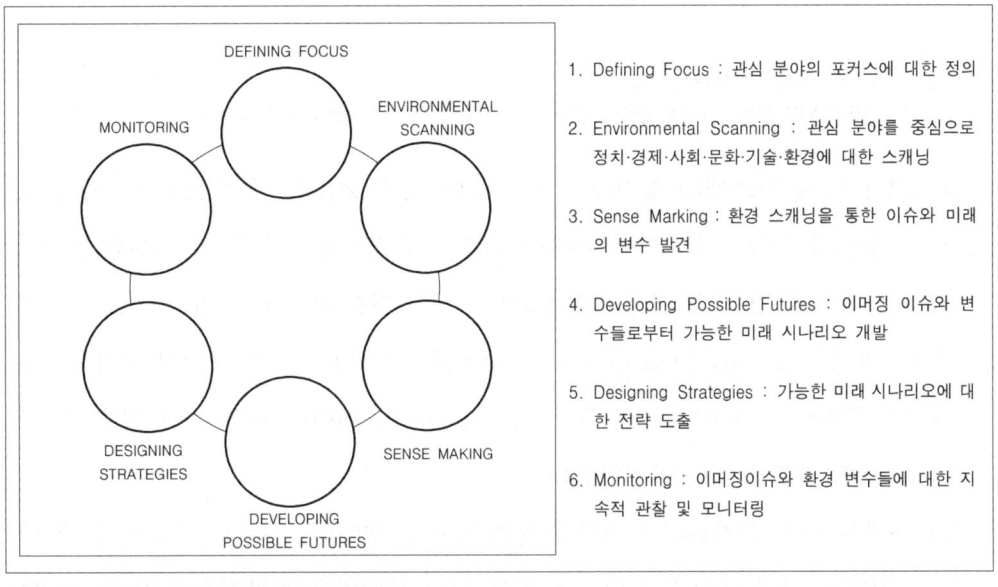

[그림 12] 싱가포르 호라이즌 스캐닝 프레임워크
출처 : 이재호 한국행정연구원, 정부 3.0 실현을 위한 빅데이터 활용방안, KIPA 연구보고서 2013-04(2013.12)

싱가포르는 데이터를 기반으로 싱가포르를 위협하는 리스크에 대한 평가와 환경 변화를 탐지하는 국가 위험 관리 시스템(RAHS)을 구축하고 호라이즌 스캐닝(Risk Assessment Horizontal Scanning) 시스템을 통해 데이터 수집, 분류, 분석, 관계성, 예측을 지원하고 있다.

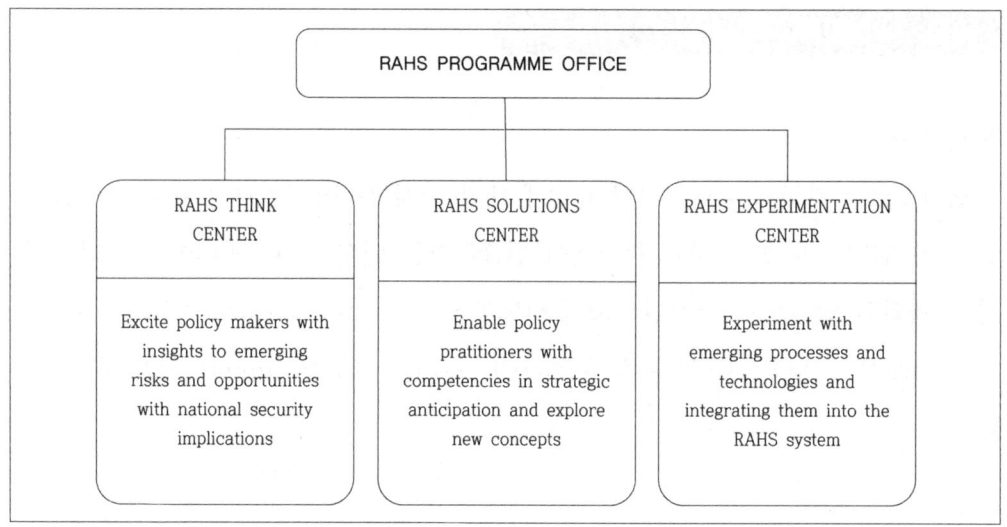

[그림 13] 싱가포르 RAHS의 조직 구성 체계
출처 : 송민석, 빅테이터를 활용한 마케팅 전략 실행의실제에 관한 연구, 한국교통대학교(2013.12)

그리고 RASH 시스템의 활용도가 높아짐에 따라 2012년에는 RAHS Program Office를 설립하여 업무의 체계적 수행을 위한 환경 및 이슈 분석, 정책 수립 능력 강화, RAHS 시스템 및 기술 연구의 특성화된 3개 센터를 운영하고 있다. 또한 싱가포르 경제개발청(Economic Development Board)은 정부와 기업의 경쟁력 강화를 목표로 민간과 협력하여 데이터 분석 연구소를 설립하고, 데이터 분석 기반 정책 수립을 위한 지속적인 지원 체계를 마련하였다.

싱가포르는 국가 위기관리 시스템을 통해 다양한 데이터를 수집·분석하여 국가적 위험 및 기회를 미리 예측하고 대응 방안을 모색하는 것을 주목적으로 한다. 이러한 모니터링과 분석을 통해 해상 안보 정책, 질병 예측 및 대응 정책, 인구 정책, 교육 발전 정책 등을 지원하고 있다.

7절 | 빅데이터 국가별 정책 _ 호주

정책 개요

호주의 데이터와 관련된 전략은 호주 정보관리청을 중심으로 기존에 전개되었던 정보의 공개·공유 전략과 빅데이터를 중심으로 다시 제안되고 있는 빅데이터 전략으로 설명할 수 있다. 최근 호주 정부 정보관리청(AGIMO; Australia Government Information Management Office)은 '호주 공공서비스 빅데이터 전략(The Australian Public Service Big Data Strategy: Improved understanding through enhanced data-analytics capability)'을 발표한 바 있다. 이 전략을 통해서 공공부문의 효율성, 협업 및 혁신을 주도하는 공공서비스 분야의 세계적인 리더가 되는 것을 목표로 6가지 주요 원칙을 제시하였는데, 이러한 '빅데이터 전략'은 서비스 제공 및 정책 개발의 책임을 진 호주 정부의 고위 관료(Australian Government Agency Senior Executives)를 위한 것이다.

'빅데이터 전략'은 빅데이터의 사용과 효과적 지원을 위해 호주 정부 기관이 따라야 할 경로를 제공하는 것을 목표로 하고 있다. 개인의 프라이버시를 보장하면서 보다 나은 서비스의 제공과 정책 개발을 통해 생산성 향상을 위해 지원하는 것을 목표로 하고 있다.

인프라 구축 차원에서 호주 국립데이터 서비스(ANDS; Australian National Data Service)와 호주 DIISR(Department of Innovation, Industry, Science and Research) 및 EIF(Education Investment Fund)로부터 2008~2011년간 약 280억 원을 지원하였다.

특히 ADNS를 통해 호주 연구자들이 연구 데이터에 쉽게 접근하고 공유할 수 있는 인프라를 구축하는 것을 목적으로 하고 있다. 이곳은 연구 커뮤니티의 데이터 관리와 관련된 국가 정책에 영향을 주고 있으며 이질적인 연구 데이터를 상호 결합한 컬렉션으로 변경시키는 역할을 수행하고 있다. 호주의 법 제도는 실체법으로서 강제적인 내용을 가진 법 규정은 아니지만 정부 기관이 따라야 할 방향을 제시한다는 의미의 가이드라인이 제도적 역할을 수행한다.

① '오픈 정부의 선언(Declaration of Open Government)'과 함께 정부 데이터를 공개하는 사이트인 Australian Government Department of Finance가 만들어졌다(http://www.finance.gov.au/agict).

② 호주 공공서비스 빅데이터 전략(The Australian Public Service Big Data Strategy : Improved understanding through enhanced data-analytics capability, 2013.8.2.)으로서 빅데이터 활용을 위한 호주 정부 기관이 따라야 할 원칙과 앞으로의 추진 과정을 명시했다.

③ 개인정보 영향 평가(PIA; Privacy Impact Assessments) 제도를 도입하여 개인정보를 활용하는 새로운 정보 시스템의 도입이나 개인 정보 취급이 수반되는 기존 정보 시스템의 중대한 변경 시, 동시스템의 구축·운영 등이 프라이버시에 미치는 영향에 대하여 사전에 조사·예측·검토하여 개선 방안을 도출하였다.

'빅데이터 전략'은 2013년 2월에 설립된 다중 기관 작업 그룹인 '빅데이터 워킹 그룹(Big Data Working Group)'의 도움으로 개발되었으며 2014년 7월까지 '빅데이터 워킹 그룹'과 DACoE의 협력을 통해 빅데이터 분석 기술 능력 향상을 위한 교육 커리큘럼을 강화하는 방안을 명시하여 인력 양성에 힘을 쓰고 있다.

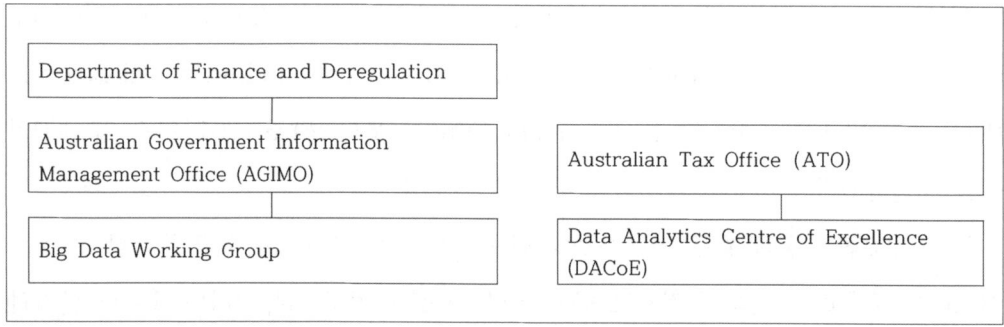

[그림 14] 호주의 빅데이터 추진 체계

한편, 호주 국가연구 위원회(Australian Research Council)[2]는 빅데이터의 혁신적 이용 방안 모색의 일환으로 빅데이터 관련 연구센터[3]를 개소, '14~'21년 동안 2,000만 호주 달러 규모를 투자할 계획을 수립하였다. (출처 : K-ICT 빅데이터 센터, [제4호] 호주 국가연구위원회, 빅데이터 관련 연구센터 개소, 2014.11)

호주 내 빅데이터 연구 과제를 분석하고 국가 개발을 위한 과제 우선 도출 및 연구개발을 목적으로 한다.

주요 연구 내용을 살펴보면 다음과 같다.

① 빅데이터 연구센터는 빅데이터 모델링을 기반으로 건강, 지속할 수 있는 환경 및 부유한 사회 등의 사회적 현안들에 대한 인사이트를 제공할 계획이다.
  - 헬스케어, 도로 교통 네트워크, 해양 에코 시스템 및 천체 물리 등 다양한 분야에 실제적 가치를 부여하는 영향력 있고 지속 가능한 연구 조직을 지향한다.
② 빅데이터 연구센터는 고도의 수학 및 통계적 기법으로 혁신적인 모델 개발을 통해 빅데이터 세트의 크기와 복잡성 속에 내재된 지식 창출을 도모하고자 한다.
  - 연구에 주력할 분야는 헬스케어 시스템 개선이 핵심 요소인 데이터 모델링, 스마트폰과 인터넷 트래픽 관리를 위한 새로운 데이터 기반 솔루션, 산호초 관리 툴 제작을 위한 데이터 모델 통합 등이다.
③ 빅데이터 연구센터는 데이터 분석 분야의 이론적 도구 개발로 저명한 vlxj ghf(Peter Hall) 교수가 이끄는 멜버른 대학교 연구진이 주도적으로 운영할 예정이다

---

[2] Australian Research Council. 호주 R&D 분야 정부 자문과 국가 R&D 투자의 핵심 요소인 국가경쟁력 기금 프로그램을 관리하는 국립 연구기관
[3] The ARC Centre of Excellence for Mathematical and Statistical Frontiers of Big Data, Big Models, New Insights

8절 | 빅데이터 국가별 정책 _ 중국

정책 개요

중국 정부는 '빅데이터 발전 촉진을 위한 행동 요강'을 발표하였으며 빅데이터 육성을 위해 2018년 공공 통계를 공개하기로 하였다. (출처 : KOTRA 청두관)

오는 2017년 말까지 각 부처 간 데이터 자원의 칸막이를 없애고 데이터 자원을 공유할 수 있는 기본 틀을 마련한 후, 2018년까지 통합 플랫폼을 통해 공공데이터를 외부에 공개하기로 하였다. 중국은 데이터 정보의 개방과 공유를 통해 자원 배분과 통합, 국가 관리 역량을 제고하는 한편, 산업 혁신을 촉진하고 새로운 모델의 기업 창업을 독려함으로써 경제구조 개편을 지원할 방침이다.

또한 빅데이터 산업에서 국제 경쟁력을 가진 기업 브랜드의 육성을 목표로 10개의 선두 기업과 함께 500곳에 대한 빅데이터 응용, 서비스, 제조 기업을 양성하기로 하고, 신용, 금융, 교통, 의료·보건, 취업, 사회보험, 지리, 문화, 교육, 과학기술, 자원, 농업, 환경, 안전 감독, 기상, 기업 등기 등의 통계를 일반인들도 확인할 수 있게 되었다.

2013년 4월 중국과학원(CAS; Chinese Academy of Sciences)은 향후 중국의 과학기술 발전 전략 방향을 담은 '과학기술 발전 동향 및 2020년 전략적 선택(Vision 2020: The Emerging Trends in Science & Technology and Strategic Option of China)'이라는 보고서를 발간하고 해당 보고서를 통해 향후 중국이 강화해야 할 혁신 과학기술 분야 중 하나로 빅데이터를 지목하였다. 더 나아가 중국과학원은 빅데이터 기술이 자연재해 예측 및 통제, 질병 예방, 정책 결정 등에 있어서 근본적인 변화를 가져올 것으로 기대한다고 하였다.

중국의 국가통계국(NBS; National Bureau of Statistics of China)은 빅데이터 도입을 가장 적극적으로 추진하고 있는 정부 부처 중 하나로, 2013년 11월 자국 내 주요 기업들과 빅데이터 활용을 목표로 장기적인 협력 체계를 구축한다고 발표하기도

했다. 현재 국가통계국은 자국 민간 기업들(바이두, 판야 금속거래소, 텐센트, 상하이 조선거래소, 애널리시스 인터내셔날 등)과 다양한 형태의 빅데이터 활용 프로젝트(부동산 가격 예측 프로그램 개발, 인터넷 쇼핑 패턴 통계 제공 등)를 진행 중이다.

베이징(北京)의 경우, 대기 오염 문제를 해결하기 위한 주요 방안으로 빅데이터 기술 도입을 모색 중이며 베이징 시는 2014년 7월 지능형 기상 예측 시스템의 도입을 목표로 IBM과 협력을 결정하였다. IBM의 슈퍼 컴퓨터인 '왓슨(Watson)'을 이용해 각종 센서로부터 수집한 대기 데이터를 분석하고 이를 토대로 오염 배출원 지도 구축, 대기 오염 패턴 예측 등을 시도할 계획이며, 화석 연료를 대체할 수 있는 신재생 에너지 자원의 개발 및 도입 과정에 있어 IBM의 클라우드 기반 데이터 분석 시스템을 활용할 예정이다.

구이저우성(贵州省)은 빅데이터 산업의 기초 인프라 중 하나인 데이터 과학자 등 인력 양성에도 주력하고 있으며 빅데이터 허브로서의 입지 확보를 통한 지역 경제 활성화 및 산업 발전을 모색하고 2014년부터 3년간 총 1억 위안(약 1,630만 달러)을 빅데이터 기업 유치 및 관련 산업 활성화를 위해 투입할 예정이다.

리커창 총리는 2015년 3월 양회(兩會)에서 직접 발표한 정부 업무 보고 중 "대중 창업과 만인 혁신, 공공제품 및 서비스라는 양대 엔진으로 경제의 양과 질을 모두 높인다"는 미래상을 공개하였다. 양대 엔진의 첫째는 대중 창업, 대중 창조의 새 엔진을 만드는 것이며, 둘째는 전통 엔진의 개조를 강조하고 있다. 그리고 빅데이터는 전통 엔진 개조의 촉매제 역할로써 돼 결과적으로 대중 창업, 대중 창조를 도울 수 있게 된 것이다.

사이트 명	이미지	개요
数据服务 Metamarkets		• 이 사는 tweet, 지불, 출석 및 일부 인터넷과 관련된 문제를 분석해 고객에게 데이터 분석 도구를 제공함 • 올해 상반기까지의 샌프란시스코에 위치한 창업 회사의 투자자 융자 금액은 2,300만 달러에 달함
数据可视化 Tableau		• 데이터를 가시화 방식으로 전개하는 것이 주요 목표 • 무료 분석 도구를 제공하여, 프로그래밍 지식·배경이 없는 상황에서도 데이터 전용 도표를 제조할 수 있게 함. 융자 금액은 1,000만 달러임
企业版 Hadoop Cloudera		• 창시자 제프 해어배커(Jeff Hammerbacher)는 Facebook에 일한 적이 있으며 당시 Hadoop을 이용해 사용자 행위를 분석함 • 빅데이터를 활용해 의료 데이터를 처리, 질병 치료, 간호와 약물 테스트 등 분야의 견해를 게시함. 융자 금액은 7,600만 달러에 달함
大数据分析 ParAccel		• 빅데이터 분석을 통해 범죄 데이터를 얻음 • 15,000개의 범죄 전과가 있는 사람에 대해 추적을 진행해 법 집행 기구에 참고 성이 높은 범죄 예측 자료를 제공
商业智能领域 QlikTech		• 상업 지능 분야의 서비스 도구를 제공하며, 과학 연구와 예술 등 분야에서 응용이 가능해짐 • Google과 협력해 대량의 데이터를 얻음. 이 사는 기본 데이터 가시화 처리 등의 도구를 제공함
数据科学 Kaggle		• '데이터 과학 운동'을 통해 세계에서 가장 뛰어난 과학 연구원과 통계 학자 발굴을 목표로 함. • 이벤트 경기를 개최해 과학자들이 네트워크를 통한 방식으로 데이터와 문제를 제출하고 해결하는 방식을 취함

商業类型 GoodData		• 이 사는 고객의 데이터를 통한 재산 발굴을 목표로 함 • 위 창업 회사는 주로 경제인과 IT 기업 고위관리를 타깃으로 하며 데이터 저장, 성능 보고, 데이터 분석 등의 도구를 제공함
电子商务数据 TellApart		• 이 사는 전자상 회사와 협력하고 있음 • 사용자의 검색 행위 등 데이터에 근거한 분석으로 잠재적 바이어를 예측해 전자상 기업의 소득을 향상시킴. 1,775만 달러의 융자를 얻음
社交媒体数据 DataSift		• Twittter, Facebook 등 소셜미디어 매체의 폭발로 인해 더욱 다양해진 브랜드도 영향을 받게 됨 • 이 회사는 주로 소셜미디어 매체를 바탕으로 데이터를 모으고 분석하며 브랜드 회사의 판매 방안을 제정함. 1,500만 달러의 융자를 얻음
创业公司新秀 Datahero		• 복잡한 데이터를 더욱더 간단하고 명료하게 변환하는 것을 목표로 함 • 초급 분석가는 엑셀을 사용해 데이터를 처리할 경우, 많은 시간을 소비해야 하나 이 회사를 통해 엑셀보다 편리하고 빠른 데이터 처리를 할 수 있음. 융자 금액은 100만 달러에 달함

[표 2] 빅데이터 분야의 성공적인 창업 회사
출처 : 중국통계망(中国统计网)

(2) 빅데이터 활용 사례

중국 빅데이터 기업 활용 사례를 살펴보면 다음과 같다.

기업체	빅데이터 활용 현황
Alibaba	• 빅데이터 기술을 활용해 Ali 신용 대출 및 Taobao 데이터큐브서비스를 개발
Tencent	• 소셜네트워크 데이터를 통해 마케팅 플랫폼을 구축하여 광고주를 위한 프리시전 마케팅 서비스 개발
Baidu	• Baidu Index, 司南(sinan), 風雲榜(top), 데이터 연구센터, Baidu 統計(tongji) 등 5개 빅데이터 플랫폼 구축
Huawei	• 기업 데이터 서비스 시장을 지향한 모바일 단말을 기반으로 하는 데이터 분석 방안 개발

기업체	빅데이터 활용 현황
차이나유니콤	• 2012년 연말까지 빅데이터와 Hadoop 기술을 모바일 통신 사용자의 인터넷 기록 검색과 분석 지원 시스템에 도입 • 충칭시 빅데이터 계획에 100억 위안 투자 계획
차이나모바일	• 'Big Cloud 1.5' 플랫폼에 분석형 PaaS 제품 배치 • BC-Hadoop을 이용해 빅데이터 처리 플랫폼 구축, 인텔 Xeon+Hadoop 플랫폼에 운행 • 병렬 데이터 마이닝 시스템(BC-PDM&ETL) 및 비즈니스 플랫폼(BI-PAAS) 등 빅데이터 활용 플랫폼 구축
차이나텔레콤	• 빅데이터와 사물인터넷 기술을 활용한 '스마트 시티' 발전 전략 수립 • 빅데이티 기술을 기반으로 IDC 및 스마트 시티 발전

[표 3] 중국 빅데이터 기업 활용사례
출처 : KOSTEC

중국 빅데이터 산업의 발전 여부는 기술 혁신, 활용 방안 강구, 인재 양성, 정보 보안 등에 달려 있으며 빅데이터 활용에 대한 수요가 높아지면서 자본 투입이 빨라지고 새로운 업태가 계속해서 등장하고 있다.

전자상거래 플랫폼의 메카인 항저우는 1지역 1산업(塊狀經濟) 정책 및 전문시장의 발달, 대·중소 민영기업 및 정보·금융·물류 등 산업단지의 발달, 전자상거래 종합시범구 건설 및 플랫폼 실현을 위한 인프라가 잘 형성돼 있다.

Tip 포인트

1. 해외 주요국 정부는 빅데이터 시장 활성화를 위한 공공정보 공개, 빅데이터 기반 공공서비스 제공 등 다양한 사업을 추진하고 있다.
2. 한국에서는 중소기업의 빅데이터 활용을 지원하고 있다. 정부는 과학적 정책 수립을 국정 운영 패러다임 변화의 핵심으로 제시하고, 빅데이터를 활용한 체계적·과학적 문제 해결에 대한 대안 및 전략을 마련하기 위한 데이터 기반 미래 전략 컨설팅을 추진하고 있다.
3. 미국은 민간 부분에서 글로벌 빅데이터 시장을 주도하고 있다. 특히 구글, 페이스북 등 글로벌 인터넷 기업들은 데이터를 분석하여 광고 등 마케팅에 활용하고 있으며 IBM, Microsoft, Oracle, SAP, SAS 등 핵심적인 빅데이터 장비 및 소프트웨어 기업이 포진하고 신생 기업들도 성장하고 있다.

연습문제

01 대한민국의 빅데이터 정책에 대해서 설명하시오.

02 대한민국의 빅데이터 활용 사례를 설명하시오.

03 해외 빅데이터의 정책에 대해서 설명하시오.

04 해외의 빅데이터 활용 사례를 설명하시오.

05 미국 대학의 빅데이터 교과과정에 대해서 설명하시오.

06 다음은 우리 정부의 빅데이터 추진과 관련한 정책이다. 설명 중 잘못된 것은?
① 정부는 빅데이터 활용과 인프라 기반 조성을 선도적으로 추진하기 위한 빅데이터 활용 추진단을 신설하였다.
② 한국전자통신연구원(ETRI)은 2012년 1월 1일, 빅데이터 소프트웨어 연구소를 개설했다.
③ 대통령 소속 국가브랜드전략위원회가 중심이 되어 '빅데이터를 활용한 스마트 정부 구현(안)'을 마련하였다.
④ 방송통신위원회는 빅데이터 관련 R&D 과제로 빅데이터 산업 진흥을 위한 법 제도 개선 등을 제시하였다.

07 다음은 우리 정부의 빅데이터 추진과 관련한 정책이다. 설명 중 잘못된 것은?
① 빅데이터 분석 활용 센터 플랫폼을 구축·운영하고 있으며 누구나 자유롭게 빅데이터를 분석·활용할 수 있다.
② 공공데이터 원스톱 고객서비스 체계를 구축하여 현재 공공데이터 포털을 통해 공공데이터 등록·제공 신청 등 민원에 대해 신속한 대응을 하고 있다.
③ 데이터 분야 Start-up 활성화 및 성공 사례 확산을 위해 데이터 분야의 시제품 제작 지원 등 밀착 지원을 하고 있다.
④ 한국정보화진흥원은 '빅데이터 개인 정보 보호 가이드라인'을 발표하였다.

08 미국의 빅데이터 활용으로 잘못 설명한 것은?

① 미국은 대규모 데이터의 가치에 주목하고 중앙 정부뿐만 아니라 자치단체 차원에서도 빅데이터를 적극적으로 활용하고 있다.
② 미 국방부는 빅데이터를 활용해 스스로인지·결정하여 군사 행동을 수행하는 자율 시스템을 개발하였다.
③ 미 국립보건원은 AWS(Amazon Web Services)를 통해 세계 최대의 유전자 변형 데이터 세트를 무료로 공개하기도 하였다.
④ 빅데이터 관련 공공정책은 프라이버시가 중요하여 국방부 국립보건원, 국립과학재단 등 6개 기관 등 정부 기관만 참여하는 빅데이터 그룹을 조직하였다.

09 미국의 빅데이터 정책으로 잘못 설명한 것은?

① 미국은 민간부문에서 글로벌 빅데이터 시장을 주도하고 있다.
② 미국 인포메이션 거버넌스 기관인 IAF(Information Accountability Foundation)는 4단계의 빅데이터 윤리 프로젝트 진행하였다.
③ 미국 정부는 공공데이터를 개방하고 빅데이터를 활용하여 투명하고, 효율적이며 혁신적인 정부 서비스를 제공하고 있다.
④ 미국 정부 기관이 제공하는 오픈데이터는 윤리적인 측면에서 정형데이터로 한정한다.

10 유럽의 빅데이터 정책으로 잘못 설명한 것은?

① 유럽은 미국보다 빅데이터 시장이 제한적으로 형성되어 있다.
② EU는 27개 회원국에서 생산하는 모든 공공정보와 데이터를 의무적으로 공개하고 자유롭게 사용할 수 있도록 하는 '공공정보 개방 전략'을 발표하였다.
③ EU는 데이터의 활용과 함께 개인 정보의 보호나 잊혀질 권리를 강조한다.
④ EU는 개인 정보 처리에 대해 옵트아웃(Opt-Out) 제도를 취해 오며 빅데이터를 적극적으로 활용하고 있다.

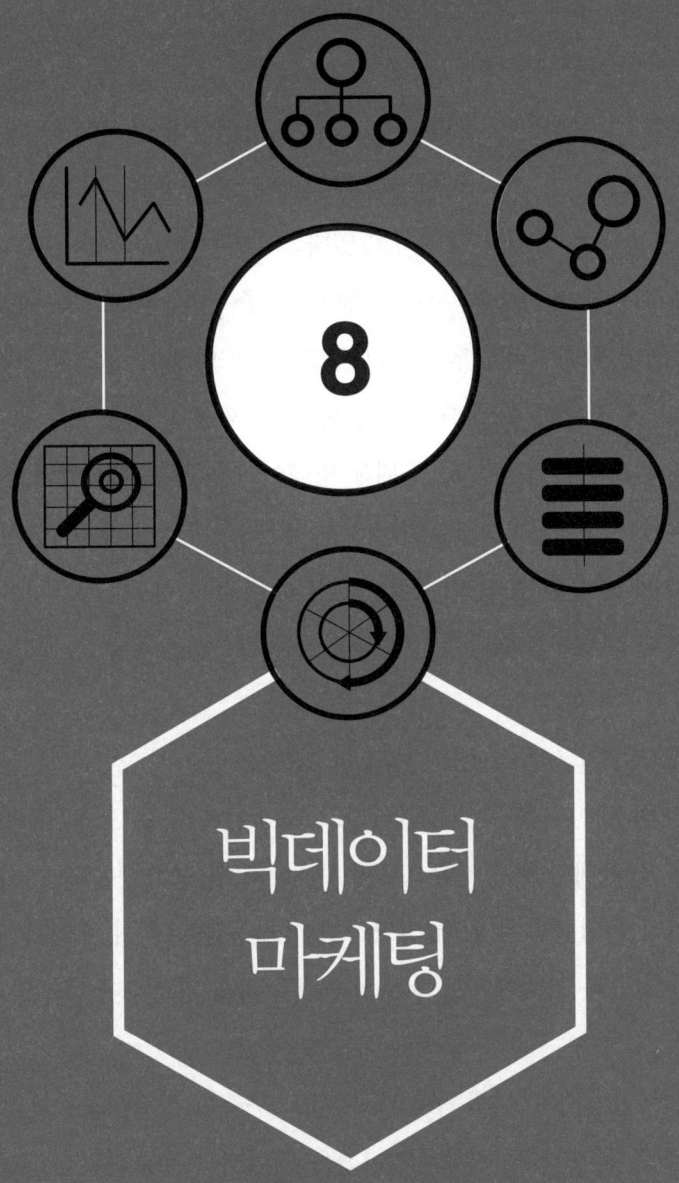

빅데이터 마케팅

1. 빅데이터 마케팅 활용의 중요성을 인식하고 마케팅 성공 사례를 학습한다.
2. 국내외 빅데이터의 공공정책 분야 및 민간 분야의 활용 배경과 대책, 마케팅 효과에 대해 학습한다.

1절 | 빅데이터와 마케팅

빅데이터 마케팅 활용

　빅데이터는 기업 경쟁력을 강화하고, 경영을 혁신하며, 서비스를 개선하고, 생산성을 향상하며, 매출을 높이기 위하여 민간부문에서 그 활용을 주도하고 있고, 공공부문에서도 최근에 그 활용 범위를 확대하고 있다.

　민간부문에서는 제품 개발과 서비스 향상, 각종 분석 서비스의 제공, 맞춤형 서비스 제공 등을 위해 빅데이터를 활용하고 있고, 질병 발생이나 고객 이탈 움직임 등 이상 현상을 미리 감지하여 이에 대응하는 한편, 가까운 미래를 예측하거나 현 상황을 분석하고 합리적인 의사결정을 하기 위해 빅데이터를 활용하고 있다. 공공부문에서도 빅데이터 분석을 통한 예측 정보를 바탕으로 공공 서비스의 개선, 선거 운동, 각종 정책 수립과 개선에 활용할 뿐만 아니라, 보안 및 위험 관리, 경찰 및 범죄 수사 분야에서도 빅데이터를 활용하고 있다.

빅데이터 마케팅의 필요성

　기업은 고객의 데이터를 수집·관리하고 고객이 원하는 것을 파악·분석하여 그 데이터를 활용한 마케팅을 전개함으로써 빅데이터의 중요성을 인식하고 있다. 또한 기업은 빅데이터를 활용함에 있어 일반적인 마케팅과 더불어 개인을 위한 맞춤형 마케팅과 특정한 집단과 조직에게는 전문성과 특수성을 강조하여 마케팅의 효율을 높일 수 있다.

　마케팅에서는 장기적인 신뢰 구축과 브랜드 구축이 필요하고, 커뮤니케이션을 신뢰 구축의 기회로 활용한다. 커뮤니케이션은 데이터를 추구하는 이유가 되며 이러한 빅데이터의 특성을 다양한 마케팅에 적용할 수 있는 것이 빅데이터의 장점이다.

　한편 웹스미디어에서 조사한 인터뷰를 통해 우리는 빅데이터가 마케팅에 왜 필요한지, 또한 어떻게 적용할 수 있는지 등을 알아보면 다음과 같다.

'빅데이터를 마케팅에 활용하는 것이 얼마나 중요하다고 생각하는가?'라는 질문에 과반수의 마케터가 마케팅 업무에 빅데이터를 활용하는 것은 중요하다고 응답했다. 현시대에는 빅데이터를 분석해서 정확하게 마케팅 솔루션을 제시해야 한다는 것을 반영하고 있다.

[그림 1] 빅데이터를 마케팅에 활용하는 것이 얼마나 중요하다고 생각하는가에 대한 응답
출처 : Di-Today 디지털 인사이트 미디어, 마케터들의 빅데이터에 관한 생각, 웹스미디어(2014)

빅데이터 기반으로 마케팅 전략을 수립할 때, '가장 도움이 되는 것은 무엇이라고 생각하는가?'라는 질문에는 가장 도움이 되는 것으로 '정교한 목표 설정이 가능하다'는 점을 꼽았다. 이어 '마케팅 효과를 극대화할 수 있다'는 점과 '신제품 출시의 방향성, 장기적 브랜딩에 도움이 된다.'는 점을 선택했다.

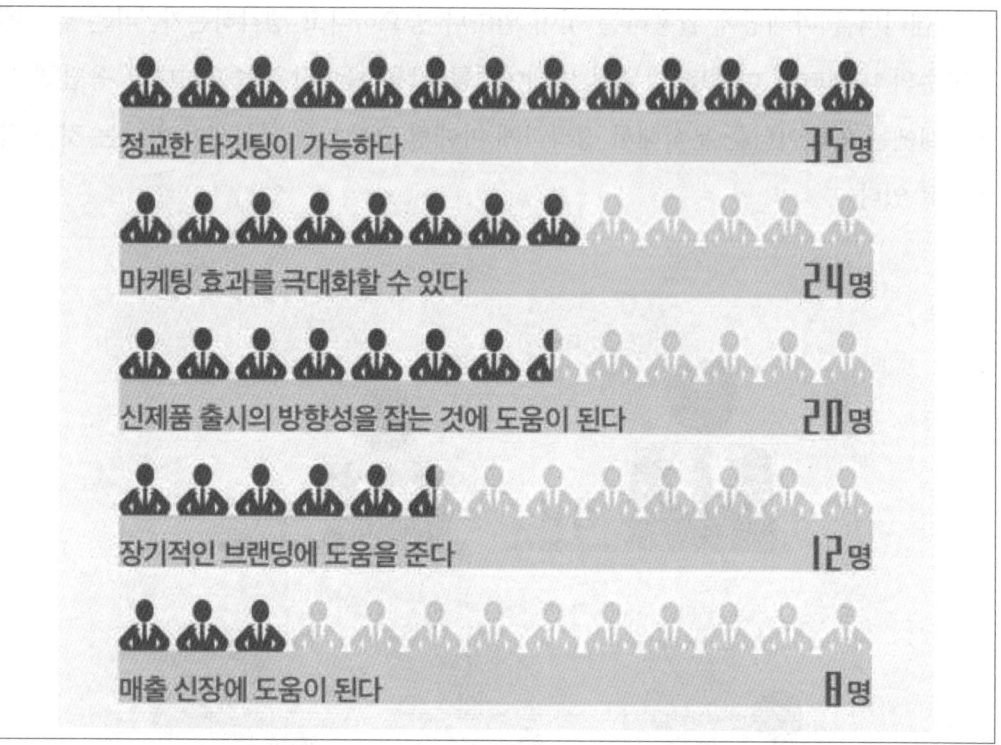

[그림 2] 빅데이터 기반으로 마케팅 전략을 수립할 때, 가장 도움이 되는 것은 무엇이라고 생각하는가에 대한 응답
출처 : Di-Today 디지털 인사이트 미디어, 마케터들의 빅데이터에 관한 생각, 웹스미디어(2014)

    빅데이터 분석 솔루션을 마케팅에 활용한다고 가정했을 때 '가장 염려되는 점은 무엇인가?'라는 질문에 대한 조사 결과, 마케터들은 '성과가 불분명하다는 점', '비용 부담', '성공 사례의 부족' 등을 염려하는 것으로 나타났다. 빅데이터 마케팅에 길잡이가 될 다양한 사례가 더욱 요구되는 시점이다.

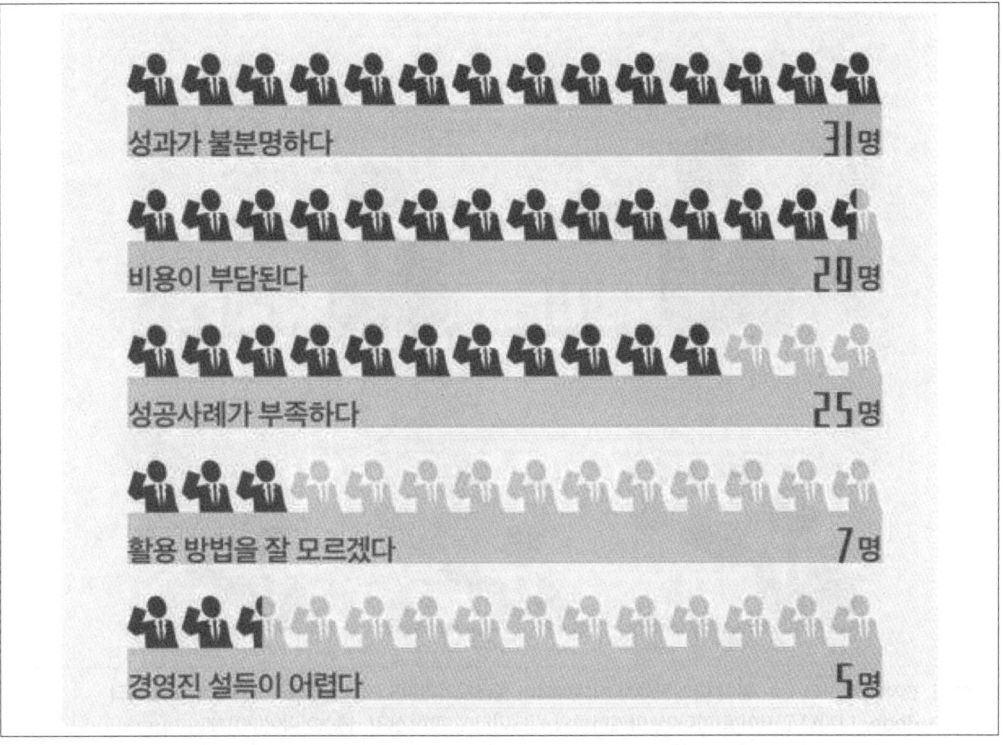

[그림 3] 빅데이터 분석 솔루션을 마케팅에 활용한다고 가정했을 때, 가장 염려되는 점은 무엇인가에 대한 응답
출처 : Di-Today 디지털 인사이트 미디어, 마케터들의 빅데이터에 관한 생각, 웹스미디어(2014)

'현재 종사하고 있는 분야 마케팅에서 빅데이터의 활용도가 얼마나 높다고 생각하는가?'라는 질문에는 마케터를 분야별로 나눴다.

IT 분야는 절반 이상이 빅데이터의 필요성을 높음, 매우 높음으로 평가했고, 식품, 패션, 가전, 화장품 분야도 대부분 보통 이상을 선택해 빅데이터 분석의 필요성을 뒷받침했다.

[그림 4] 현재 종사하고 있는 분야 마케팅에서 빅데이터의 활용도가 얼마나 높다고 생각하는가에 대한 응답
출처 : Di-Today 디지털 인사이트 미디어, 마케터들의 빅데이터에 관한 생각, 웹스미디어(2014)

마케팅을 위한 데이터

어떤 데이터가 필요한지에 대해서 우선 생각해 봐야 한다. 이는 곧 어떤 정보에 기반하여 어떤 통찰력이 필요한지 결정하고, 어느 문제 혹은 이슈를 해결하는 데 활용할지에 대한 시나리오를 결정해야 한다.

(1) 내부 데이터를 기반으로 한 케이스별 분석 시나리오

내부 데이터를 기반으로 정보를 가공하여 분석·활용하는 경로를 설계하는 작업이다. 이미 발생된 결과를 기반으로 원인을 분석하고, 미래에 대한 의사결정에 많이 참고하는 데 활용된다.

(2) 시뮬레이션 기반 예측 시나리오

필요한 데이터는 내·외부 시스템 및 정형·비정형 구조와 무관하게 예측에 필요한 항목으로 구분된다. 기존에 발생하지 않았던 경영 상황을 가정하여, 이에 대응할 방안을 도출할 수 있도록 지속적인 시뮬레이션을 수행하는 것을 의미한다.

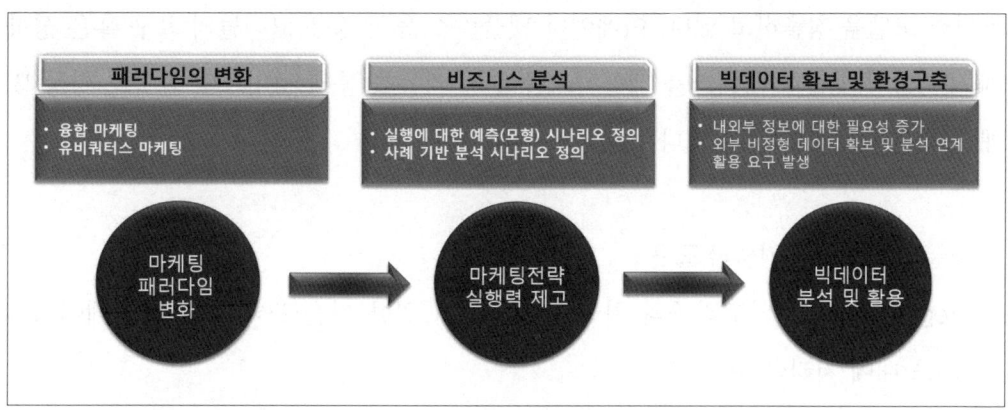

[그림 5] 분석 대상 빅데이터 선정 방안
출처 : 전철희, 빅데이터 분석단계별 필수요소와 활용전략, ISSUE & TREND

마케터는 데이터를 통하여 얻고자 하는 정보가 무엇이며 이와 관련한 정보를 어떻게 활용하여야 하는지에 대한 결정을 명확하게 해야 한다.

그리고 필요한 데이터가 기업 내부에 존재하는 정형 데이터인지, 외부에 분산된 비정형 데이터인지 확인하고 이러한 유형의 데이터를 어떻게 획득하고 분석에 활용할 수 있을지를 IT 엔지니어들이 고민해야 한다.

2절 | 빅데이터 산업체 적용 사례

구글(Google)

구글이나 페이스북과 같은 인터넷, SNS 기업들은 빅데이터를 이용해 효과적인 비즈니스 모델을 창출하고 있다. 이베이나 넷플릭스 등의 경우 고객들의 요구 혹은 성향에 세분화된 맞춤형 서비스를 제공하고자 추천 기능을 통해 서비스의 만족도 향상 및 매출 개선에 효과를 얻고 있다.

(1) 구글의 빅데이터 기술과 도구

① Pregel : 그래프 알고리즘의 처리를 지원하기 위한 기술로써, 1조 개의 데이터를 수 초 내에 처리할 수 있다.
② Dremel : 대용량 데이터를 분산 처리로 빠르게 분석할 수 있는 기술로써, 2006년 이후 구글에서 널리 이용되고 있다.
③ Percolator(Caffeine) : 검색 인덱스를 작성하기 위한 기술로서, 기존의 방법보다 훨씬 신속하게 작업을 처리할 수 있다.

사례 1. 구글 독감 트렌드

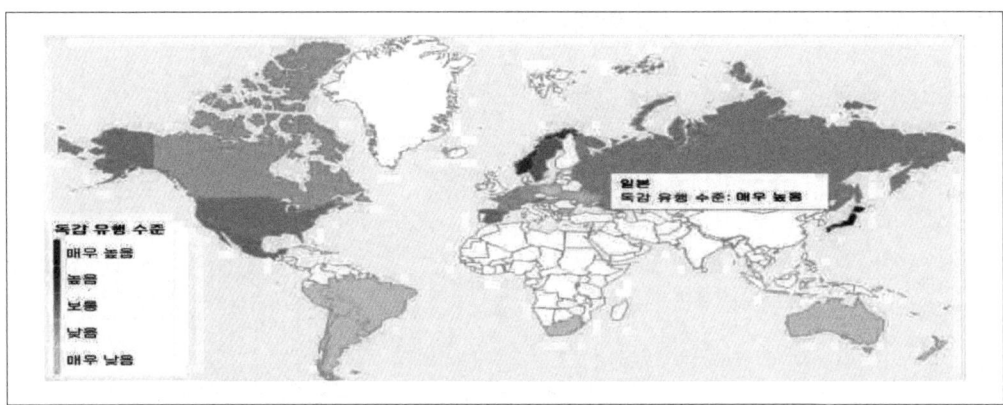

[그림 6] 구글 독감 트렌드 서비스

구글 트렌드(Google Trends)는 특정 검색어가 국가, 도시, 언어에 따라 어떻게 달라지고 있는지를 한눈에 파악할 수 있도록 시각화하여 제공하고 있다. 이를 이용해 독감 환자 수와 독감 관련 검색어 빈도수 사이에 매우 밀접한 상관관계가 있다는 사실을 알아낼 수 있었으며 미국 보건 당국보다 한발 앞서 지역별로 독감 유행 정보를 제공할 수 있다.

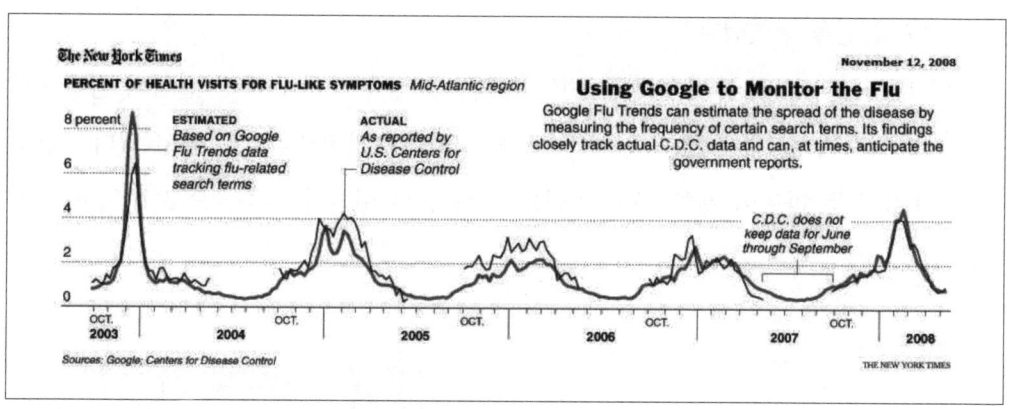

[그림 7] 구글의 독감 모니터링 예측과 실제 확산 추세 비교

사례 2. 구글 번역 서비스

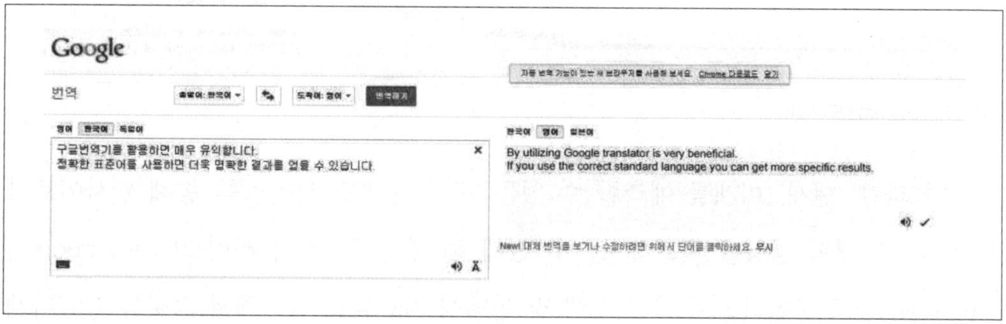

[그림 8] 구글 번역 서비스

구글의 번역 서비스를 통해 전문가가 번역한 문서에서 의미가 비슷한 문장과 어구를 대응시키는 방식을 채택하여, 엄청난 양의 데이터를 활용해 번역의 정확성을 높이고 있다. 또한 스마트폰이나 태블릿에서 음성으로 검색을 하면 자연어 처리를 하고 사

용자가 원하는 질문이 무엇인지를 파악하며 시맨틱 검색 엔진인 지식 그래프에서 원하는 답을 검색하여 사용자에게 전달하는 '구글 나우(Google Now)' 서비스도 있다.

또한 구글은 이러한 빅데이터 방식을 스펠링 체크(Spell-check)와 음성 인식에도 적용하여, 매일 3억 건씩 발생하는 검색창의 오타 입력과 수정 정보를 활용·개발하였다. 다른 경쟁사들이 수년에 걸쳐 막대한 비용으로 개발한 경쟁 솔루션과 비교하여 더 우수한 품질을 구현했다.

구글의 번역 시스템은 계속 전문 번역 레퍼런스가 추가됨에 따라 번역의 정확도가 증가하고 있으며 전 세계 58개 언어를 교차 번역하여 서비스를 실시하고 있다. 영어, 불어, 독일어 등 라틴어 계열 언어 번역은 실제 전문 번역사 수준급으로 번역도 가능하다.

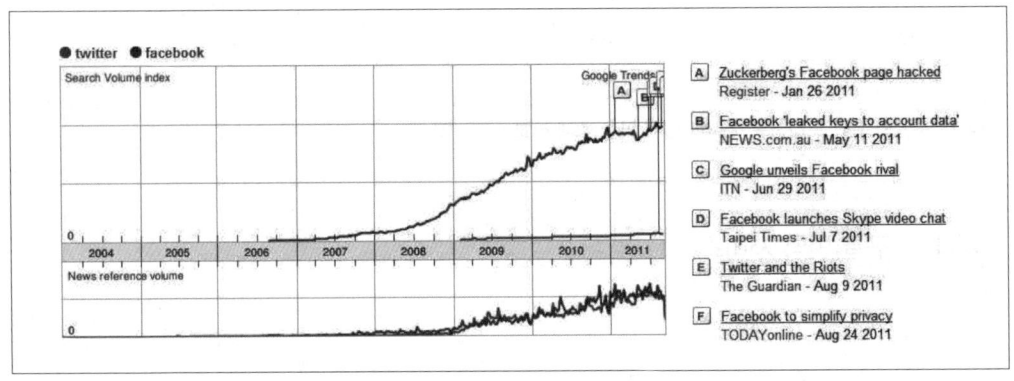

[그림 9] 구글 트렌드 서비스

또한 과거, 현재, 미래를 예측할 수 있는 '구글 트렌드 서비스'를 통해 웹사이트나 키워드의 트래픽 성향을 비교해 볼 수 있게 해 주는 구글 웹 서비스(www.google.com/trends)를 구현하고 수집한 검색 및 인덱싱 자료들을 축적해서 그것을 다양하게 활용할 수 있도록 지원하고 있다. 이는 1개 이상의 검색어를 입력하면 각 검색어의 연도별 검색 추이를 비교하며 분석할 수 있다.

페이스북(FaceBook)

페이스북은 하버드대학교의 학생이었던 마크 저커버그에 의해 만들어졌다. 처음에는 하버드 대학교 학생들만 이용할 수 있었으나, 점점 미국과 캐나다의 대학교, 고등학교, 몇몇 기업으로 회원 영역을 확대하였다. 2006년 9월에는 13살 이상의 이메일을 가진 사람이라면 누구든 가입할 수 있게 되었다. 2012년 6월 기준, 9억 5,000만 명 이상의 액티브 유저가 활동 중인 세계 최대의 소셜 네트워크 서비스이다.

페이스북은 20억 명의 회원 및 1,000억 건의 친구 관계를 토대로 하루 평균 2억 5,000만 장의 사진이 업로드되고 있으며 27억 건의 '좋아요'와 댓글이 생성되고 있다. 페이스북은 회원의 관심사, 소속, 결혼 여부, 심리 상태, 위치 정보 등의 소셜 데이터를 보유하고 있다.

[그림 10] 페이스북의 Facebook exchange(FBX)

사례 1. FBX 광고 플랫폼

페이스북은 광고 플랫폼 'FBX'를 통해 이용자들의 정보와 검색어를 실시간으로 분석하여, 맞춤형 광고를 제작하는 등 새로운 비즈니스 전략을 구사하고 있다. 외부 사이트의 열람 행동(웹서핑)을 쿠키(Cookie)로 판단하고 사용자가 페이스북에 접속하면 외부 사이트의 열람 행동에 따른 광고를 표시하고 있다. FBX의 광고의 비용대비 효과는 최대 16배에 이른다고 한다.

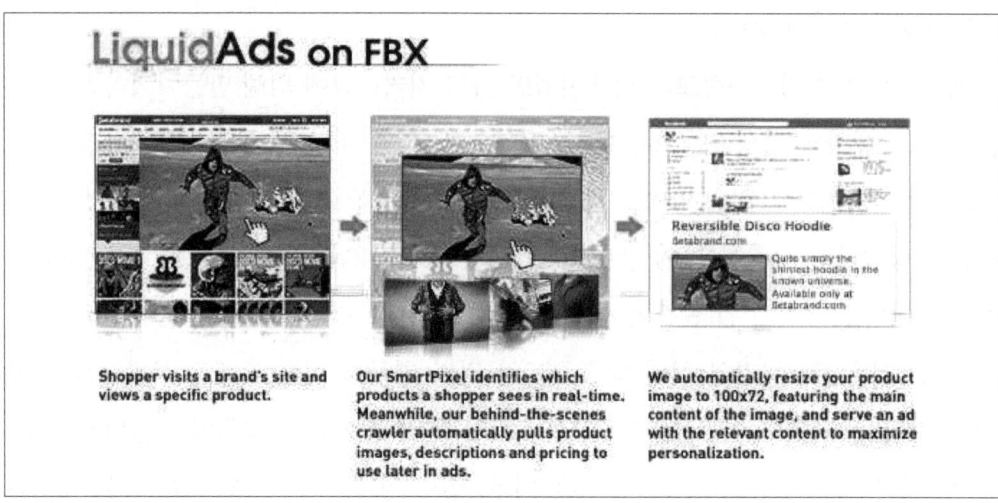

[그림 11] Facebook FBX

사용자가 구매하지 않거나, 혹은 광고주가 더 판매하고 싶을 경우에는 DSP가 페이스북에 접촉해 타깃하고 싶은 사용자의 익명 유저 ID 값을 전달하고 광고주는 사용자를 대상으로 하는 광고의 크리에이티브를 사들이는 방식으로 운영된다. FBX에서 이용자의 사용 패턴을 분석하고 이에 맞는 '맞춤형' 광고를 제공한다. 광고 단가는 광고주들의 경쟁을 통한 경매 방식으로 결정되며 이용자 클릭이 많은 키워드는 광고 단가가 올라가고 그렇지 않은 것은 가격이 싸게 책정되는 방식이다.

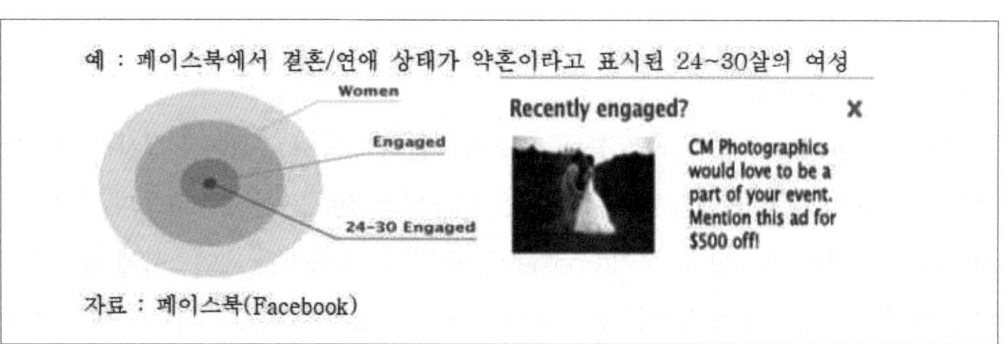

[그림 12] 페이스북 광고 원리

사례 2. 빙(Bing) 검색 서비스

페이스북의 MS의 빙(Bing) 검색에 페이스북의 소셜 데이터를 접목시켜, 소셜 검색을 통해 구글의 검색 광고에 대항하고 있다.

[그림 13] 빙(Bing) 검색 도구

또한 소셜네트워크상의 검색 엔진 및 기타 온라인 서비스는 정교한 방법을 사용하여 온라인상에서의 사용자의 행동을 추적하고, 관심 대상을 추론해 내며, 개인적 상황의 변화를 예측할 수 있다. 페이스북에서는 상태 업데이트를 취합하여 관계 속에서 아주 세밀한 패턴까지 찾아낼 수 있다.

애플(Apple)

애플은 세계 1위의 음성 인식 회사인 뉘앙스 커뮤니케이션의 음성 인식 엔진을 '시리(SIRI)'에 사용하며 이 검색 엔진을 통해 질문에 답변하고, 권유하며 동작을 수행하는 자연 언어 처리를 수행하고 있다.

사례 1. 시리(SIRI) 비서 서비스

애플 시리(SIRI)의 인공 지능 비서 서비스는 첫인상이 기존의 음성 인식 서비스와 유사하지만, 근본적으로 다른 점이 있다. 대화 처리 및 지식 처리 기술이 융합되어 있다는 점이 바로 그것이다. 예를 들어 사용자가 "너의 이름이 뭐니?"라고 질문하면 기존 음성 인식 기반의 검색 서비스에서는 '이름'이라는 단어가 포함된 문서를 검색해 보여 준다. 애플은 시리를 통해 사용자의 정보를 수집할 수 있게 되었다. 사용자가 직접 서비스를 이용할 때마다 얻을 수 있는 자발적인 수집이라는 점에서도 의미가 있다. 일일이 발품을 팔아 기록하는 기존 정보와 달리 개인 특성에 맞추기도 쉽다.

기술적 측면에서 시리는 사람의 음성을 인식하거나 맞는 정보를 음성으로 말하는 기술인 음성 인식(STT; Speech to Text) 및 발화 기술(TTS; Text To Speech)과 인식된 내용을 분석해 알맞은 정보를 만들어 주는 자연어 처리 기술이 중요하게 활용된다.

[그림 14] 애플 시리(SIRI)의 모바일 생태계 구성도

IBM

IBM은 빅데이터 플랫폼을 자사의 반도체 제조 공정, 세일즈부문 등에 도입하여 빅데이터 활용·분석에 따른 적용 효과를 창출한 바 있다. IBM의 뉴욕 반도체 공장에 제조분석 기술을 도입하여 수율과 이익에 영향을 미치는 편차(deviations)를 조기에 경고하는 체계를 구축하였다.

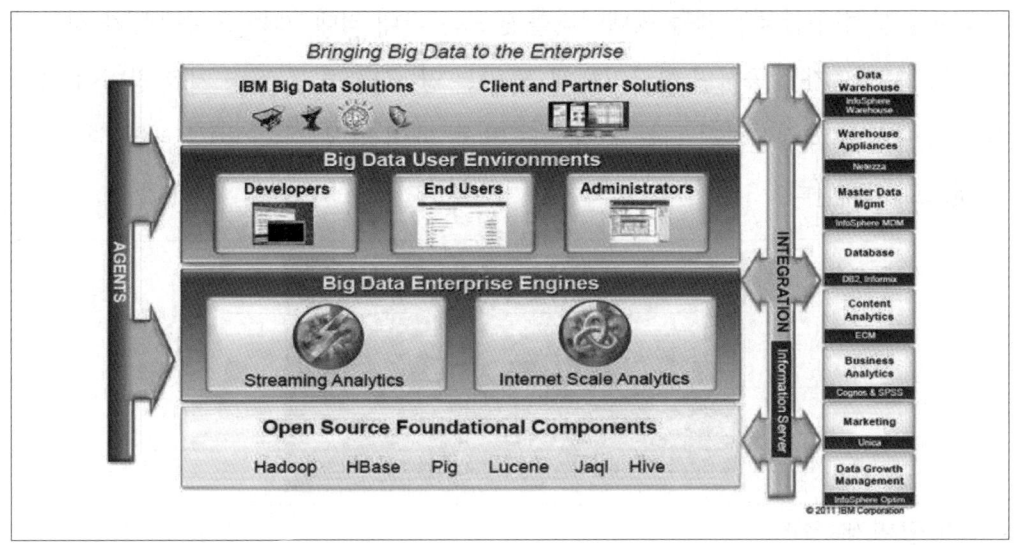

[그림 15] 빅데이터 플랫폼(IBM 웹사이트)

사례 1. STAR 모델링

STAR(Statistical Tracking and Assessment of Revenue)는 IBM 내부 모델링 시스템을 구축하여, 미래 매출의 예측을 통해 예측 에러(Forecasting Error)를 평균 40% 감소시킨 사례가 있다.

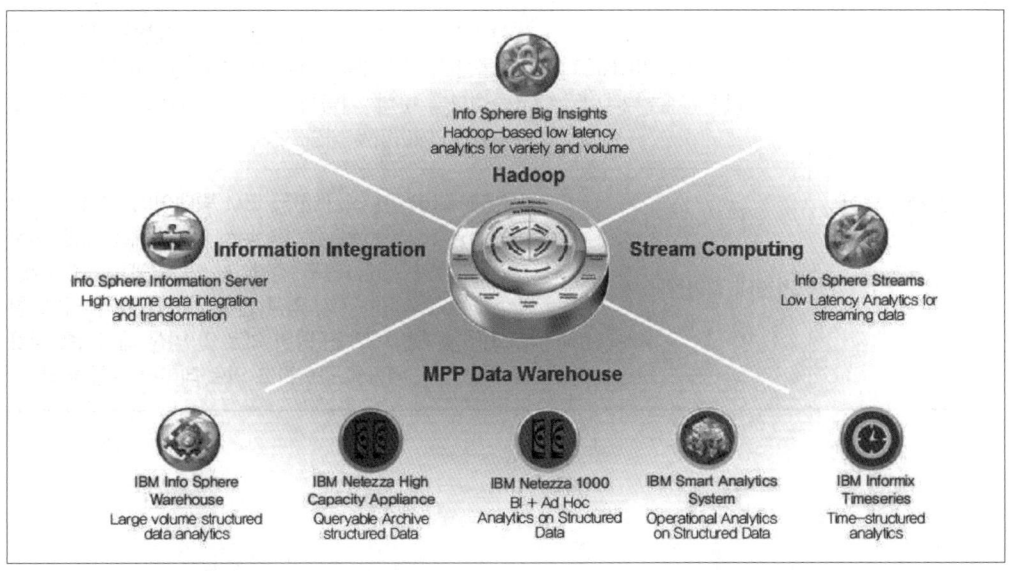

[그림 16] IBM의 빅데이터 플랫폼 기술

정보를 분석해 한국인 게놈 빅데이터를 만드는 국내 최대 '게놈 프로젝트'가 시작된다. 이 프로젝트가 성공하면 한국인에게 꼭 맞는 암, 심장병 등 질병 치료 방법이 만들어진다. 행복하고 건강하게 늙는 무병장수 및 웰 에이징(Well aging) 시대를 열 수 있을 것으로 기대한다.

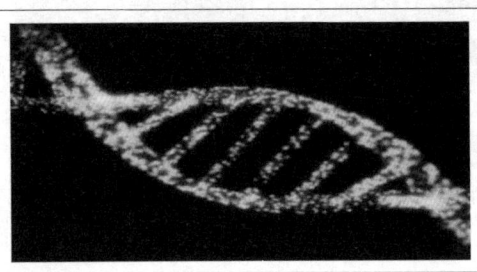

[그림 17] 유전자 게놈 연구

구 분	기업(기관)명	빅데이터 활용 내용
방송 산업 분야	영국 공영방송 BBC	시청자를 이해하고 관계를 형성하는 데 있어 빅데이터를 활용하고 앱을 통해 방대한 시청 정보를 분석하여 시청자 맞춤형 방송 추천
	이스라엘 지니(벤처)	원하는 TV 콘텐츠를 말하면 음성을 인식해 곧바로 맞춤형 콘텐츠를 찾아 주는 기술을 보유
의료 산업 분야	울산과학기술원(UNIST) 유전자 분석 게놈 빅데이터	울산과학기술원(UNIST)과 울산대, 울산대병원, 울산시 등은 '울산 1만 명 게놈 프로젝트'를 추진하여 한국의 게놈 표준정보를 분석, 가공하여 게놈 빅데이터와 2·3차 고부가 가치 데이터를 창출
	가천대 길병원	가천대 길병원이 최근 한국 IBM 빅데이터 분석 어플라이언스인 PDA(PureData System for Analytics)를 이용한 플랫폼인 '임상 연구 검색 시스템(CRDW · Clinical Research DW)'을 구축, 임상 연구 데이터 웨어하우스 참조 모델을 기반으로 전 방위 의료 및 임상 데이터를 확보해 임상 연구 역량을 강화하고 의료 데이터 통합 분석

구 분	기업(기관)명	빅데이터 활용 내용
교통 산업 분야	팅크 웨어	아이나비 내비게이션의 누적 교통 빅데이터를 활용해 설 연휴 귀성길 최적의 교통 예측 정보를 제공 국도를 포함한 우회 도로 정보를 포함하고 있어 가장 빠른 경로 안내가 가능하고, 단말기를 통해 누적된 주행 정보와 서버에 수집된 빅데이터를 기반으로 월·날짜·시간에 따른 교통 상황 예측 정보 제공
	SK텔레콤 T맵	네비게이션 서비스 티맵(T-map)은 전국 도로의 교통 상황을 위성 위치 시스템(GPS)을 통해 5분 단위로 수집, 분석하여 길 안내와 정확한 도착 시각을 제공
음악 산업 분야	스포티파이(Spotify)	뮤직 블로그, 페이스북, 트위터의 데이터로 50억 개의 고객 취향을 파악해 고객에게 맞춤 서비스 제공
	라스트에프엠(LastFM)	청취자가 지금까지 들은 음악들을 모두 추적해 새로운 음악을 추천
	사운드 하운드 (Sound Hound)	음악 DB 비교 분석(패턴 매칭) 기반 음향 정보 검색 기술을 활용하여 음악 DB들과 비교 분석(패턴 매칭)을 통해 노래가 나오는 환경에서 스마트폰 마이크로 몇 소절의 음향 정보를 입력해 주면 그 노래의 제목과 관련 정보들을 찾을 수 있도록 지원
	멜론	멜론 라디오를 이용자의 편의성을 고려한 인터페이스(UI)로 바꾸고 빅데이터를 활용한 큐레이션 서비스를 한층 강화하여 멜론 뮤직 어워드를 모바일로 확대하여 운영
출판 산업 분야	아마존(Amazon)	고객의 도서 구매 데이터를 분석해 특정 책을 구매한 사람이 추가로 구매할 것으로 예상되는 도서 추천 시스템을 개발하여 고객이 읽을 것으로 예상되는 책을 추천하면서 할인 쿠폰 지급 데이터 분석에 근거한 철저한 사업 개선을 중시하여 모든 고객들의 구매 내역, 클릭 스트림(열람 상황), 동선 등을 데이터베이스화하여 이 기록을 근거로 소비자의 소비 취향과 관심사를 파악
	스토리헬퍼(이화여대)	스토리 창작 지원 프로그램은 기존 영화와 애니메이션 시나리오 1,300편에서 모티브 4만 2,000개를 뽑아내 데이터베이스를 만들어 작가의 구상과 가장 유사한 이야기를 검색하여 시나리오를 만드는 과정 자체 돕는 역할 수행

구분	기업(기관)명	빅데이터 활용 내용
영화 산업 분야	넷플릭스(Netflix)	수만 개의 영화 정보와 1,600만 명의 고객 데이터에 대한 분석을 실시하여 고객별 행동 패턴을 분류하고 이에 따른 맞춤형 온라인 DVD를 제공해 판매 실적 향상 관객 영화 인지도·호감도 및 언급량 분석 소셜 데이터와 연동하여 영화 흥행 마케팅 및 흥행 예측을 통해 코난테크놀로지는 〈베를린〉에 대한 트위터 게시물 수백만 건을 분석하여 영화의 인지도와 호감도 측정
패션 산업 분야	자라(Zara)	유행하는 패션 트렌드를 즉시 반영해 단기간에 다품종 소량 생산 하는 초스피드 전략을 채택하여 상품 수요를 예측하고 매장별 적정 재고 산출 및 상품별 가격 결정과 운송 계획까지 실시간 데이터 분석 활용
광고 산업 분야	베스트바이(BestBuy)	각종 경로로 수집한 빅데이터를 새로 개발한 소비자 행동 예측 모델을 활용해 분석하여 마케팅에 활용
기타 산업 분야	CJ제일제당 DBPA(Digital Branding Performance AD) 프로그램	다이어트 음료 광고를 집행하여 제품에 관한 관심도, 캠페인에 따른 소비자들의 감정, 만족도, 구매 의도 등 소비자 빅데이터를 분석하고 광고 효과 검증
	영국의 애드코니언 다이렉트(Adconion Direct)	광고주는 물론 콘텐츠 제작자들을 위한 기업으로 디지털 유통 플랫폼을 콘텐츠에 따라 빅데이터로 고객을 정교하게 선별한 광고의 맞춤화
	유유제약	소셜 데이터 분석을 통해 '멍'이라는 키워드를 발견하고 다른 모든 효능을 빼고 '멍'에 집중하여 "멍 빼는 데는 ○○○○○ 연고!"와 같은 광고 문구를 만들어 성공
	리츠칼튼 호텔	고객 관리 소프트웨어 프로그램인 '미스틱 시스템'에 고객에 대한 상세 정보를 기록하여 전 세계 100만 명의 고객 정보 DB를 공유하고 투숙 고객의 특성을 기록 관찰한 데이터를 검토·취합 고객의 취향에 맞춘 1대 1 서비스가 가능하며 호텔 업무를 통해 발생하는 대량의 데이터를 일별 마감하여 분석하고 비용 결과에 따라 고객 맞춤 서비스를 제공
	오라클	Project R의 오라클 버전인 '오라클 R 엔터프라이즈'는 기존의 R 사용자들이 대용량 데이터 세트에서 R을 활용할 수 있는 환경 제공을 하였음 공항의 항공사 지연 예측, 임상 시험 분석 및 결과 등에 활용하고 구매 활동 및 인구 통계학적 데이터를 기준으로 고객 나이 등을 예측

[표 1] 빅데이터 마케팅 활용 사례

사례 2. 빅데이터 미래창조과학부 시범 사례

(1) (공공정책) 빅데이터 활용
① 빅데이터 분석을 통한 심야버스 노선 정책 지원
(배경)
심야 시간대 택시 승차 거부로 인한 불편, 심야 근로자의 교통수단 부재, 교통비 부담 등으로 인해 서울시는 심야 시간대 대중교통의 편의 마련이 필요하였다. 수익성이 낮은 만큼 최소의 비용으로 서울 시내 전역을 지원할 수 있는 합리적 노선 수립 방법이 필요한 상황이었다.

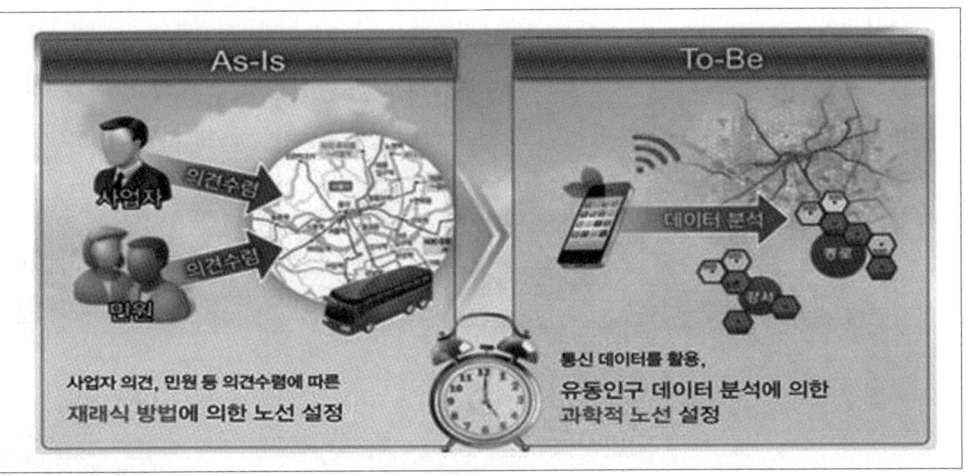

[그림 18] 버스 노선 수립을 위한 빅데이터 분석 도입 효과
출처 : 미래창조과학부

(대책)
통신사업자인 KT와 협력하여 데이터 기반의 객관적 자료를 근거로 한 심야버스 노선 수립을 추진하게 되었다.

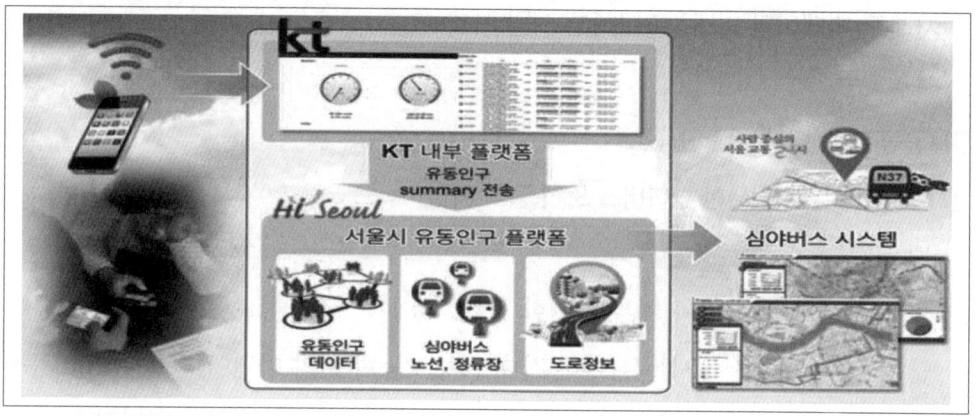

[그림 19] 시스템 구성도
출처 : 미래창조과학부

(결과)

빅데이터를 기반으로 한 유동인구 분석은 시간대별 이용객 수뿐만 아니라 이용 승객의 특성에 이르기까지 복합적이고 구체적인 분석을 가능하게 하였다.

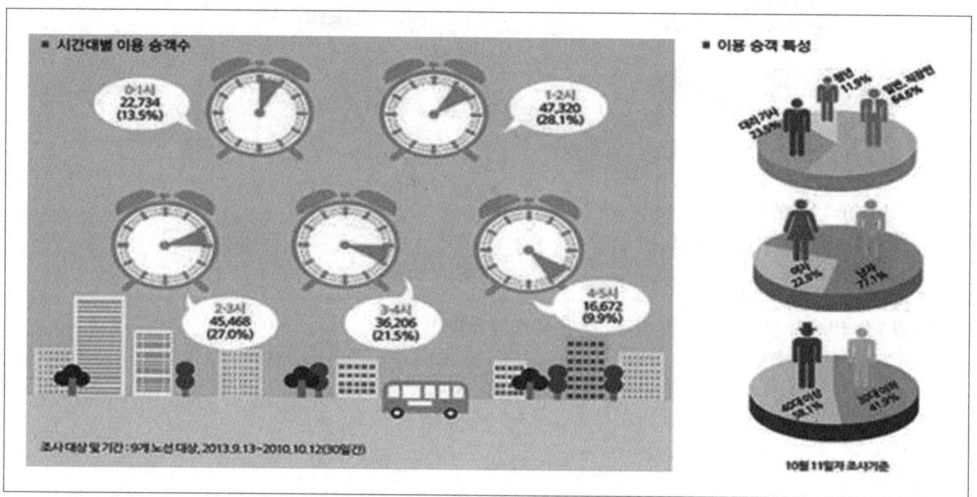

[그림 20] 심야 전용 버스 이용 승객수 및 특성 (출처 : 미래창조과학부)

2013년 4월부터 실시된 '심야 전용 버스' 정책지원 서비스는 시민들의 큰 호응에 힘입어 심야시간대 유동 인구가 많은 지역을 중심으로 7개 노선이 추가되었으며 9월부터는 총 9개의 올빼미 버스노선이 운용 중이다.

그 결과 빅데이터가 앞으로의 정책 결정에 상당한 영향을 미칠 수 있음을 증명하였다. 지방행정 정보화 연찬회에서 본 서비스로 서울시가 대통령상을 수상하고 빅데이터 융합과 분석 결과를 정책에 반영하는 획기적인 사례로 창조적인 행정 실현을 위한 민관 협력의 계기가 되었다.

② 국민건강 주의 예보 시범 서비스 구축

(배경)

전염병 유행에 대해 기존 체계는 사후 대처만 가능하여, 사회경제적 비용이 발생할 수밖에 없다. 이에 기상청의 일기예보와 같이 각종 전염성 질환의 위험도를 사전에 예보할 수 있는 체계를 구축하고자 하였다.

(대책)

개발 내용은 현재 시점의 주요 유행성 질병에 대한 위험도 예보 및 지역별·연령별 위험도 예보 등 감염병 유행 징후 시 주의 예보를 제공한다. 독감을 예로 들면 어떤 지역을 중심으로 환자가 늘고 있는지, 환자들의 연령대는 어떤지, 진료 환자 숫자가 얼마나 늘어나는지, 소셜미디어에서 검색하는 사람들의 추이는 어떤지 등을 파악해 미리 알려주는 방식이다.

[그림 21] 국민건강 주의 예보를 위한 빅데이터 분석 도입 효과
출처 : 미래창조과학부

기술은 주로 자연어 처리기술을 이용한 텍스트 마이닝 기법, 통계분석·기계학습 기술을 이용한 데이터 마이닝 기법 등을 활용하였다.

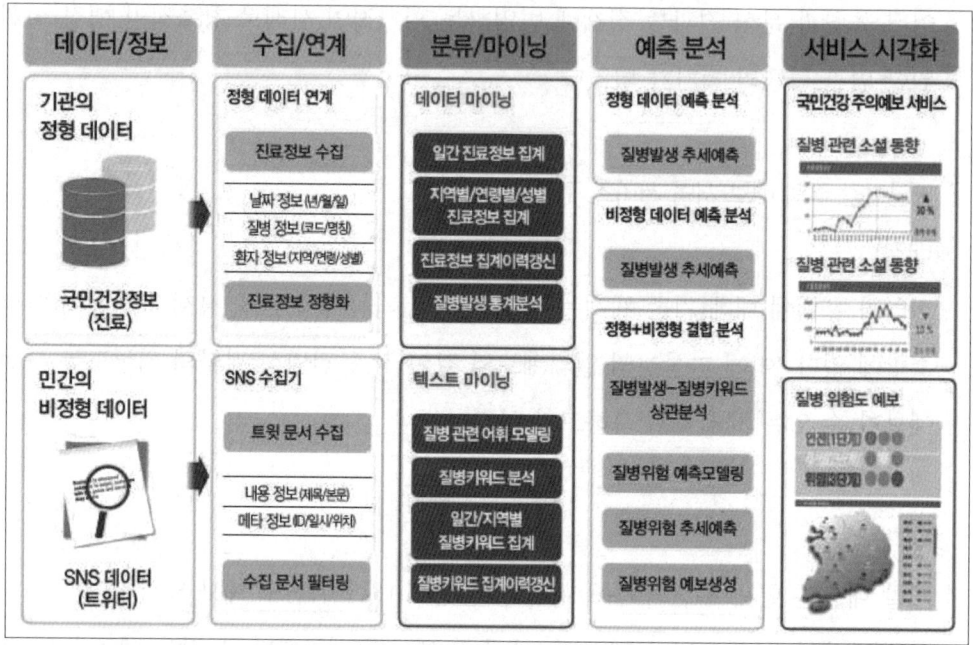

[그림 22] 국민건강 주의 예보 시범 서비스 과정
출처 : 미래창조과학부

(결과)

건강보험 진료 서비스는 질병 발생 후의 치료 중심이었다. 국민 건강주의 예보 서비스는 급성기(전염병) 질병, 계절적·주기적 발생 질병, 다수 및 다빈도 질병 등 건강 이상 징후에 대하여 사전에 건강주의 예보를 발동하는 것이다. 앞으로 건강보험이 예방 중심의 서비스로 전환하는 커다란 계기가 될 것이고, 공단은 건강주의 예보가 발동되면 지역별·집단별(가족, 학교, 직장 등) 맞춤형 건강 관리 안내 사업을 실시하여 앞으로는 희망자에게 개인별 맞춤형 모바일 건강 서비스를 제공할 예정이어서 국민건강증진 및 사회적 편익이 극대화될 것으로 기대한다.

③ 의약품 안전성 조기 경보 서비스

(배경)

의약품 부작용이나 오남용에 대한 조치는 자발적 신고에 의지하고 있어, 대부분 사례가 만연된 후 사후 조치 위주로 진행되고 있는 데서 시작되었다. 이에 빅데이터 분석을 통한 의약품 부작용이나 오남용 사례의 조기 검출 및 빠른 조치를 통해 이로 인한 피해와 사회경제적 비용 손실을 최소화하고자 하였다.

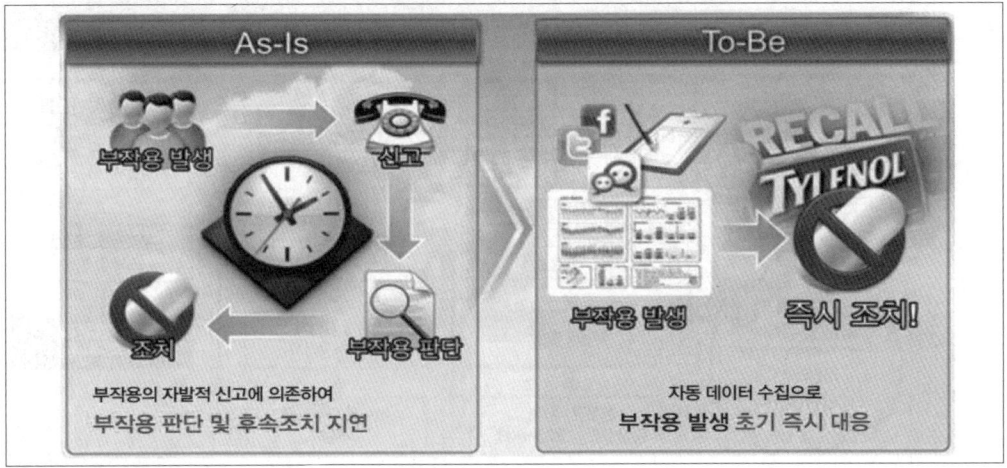

[그림 23] 의약품 안전성 조기 경보를 위한 빅데이터 분석 도입
출처 : 미래창조과학부

(대책)

주요 개발 내용은 한국의약품안전관리원이 보유한 유해 사례 신고 데이터와 인터넷 포털 및 소셜 사이트 등의 빅데이터에서 의약품 부작용, 의심 정보 등을 수집·분석하여 유의 의약품에 대해 조기 경보하는 시스템이다.

(결과)

의약품 부작용 가능성을 병원 의무 정보를 기반으로 확인하여 조기에 인지하여 조기 대응을 위한 정보를 제공한다. 자연어 처리 기술을 이용한 텍스트 마이닝 기법 사용, 부작용 검증을 위해 코호트 기반 연구 방법, 환자·대조군 비교 알고리즘 등을 활용하고 있다. 의약 정보와 규정에 기반한 분석으로 추출된 데이터에서 실제 부작용 가능성을 판단하여 향후 의심되는 의약품에 대한 정보를 관련 기관 및 일반 소비자에게 공유하는 시스템을 구축할 예정이다.

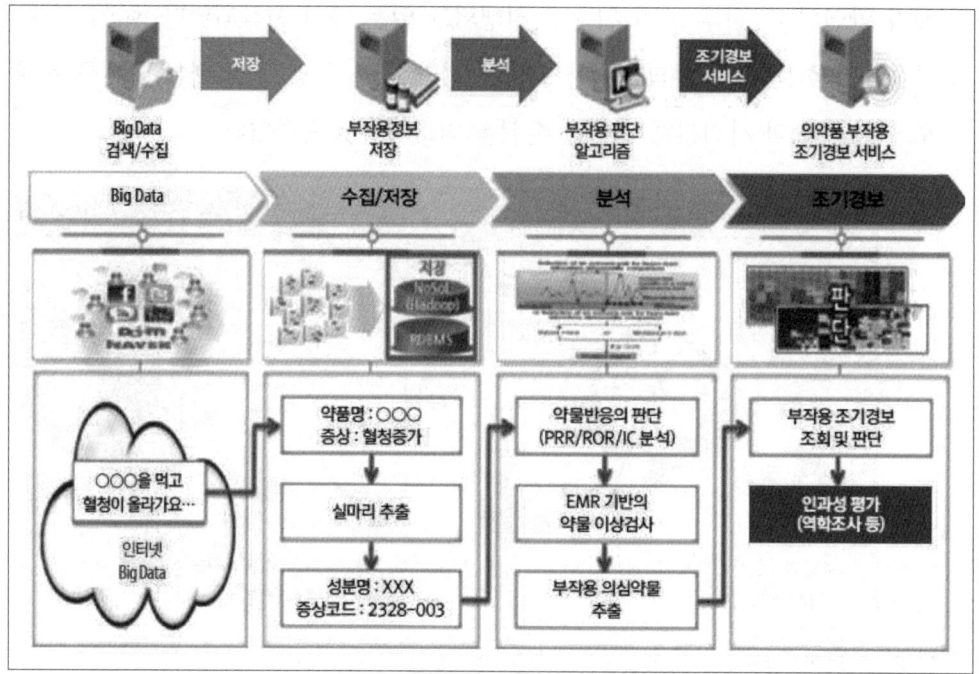

[그림 24] 의약품 안전성 조기 경보 서비스 프로세스
출처 : 미래창조과학부

④ 소상공인 창업 지원을 위한 점포 평가 서비스

(배경)

국내 자영업 비율은 OECD 평균의 두 배가 넘는 반면, 3년 내 폐업률은 50%가 넘어 매우 치열한 경쟁 속에 놓여있다. 창업 준비과정에서 개인 및 영세 자영업자는 프랜차이즈 설명회, 부동산 사업자의 컨설팅 등에 의존할 수밖에 없는 등 창업 정보 인프라가 매우 열악한 실정이다.

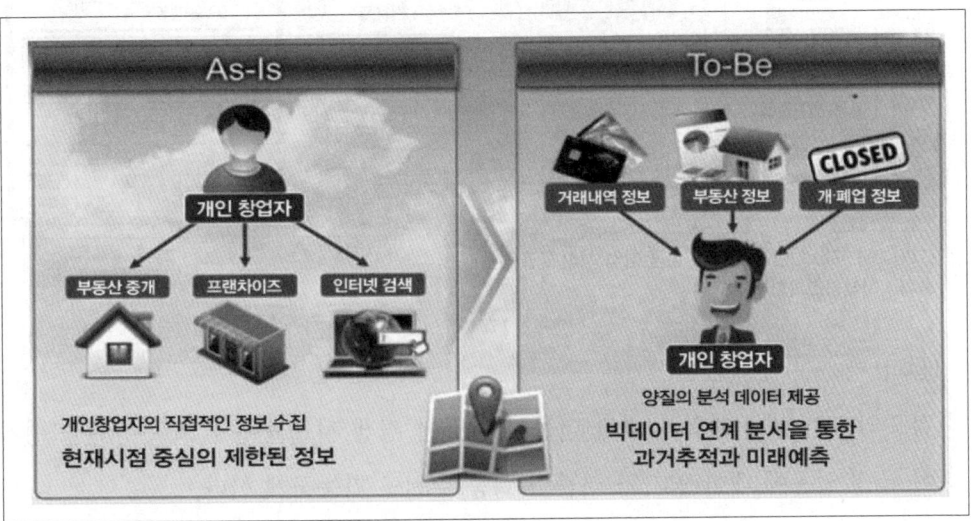

[그림 25] 점포평가 서비스를 위한 빅데이터 분석 도입 효과
출처 : 미래창조과학부

(대책)

민간·공공의 데이터를 연계 활용하여 소상공인의 창업 의사 결정에 도움이 되는 정보 인프라를 제공하고자 하였다. 주요 개발 내용은 창업자가 어떤 업종으로 창업하면 가장 높은 매출을 낼 수 있을지, 어떤 업종일 때 영업 기간이 짧고 폐업률이 높았는지, 점포의 입지는 어떤 수준인지 등 창업 결정을 위한 지표 정보를 제공하고 임대 시세, 추정 매출, 점포 진단 평점 등 입지 상권 분석에 필요한 기초 정보를 제공한다.

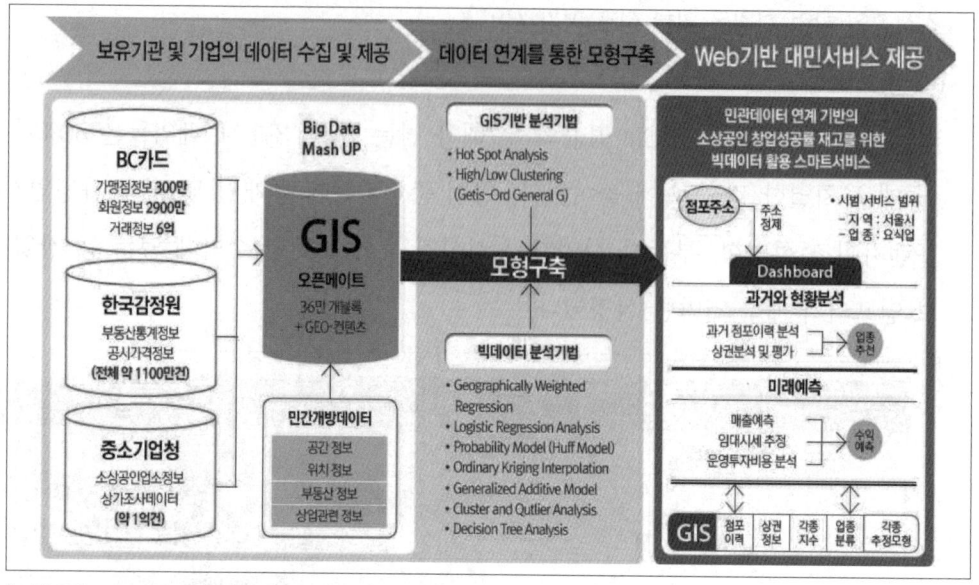

[그림 26] GIS 기반 소상공인 성공 창업 서비스 플랫폼
출처 : 미래창조과학부

(결과)

점포의 과거 개·폐업 이력과 더불어 다양한 경쟁 지표를 중심으로 상권을 평가하여 특정 업종에 대한 평가와 더불어 업종 추천도 가능하게 한다.

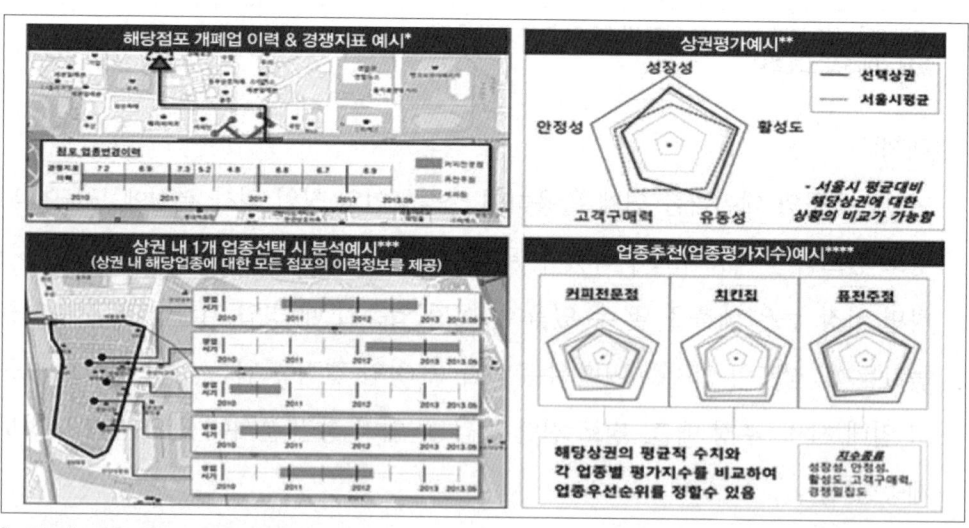

[그림 27] 상권 평가 및 업종 추천
출처 : 미래창조과학부

그리고 행정동 단위의 통계 데이터를 더욱 활용도 높은 36만 개의 블록으로 재가공하고 이에 대해 다양한 콘텐츠를 만들어 상권과 입지 분석에 활용할 수 있도록 제공한다.

[그림 28] 점포 이력 서비스 활용
출처 : 미래창조과학부

본 서비스를 통해 유동인구가 많은 지역을 찾아내고 먹거리·의류 등 상권별 특성을 과학적으로 파악할 수 있는 지도가 마련되면 자영업자들의 실패 확률을 줄일 것으로 기대한다.

(2) (민간기업) 빅데이터 활용
① 유유제약 빅데이터 분석을 통한 베노플러스겔 마케팅
(배경)
타 회사와 비교하여 유유제약 제품의 인지도 개선이 필요하였다. 과거 약사나 의사에 의존한 연고 선택에서, 현재에는 소비자의 주체적인 정보 검색과 다양한 요구에 따른 선택이 증가하기 때문이다.
베노플러스겔의 다양한 효과성(멍, 붓기, 벌레 물린 곳, 생약 성분 등)에도 불구하

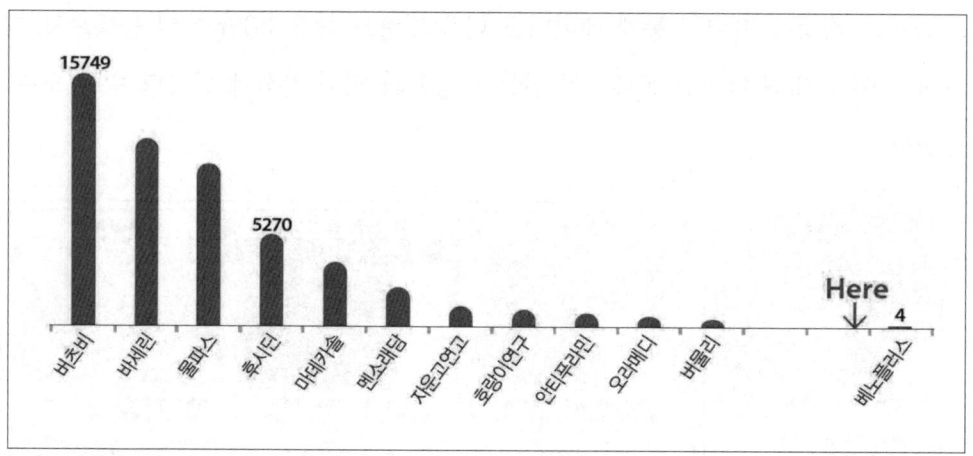

[그림 29] 약품 인지도 그래프
출처 : 미래창조과학부

고, 최근 3년간의 데이터에 따르면 여전히 인지도는 미미하였다.

(대책)

빅데이터 활용을 통한, 유유제약의 베노플러스겔의 효능과 관련된 단어들이 소비자들에게 무엇을 중심으로 인식되어 있는지 분석이 필요하였다.

(결과)

멍, 붓기와 같은 주요 단어에 대한 인식 분석 결과를 살펴보면 다음과 같다.
- 베노플러스겔의 주요 효능으로 멍과 붓기라는 단어가 소비자에게 어떤 식으로 각인되어 있으며 무엇을 떠올리는가의 분석에서 출발
- '붓기'는 다이어트와 미용 관련 붓기 제거를 중심으로 미용 전문 한의원, 클리닉, 병원, 마사지와 강하게 링크가 되어 있음
- '멍'의 경우, 특정 연고와 강한 연관 관계를 맺고 있지 않을 뿐만 아니라 민간요법과 더욱 가까이 링크

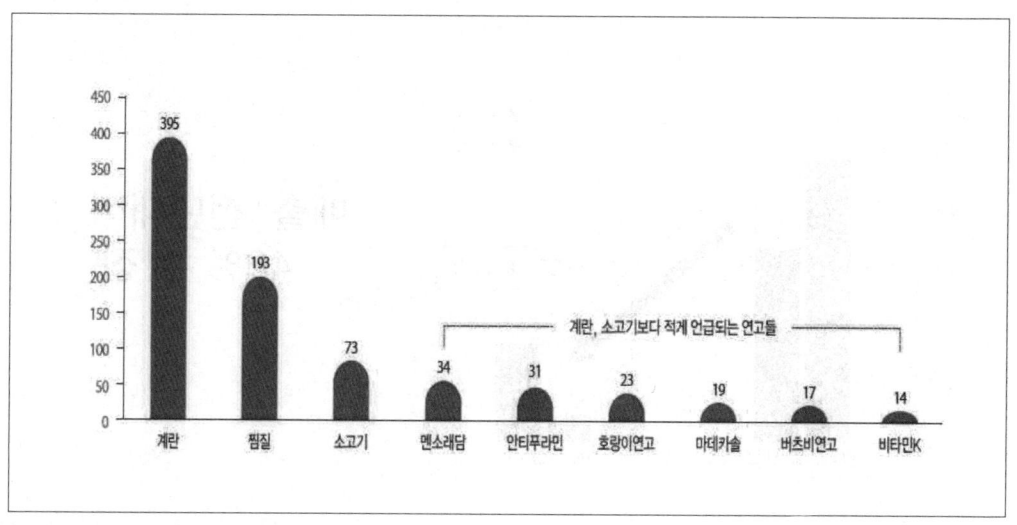

[그림 30] '멍' 들었을 때의 해결책들 그래프
출처 : 미래창조과학부

그 결과, SNS 업체와 협력하여 '달걀을 돌리는 것은 팔이 아프다' '소고기는 비싸고 비위생적이다'라는 마케팅 메시지를 전파하고, '달걀은 드세요. 멍은 베노플러스가 뺄게요'라는 광고 메시지를 개발하였다. 또한 마케팅 대상을 2008년에서 2012년까지 5년간 지속된 소비자 트렌드 분석에 있어서 '멍'이라는 단어는 '여성', '아이', '환자'와 결부되어 나타나는 것을 확인하여 마케팅 대상을 '아이'와 '여성'으로 확장하였다.

키워드 검색의 변화로 '멍 빨리 없애는 법'의 키워드는 전년 동기 대비 33% 감소한 반면, 베노플러스겔은 557% 증가하였으며 이는 '멍 빨리 없애는 법'으로 검색했던 사람들이 베노플러스겔로 바꾸어 검색했다는 사실을 의미한다.

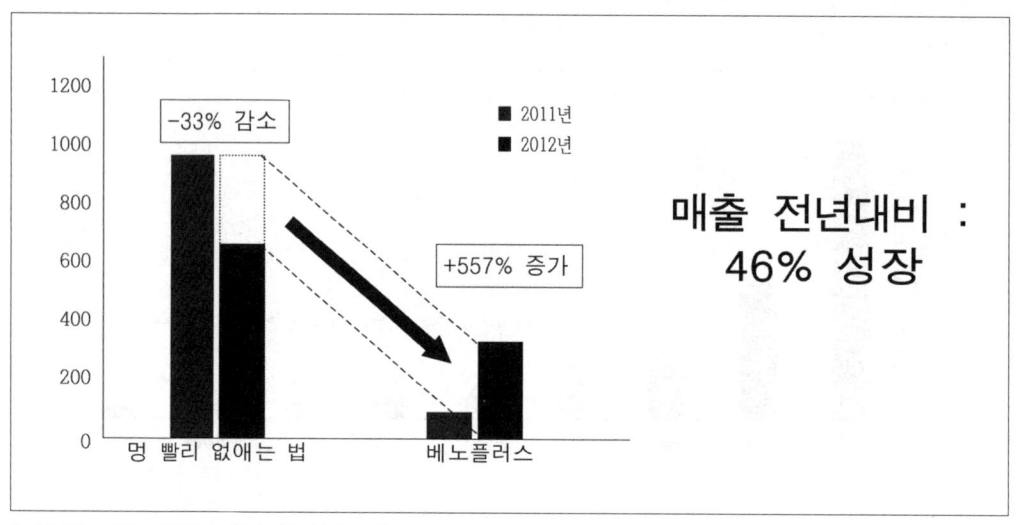

[그림 31] 키워드 변환에 따른 매출 성장 그래프
출처 : 미래창조과학부

베노플러스겔과 같이 제약 마케팅에 기여할 뿐만 아니라 민간요법과 관련한 잘못된 소비자의 인식을 개선할 가능성을 제시한다.

② 신세계몰 C.S.I 프로젝트

(배경)

최근 3년간 연평균 40%의 성장을 달성한 신세계몰이 사이트 개편을 추진하였다. 온라인 쇼핑몰은 매우 빠르게 상품이 배치되고 새로운 캠페인이 생겨나는데, 분석 결과를 얻기 전에는 영업 담당자들이 '감(感)'에 의존해 캠페인 계획을 수립하고 마케팅 프로모션을 진행한다. 그러나 캠페인 성공률 분석 결과, 지연에 따른 차후의 캠페인 소비자의 요구를 반영하기에는 애로사항이 존재한다.

추진 내용은 서비스 개편에 있어 개인화 서비스를 위해 DW(Data Warehouse)와 CRM(Customer Relationship Management)을 구축하는 C.S.I(Customer Service Insight) 프로젝트이다.

[그림 32] 고객 서비스 강화를 위한 신세계몰의 사이트 개편
출처 : 미래창조과학부

(대책)

실시간 분석 시스템으로 사용자가 원하는 관점으로 실시간 분석이 가능한 시스템을 구축하기 위해 IBM의 네티자(NETEZZA) 데이터웨어하우수(DW)를 도입하고 신세계몰의 향후 성장성을 고려해 대용량 데이터를 빠르게 처리할 수 있는 최적의 하드웨어 · 소프트웨어 일체형 솔루션인 네티자를 벤치마킹 테스트를 통해 선정하였다. 또한 신세계몰은 올랩(OLAP), ETL(Extraction Transformation Loading), 웹로그, 캠페인툴, 마이닝도 함께 도입하였다.

[그림 33] 해피 바이러스 캠페인 분석을 통한 고객 선호 채널 파악
출처 : 미래창조과학부

(결과)

온라인 쇼핑의 수요가 급격하게 증대되는 반면, 온라인 시장의 경쟁이 과열화되는 상황에서 본 시스템은 고객에 대한 발 빠른 대응력을 가능하게 할 뿐만 아니라 궁극적으로 신세계몰의 경쟁력 제고에 기여하고 업무의 효율성과 성과 달성치를 실시간으로 모니터할 수 있게 되면서, IT 부서의 데이터 분석에 대한 시간과 노력이 절감되는 성과를 나타내었다.

③ 신한카드 고객 맞춤형 서비스를 위한 빅데이터 센터

(배경)

신용카드 사용이 급증함에 따라 카드업계의 경쟁이 과열되는 상황에 직면하고 있다. 이에 각 카드사는 마케팅 전략의 핵심인 매출액 증대를 위해 다각적인 노력을 기울이고 있으며 신한카드가 빅데이터 이용을 통한 소비 패턴 분석에 주력을 둔다면 다양한 회원층을 확보하게 될 것이다.

(대책)

2,200만 고객의 정보를 모아 새로운 가치를 재창출해 고객에게 되돌려 주는 게 신한카드의 지향점으로, 그에 맞는 빅데이터 센터를 구축하였다. 가장 먼저 '빅 투 그레이트(Big to Great)'라는 광고 문구에 '시장 점유율 1위 카드사'라는 멘트를 전면에 내세운 광고를 시작한 가운데, 빅데이터를 활용한 '콤보(Combo) 서비스'를 확대하였다. 콤보 서비스는 빅데이터를 통해 카드 회원들의 소비 성향을 분석한 결과를 바탕으로 선호도가 가장 높은 품목에 대해 할인 혜택을 집중적으로 제공하는 서비스이다.

[그림 34] 콤보 서비스
출처 : 미래창조과학부

(결과)

2013년 12월부터 콤보 서비스 적용 카드는 하이포인트 카드와 빅플러스 카드 등 7종의 신용카드에서 러브 카드와 에스초이스 카드 등 2종류의 체크카드에도 추가로 적용돼 활용 폭이 확대되었다. 개개인의 카드 소비성향 패턴을 분석함으로써 고객의 만족도를 높임과 동시에 카드사의 매출액 증대에 기여하며 과거의 단순 매스마케팅(다수에 대한 마케팅)을 넘어 개개인의 요구를 위한 고객과 기업의 소통을 활성화 시킬 수 있는 성과를 거두었다.

④ FNC 코오롱 소비자 맞춤형 수요 매칭

(배경)

패션 산업의 특성상 새로운 방식이 필요했다. 제조업과 유통업이 결합한 패션 산업의 특징 및 감성·트렌드·디자인·영감·직관 등 사업 추진에 있어서 주관적 영역이 많이 개입되어 정확한 예측이 어려운 부분을 빅데이터 분석으로 해결이 가능하다.

(대책)

주로 고객 구매 데이터 및 코오롱 온라인 쇼핑몰 방문 로그 데이터 등 자체 데이터를 활용하여 분석하였고 구매력 등급 세분화 작업 완료하였다.
특정 브랜드의 매출을 고객의 분류와 구매 단계 분석을 통해 시각화하고 고객 자산 성장 모형으로 브랜드의 상태를 예측한 것이다.

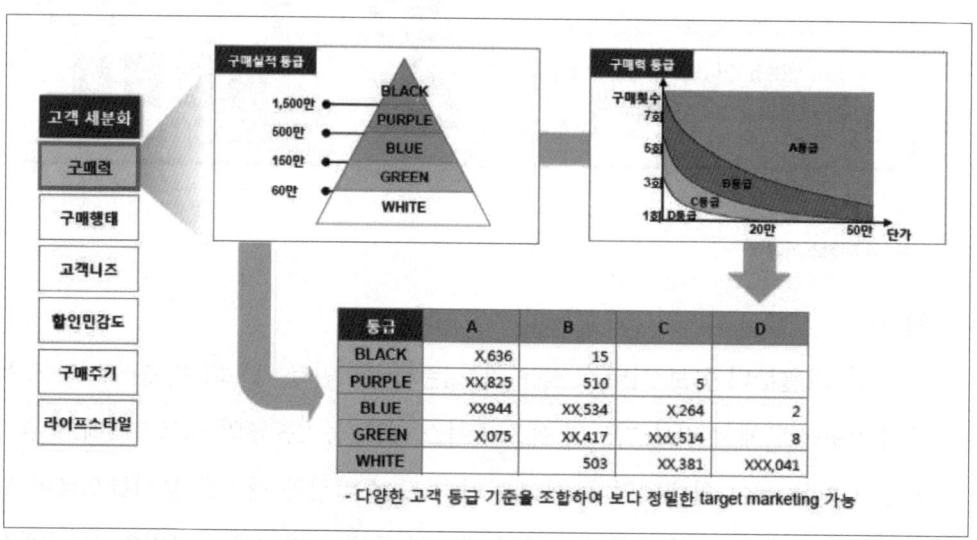

[그림 35] FNC 코오롱의 고객 가치 분석
출처 : 미래창조과학부

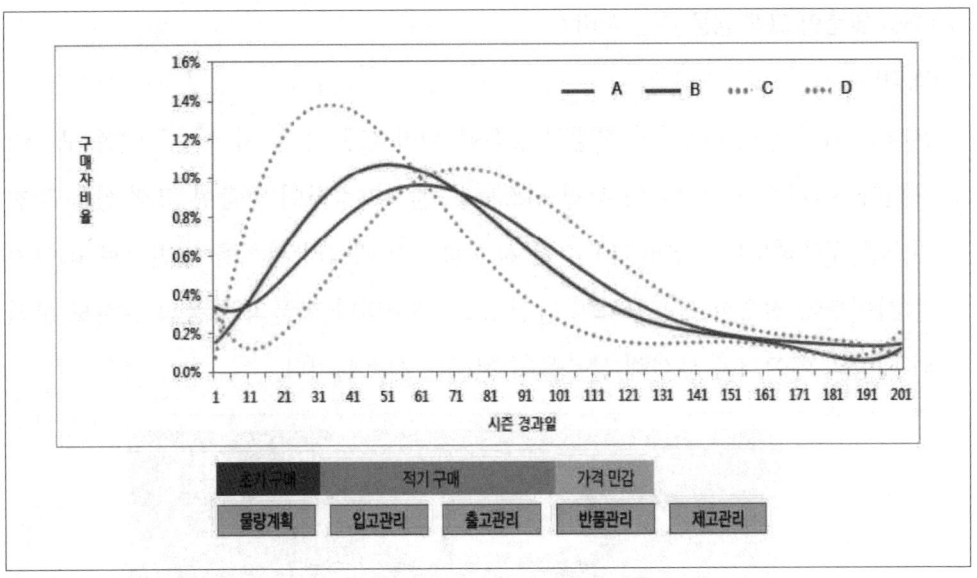

[그림 36] FNC 코오롱의 브랜드별 판매 시점 분석
출처 : 미래창조과학부

(결과)

⟨분석 내용⟩

- 매장별 입점 고객 분석
  - 성별, 연령별 매장 입점 고객 데이터 확보를 위한 객수 정보 시스템 도입
  - 매장 단위의 매출 증감에 대한 원인 파악, 판매 효율 분석 기준 자료
- 온/오프 매출 상관관계 분석
  - 온라인 고객 관심 상품과 오프라인 매장에서 판매 상관관계 분석
  - 단기 판매 예측, 판매 증가 예상 아이템 추출
- 패턴 분석을 통한 예측
  - 과거 판매 패턴 분석을 통한 아이템별 시즌 총판매량 예측
  - 단기 판매 예측 데이터와 연동, 대형 프로모션에 대한 예측치 감가 기준 함수 도출

⑤ GS샵 맞춤형 고객 상품 추천 서비스

(배경)

온라인 커머스 시장에서의 경쟁력 강화를 위한 상품 추천 서비스 플랫폼 구축이 요구된다. 이에 아마존닷컴의 추천 시스템을 벤치마킹하여 맞춤형 고객 상품 추천 서비스를 구축하였다. 아마존의 추천 시스템은 빅데이터 분석을 기반으로 하여 아마존 사이트에 접속한 사용자들이 남긴 로그 데이터나 상품과 상품의 유사도 분석 등의 대량의 데이터를 분석해 상품을 추천하는 시스템이다.

[그림 37] 노트북과 태블릿, 스마트 PC로 보는 GS샵
출처 : 미래창조과학부

(대책)

2012년 7월부터 하둡(Hadoop) 기반 빅데이터 플랫폼으로 사용자의 구매 내역과 온라인 게시판에 남긴 텍스트 데이터를 이관하는 동시에 CEP(Continuous Event Processing)나 오피니언 마이닝(Opinion Mining) 등과 같은 빅데이터 관련 내부 연구 과제를 마련해서 국내·외 파트너사들과 함께 수행하였다. 이는 사용자들의

구매 내역을 바탕으로 상품 선택 패턴을 분석한 다음, 그 결과를 토대로 사용자가 관심을 가질 만한 신제품이나 관련 상품들을 맞춤식으로 추천해주는 새로운 상품 추천 서비스를 구축한 것이다.

(결과)

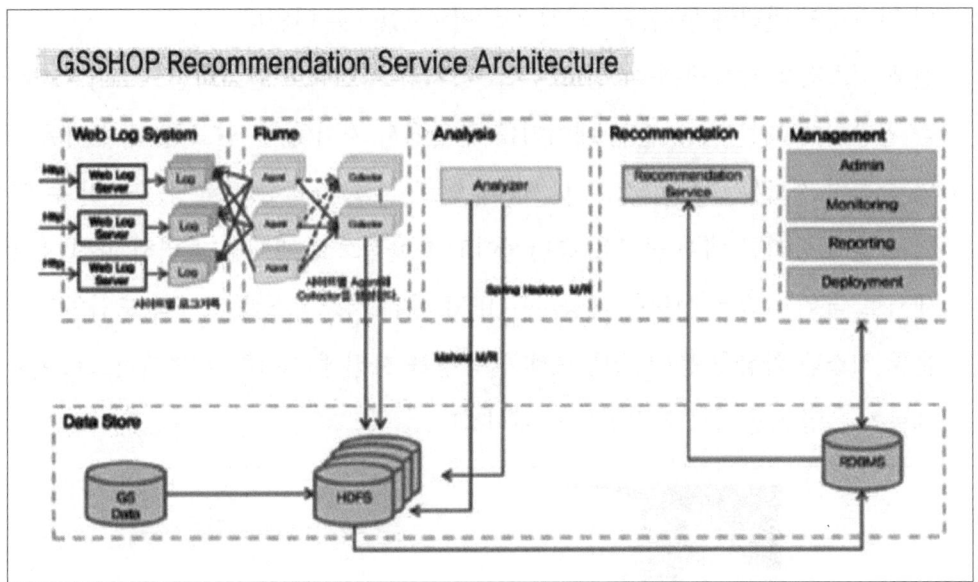

[그림 38] GS샵 상품 추천 서비스 아키텍쳐
출처 : 미래창조과학부

본 서비스를 통해 GS샵이 구축한 추천 서비스를 위한 데이터 플랫폼은 좀 더 거시적인 관점에서 해석하면 상품의 기획 및 준비 단계에 도움을 줄 수 있으며 단기적으로는 더욱 정교한 실시간 상품 추천이 가능하다.

⑦ CJ대한통운 스마트 통합 물류 시스템

(배경)

최근 DHL이 물류 산업에서의 빅데이터 활용 방법을 소개한 '빅데이터인 로지스틱스(Big Data in Logistics)'를 발표하였다. 많은 물류 기업들은 이미 빅데이터의 활용 능력이 추후 기업의 성패를 가늠할 핵심 경쟁력으로 인식하고 있다.

(대책)

CJ 대한통운은 스마트 통합 단말기에 디지털 운행 기록계를 결합해 차량의 위치와 경로, 화물의 상태, 연료 소모량, 속도 등을 실시간으로 파악하고 관제하여 물류 차의 전반적인 관리와 통제를 효과적으로 할 수 있도록 하였다.

전체 시스템을 새롭게 하여 정보 수집 및 저장 시스템도 단일화함으로써 빅데이터를 활용하여 화물 비용 관련 데이터를 한곳에서 처리할 수 있도록 하며 각종 차량의 수집된 정보는 빅데이터 분석을 통해 연료 절감과, 물류 효율성을 높일 수 있다. 최근 들어 증가한 택배 물량을 통합적이고 효율적으로 관리하기 위해 파워7+ 프로세서로 더욱 강화된 성능을 제공하는 IBM 파워 시스템즈를 추가적 도입하고 통합 물류 시스템 확장을 통해 국내 택배 물동량을 사전에 예측하고 선제적으로 관리함으로써 운영 효율성과 안정성을 증대시켰다.

[그림 39] CJ 대한통운의 스마트 통합 단말기 사용
출처 : 미래창조과학부

(결과)

서비스의 속도 향상과 연속성을 보장하는 안정된 기반을 확대해 물류 시스템의 전반적인 퍼포먼스 상승은 물론 운영 및 관리 비용이 절감되었다.

3절 | 빅데이터 공공기관 적용 사례

해외 사례

(1) 미국 실시간 범죄 감시 및 범죄 분석

미국 테네시주 멤피스시의 실시간 범죄 감시 센터는 각종 데이터를 분석하고 사건 패턴을 수집해 범죄 예방에 활용하여 범죄율이 30%나 감소했으며 향후 범죄 발생이 높은 지역과 시기를 예측하여 적시 적소에 인력을 배치해 범죄를 예방한 바 있다.

[그림 40] 멤피스시의 실시간 범죄 감시 센터

또한 미국 미네소타주의 로체스터시는 방대한 데이터에서 사람, 장소, 휴대전화, 통화 기록, 차량 기록 간의 연관성을 분석해 수사 단서를 찾는 빅데이터 기반의 범죄 정보 분석 플랫폼을 도입하였다.

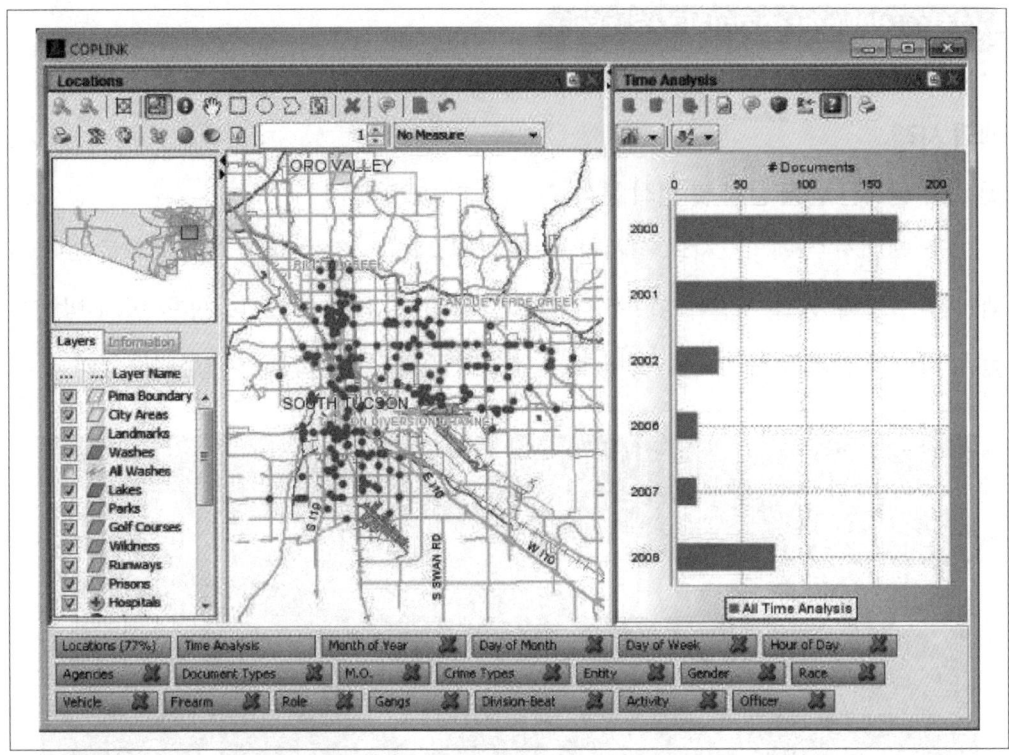

[그림 41] 미국 로체스터 시의 범죄 정보 분석 플랫폼
출처 : 한국데이터베이스진흥원, 빅데이터 분석 동향, 2013 데이터베이스백서(2013)

　　샌프란시스코에서는 과거 8년 동안 범죄가 발생했던 지역과 유형을 세밀하게 분석해 후속 범죄 가능성을 예측하는 범죄 사전 예보 체계를 마련하고 범죄에 대한 통계 정보를 제공하는 것과 달리 새로운 범죄 가능성 정보를 제공하였다. 6개월 테스트 결과, 예보 정확도가 71%에 달했으며 범죄가 예보된 10곳 중 7곳에서 실제 사건이 발생하였다.

[그림 42] 샌프란시스코 경찰청의 범죄 지도

또한 FBI는 범죄자 유전자 데이터베이스를 통해 흉악범 검거를 위한 과학적 수사의 기반을 마련한 바 있다. 유전자 감식 결과 도출된 고유의 패턴을 빅데이터로 저장, 검색할 수 있도록 해당 법안을 개정하였으며 이를 바탕으로 활용 범위를 지속적으로 확장해 효율적인 범죄자 감식 시스템을 구축할 수 있었다.

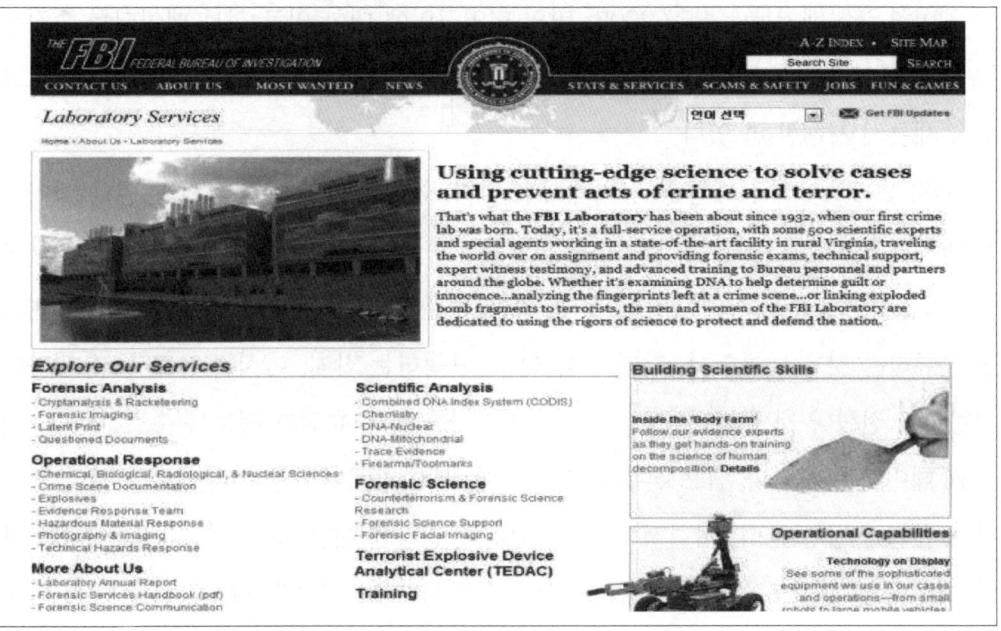

[그림 43] FBI CODIS 웹사이트

이를 통해 DNA 분석표를 구성했으며, 내장된 DNA 분석 정보를 활용하여 2007년 45,400건의 범인 DNA 적중도를 달성하였다.

(2) 오바마 정부 의약품 오남용 방지 시스템

오바마 정부에서는 의약품 오남용을 막기 위한 시스템으로 의료 분야에서도 빅데이터 활용을 강화했다. 오바마 정부는 의료기관, 환자, 정부, 의료보험 회사를 통합하여 효율적으로 운영하기 위한 헬스 2.0 정책을 제안한 바 있고, 이는 사용자가 문의하는 약에 대한 정확한 정보를 제공함으로써 의약품 오남용을 막기 위한 시스템으로 필박스(PillBox) 모델이 제시된 것이다.

이를 통해 사용자가 검색한 약의 정보로 해당 질병의 발생 장소 및 전염 속도에 대한 분석이 가능해지면서 사용자에 의해 만들어진 데이터를 통해 질병의 전염 속도, 대응 방법, 방제 인원에 대한 효율적인 대책이 마련될 수 있는 기반이 되었다.

또한 미국 퇴역 군인국(VA, U.S. Department of Veterans Affairs)은 25개의 데이터 웨어하우스 배치를 통해 2,200만 명의 퇴역군인에 대한 의료 정보 데이터를 수집하고 퇴역 군인국은 퇴역 군인들의 의료 기록 보완을 위해 DNA 샘플을 수집하는 프로그램을 새롭게 시행한 바 있다.

한편, 2008년 미국 대통령 선거에서 오바마 후보는 다양한 형태의 유권자 데이터베이스를 확보하여 이를 분석하고 활용한 유권자 맞춤형 선거 전략을 전개했다. 당시 오바마는 인종, 종교, 나이, 가구 형태, 소비 수준과 같은 기본 인적 사항으로 유권자를 분류하는 것을 넘어서서, 과거 투표 여부, 구독하는 잡지, 마시는 음료 등 유권자의 성향까지 전화나 개별 방문을 또는 소셜 미디어를 통해 유권자 정보를 수집하였다. 수집된 데이터는 오바마 캠프 본부로 전송되어, 데이터베이스를 온라인으로 통합 관리하여 유권자 성향 분석, 미결정 유권자 선별, 유권자에 대한 예측을 해나갔다. 이를 바탕으로 '유권자 지도'를 작성한 뒤, 유권자 맞춤형 선거 전략을 전개하는 등 오바마는 비용 대비 효과적인 선거를 치를 수 있었다.

(3) 영국의 통신사 O2 위치 기반 서비스

O2는 Placecast와 협력하여 모바일 서비스 가입자에게 위치 기반 서비스(Location Based Service)를 이용한 실시간 스타벅스 프로모션을 제공하였다. 서비스 가입자가 스타벅스 매장 근처에 도달하면 문자로 메시지와 함께 프로모션 쿠폰이 전송되는 서비스이다.

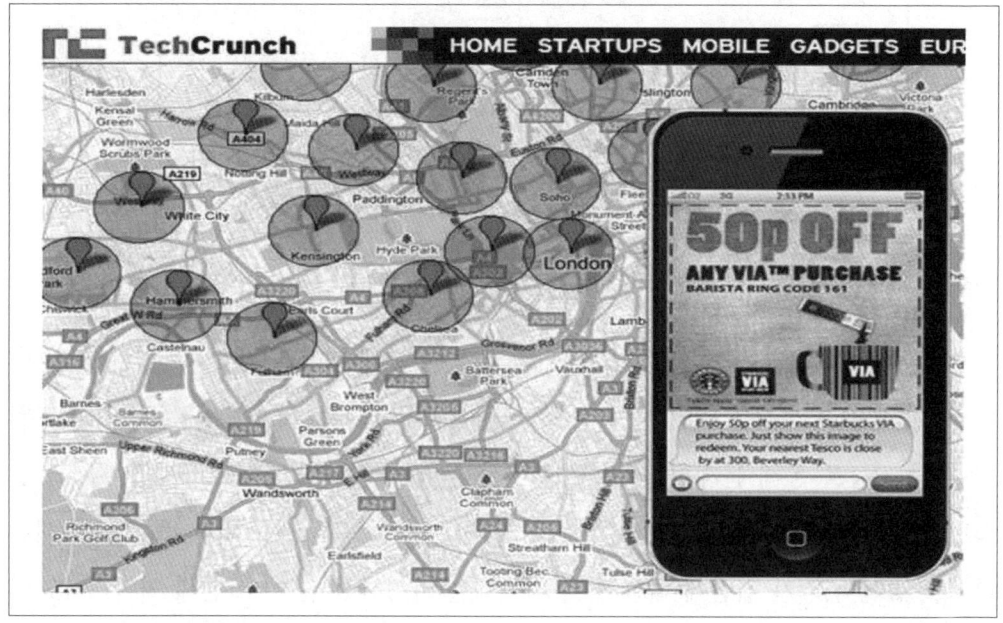

[그림 44] O2 – Placecast 서비스
출처 : 박준규, 빅데이터를 위한 분석기술 활용방안, 세종대학교(2012.12)

(4) 미국 국세청 사기 방지 솔루션

미국 국세청은 사기 방지 솔루션 및 빅데이터 분석 기술을 도입해 탈세 및 사기 범죄 방지 시스템에 활용하고 있다. 이는 저소득층의 의료보장 총액을 초과하며 탈세 금액이 빠르게 증가함에 따라 미국 국세청은 사기 방지 솔루션 및 빅데이터 분석 기술을 도입해 탈세 및 사기 범죄 방지 시스템에 활용하는 것이다.

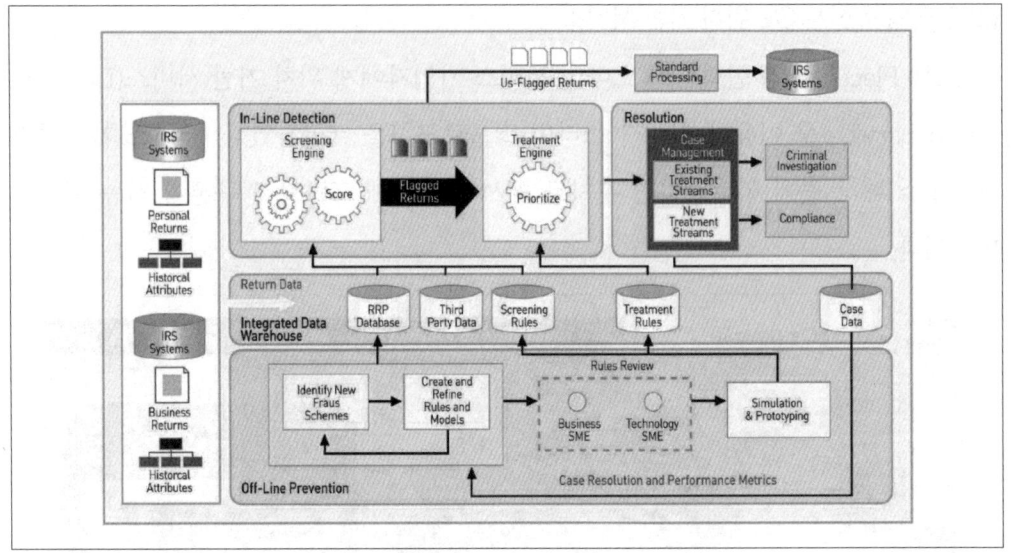

[그림 45] RRP(Return Review Program) 시스템

 이러한 시스템을 구축하여 과거 데이터 분석을 통해 향후 발생할 수 있는 사기 범죄 및 탈세 관련 사건을 미연에 방지하고 소셜네트워크 분석에 기반을 둔 범죄 네트워크 분석 기능을 통해 문제점을 밝혀내는 기능을 갖추게 되었다. 또한 계좌, 주소, 전화번호, 납세자 간의 연관 관계 분석을 실시하고 페이스북이나 트위터 등 SNS에 대한 분석을 통해 범죄자 집단에 대한 감시 시스템을 마련하였다. 이로 인해 연간 3,450억 달러에 달하는 세금 누락 및 불필요한 세금 환급 절감과 과학적 데이터를 근거로 탈세 조사를 수행함으로써 탈세자 수의 감축 등 우수성과가 발생했다.

(5) 밀라노 지능형 교통 정보 시스템

정부, 자동차 및 시스템 제조업자, 소비자가 연계하여 지능형 교통 서비스를 구축하였다. 정부는 도로망 및 인프라 구축을 담당하며 자동차 및 시스템 제조업자는 지능형 교통 시스템 서비스를 제공하였다.

2007년 5월부터 2009년 7월까지의 경찰청의 사건 정보, 기상청의 날씨 정보, 도로 교통 상황, 주변 건물 및 도로 공사 상황, 시위, 행사 등의 데이터 수집하고 5분 간격으로 교통 흐름양과 속도를 측정하여 데이터화하였다. 밀라노 도시 전체 정보를 분석하기 위한 소요 시간은 0.1초에 불과하고 데이터가 사전에 입력되지 않았지만, 갑작스럽게 발생하는 정보는 실시간으로 수집하여 시스템에 반영할 수 있도록 설계함으로써 미래의 발생 가능성을 예측할 수 있는 시스템으로 구현되었다.

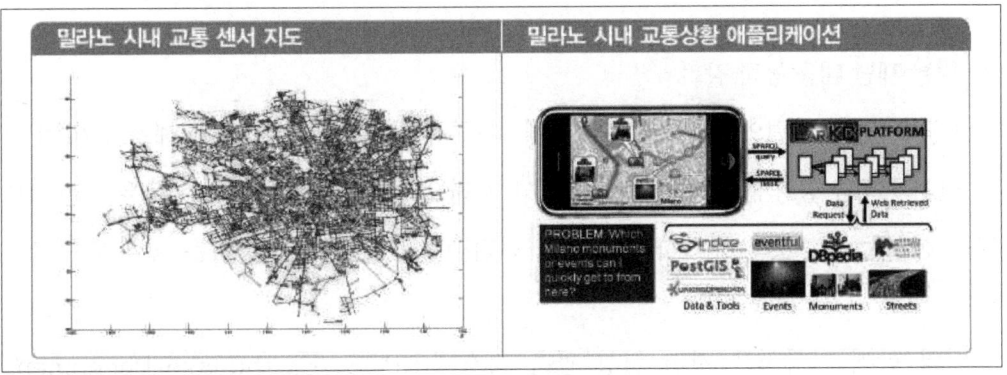

[그림 46] 밀라노 시내 교통 센서 지도 / 밀라노 시내 교통 상황 애플리케이션
출처 : 미래창조과학부, 남서울대학교 산학협력단, 빅데이터 환경하의 ICT데이터 유통체계 진단 및 생태계 조성방안, 방송통합미래전략체계연구 지정 2013-36(2013.11)

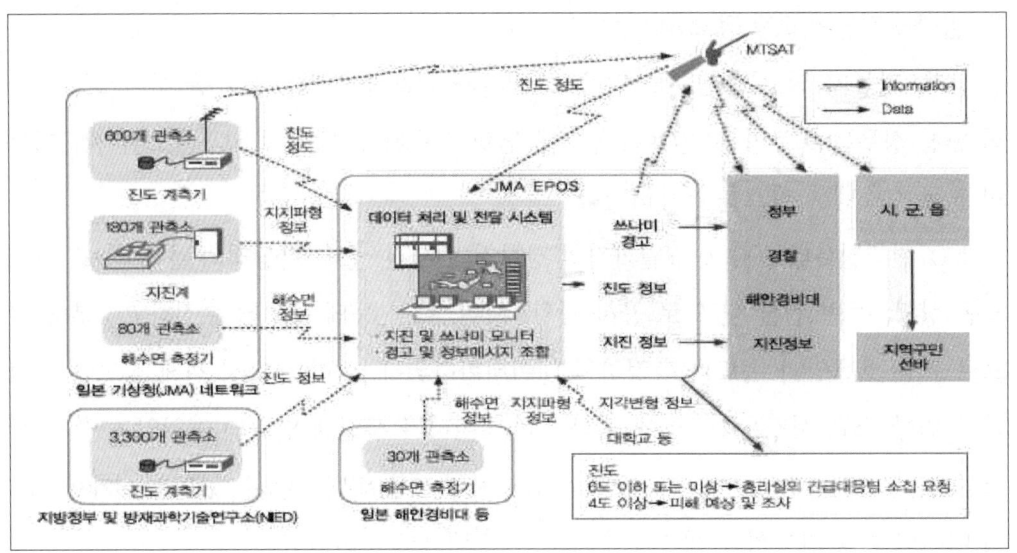

[그림 47] 일본 재난 통신망 체계도

(6) 일본 재난 대응 능력 강화

일본은 국가 차원의 방재 기본 계획에 따라 유무선 전화망 과부하 해결을 위해 무선 인터넷망과 공중전화를 무료 개방하고 지진으로 인한 트래픽 폭주로 유무선 전화망이 손상될 시, 일본 통신사들이 무선 인터넷망을 완전히 개방하는 체계를 구축하였다.

이와 함께 기상청은 지진 현상 관측 시스템(EPOS; Earthquake Phenomena Observation System)의 분석 정보를 통해 중앙 및 지방, 주요 매체 등에 지진 통보를 하고 내각관방, 내부부, 방위부, 일본 해안경비대, 경시청 및 소방청, 방송국(NHK 등) 유관 기관에 지진 정보가 전송된다. 이를 통해 재난 상황과 같이 급박하게 변화하는 환경에 신속히 대처할 수 있는 기반이 마련되고 다양한 디바이스를 활용한 신속한 재난 대처로 관련 인력 낭비를 감소시킬 수 있다.

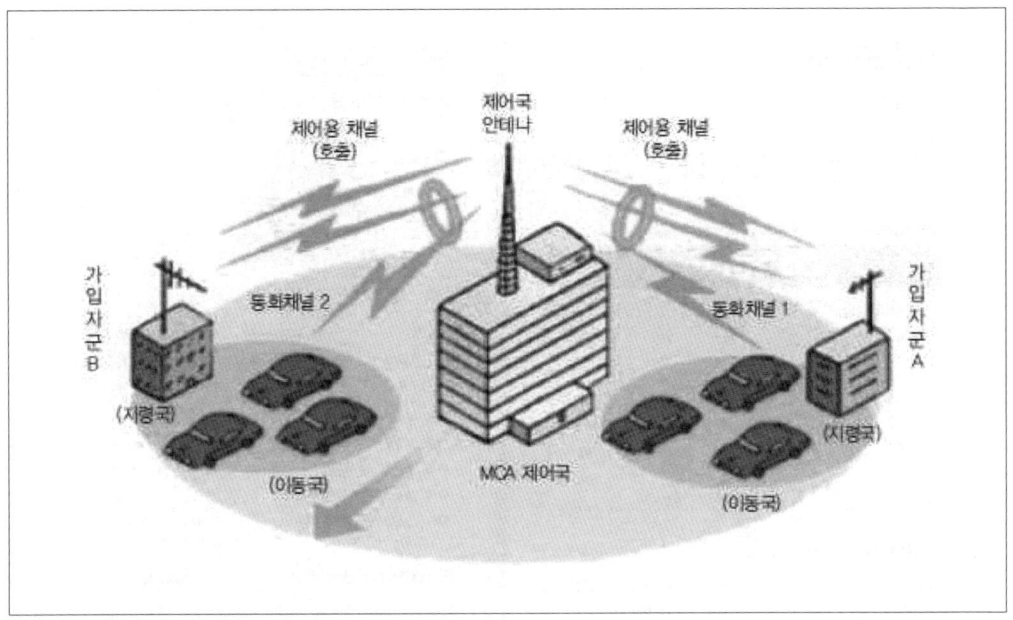

[그림 48] 일본의 지진 정보 모니터링 및 경보 시스템
출처 : Japan Meteorological Agency, Earthquake and Tsunami Monitoring and Informatio

국내 사례

(1) 한국석유공사

한국석유공사는 2011년 말 유가 예보 시스템을 개발하여 고유가에 따른 소비자 부담을 감소하기 위해 유가의 단기 미래 가격을 예측하여 제공하는 오피넷(Opinet) 시스템을 구축하였다. 여기에서는 국제유가를 기반으로 국내 정유사와 주유소의 판매가격을 추정하는 예측 모델을 개발하여 소비자들이 지역별, 상표별 및 5가지 변화 단계(상승, 소폭 상승, 보합, 소폭 하락, 하락)로 구분되는 시각화 자료의 확인이 가능하다.

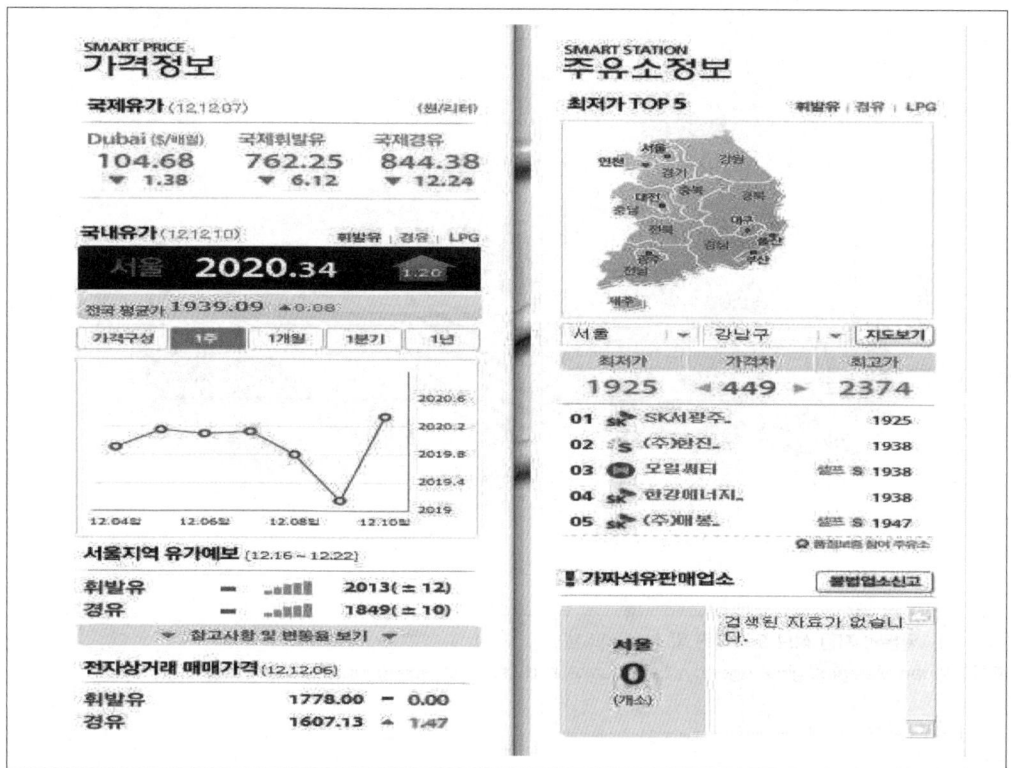

[그림 49] 오피넷 유가정보 서비스

　한국석유공사의 사례를 통한 정책적 시사점은 주유소에서 사용된 사용자 정보를 이용하여 유가 정보를 제공함으로써, 에너지 효율의 증대와 과학적 근거를 바탕으로 국내 경제 전망 및 계획 수립에 기여한 점 등을 들 수 있다. 따라서 빅데이터로 예측한 1주일 뒤의 유가와 실제 유가를 비교할 수 있기 때문에 사용자들은 가까운 곳 또는 저렴한 유가 정보를 획득할 수 있어 시간과 에너지를 감소할 수 있으며 인근 주유소 간의 유가 정보를 공유함으로써 건전한 경쟁을 이루어 유가를 낮출 수 있는 환경을 마련하였다는 평가를 받고 있다.

(2) 한국수자원공사의 스마트 워터 그리드를 기반으로 물 부족 현상 해결

물 부족 현상 해결 방안의 하나로 IT와 수자원 관리 시스템의 결합을 통해 수자원 생산 및 분배 시설의 효율성을 높이는 기술로 물 부족 현상을 해결하기 위한 스마트 워터 그리드(Smart Water Grid)가 대안으로 제시되고 있다.

스마트 워터 그리드는 전자디바이스와 통신 기술을 활용하여 수도관 수천 개를 하나의 네트워크 개념으로 통합하고, 전체 네트워크가 효율적으로 운영되도록 각각의 수도관을 관리하는 체계를 의미한다. 이를 위해 수도관 중간에 유량, 수질, 유수율(물 공급량과 수도 요금의 비율) 등을 관측하는 센서를 설치하여 하나의 관제 컴퓨터가 시 규모의 지역 수도관 정보를 통합·관리할 수 있도록 설계되었다.

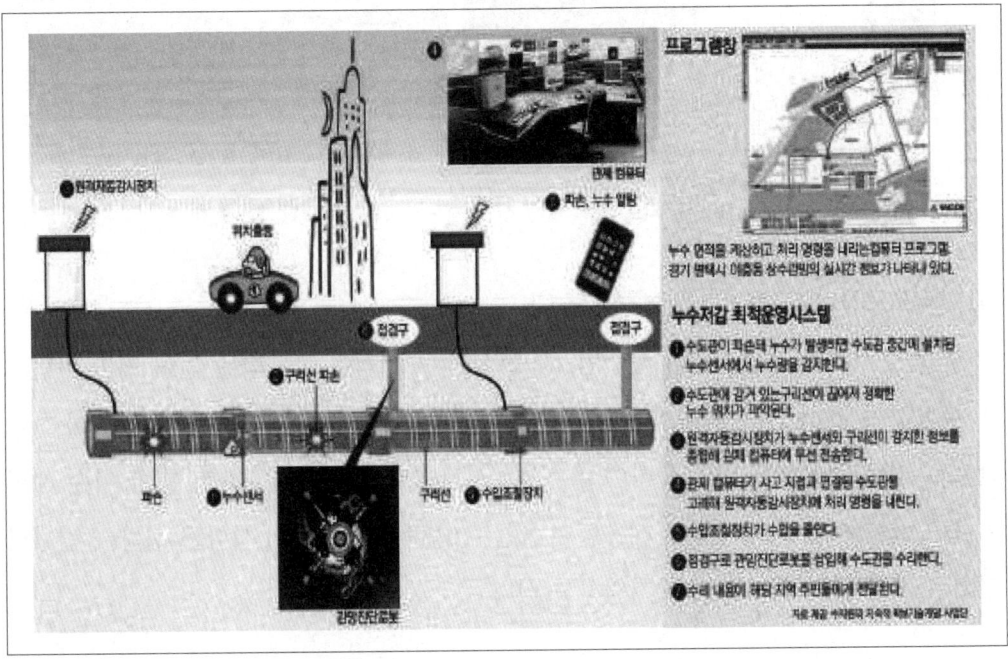

[그림 50] 스마트 워터 그리드의 개념도

이를 통해 실시간으로 물관리가 가능하여 원격 자동 감시 장치를 통해 상수도관을 자동 감시함으로써 불필요한 인력 낭비를 줄이고, 물 부족 현상을 해결하여 효율적인 물관리를 통한 저탄소 녹색성장의 발판이 될 수 있을 것으로 기대된다.

(3) 국민권익위원회

국민권익위원회는 온라인 국민 소통 시스템을 통해 홈페이지 민원, 제안, 콜센터 상담 등으로 축적된 민원 데이터를 활용하여 종합적이고 체계적으로 분석하여 정책에 적용할 수 있도록 지원하고 있다.

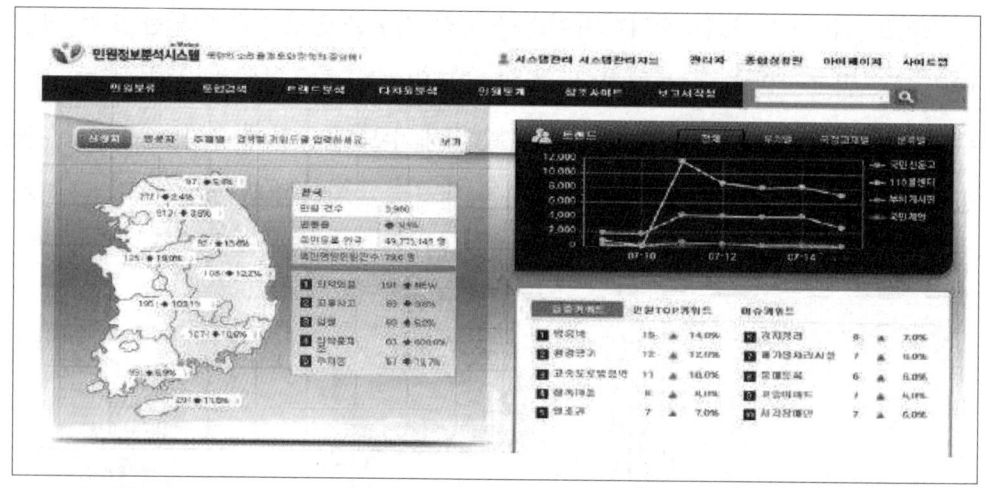

[그림 51] 민원 분석 시스템 및 민원 지도

(4) 한국도로공사 고객의 소리 분석 시스템

콜 상담 서비스, 민원 관리 시스템, 채팅 상담 시스템이 고도화된 언어 처리 기법으로 분석하여 고객 만족 활동에 도움이 될 수 있는 지표와 이슈를 도출하고 주제를 기반으로 키워드와 토픽을 추출하여 유형별, 시간별로 분석한다. 이를 통해 이슈 사항이나 불만을 사전에 파악하여 대응할 수 있는 기반을 마련하고, 서비스 전략 수립이나 정책 수립을 위한 의사결정을 지원하고 있다.

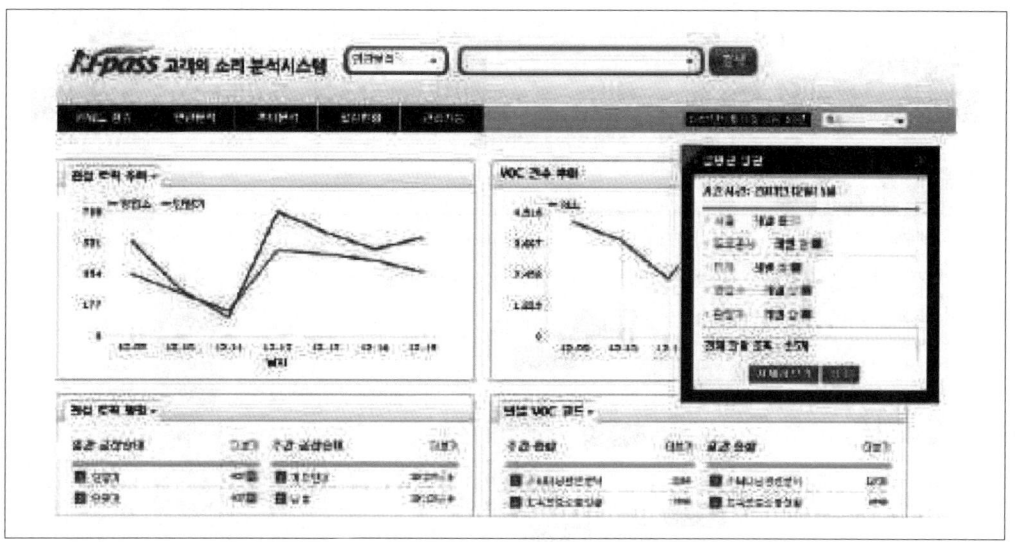

[그림 52] 도로공사 고객의 소리 분석 시스템

(5) 다음소프트 소셜 매트릭스

다음소프트는 소셜네트워크의 이슈와 관심 키워드의 실시간 모니터링으로 상황에 맞는 대응 전략 및 마케팅 전략의 수립을 지원하는 '소셜 매트릭스(socialmetrics. co.kr)' 서비스를 제공하였다. 이는 자연어 처리, 데이터 마이닝 등의 분석 툴을 활용하여 블로그와 트위터에서 형성되는 트렌드와 여론을 일반과 공공으로 구분하여 제공하는 것이다.

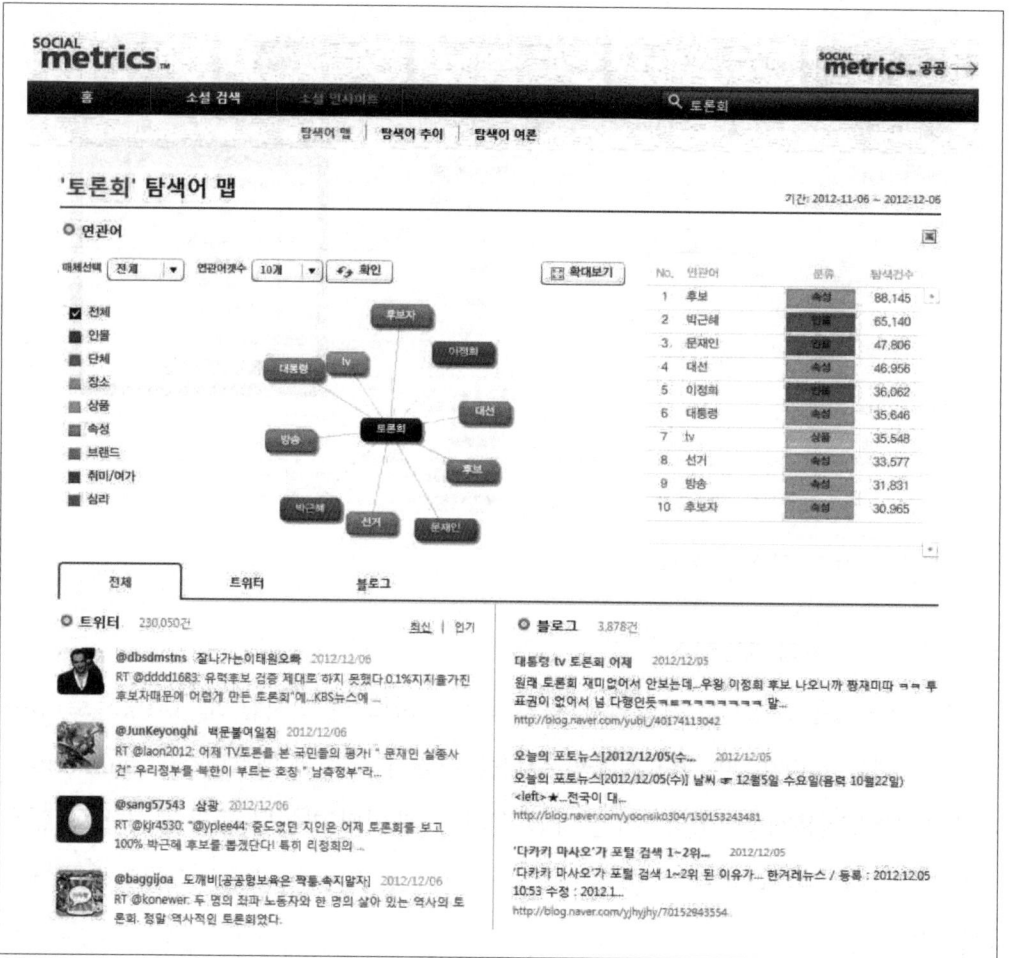

[그림 53] 다음소프트 소셜 매트릭스
출처 : 박준규, 빅데이터를 위한 분석기술 활용방안, 세종대학교(2012.12)

(6) 국토교통부의 자동차 민원 포털 사이트

국토교통부는 자동차의 이력 정보를 축적하고 소비자에게 제공하는 내용으로, '자동차관리법 시행규칙'을 개정하고 공포한 바 있다. 자동차의 등록부터 폐차까지 주요 정보를 축적해 공유하는 자동차 토털 이력 정보 관리제가 시행되어 자동차 정비·매매·해체 재활용업자는 그 업무 수행 내용을 국토교통부 자동차 관리 정보 시스템에 의무적으로 전송하고, 이로 인해 축적된 자동차의 생애 주기 관련 이력 정보는 자동차

[그림 54] 국토교통부의 자동차민원 대국민포털

민원 대국민 포털(http://www.ecar.go.kr)이나 스마트폰 앱을 통해 소유자에게 무상으로 제공된다.

  이를 통해 자동차 토털 이력 정보 관리제가 시행되면 소비자는 자신의 자동차를 자가진단할 수 있으며, 자동차 시장이 더욱 투명해질 것으로 기대된다. 이번에 도입되는 자동차 이력 정보 제공 서비스는 국토교통부가 개방·공유·소통·협력의 정부 3.0 가치를 바탕으로 추진하는 총 43개의 과제 중 하나로, 이를 통해 투명하고 유능한 국민 중심 서비스를 실현해 나갈 수 있게 되었다.

(7) 서울시-KT의 빅데이터 이용을 통한 최적의 심야 노선 신설 체계 구축

서울시는 시민들의 휴대전화 통화량을 기반으로 한 KT의 유동 인구 데이터와 서울시가 보유한 교통 데이터를 융합·분석하여 최적의 심야버스 노선을 구축하였다. 이는 시민들이 자정부터 새벽 5시까지 심야 시간대에 사용한 휴대폰 콜 데이터 30억여 건과 시민들이 이용한 심야 택시 승·하차 데이터 500만 건의 빅데이터를 융합한 결과를 토대로 하여 심야 택시 승·하차 데이터를 분석하였다. 그 결과, 강남이 교통 수요가 가장 높았으며, 이어 신림역, 홍대, 건대 입구, 동대문, 강북구청, 신촌, 천호, 종로, 영등포 순이었다.

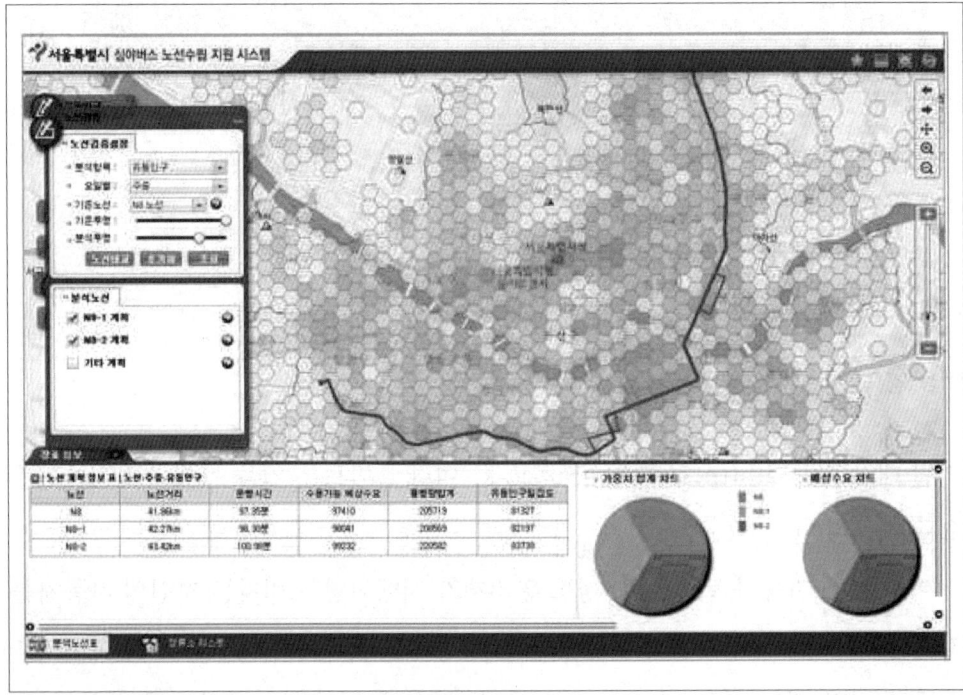

[그림 55] 서울시 심야버스 노선수립 지원 시스템
출처 : 미래창조과학부, 남서울대학교 산학협력단, 빅데이터 환경하의 ICT데이터 유통체계 진단 및 생태계 조성방안, 방송통합미래전략체계연구 지정 2013-36(2013.11)

이번의 사례에서는 행정 데이터만 활용하던 과거 정책에서 벗어나 민·관이 구축한 빅데이터의 융합이라는 점에 큰 의미가 있다. 서울시는 빅데이터와 모바일을 중심으로 한 '초(超)협력 전자 정부'의 구축을 선언하고 2015년까지 총 700억여 원을 들여 빅데이터 공공서비스 환경기반을 만들었다.

[그림 56] 서울시 심야버스 확대노선도
출처 : 미래창조과학부, 남서울대학교 산학협력단, 빅데이터 환경하의 ICT데이터 유통체계 진단 및 생태계 조성방안, 방송통합미래전략체계연구 지정 2013-36(2013.11)

[그림 57] ㈜씨이랩의 스마일로

(8) 성남시의 빅데이터를 통한 공공데이터 개방 선도

성남시는 빅데이터를 활용하여 '과학적 행정'을 펼치고자 공공정보 개방, 민간정보 융합, 관련 교육 등 행정력을 집중하고 있다. 성남시는 공공데이터 조사 및 전문가와 내부 직원들의 의견 수렴을 거쳐 어린이집, 공중화장실, 주차장 현황 정보 등 53건을 공공데이터 포털(http://data.go.kr)에 개방하였으며, 현재 시내버스 95개 노선과 버스 승하차장 인원수, 이용객들의 수요 예측 등 공공데이터 분석을 통해 노선 변경 등을 시 정책에 적용하고 있다.

또한 전국의 유명명소 모란시장 상권을 중심으로 한 전통시장, 분당 역세권 등 다양한 상권의 활성화를 지원할 방침이다. 이와 함께 지역 내 IT업체들이 공공정보를 활용해 스마트폰 애플리케이션, 정보 서비스 등 새로운 서비스를 개발할 수 있도록 공공

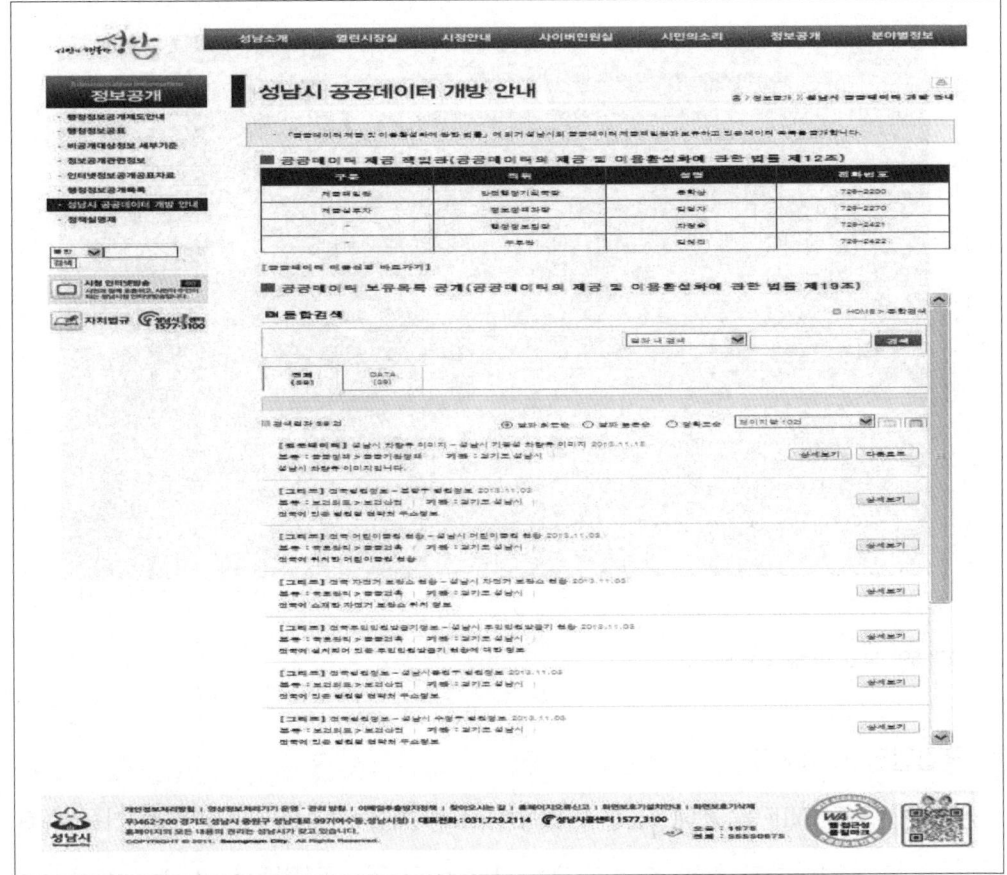

[그림 58] 성남시 정보 공개 사이트

데이터를 지속적으로 개방해 민간의 수익 창출과 벤처기업 활성화에 나선다.

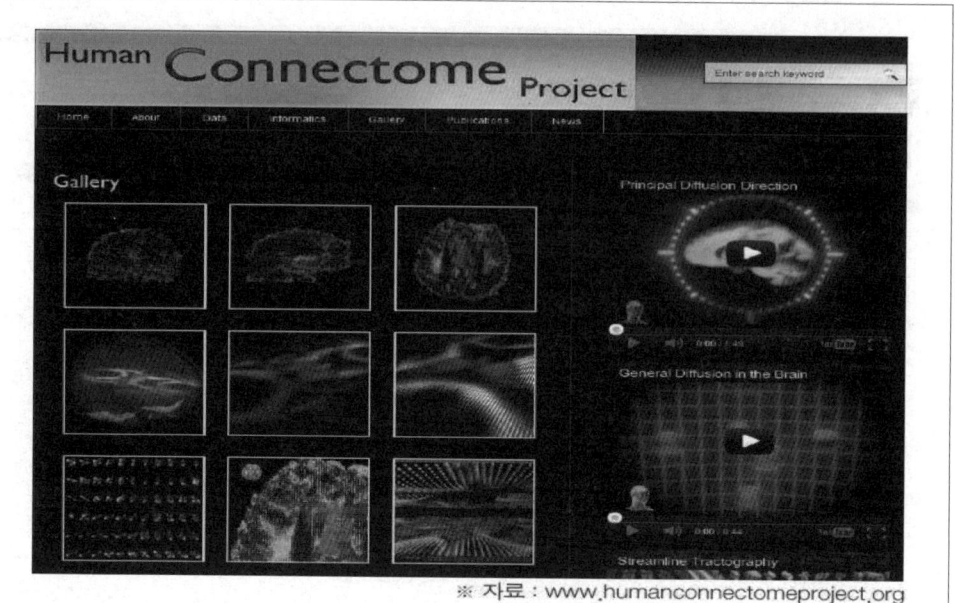

[그림 59] 휴먼 커넥톰 프로젝트

(9) 국립암연구소(NCI)

웹 기반 포털 'NIF'을 통해 뇌 신경 활동 경로와 기능에 관한 대량의 데이터를 수집하고, 이를 도식화하기 위해 '휴먼 커넥톰 프로젝트(The NIH Human Commectome Project)' 진행한 바 있다.

국립보건원 산하 국립암연구소(NCI)는 암 관련 데이터의 저장 및 공유 방법을 연구하고 있으며 의료 이미지 및 영상 데이터 공유 플랫폼인 'TCIA'를 개발하여 의사들의 암 치료와 연구 지원 및 환자들의 암 발견 가능성을 향상하는 데 기여한다.

한편으로는 국립보건원 산하 국립 심장 폐 혈액연구소(NHLBI)는 의료 데이터의 저장·통합·분석 활동을 지원하고 있다. 보안이 요구되는 개인 진료 관련 데이터의 저장 및 공유·분석을 지원하기 위한 종합 플랫폼을 제공한다.

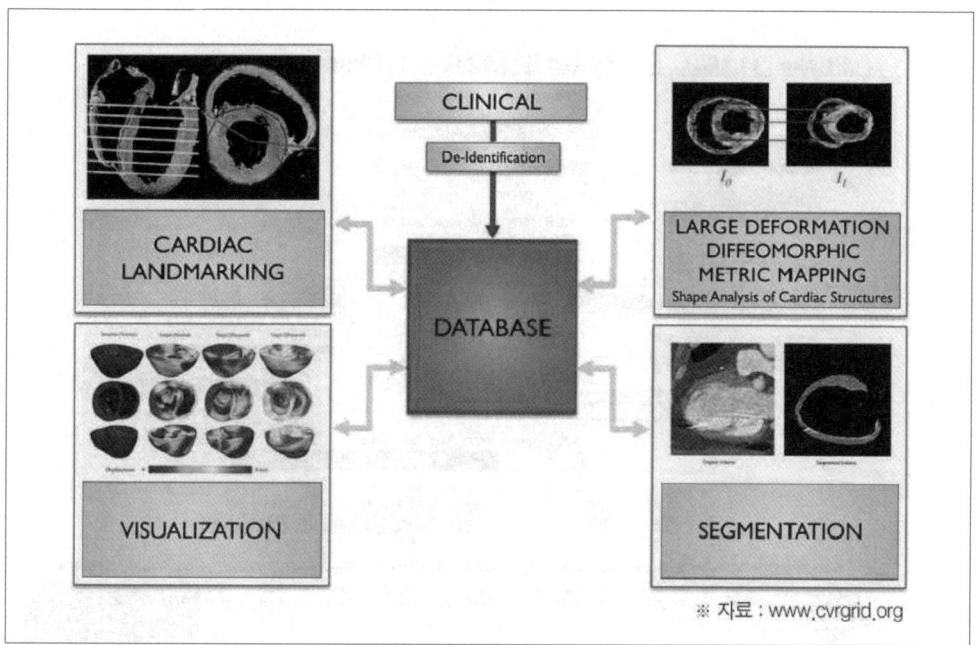

[그림 60] 심장 해부학에 활용되는 CVRG의 작동 프로세스

또한 그 외에도 국립보건원은 '1,000 Genomes Project'를 통해 해독된 약 200테라바이트의 인체 유전자 데이터 공개하고 있으며 클라우드 서비스인 아마존 웹 서비스를 통해 누구나 데이터에 접근할 수 있도록 하고 있다. 또한 연구원은 사용한 만큼의 컴퓨팅 서비스에 대한 비용만 지불 가능하며, 아마존 웹서비스에 유전자 정보를 넣으면 아마존 웹 서비스 서버에 저장된다.

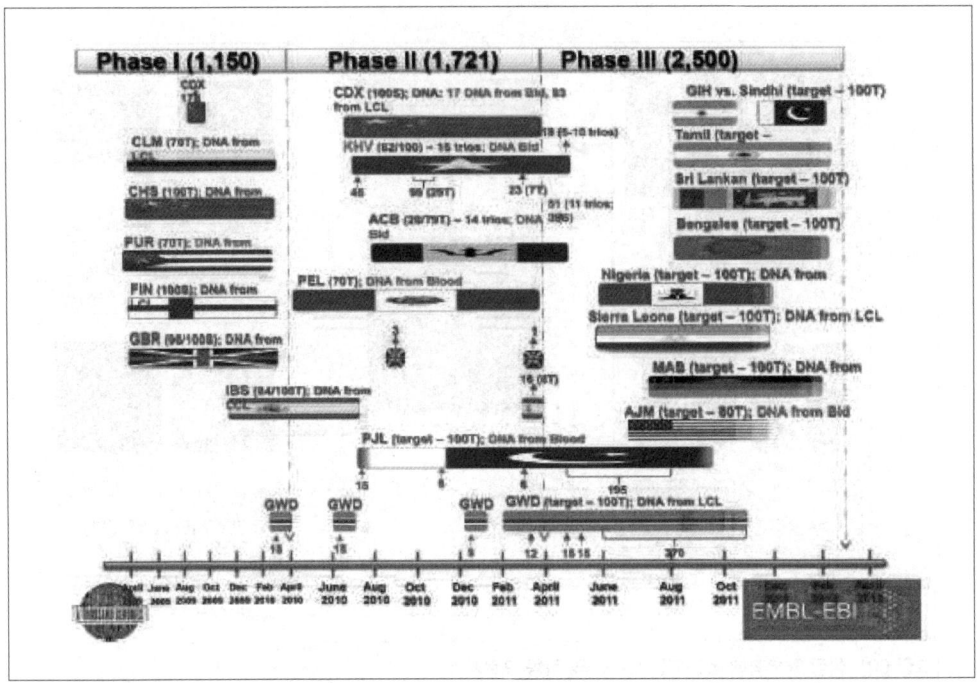

[그림 61] 아마존 웹서비스의 유전자 분석
출처 : The 1000 Genomes Tutoral A Brief History of Data and Analysis(2012.2.17)

(10) 국내 금융권의 빅데이터 활용

카드사는 고객 거래, 소셜 미디어, 가맹점 등에서 발생한 빅데이터를 이용하여 가맹점과 고객 소비 패턴 등을 분석해 실시간 마케팅에 활용할 방안을 모색하고 있다. 또한 현대카드는 고객의 카드 구매 이력 정보, 지역 기반의 상권 정보, 맛집 평가, 이용 정보 등을 분석하여 대량·스트립 데이터처리 솔루션인 CEP(Complex Event Processing) 기법을 활용하여 실시간 마케팅에 적용하고 있다. 예를 들면 현재 고객이 있는 지역에서 20대가 자주 이용하는 음식점을 쉽게 찾을 수 있으며 3개월 내 재방문율 등을 일목요연하게 파악할 수 있다.

최근 카드사들은 카드 결제 데이터를 분석하여 고객에게 맞춤형 정보를 제공하는 스마트 서비스를 활발히 출시하고 있다. 삼성카드는 'm포켓' 서비스를 통해 250만 가맹점에 대한 결제 데이터를 분석해서 매출액과 사용자 결제 건수를 기준으로 가맹점

이용 패턴을 분석하고 있다. 분석 결과를 기반으로 고객에게 지역별, 연령별, 성별, 시간대별, 주말/주중 등 조건에 따라 상황에 맞는 검색을 할 수 있도록 제공하고 있다. 하나SK카드는 빅데이터를 활용해 고객 맞춤형 이벤트, 쿠폰을 제공하는 '겟모어(get more)' 서비스를 제공하고 있다. 가맹점과 관련된 이벤트 정보와 고객의 결제 데이터 분석을 통한 개별 고객의 카드 사용 패턴에 따라 고객 맞춤형 쇼핑 정보를 제공하는 것이 특징이다.

개인 신용평가 전문 기업인 코리아크레딧뷰로(KCB)는 설립 후 지난 5년여 동안 '금융 강국을 만드는 선진 신용 사회 실현'을 신조로, 금융회사에서는 더욱 입체적이고 과학적인 신용 평가 서비스를, 개인 고객에게는 보다 체계적인 신용 정보 관리 서비스를 제공하기 위해 신용 정보 분석의 고도화를 지속적으로 추진하고 있다.

KCB는 정확하고 다각적인 신용 정보 분석을 위해 시장 및 고객 분석, 선진 리스크 관리 기법 등에 대한 다각적인 연구를 통해 연체 정보, 대출 상환 실적, 카드 사용 실적 등 다양한 형태의 우량 정보를 활용해 개인에 대한 균형 잡힌 신용 평가 및 신용 관리를 실현하는 중이다. 이러한 시스템을 통해 분석 소요 시간을 단축할 수 있으며 그에 따라 고도화된 분석 기법을 적용할 수 있다. 또한 로우 데이터에 직접 접근이 가능해 현업 사용자들이 쿼리를 실행한 유연한 분석이 가능하게 되었다.

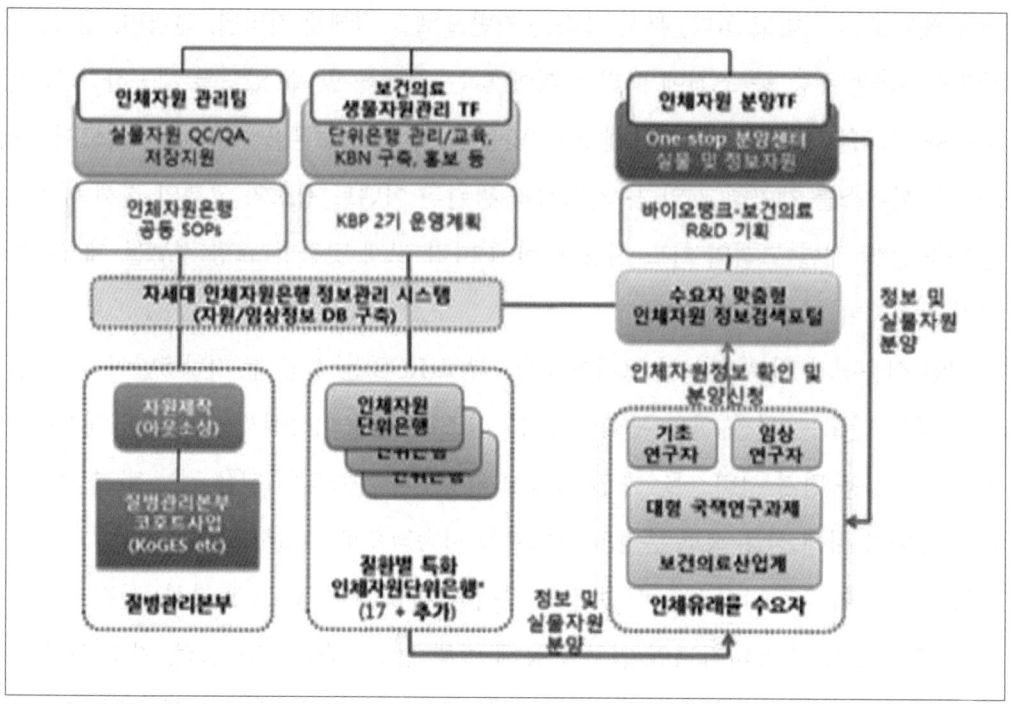

[그림 62] 원스톱 분양시스템
출처 ; 미래창조과학부, NIA, 창조경제 실현을 위한 2013 빅데이터 국내 사례집, 한국정보화진흥원 빅데이터 분석활용센터(2014.3)

(11) 보건복지부 특수질병 및 질환 예방 및 관리

질병 지표 발굴 및 조기 진단을 위해 대규모 인체 자원이 활용됨에 따라 질병 예방 및 맞춤 치료 등 삶의 질 향상에 기여하기 위해 인체 자원 정보를 공유하고자 하였다.

수요자 맞춤형 분양 시스템 구축으로 1기 사업에서 수집한 50만 명분의 병원별로 특성화된 질환 집단에 속하는 인체 자원을 관리, 이를 활용할 연구자에게 적극적으로 분양하기 위해 One-Stop 분양이 가능한 온라인 분양 포털을 마련하였다.

관계 부처별 유전체 자원 보유 및 활용 현황을 '국가 생명 연구 자원 정보센터'(KOBIC)에서 중점적으로 관리하며 앞으로 2021년까지 10만 명의 한국인 유전체 자원을 확보, 인체 자원연구지원센터를 통해 맞춤 의료, 예방 치료 등 보건 의료 신성장 분야를 지원하고자 한다.

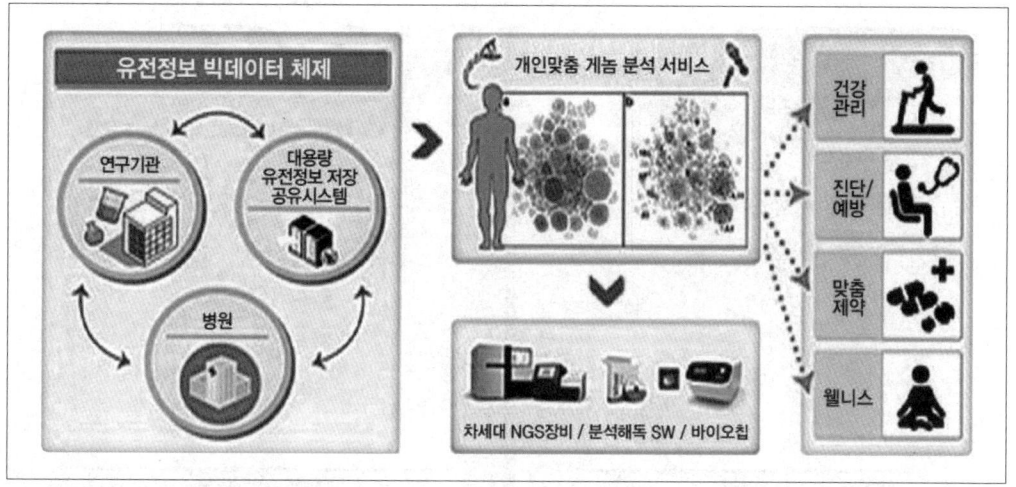

[그림 63] 유전정보 빅데이터 시스템 흐름도
출처 : 미래창조과학부, NIA, 창조경제 실현을 위한 2013 빅데이터 국내 사례집, 한국정보화진흥원 빅데이터 분석활용센터(2014.3)

주요 성과로는 질병관리본부, 단위 은행뿐만 아니라 민간 인체 자원은행의 보유자원까지 표준화하여 보관·활용하는 표준화 관리 정책 개발 도입이 가능하다. 연구자가 요구하는 자원을 분양받을 수 있도록 파생 시료를 공급하며 고부가가치 제품 개발에 필요한 인체 자원 확보와 연계 확대가 가능하다는 점이다.

(12) 국세청 역외탈세 정보 공유

탈세 적발의 강화 가능성을 발견하기 위함이며 해외 발생 소득, 신고 누락에 따른 역외탈세를 적발하는 국세청과 불법 외환 거래를 파악하는 관세청 간에 일시적, 소극적 정보공유가 아닌 지속적, 적극적 정보 공유를 통해 불법 외환 거래 및 역외탈세에 대한 단속 효과를 동시에 높이는 것이 가능해졌다.

두 기관 간 지속적, 적극적 과세 정보를 공유하여 관세청과 국세청이 각자 보유 중인 신고 자료 등의 과세 정보 교환을 통해 정보 협력 체제를 강화하였다. 그 결과 2013년 9월 관세청은 불법 외환 거래 조사 중 발견한 역외탈세 등 내국세 탈루 혐의 정보를 국세청에 제공하고 국세청은 관세 탈루 및 채권 미회수 등 불법 외환 거래 혐

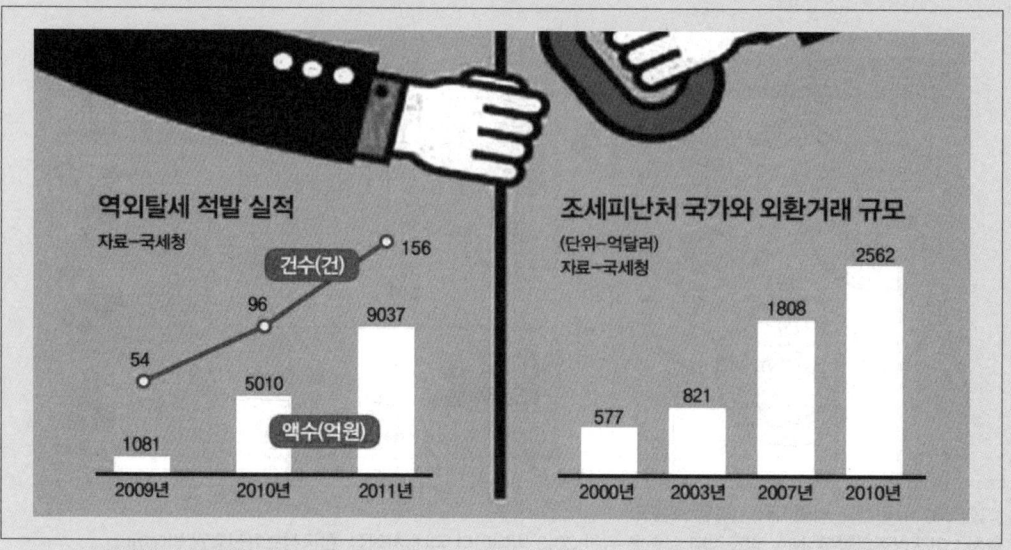

[그림 64] 역외탈세 적발 국제공조 네트워크 구축
출처 ; 미래창조과학부, NIA, 창조경제 실현을 위한 2013 빅데이터 국내 사례집, 한국정보화진흥원 빅데이터 분석활용센터(2014.3)

의 정보를 제공해 정밀 분석하였다.

또한 해외 협력의 일환으로 국제 공조 네트워크 구축으로 발전하여 미국, 영국, 호주와 함께 공동 조사하는 역외탈세 정보 공유 네트워크를 구축하고자 한다.

> **Tip 포인트**
>
> 1. 기업은 빅데이터를 고객의 마케팅에 활용함에 있어 일반적인 마케팅과 더불어 개인을 위한 맞춤형 마케팅과 특정한 집단과 조직에게 마케팅하는 전문성과 특수성의 효율을 높일 수 있다.
> 2. 서울시에서 2013년 4월부터 실시된 '심야 전용 버스' 정책 지원 서비스는 시민들의 큰 호응에 힘입어 심야 시간대 유동 인구가 많은 지역을 중심으로 7개 노선이 추가되었고, 9월부터는 총 9개의 올빼미 버스 노선이 운용 중에 있다.

> **연습문제**

01 마케팅 분야에서 왜 빅데이터 활용이 필요한지 설명하시오.

02 기업체의 빅데이터 마케팅 적용 사례를 설명하시오.

03 해외 공공기관의 빅데이터 적용 사례를 설명하시오.

04 국내 공공기관의 빅데이터 적용 사례를 설명하시오.

05 빅데이터와 미래 예측에 대한 차이점을 설명하시오.

06 다음 빅데이터 마케팅 활용에 대한 설명 중 잘못된 것은?
① 빅데이터는 민간부문에서 그 활용을 주도하고 있으며 공공부문에서도 최근에 그 활용 범위를 확대하고 있다.
② 개인을 위한 맞춤형 마케팅과 특정한 집단과 조직에게 마케팅하는 전문성과 특수성의 효율을 높일 수 있다.
③ 빅데이터를 활용하면 단기적으로 영업과 매출에 영향을 미치게 되므로 마케팅에 적극적으로 활용할 수 있다.
④ 마케터는 데이터를 통하여 얻고자 하는 정보가 무엇이며, 그러한 정보를 어떻게 활용하여야 하는지에 대한 결정을 명확하게 해야 한다.

07 다음 빅데이터를 이용한 사례로 잘못된 것은?
① 구글 트렌드(Google Trends)는 특정 검색어가 국가, 도시, 언어에 따라 어떻게 달라지고 있는지를 한눈에 파악할 수 있도록 시각화하여 제공하고 있다.
② 빅데이터 분석을 통한 심야버스 노선 정책을 마련하였다.
③ 기상청의 일기예보와 같이 각종 전염성 질환의 위험도를 사전예보할 수 있는 체계를 구축하고자 하였다.
④ 소상공인 창업 지원을 위한 창업자금 지원 서비스를 지원하고 있다.

08 다음 빅데이터를 이용한 사례로 부적합한 설명은 ?

① 유유제약은 제품 인식 개선을 위해 텍스트 분석을 통해 소비자의 인식을 개선하였다.
② 신세계 온라인 쇼핑몰의 실시간 분석 시스템을 구축하였다.
③ FNC 코오롱은 온라인 쇼핑몰 로그를 분석하여 고객관리를 세분화하였다.
④ GS샵은 모든 외부 온라인 쇼핑몰에 접속한 사용자들이 남긴 로그데이터나 상품과 상품의 유사도 분석 등의 대량의 데이터를 분석해 상품을 추천한다.

09 다음 빅데이터의 설명 중 잘못된 것은?

① 데이터 분석은 분석된 미래의 예측까지도 분석하는 것을 포함한다.
② 빅데이터는 정형화된 데이터뿐만 아니라, 비정형화된 데이터도 수집하고 수집된 정보를 분석을 위한 특정 데이터 형식으로 변환하는 과정을 거쳐야 한다.
③ 빅데이터 처리는 대용량의 데이터에 기반을 둔 분석 위주로서 장기적이고 전략적이며 때때로 일회성 거래 처리나 행동 분석을 지원하여야 한다.
④ 빅데이터는 정보의 가치가 없는 데이터들이라도 향후 분석을 위해서 영구적인 방법으로 보관하여야 한다.

10 빅데이터의 시각화에 대한 설명으로 잘못된 것은?

① Acquire는 디스크의 파일이나 네트워크를 통해서 시각화하고자 하는 데이터를 획득한다.
② Parse는 기본 표상(Basic Representation)을 더 명확하고 시각적으로 돋보이게 개선시킨다.
③ Filter는 시각화의 대상이 되는 관심 있는 데이터만 남기고 나머지는 제거한다.
④ Represent는 막대그래프, 리스트(list)나 트리구조(tree) 등의 기본적 시각화 모델을 이용 표현한다.

9

빅데이터 비즈니스 모델

1. 빅데이터 비즈니스 환경 변화를 이해하고 비즈니스에 도입하기 위한 전략을 수립할 수 있다.
2. 빅데이터 산업은 부가가치 창출을 위해 빅데이터의 생산·유통·활용·관리 등과 이와 관련된 서비스를 제공하는 산업으로 정의할 수 있다.
3. 빅데이터 비즈니스 분석 프로세스를 이해한다.
4. 개인정보의 종류를 이해하고 프라이버시의 사회적 문제를 이해한다.

1절 | 빅데이터 프로젝트

빅데이터 비즈니스 환경 변화

빅데이터는 비즈니스 변화에 방향성을 제공하는 가장 핵심 이슈로 평가받고 있다.

빅데이터는 비즈니스 환경에 대응할 수 있는 강력한 통찰력과 조직 행동의 포인트를 제공하고 있으며 빅데이터를 이용하는 것은 필요에 따른 선택이 아닌 기업의 생존과 관련이 있다고 할 수 있을 정도로 새로운 가치를 제공하고 있다.

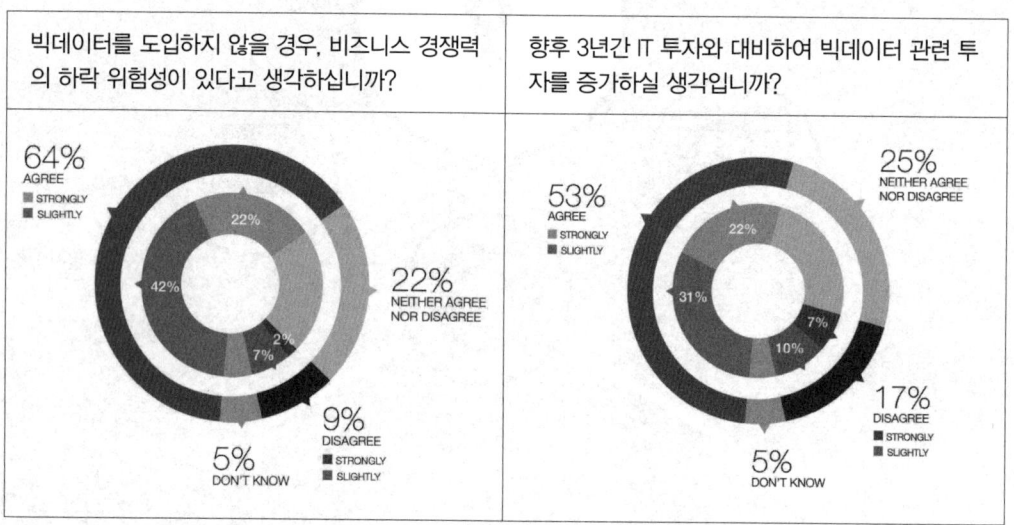

[표 1] 비즈니스 환경 변화와 새로운 경쟁 환경
출처 : Capgemini & EMC : Big & Fast Data – The Rise of Insight-Driven Business(2015)

빅데이터는 전통적인 비즈니스 간 경계를 허물고 새로운 체계로의 변화를 이끌 것으로 전망되며 전 세계 고위 임원진의 조사 결과에서도 전체 응답자의 64%가 이에 공감을 표하고 있는 것으로 조사된 바 있다.

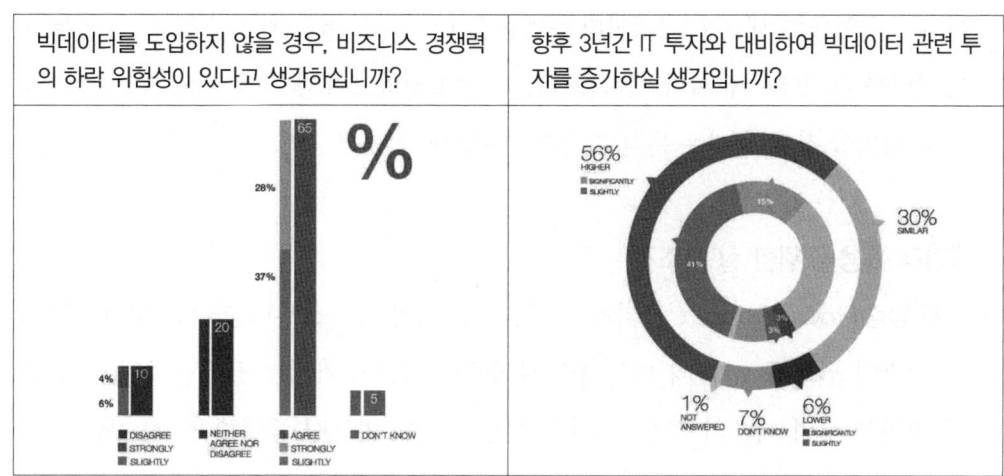

[표 2] 빅데이터 기반의 경쟁력 확보와 투자 의지
출처 : Capgemini & EMC : Big & Fast Data – The Rise of Insight-Driven Business(2015)

만일 빅데이터를 도입하지 않는다면 어떻게 변화할까?

빅데이터를 도입하지 않는다면 기업의 경쟁력은 크게 하락할 것으로 전망되며 빅데이터를 통해 기업 활동의 효율성과 수익 창출을 확대해 나가는 경쟁자와 비교하여 크게 위험한 환경에 직면할 것이다. 조직 및 비즈니스 체계가 이러한 새로운 방식을 곧바로 받아들이기에는 다소 충분하지 않은 상태라고 인식하고 있다는 점도 빅데이터 기반의 비즈니스 환경 전환 속도를 떨어뜨리고 있다고 지적된다.

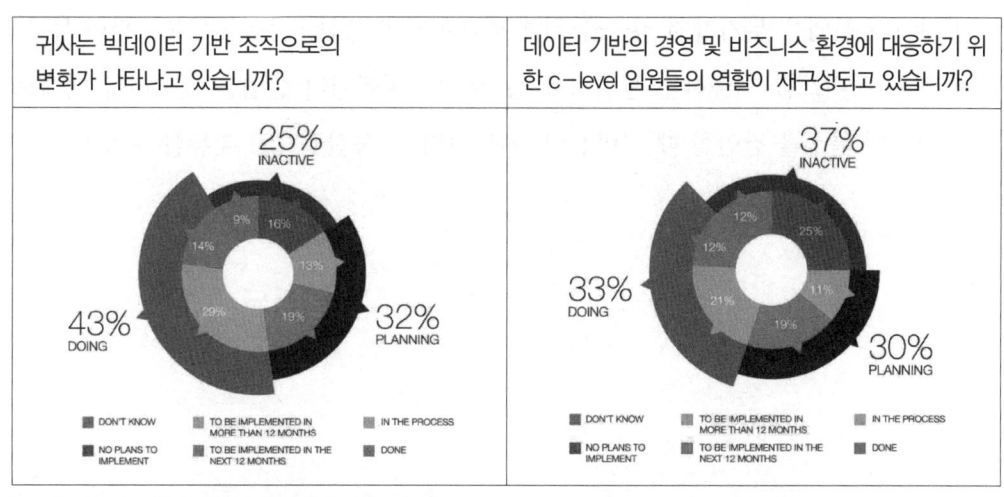

[표 3] 비즈니스 환경 변화와 새로운 경쟁 환경 준비
출처 : Capgemini & EMC : Big & Fast Data – The Rise of Insight-Driven Business(2015)

이제는 기업들이 새로운 빅데이터 플랫폼을 비즈니스 현황에 영향을 줄 수 있는 보유 데이터를 분석에 통합시키려는 움직임을 보이고 있으며 데이터 자체보다는 데이터를 통해 가치를 창출해 내는 분석 기술과 서비스에 집중될 것으로 전망된다.

빅데이터 활용을 위한 실행 조건
- 가치 입증(Proving Value) : 작더라도 실질적인 성공 케이스부터 확보해 나가는 단계적 전략이 필요하다. IT와 비즈니스 사이에서 성공적 가치를 끌어낼 수 있는 요소를 찾아야 하며 비용의 절감, 시간의 절감 효과를 반드시 증명해야 하는 방식으로 시작해야 한다.
- 확장성(Expansion to pilot) : 새로운 환경으로의 이동 시 항상 확장성, 성능, 정확한 채택을 염두에 두고 모든 비즈니스로 분석해 내야 한다는 점을 고려해야 한다.
- 기업 적용 및 활용(Enterprise adoption and uptake) : 관련 사례를 최대한 확보하고 가능한 플랫폼 강화에 초점을 맞춘 후, 세부 사업 단위 및 기능 영역을 마이그레이션하는 방식으로 풀어 가야 한다.

(1) 빅데이터 기반 산업

빅데이터 산업은 부가가치 창출을 위해 빅데이터의 생산·유통·활용·관리 등 이와 관련된 서비스를 제공하는 산업으로 정의되며, 빅데이터 산업은 데이터를 매개로 하는 산업의 특성을 감안할 때 기반산업, 지원산업, 활용산업으로 분류할 수 있다.

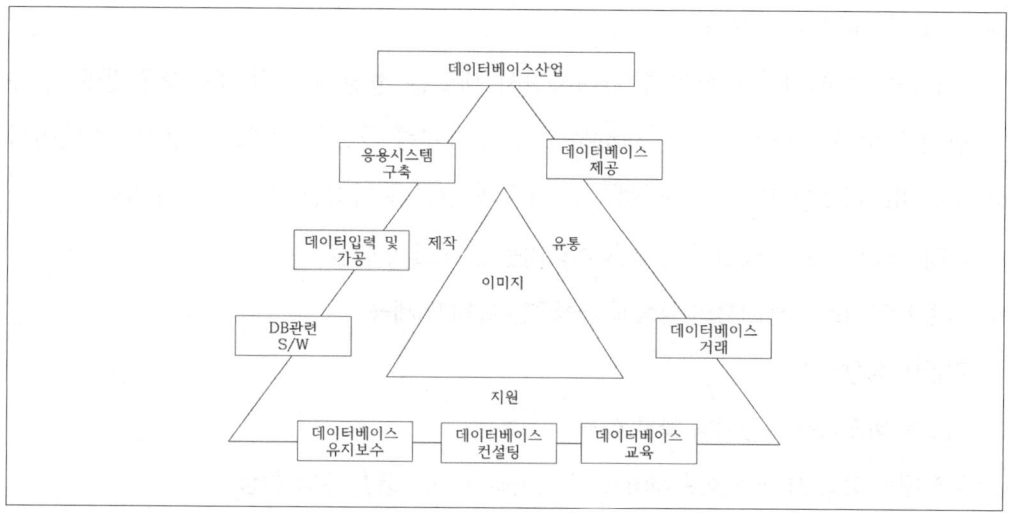

[그림 1] DB 산업 개요
출처 : 정보통신정책연구원 정용찬 외, 빅데이터 산업 촉진 전략 연구—해외 주요국 정부 사례를 중심으로(2014.11)

① 기반산업

빅데이터와 관련된 장비 제조업, 소프트웨어 개발업, 빅데이터 설비 임대·운영 대행업으로 구성되는데 스토리지, 서버, 네트워크 등 하드웨어 생산과 데이터 처리, 분석, 시각화 등 소프트웨어 생산업, 그리고 대규모의 데이터 센터 운영과 같이 설비를 임대하는 대행업이 여기에 해당된다.

② 지원산업

시스템 구축 및 솔루션 제공업, 컨설팅 및 사업 서비스업, 기타 지원 업으로 구성되며, 빅데이터 처리와 분석을 위한 시스템 구축업, 이와 관련된 컨설팅 제공업 등이 여기에 해당된다.

③ 활용산업

데이터유통업, 데이터 가공업 및 기타 활용업으로 구성되고 원데이터의 제공과 이를 분석, 가공하여 부가가치가 높은 데이터의 생산과 제공, 이와 관련된 기타 활용업이 여기에 해당된다.

(2) 빅데이터 비즈니스 성과

　기업들이 빅데이터에 투자를 확대하면서 새로운 경쟁 구조에 대응함은 물론 전통적 방식의 수익 구조와는 다른 새로운 형태의 가치를 확보할 수 있을 것이며 빅데이터 기반의 비즈니스를 충분히 준비한다면 다음의 성과가 나타날 것으로 기대한다.

① 빅데이터 투자는 기업 운용의 효율성과 비용 절감 효과 창출
② 기존 비즈니스 모델에서의 성장에 긍정적인 에너지 제공
③ 기업의 성장세 유지
④ 새로운 비즈니스 환경에의 빠른 적응
⑤ 누적된 데이터 자체의 정보 서비스 및 데이터 서비스 통한 수익 창출

　빅데이터 성장 동인 요소로는 데이터를 수집하고 관리하는 측면에서 활발한 이용을 위한 데이터의 민첩성(Agility)이 요구되며 개발자, 데이터 과학자, 데이터 분석가들에게 직접 데이터를 탐사할 수 있는 셀프서비스가 중요하다고 볼 수 있다.

(3) 빅데이터 비즈니스 분석 프로세스

　빅데이터 비즈니스 분석 프로세스는 엔터프라이즈 이해, 비즈니스 모델 평가, 혁신 목표 설정, 비즈니스 프로세스 설계, 비즈니스 분석 설계의 단계로 구성할 수 있다.

- 1단계 : 엔터프라이즈 이해

　기업이 어떤 비즈니스 모델들을 수행하고 있는가를 찾는다. 비즈니스 모델은 누구와 어떤 관계를 형성하고 있으며, 어떤 상호작용을 통해 가치를 주고받는지 분석한다. 또한 교환되고 있는 가치 외에도 새롭게 충족시켜야 하는 가치에 대해서도 조사하여 비즈니스 모델의 미래 발전 모습을 정의한다.

- 2단계 : 비즈니스 모델 평가

　수행하고 있는 비즈니스 모델의 타당성을 평가한다. 수행하고 있는 비즈니스 모델의 약점은 무엇인가? 그리고 실제로 업무 수행은 비즈니스 모델에 적합한 형태로 수행되고 있는가 등을 판단한다. 비즈니스 모델 내에 존재하고 있는 이론을 발견하

고 이를 지원하기 위해서 어떤 분석이 필요한가를 찾아낸다.

- 3단계 : 혁신 목표 설정

비즈니스 모델이 충족시키고자 하는 가치가 무엇인가에 따라서 달성해야 하는 지표가 무엇인가를 식별한다. 각 지표의 어떤 수준이 기업 성과를 높일 수 있는가를 판단해야 한다. 고객이 원하는 수준과 경쟁자가 제공하고 있는 수준을 토대로 우리 기업의 목표 수준을 결정한다.

- 4단계 : 비즈니스 프로세스 설계

자동화 또는 반자동화되는 메커니즘에 따라서 프로세스가 어떻게 변화되어야 하는가를 설계한다. 또한, 비즈니스 모델이 고객에게 제공하고자 하는 체험을 정의하고 이를 달성하기 위해서 필요한 프로세스 모습을 구체적으로 정의한다.

- 5단계 : 비즈니스 분석 설계

각 프로세스에 반영되어야 하는 분석 주제를 어떻게 구현할 것인가를 정의한다. 분석 요건을 분류하여 분석 패턴을 찾아낸다. 각 분석 패턴을 어떤 방식으로 제공할 것인가를 케이스 형태로 기술한다. 각각의 분석된 케이스를 구현하기 위해 필요한 기술이 무엇인가? 이러한 기술을 지원하기 위한 아키텍처는 무엇인가를 설계한다. 분석들의 우선순위를 판단하고, 구현 우선순위를 결정한다. 그 결과에 따라서 분석을 적용하기 위한 중장기 로드맵을 수립한다.

2절 | 빅데이터 비즈니스 시스템 구현

빅데이터 비즈니스 모델 요소

에릭 지겔(Eric Siegel)의 2010년 백서(White paper)인 「오늘날 예측 분석이 필요한 일곱가지 이유(Seven reasons you need predictive analytics today)」에서 살펴보면 비즈니스 모델 요소로 경쟁(Compete), 성장(Grow), 강화(Enforce), 개선(Improve), 만족(Satisfy), 학습(Learn), 행동(Act) 등 일곱 가지 전략 목표들이 설정되어 있으며 이들이 성취되기 위해 필요한 것이 예측 분석(Predictive Analytics)이라고 제시하고 있다.

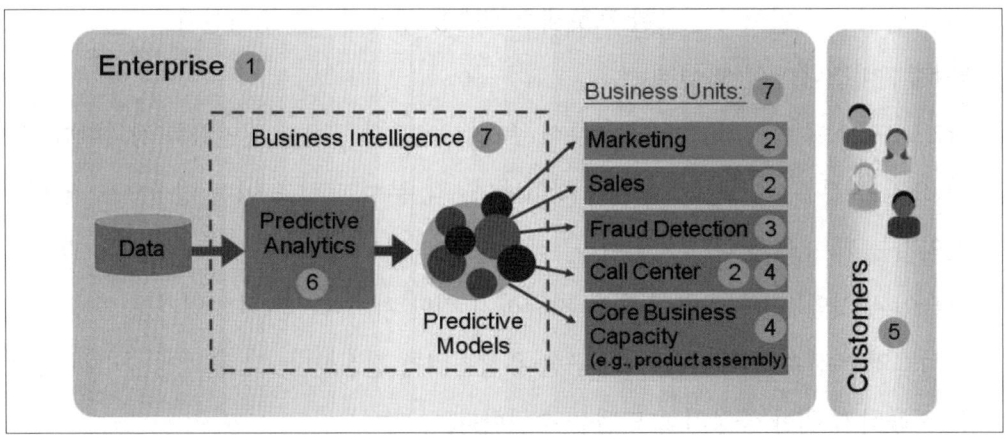

[그림 2] 사업 부서별로 관찰된 기업의 예측 분석 모델 프레임워크
출처 : Siegel, Eric(2010), Seven Reasons You Need Predictive Analytics Today, Prediction Impact Inc.
(과학기술정책연구원, 빅데이터시대 과학기술정책 방향, 과학기술정책 제23권 제3호(제 192호)ISSN 2005-6982(2013)

(1) 지겔이 제시한 7가지 빅데이터 비즈니스 전략 목표

지겔에 의하면 기업 데이터는 조직 경험의 집합체이자 고객과 나눈 상호작용의 역사이므로 값으로 따질 수 없는 중요한 전략적 자산이며, 고객의 반응 내지 무반응, 구매 의사결정, 고객 유치 및 이탈, 부정행위, 신용 부도, 제품 결함에 대한 불만 등은 기업에 학습 경험을 제공한다는 것을 강조한다. 또한 다양한 예측 모델들은 데이터 마

이닝(Data Mining) 기술을 통해 풍부한 경험의 핵심을 찾을 수 있게 해 준다. 따라서 예측 모델은 데이터에서 찾은 경험으로부터 나오는 학습 활동이라고 하였다. 지젤이 제시한 7가지 빅데이터 비즈니스 전략 목표는 다음과 같다.

- **전략 목표 ①** 가장 강력하고 독보적인 경쟁력의 원천을 확보하자.
  - 기업이 제공하는 제품이나 서비스가 범용화되면 결국 경쟁우위는 업무 프로세스 개선 여부에 달려 있게 된다. 따라서 예측 분석 모델들은 판매나 고객 유지에 활용할 비즈니스 인텔리전스(Business Intelligence)의 원천을 제공한다.

- **전략목표 ②** 경쟁 상황에서의 기업 성장을 위해 매출 증대와 고객 유지가 핵심이다.
  - 예측 분석을 위한 마케팅과 영업에 활용하는 것은 모든 업종에 적용된다. 고객별 구매, 반응, 이탈, 클릭 수 등 판매 관련 행동에 대한 예상 점수가 책정될 수 있다.
  - 마케팅, 고객 관리, 기업의 웹 사이트 활동 등 운영 전반에 영향을 준다. 특히, 다이렉트 마케팅에 대한 반응 예측 모델은 비즈니스 모델 혁신을 위한 기초적인 작업이다.

- **전략목표 ③** 부정행위의 관리를 통한 비즈니스 무결성 유지가 핵심이다.
  - 여러 업종에 걸쳐 송장, 신용카드 구매, 세금 환급, 보험금 청구, 휴대전화 통화, 온라인 광고 클릭 수, 가계 수표 등과 관련된 부정 및 사기 거래가 막대한 비용을 초래한다.

- **전략목표 ④** 핵심 사업 역량의 경쟁력 강화가 핵심이다.
  - 매출 증대와 사업 거래 무결성 확보 외에 예측 분석이 가장 활발하게 활용되는 영역은 제품 개선 및 생산성 효율 증대이다. 이러한 예측 결과는 핵심 사업 역량의 혁신에 도움이 된다.

- **전략 목표 ⑤** 고객의 기대 충족이 중요하다.
  - 예측 분석은 기업에 다양한 혁신의 가능성을 부여할 뿐만 아니라 고객 또한 더 좋은 제품을 더 낮은 가격으로 더 편리하고, 안심하게 구입할 수 있게 해 준다.

- **전략 목표 ⑥** 심층 분석 기술을 채택하는 것이 중요하다.
  - 성과표, 상황판, 주요 성과 지표(KPI; Key Performance Indicator) 등이 대표적이다.

- **전략 목표 ⑦** BI와 예측 분석의 실천을 구현하는 것이 핵심이다.
  - 예측 분석은 최종 행동 명령을 도출하도록 설계된다. 예를 들어 개별 고객의 예측 점수에 따라 그 고객에게 수행할 행동이 결정되는 방식으로 마이크로 마케팅(Micro Marketing)이 가능해진다. 이러한 차원에서 예측 분석은 가장 실천적인 형태의 BI가 될 수 있다.

빅데이터 의사결정 최적화 모형

비즈니스 인텔리전스(Business Intelligence) 사고에서는 신속한 데이터 분석이 더 큰 미래 예측의 가치를 제공해 준다. 이에 따라 실시간 데이터 공유의 자동화가 중요하다. 예를 들어 웹을 보는 도중에 실시간을 감지하거나, 콜센터에 전화하는 동시에 범죄가 예방되는 등 위험 상황에 처하기 전에 예방이 되어야 한다.

인텔리전스 레벨을 기업의 경쟁력 확보 및 정보의 가치 측면에서 단계를 구분해 보면 정형 · 비정형 리포트를 통해 어디서 문제가 발생했는지를 살피며 통계 분석 및 시계열 분석을 통해 이 추세가 계속되면 어떻게 될 것인가의 단계를 거친다. 예측 모델링 및 최적화 단계를 통해 다음에 발생할 일에 대해 인지하고 최선의 대안을 찾아가는 상위 레벨로 진화하게 된다.

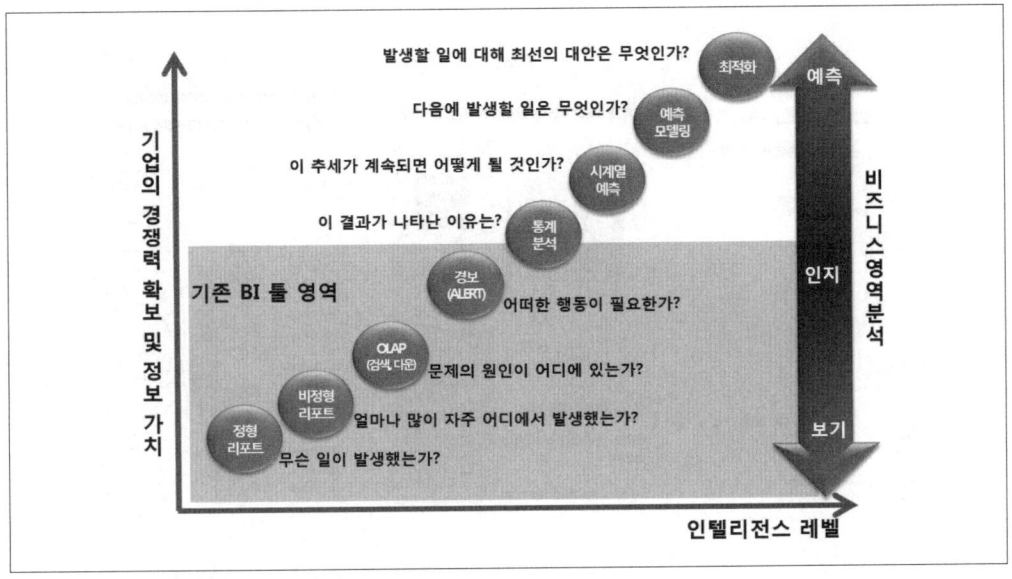

[그림 3] 빅데이터 경영 의사결정 및 신규 사업 모델 개발
출처 : KT경영연구소 송민정 자료

   그리고 신규 사업 모델 개발은 곧바로 행동으로 이어져야 하며, 비즈니스 인텔리전스 예측 분석과 실천이 중요하다. 기업은 각각의 비즈니스 혹은 서비스 모델을 유지하며 경쟁하고 있으며, 경쟁 환경에서 살아남기 위하여 혁신적인 서비스 개발을 위해 총력을 기울이고 있다. 또한 데이터 서비스를 통하여 비즈니스를 수행하는 기업이 아니라면 신규 서비스를 창출하기 위하여 기존 및 경쟁 환경을 이해하기 위하여 빅데이터 분석 정보를 활용해야 한다.

   축적된 고객 정보와 실시간으로 획득되는 외부 정보를 연계하여 정교한 고객 맞춤형 서비스를 제공하고 내부 정보와 획득 정보를 연계할 수 있는 키 관리를 전제하여야 하며 빅데이터가 획득되는 경로인 SNS 환경은 새로운 고객 서비스 채널 및 정보 원천으로 활용해야 한다.

   예측 분석을 위해 빅데이터의 다양성(Variety)을 활용하면 가장 앞선 심층 분석이 가능할 것이며 이를 위해 다양한 오픈데이터를 기업 데이터에 통합시켜야 할 것이다.

   다음은 웰포인트(Wellpoint)의 다양한 데이터 수집(Collect), 강화(Enrich), 전달

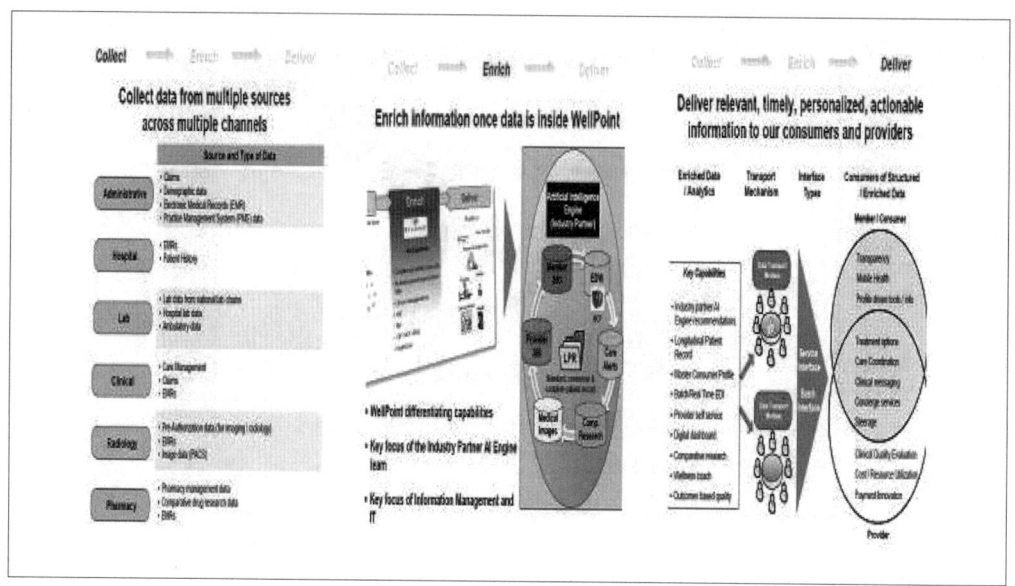

[그림 4] 웰포인트(Wellpoint)의 다양한 데이터 수집(Collect), 강화(Enrich), 전달(Deliver) 프로세스
출처 : Transforming the Information Infrastructure: Build, Manage, Optimize, Computerworld(2011)

(Deliver) 프로세스를 나타낸 그림이다.

빅데이터 비즈니스 도입·활용 시 문제점

빅데이터 도입·활용 시 나타나는 여러 가지 문제점에 대한 결과를 살펴보면 다음과 같다. 기업이 기존의 데이터베이스 관리 솔루션에서 빅데이터 기반의 솔루션으로 변화하는 과정에서 가장 문제가 되는 부분은 관련 도구의 가용성 문제(10.9%), 스토리지 증대 비용(10.2%) 등이 우선적으로 발생한다. 그 외에도 팀별 혼선이 나타나 툴의 품질 문제, 기간계 시스템과의 연계 등 여러 문제가 나타나는 것으로 평가된다.

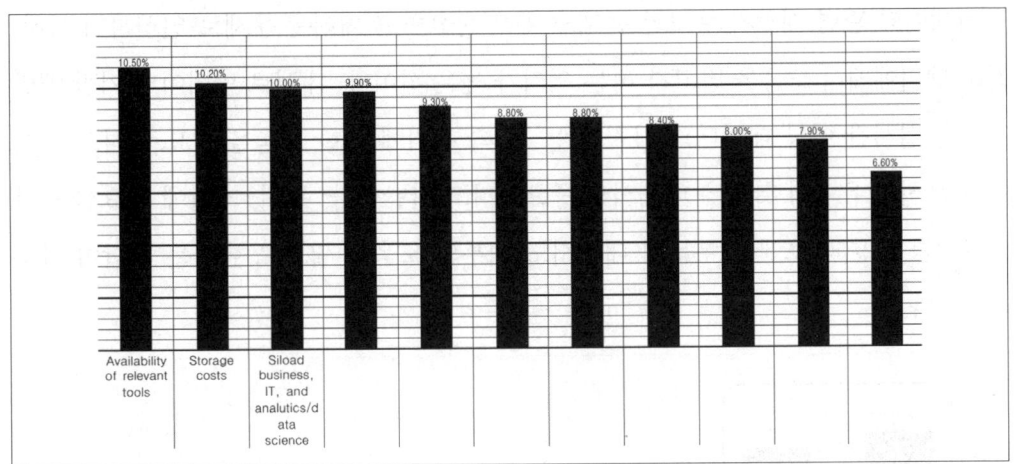

[그림 5] 빅데이터의 활용에서 기업이 직면하는 문제
출처 : Big Data &Advanced Analytics Survey 2015, EvansData Corporation

또한 빅데이터 및 고급 분석 개발자 입장에서는 데이터의 품질 문제(19.2%)를 가장 중요한 문제로 인식하고 있었으며 데이터 중 관련성이 있는 중요한 데이터를 추출하는데 필요한 리소스 문제(13.5%), 데이터의 볼륨 처리 문제(12.6%), 적절한 시각화 문제(11.7%)를 어려운 문제라고 응답한 것으로 조사되었다.

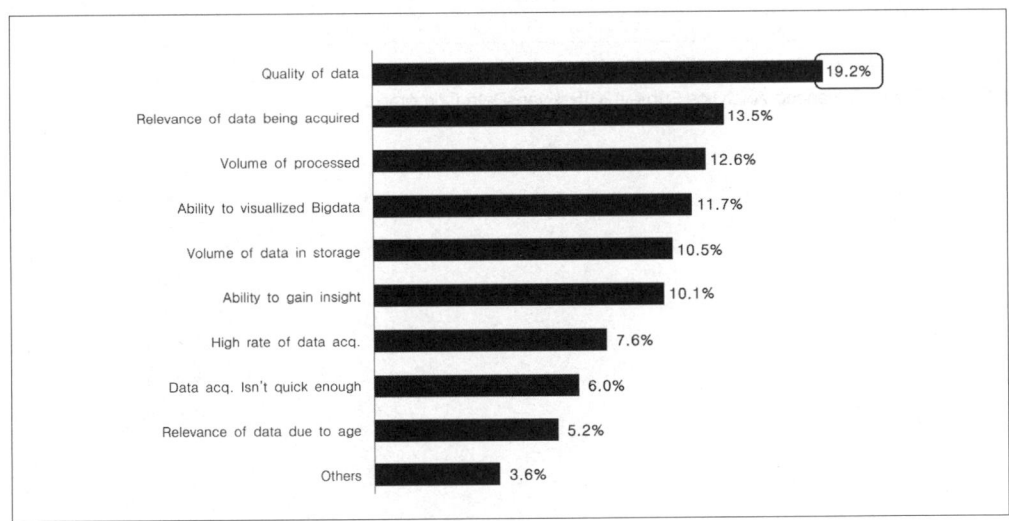

[그림 6] 빅데이터 및 고급 분석 개발자들의 애로사항
출처 : Big Data &Advanced Analytics Survey 2015, EvansData Corporation

빅데이터 관련 개발자는 보안 문제도 매우 중요하고 어려운 문제로 인식하며 특히, 전문 벤더에게서 도움을 받고자 하는 의지가 높은 편이다. 대체로 빅데이터 기반 개발자들은 실시간 이상 데이터의 탐지 기능, 고속 쿼리에 대한 도움을 필요로 하고 빅데이터 분석의 유연성 확보에 대해서도 중요하다고 판단한다. 특히, 개발에 필요한 보안 알고리즘 부문과 포렌식 부문에 대해서도 외부의 도움이 필요로 한다는 응답이 다수 나타난다.

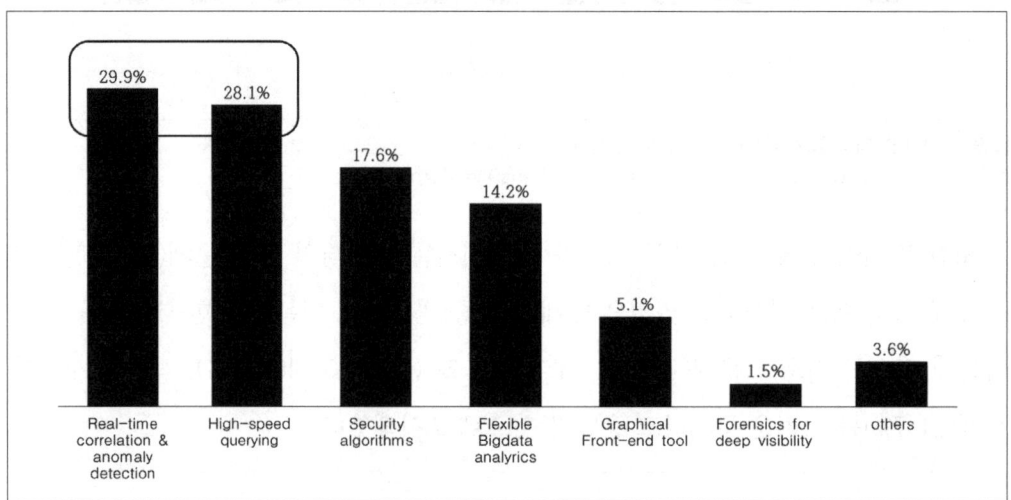

[그림 7] 보안 분야 및 전문 벤더의 도움이 필요한 분야
출처 : Big Data &Advanced Analytics Survey 2015, EvansData Corporation

3절 | 빅데이터 비즈니스 개인정보 보호

개인정보 보호 필요성

인터넷의 발전에 따라 개인 정보의 활용도가 높아지면서 개인정보 보호가 법 제도적인 측면에서는 개인의 권리를 존중하며 꼭 필요한 최소한의 정보만을 제공해야 한다고 요구하지만, 정보 통신 기술의 발달로 사이버 범죄 역시 급증하여 더욱 정확한 기술적인 보호 방안이 요구되고 있다.

빅데이터는 경제적 자산으로 인식되어 세계적 기업을 중심으로 경쟁 우위 선점과 수익 창출을 위한 비즈니스 모델 개발을 가속화하고 있다. 하지만 스마트 기술의 발전으로 개인의 모든 정보가 부지불식간에 저장되어 자신도 모르게 활용될 가능성이 존재한다.

기업은 빅데이터의 분석을 최대한 활용하여 기업 수익과 연계하려고 노력하며 SNS의 등장으로 기업이 이용자의 라이프 정보를 축적할 수 있게 되면서 기업의 오용, 감시에 대한 의혹과 갈등이 증폭되고 있다.

또한 국가 차원에서는 국가 장기 전략 마련, 국민의 편의, 국가 안보, 범죄 예방 등에 빅데이터를 활용하여 국가별로 안전을 위협하는 글로벌 요인이나 테러, 재난재해, 질병, 위기 등에 선제적으로 대응하기 위해 데이터 분석을 활용하고 있다. 이제는 국가나 정부에 의한 시민 감시와 통제보다는 기업들에 의한 감시 및 통제가 보다 심각한 문제가 될 전망이며, 데이터가 제4의 경영 자원 및 미래 원유라는 인식이 확산되면서 기업의 데이터 축적 및 활용 의지가 강해질 것으로 전망된다.

개인정보 종류

개인의 취향, 사고, 행태뿐만 아니라 감정과 분위기, 본인도 인지하지 못하는 습관이나 버릇에 관한 데이터까지 수집·분석되고 소셜 미디어상의 메시지, 접속 기록, 검색 패턴, 데이터 속성이 기록된 그림자 데이터의 자동적인 수집이 증가하고 있다. 그리고 GPS, 카메라, NFC 등의 센서들은 개인이 특정한 장소를 방문하고 쇼핑하는지 등 라이프 로그 정보를 자동으로 생성 및 수집한다. 이처럼 개인 데이터의 폭증으로 인해 개인 데이터 침해의 위험과 기회가 상존하는 것이다. 이는 정보의 집적과 분석으로 개인의 식별이 용이해지면서 정보의 오·남용과 과도한 정보 유통으로 인한 프라이버시 침해 우려가 생기는 것을 의미한다.

더 나아가 빅데이터 사회에서의 프라이버시 문제는 기존의 개인정보 보호 관련 법제로 해결하는 데 한계가 있을 수 있다. 비개인 정보가 본인도 모르는 사이에 제삼자에게 제공되어 행동 이력 추적, 개인 프로파일링에 이용되고 있으며 정보의 주인이 한 번 바뀌고 나면 그 사용을 어떻게 규제하고 강제할 수 있는지 명확하지가 않다.

또한 개인의 가치관뿐만 아니라 국가의 정치·경제·사회·문화적 속성에 따라 개인 데이터 활용에 관한 스펙트럼 존재가 요구된다. 유토피아적 관점은 개인 데이터의 활용에 주안점을 두고 열린 세계가 효율성과 안정성을 가져온다고 주장하며 전체주의적 관점은 정부와 기업이 디지털 프로파일 구축을 통해 개인을 통제하므로 엄밀한 개인적 데이터 보호를 강조한다.

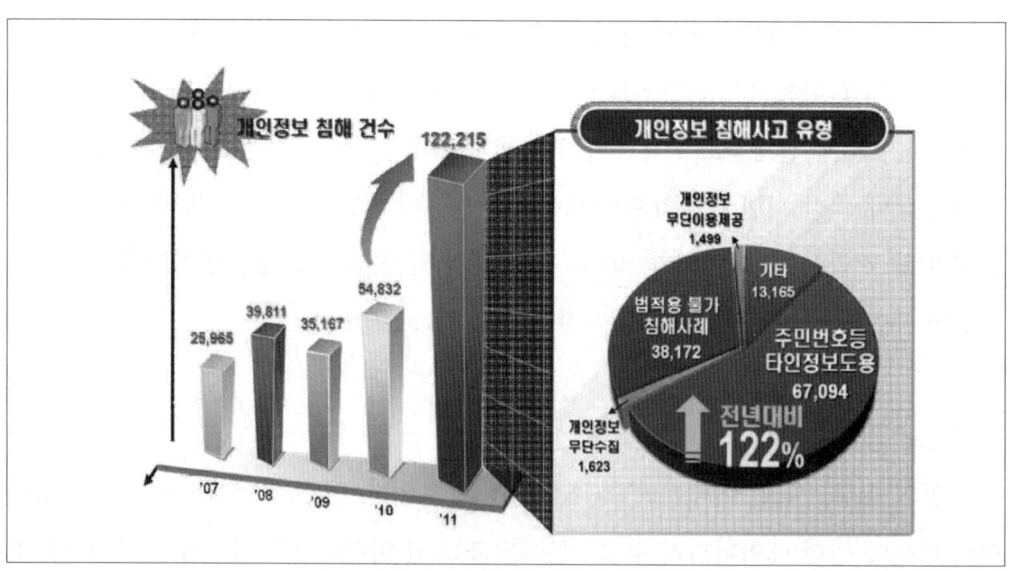

[그림 8] 개인정보 침해동향

특히, 빅데이터 활용이 정보통신, 교육, 의료, 금융 등 사회 각 분야로 확산되면서 사회 전반의 생산성 향상에 기여하는 것은 분명한 사실이나, 보건정보나 교통정보와 같은 데이터들은 개인정보이면서 동시에 사회적으로 유용한 정보이기 때문에 데이터 활용 측면과 프라이버시 침해라는 두 가지의 균형을 맞추기가 어렵다.

[그림 9] 개인정보 침해 신고 상담 건수

업체가 데이터를 생성한 경우, 그 데이터에 대한 소유권은 업체가 가지게 되지만 페이스북, 트위터 등 소셜미디어에서는 사용자들이 직접 데이터를 생성하기 때문에 그 데이터는 소유권이 불확실하다는 문제가 있다.

따라서 빅데이터는 개인정보에서 넓게는 국가 기밀에 이르기까지 매우 광범위하여 사이버 침해로 인한 빅데이터의 중요 정보 유출에 대비한 기술 또는 정책적인 대비가 반드시 필요하다.

최근 기업의 개인정보 유출 사고들도 늘어나면서 사이버 보안과 개인정보에 대한 사회적 관심이 증가했다. 이는 20~30대의 90%가 이용한다는 SNS는 개인정보 침해를 가속화시켰다고 볼 수 있다. 간단한 클릭과 검색만으로 한 사람의 거주지, 학력, 직장, 지인들의 정보까지 모두 파악할 수 있기에 이에 대한 보안 대책 마련이 요구되는 것이다.

개인정보 침해 신고 상담 건수는 해마다 가파르게 증가하고 있다. 온라인상에 기록된 게시글이나 흔적들을 지우고자 하는 과거 지우개족과 그들의 요구를 들어주는 디지털 세탁소까지 등장하게 되었다.

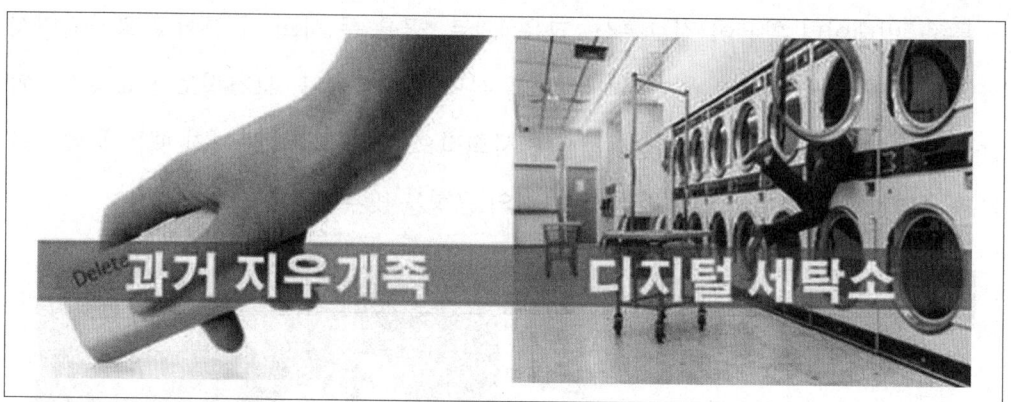

[그림 10] 지우개족과 디지털 세탁소
출처 : SK 공식블로그

최근 한국인터넷진흥원에서는 개인정보·스팸·해킹·바이러스 등과 관련한 국민들의 고충을 해결하기 위해 운영하는 118사이버민원센터를 운영하고 있으며 센터에서는 인터넷상에서 국민들이 느끼는 불편함과 궁금증을 한 번에 해결해 주는 인터넷 분야 전문 상담을 국번 없이 '118'을 365일 24시간 운영하고 있다.

구분		내용
해킹/ 바이러스	파밍 조치 방법	① 보호나라(www.boho.or.kr) 홈페이지 접속 → 다운로드 → 맞춤형 전용백신 → '감염PC 맞춤형 전용백신 누적 통합본 백신'으로 전체 검사 후 재부팅 ② 맞춤형 백신으로 치료가 안 될 경우 컴퓨터 A/S 센터 내방
	스미싱 조치 방법	① 평일 오전 9시~18시 사이 휴대전화 통신사 소액결제 차단 요청(통신사 홈페이지 24시간 신청 가능) ② 스마트폰 백신 검사 후 바이러스 치료 ③ 스마트폰 백신 검사 후 바이러스 미발견 시 휴대전화 제조사 A/S 센터 상담 또는 내방 ④ 전화번호 도용에 따른 항의 전화 수신 시 A/S 센터 방문하여 휴대전화 초기화 등 점검 ⑤ 스마트폰에 공인인증서 저장 중인 경우 폐기 진행(118 ARS 4번→1번) ※ 금전 피해가 있을시 가까운 경찰서 신고

구분		내용
해킹/ 바이러스	파밍으로 인한 피해 예방법	① 사이트 주소의 정상 여부 확인 ② 보안카드 번호 전부 입력하지 말 것 ③ 공인인증서, 보안카드, 사진 등 컴퓨터나 이메일 내 저장 금지 ④ OTP(일회성 비밀번호) 또는 보안토큰 사용 권장 ⑤ 출금 계좌번호를 키보드로 직접 입력하는 행위 주의 ⑥ 문자 메시지에 포함된 '인터넷뱅킹 주소' 클릭 금지 ⑦ 전자금융 사기 예방 서비스(공인인증서 PC지정 등) 적극 가입 ⑧ '출처 불명'한 파일이나 이메일은 즉시 삭제 ⑨ 무료 다운로드 사이트 이용 자제 ⑩ 윈도우, 백신 프로그램 등을 최신 상태로 유지 ⑪ 파밍 등이 의심될 때에는 신속히 경찰청 112센터나 금융기관 콜센터를 통해 계좌 지급 정지 요청
	PC 원격 점검 서비스 신청 방법	보호나라(www.boho.or.kr) 홈페이지 → 점검하기 → PC원격점검서비스의 점검 날짜 지정 후 신청접수 (※가정용 PC만 신청 가능)
개인정보	개인정보 오남용 피해 방지 10계명	① 개인정보 처리 방침 및 이용약관 꼼꼼히 살피기 ② 비밀번호는 문자와 숫자로 8자리 이상 ③ 비밀번호는 주기적으로 변경하기 ④ 회원 가입은 주민등록번호 대신 I-PIN 사용 ⑤ 명의도용 확인 서비스 이용하여 기업 정보 확인 ⑥ 개인정보는 친구에게도 알려 주지 않기 ⑦ P2P 공유 폴더에 저장하지 않기 ⑧ 금융거래는 피시방에서 이용하지 않기 ⑨ 출처가 불명확한 자료는 다운로드 금지 ⑩ 개인정보 침해 신고 적극적으로 활용하기
	명의도용 우려 피해 예방법	① [무료] 개인정보 노출자 사고 예방 시스템 – 은행 방문 ② [무료] 주민번호클린센터(http://clean.kisa.or.kr) – 사이트 이용 내역 확인 ③ [무료] 명의도용방지서비스(http://www.msafer.or.kr) – 이동전화 가입 제한 신청(공인인증서로 회원 가입) ④ [무료] 이용 중인 이동 통신사 – 콘텐츠 이용료 결제 중지/차단 신청 ⑤ [유료] 인터넷 검색창 '명의도용방지서비스' 검색 후 가입
	개인정보 침해 신고	개인정보침해신고센터(privacy.kisa.or.kr) 홈페이지 접속 → 개인정보 침해신고 절차 → 오른쪽 아래 '신고하기' 접수
	기업 · 공공기관 자문 신청	개인정보침해신고센터(http://privacy.kisa.or.kr) 홈페이지 접속 → 기업 · 공공기관 법령질의 접수

구분		내용
스팸	스팸 신고	불법스팸대응센터(http://spam.kisa.or.kr) 홈페이지 방문 → 스팸신고 · 상담
	발신번호 거짓 표시 신고	인터넷침해 대응센터(www.krcert.or.kr) → 상담 및 신고 → 발신번호 거짓 표시 신고
기타	스마트폰 이용자 10대 안전 수칙	① 의심스러운 애플리케이션 다운로드하지 않기 ② 신뢰할 수 없는 사이트 방문하지 않기 ③ 발신인이 불명확하거나 의심스러운 메시지 및 메일 삭제하기 ④ 비밀번호 설정 기능을 이용하고 정기적으로 비밀번호 변경하기 ⑤ 블루투스 기능 등 무선 인터페이스는 사용 시에만 켜 놓기 ⑥ 이상 증상이 지속될 경우 악성코드 감염 여부 확인하기 ⑦ 다운로드한 파일은 바이러스 유무를 검사한 후 사용하기 ⑧ PC에도 백신 프로그램을 설치하고 정기적으로 바이러스 검사하기 ⑨ 스마트폰 플랫폼의 구조를 임의로 변경하지 않기 ⑩ 운영체제 및 백신 프로그램을 항상 최신 버전으로 업데이트하기

[표 4] 개인정보침해, 불법스팸, 인터넷침해사고 대처 정보
출처 : 한국인터넷진흥원

개인정보 보호 대책

빅데이터 내 다양한 개인정보에 대해 익명화 등 정보 보호 기술 적용을 통해 빅데이터 프라이버시 문제를 해결할 수 있으며 기존의 보안 솔루션을 강화하여 모든 유형의 빅데이터 및 모든 빅데이터 소스를 분석함으로써 사이버 공격이나 데이터 유출 패턴 감지 및 각종 사기 탐지 등의 범죄를 예방할 수 있다.

빅데이터의 정보 흐름도를 살펴보면 다음과 같다.

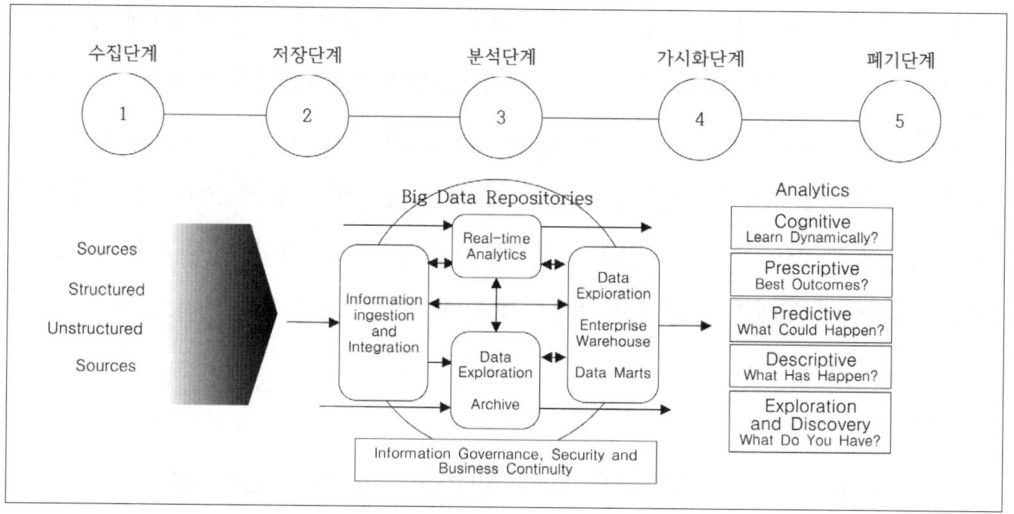

[그림 11] 빅데이터 정보 흐름도
출처 : IBM, 빅데이터와 보안, IBM Big Data 2014(2014)

　　빅데이터 환경의 고도화에 따른 위험으로는 데이터에 대한 통제가 소수의 개인 또는 기관에 집중되는 문제, 인위적인 예측 알고리즘의 형성으로 대중을 잘못 분류하거나 대중으로 하여금 잘못된 결론으로 도달하게 하는 문제, 데이터 분석 기술을 차별적으로 보유하게 됨으로써 야기되는 '데이터 비민주성'의 문제 등이 제기된다.

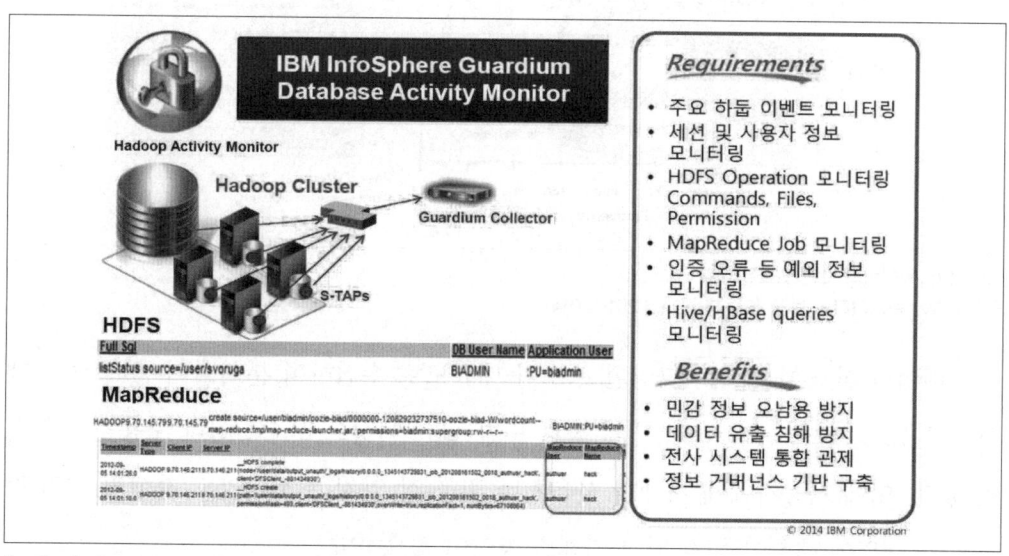

[그림 12] 수집 데이터 접근 통제, 분석된 정보의 무단 이용 방지
출처 : IBM, 빅데이터와 보안, IBM Big Data 2014(2014)

반면, 분야에 따라서는 빅데이터 분석 과정에서 개인정보가 광범위하게 활용되는 경우가 있다. 예를 들어 보건 의료 분야에서는 임상 데이터와 환자 행태 및 감정 관련 데이터에 개인정보가 포함될 수 있고, 공공부문의 경우에는 인구 조사 등을 통해 수집된 국민 개개인에 대한 정보를 활용하여 맞춤형 공공서비스를 제공하거나 납세 부정 및 복지 수급 부정을 적발하기 위해 개인정보가 활용되기도 한다. 유통 부문에서는 고객에게 개인화된 서비스나 광고를 실행하기 위해 개인 정보를 활용하기도 한다.

(1) 빅데이터 보안 포트폴리오

IBM에서 제시하는 빅데이터 보안 포트폴리오를 살펴보면 다음과 같다.

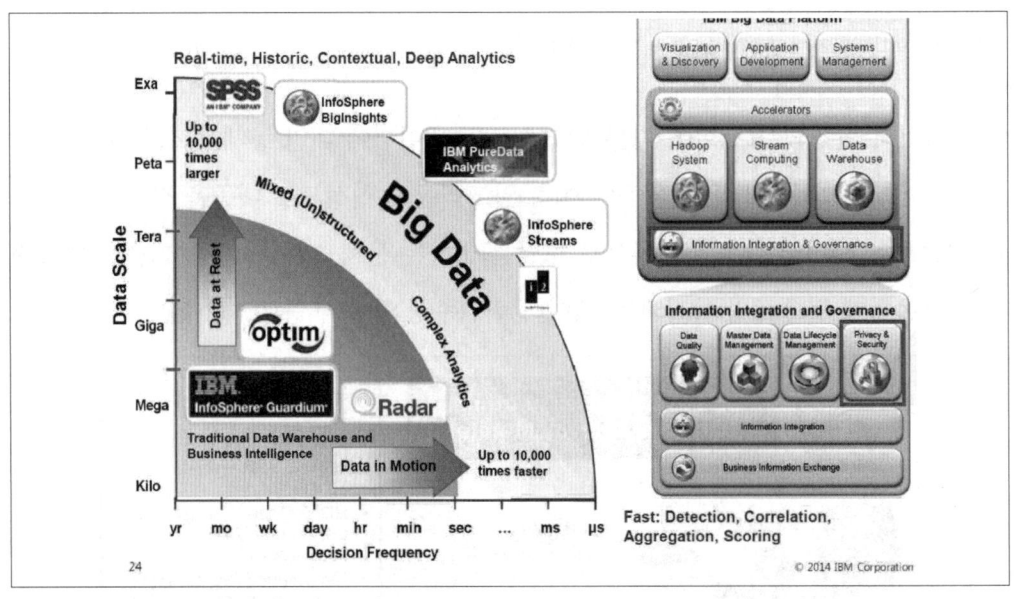

[그림 13] 빅데이터 보안 포트폴리오
출처 : IBM, 빅데이터와 보안, IBM Big Data 2014(2014)

빅데이터 환경 내에서는 다양한 정보가 대규모로 수집하여 분석될 수 있으므로 개인의 신상 및 선호 등 관련된 개인 정보 또한 필요 이상으로 수집이나 오용될 가능성이 있다. 이에 사용자에게 자세한 사용처나 법을 잘 알지 못하더라도 자신의 개인 정보 사용 내역에 대하여 통지 및 공지해줄 방안이 필요하다.

(2) 국내 빅데이터 법률

현행『개인정보 보호법』,『정보통신망 이용 촉진 및 정보 보호 등에 관한 법률(이하 '정보통신망법')』,『위치 정보의 보호 및 이용 등에 관한 법률(이하 '위치정보법')』은 ① '개인(위치) 정보'를 매우 포괄적으로 정의하고 있으며 ②개인정보 수집을 위해 원칙적으로 '(명시적) 사전 동의'를 받도록 하고 있으며, ③법령 위반 시 무거운 처벌을 내리고 있다.

현행법상 개인정보 보호법은, '개인정보란 살아 있는 개인에 관한 정보로서 성명, 주민등록번호 및 영상 등을 통하여 개인을 알아볼 수 있는 정보(해당 정보만으로는 특정 개인을 알아볼 수 없더라도 다른 정보와 쉽게 결합하여 알아볼 수 있는 것을 포함한다.)를 말한다'(동법 제2조 제1호)라고 규정하고 있다. 또한 현행 정보통신망법은 "개인 정보란 생존하는 개인에 관한 정보로서 성명과 주민등록번호 등에 의하여 특정한 개인을 알아볼 수 있는 부호·문자·음성·음향 및 영상 등의 정보(해당 정보만으로는 특정 개인을 알아볼 수 없어도 다른 정보와 쉽게 결합하여 알아볼 수 있는 경우에는 그 정보를 포함한다)를 말한다"(동법 제2조 제6호)라고 규정하고 있다. 정보통신망법이 개인 정보의 유형을 '부호·문자·음성·음향 및 영상 등의 정보'라고 구체화하고 있는 것을 제외하고는 양법의 규정은 거의 유사한 내용을 담고 있다.

현행법상 '사람과 관련한 정보 = 개인정보'일 수밖에 없기 때문에 빅데이터의 핵심인 '데이터 수집'에 있어 정보 주체로부터 사전 동의를 받아야 하고 이를 위반할 경우 형사처벌 될 수 있다. 이렇기 때문에 국내 기업들은 내부 정보나 수집한 정보를 분석하는 단계를 넘어 다른 정보와 결합해 제3의 기관에 제공하는 것을 꺼리고 있다. 이와 관련하여 방송통신위원회는 개인정보 보호 관련 법률을 전제로 사업자들이 공개한 개인정보 등 각종 정보를 분석해 새로운 정보를 생성하는 빅데이터 사업을 추진하기 위한 법률 해석 기준 마련을 위해 '빅데이터 개인정보보호 가이드라인' 초안을 마련하였다.

개인정보 보호법은 개인정보 처리자가 개인정보의 안전 관리를 위해 취해야 할 각종 의무 사항들을 규정하고 있다. 그러나 앞서 언급한 것처럼 빅데이터 환경에서는 개인정보 처리자의 책임이 강조되어야 하는 만큼 개인정보 안전 관리 업무에서도 책임성을 강화하는 방향을 모색해 보아야 한다. 특히 빅데이터 환경에서는 공공부문보다 민간부문에서 빅데이터 활용이 활발하고도 적극적으로 이뤄지고 있으므로 개인정보 영향 평가제나 개인정보 관리 체계에 대한 인증제를 민간부문에서 강화하는 방안을 모색해 보아야 할 필요성도 제기된다.(출처 : 정한신, 빅데이터 환경에서 개인정보 보호에 관한 헌법적 연구, 부산대학교, 2015.2)

그러나 카드사의 대규모 개인정보 유출 사고와 관련해 공개된 개인정보를 동의 없이 사용하도록 규정한, 위 가이드라인이 현행 개인정보 보호법 등을 위반한 것이라는 지적을 받고 원안을 수정하겠다는 뜻을 표명한 바 있다. 이러한 법적 리스크가 해결되지 않는 이상, 정보생산 대국으로의 대한민국과 빅데이터 산업 후발주자로서의 괴리는 계속될 것으로 보인다.

이제는 개인이 자신의 데이터 수집 및 활용에 대해 보다 효과적으로 선택하고 통제할 수 있는 새로운 방식이 필요하고, 개인 데이터 활용을 통해 발생하는 경제·사회적 편익에 대해 이해관계자 간 공정한 가치 배분의 메커니즘 확립이 요구된다. 그리고 모든 상황에 적용되는 개인 데이터 규제에서 탈피하여 개인 데이터 사용의 상황 및 맥락을 고려한 유연한 접근 방법이 필요하다.

> **Tip 포인트**
>
> 1. 1. 빅데이터는 비즈니스 환경에 대응할 수 있는 강력한 통찰력과 조직 행동의 포인트를 제공하고 있고, 빅데이터를 이용하는 것은 필요에 따른 선택이 아니며 기업의 생존과 관련이 있다.
> 2. 빅데이터 비즈니스 분석 프로세스는 엔터프라이즈 이해, 비즈니스 모델 평가, 혁신 목표 설정, 비즈니스 프로세스 설계, 비즈니스 분석 설계의 단계로 구성할 수 있다.

연습문제

01 빅데이터 활용을 위한 실행 조건에 대해서 설명하시오.

02 빅데이터 비즈니스 분석 프로세스 5단계에 대해서 설명하시오.

03 지겔의 빅데이터 비즈니스 전략 목표에 대해서 설명하시오.

04 빅데이터 의사결정 최적화 모형에 대해서 설명하시오.

05 비즈니스에 빅데이터를 도입 시 문제점에 대해서 설명하시오.

06 다음 설명 중 잘못된 것은?
① 데이터 산업은 데이터를 매개로 하는 산업의 특성을 감안할 때 기반산업, 지원산업, 활용산업으로 분류가 가능하다.
② 데이터 지원산업은 빅데이터와 관련된 장비 제조업, 소프트웨어 개발업, 빅데이터 설비 임대/운영 대행업으로 구성된다.
③ 빅데이터 비즈니스 분석 프로세스는 엔터프라이즈 이해, 비즈니스모델 평가, 혁신목표 설정, 비즈니스 프로세스 설계, 비즈니스 분석 설계 등의 단계로 구성할 수 있다.
④ 비즈니스 인텔리전스(Business Intelligence) 사고에서는 신속한 데이터 분석이 더 큰 미래 예측의 가치를 제공해 준다.

07 빅데이터 비즈니스 분석 프로세스 설명으로 부적합한 것은?
① 엔터프라이즈 이해 단계에서는 기업이 어떤 비즈니스 모델들을 수행하고 있는가를 찾는다.
② 비즈니스 모델 평가 단계에서는 수행하고 있는 비즈니스 모델의 타당성을 평가한다.
③ 혁신 목표 설정 단계는 비즈니스 모델이 충족시키고자 하는 가치가 무엇인가에 따라서 달성해야 하는 지표가 무엇인가를 식별한다.
④ 비즈니스 프로세스 설계 단계는 각 프로세스에 반영되어야 하는 분석 주제를 어떻게 구현할 것인가를 정의한다.

08 에릭 지겔의 빅데이터 비즈니스 모델 요소로 적합하지 않은 것은?

① 경쟁(Compete)

② 마케팅(Marketing)

③ 성장(Grow)

④ 강화(Enforce)

09 에릭 지겔이 제시한 빅데이터 비즈니스 전략으로 적합하지 않은 것은?

① 가장 강력하고 독보적인 경쟁력의 원천을 확보한다.

② 경쟁 상황에서의 기업 성장을 위해 매출 증대와 고객 유지가 핵심이다.

③ 핵심 사업 역량의 경쟁력 강화가 핵심이다.

④ 샘플 분석 기술을 채택하는 것이 중요하다.

10 다음 빅데이터에 대한 설명으로 부적합한 것은?

① 빅데이터를 통해 기업 활동의 효율성과 수익 창출을 확대해 나가는 경쟁자와 비교하여 크게 위험한 환경에 직면할 수 있다.

② 빅데이터는 기업 운용의 효율성과 비용 절감 효과를 창출할 수 있다.

③ 빅데이터 사회에서의 프라이버시 문제는 기존의 개인정보 보호 관련 법제로 해결할 수 있다.

④ 정보의 오·남용과 과도한 정보 유통으로 인한 프라이버시 침해 우려에 대비한 개인정보 보호 대책이 요구된다.

참고문헌

1. 미래창조과학부/NIA, 빅데이터 기획보고서 (중소기업의 빅데이터 지원 현황과 시사점), 2015.4
2. 한국행정연구원 이재호, 정부 3.0 실현을 위한 빅데이터 활용방안, KIPA 연구보고서 2013-04
3. 한국정보화진흥원, 빅데이터 전략연구센터, 새로운 시대를 여는 빅데이터 시대(증보판), 2013.2
4. 장준기, 빅데이터 기반의 비즈니스 인텔리전스 발전 전략_미래 BI를 위한 핵심요소, 포항공대, 2013
5. 박준규, 빅데이터를 위한 분석기술 활용방안, 세종대학교, 2012.12
6. 미래창조과학부, 남서울대학교 산학협력단, 빅데이터 환경하의 ICT데이터 유통체계 진단 및 생태계 조성방안, 방송통합미래전략체계연구 지정 2013-36, 2013.11
7. 정보통신정책연구원 정용찬 외, 빅데이터 산업 촉진 전략 연구 _ 해외 주요국 정부 사례를 중심으로, 2014.11
8. 김지숙, 빅데이터 활용과 분석기술 고찰, 고려대학교, 2012.12
9. 이재호 한국행정연구원, 정부 3.0 실현을 위한 빅데이터 활용방안, KIPA 연구보고서 2013-04, 2013.12
10. 미래창조과학부/NIA, 빅데이터 기획보고서(빅데이터 기반 미래예측 및 전략수립의 의의와 사례), 2015.3
11. K-ICT 빅데이터 센터, [제15호] 빅데이터 도입-활용 시 나타나는 여러 가지 문제점, 2015.10
12. Di-Today 디지털 인사이트 미디어, 마케터들의 빅데이터에 관한 생각, 웹스미디어, 2014
13. 한국정보화진흥원, 빅데이터 전략연구센터, 빅데이터 시대의 개인 데이터 보호와 활용, IT & Future Strategy 제 8호, 2013.6.21
14. 김승현, 진승헌, 개인정보 수집 기술 및 대응방안, 한국정보통신연구원, 2012
15. 한국전자통신연구원 김종현 외, 빅데이터를 활용한 사이버 보안 기술 동향, 2013
16. 미래창조과학부, NIA, 창조경제 실현을 위한 2013 빅데이터 국내 사례집, 한국정보화진흥원 빅데이터 분석활용센터, 2014.3
17. 류한석 외, 빅데이터 비즈니스의 이슈와 전망, ISSUE & TREND(www.digieco.co.kr)
18. 한국데이터베이스진흥원, 빅데이터 분석 동향, 2013 데이터베이스백서, 2013
19. NIA 한국정보화진흥원 보도자료, 빅데이터 어떻게 창조경제를 이끄는가?, 2014.10
20. Bill Gerhardt, Kate Griffin, Roland Klemann, 분열된 빅데이터 분석 세계에서의 가치 발견 정보 중개인이 새로운 데이터 생태계를 만들어 내는 방법, CISCO, 2012.6
21. 안전행정부, 미래창조과학부, 정부 3.0 창조경제 구현을 위한 공공데이터 기반 창업활성화, 2014.5
22. 미래산업 INSIGHT, 개인정보 보호와 빅데이터 기술의 산업화, e-KIET 산업경제정보, 2014.3
23. 한국정보화진흥원 김성현, 빅데이터 사업으로 본 빅데이터 발전 방향 – 글로벌 빅데이터 사례와 시사점, 2015.5
24. KOTRA 무역관 (중국, 미국, 영국, 일본)
25. IT Daily, 오라클, 빅데이터 위한 오라클 클라우드 플랫폼 발표, 2015.11
26. K-ICT 빅데이터 센터, [제14호] 빅데이터 활용의 핵심 분야는 '고객 관리' 분야, 2015. 9
27. K-ICT 빅데이터 센터, [제4호] EU, 3조원 규모의 '빅데이터 혁신 기술' 연구 추진, 2014.11
28. K-ICT 빅데이터 센터, [제4호] 호주 국가연구위원회, 빅데이터 관련 연구센터 개소, 2014.11
29. K-ICT 빅데이터 센터, [제2호] 日 총무성, 일본의 '빅데이터 동향' 제시, 2014.9
30. K-ICT 빅데이터 센터, [제1호] 유럽위원회, 빅데이터 이용활성화 정책(안) 채택 , 2014.8
31. 김기환, 공공 부문 빅데이터의 활용과 과제, 빅데이터와 위험정보사회, 커뮤니케이션북스, 2013
32. 손상영 · 김사혁, 빅데이터 시대의 새로운 정책이슈와 이용자 중심의 활용방안 연구 방송통신정책연구 12-진흥-097, 방송통신위원회, 2012.11
33. 송민석, 빅테이터를 활용한 마케팅 전략 실행의실제에 관한 연구, 한국교통대학교, 2013.12
34. 김성원, 빅데이터가 기업의 경쟁력에 미치는 영향에 관한 연구, 경기대학교, 2014.12
35. 한국정보화진흥원, Big DATA 글로벌 선진사례, 2012
36. 과학기술정책연구원, 빅데이터시대 과학기술정책 방향, 과학기술정책 제 23권 제 3호(제 192호)ISSN 2005-6982, 2013
37. 전철희, 빅데이터 분석단계별 필수요소와 활용전략, ISSUE & TREND
38. 한국정보화진흥원, 2015년 빅데이터 시장현황 조사, 미래창조과학부, 2015
39. 「빅데이터 활용현황 및 정책과제」연구, 대한상공회의소(2014.7)
40. 정한신, 빅데이터 환경에서 개인정보 보호에 관한 헌법적 연구, 부산대학교, 2015.2

빅데이터 기획 및 분석

발 행 일	2021년 5월 10일 개정판 1쇄 발행 2023년 1월 10일 개정판 2쇄 발행
저 자	주해종 · 김혜선 · 김형로 공저
발 행 처	크라운출판사 http://www.crownbook.com
발 행 인	이상원
신고번호	제 300-2007-143호
주 소	서울시 종로구 율곡로13길 21
공 급 처	(02) 765-4787, 1566-5937, (080) 850~5937
전 화	(02) 745-0311~3
팩 스	(02) 743-2688, 02) 741-3231
홈페이지	www.crownbook.co.kr
I S B N	978-89-406-4434-8 / 13560

특별판매정가 25,000원

이 도서의 판권은 크라운출판사에 있으며, 수록된 내용은 무단으로 복제, 변형하여 사용할 수 없습니다.
Copyright CROWN, ⓒ 2023 Printed in Korea

이 도서의 문의를 편집부(02-6430-7012)로 연락주시면 친절하게 응답해 드립니다.